中欧关系70年大事记

钱小平 编著

Chronicle Events of China-Europe Relations（1949-2019）

中国社会科学出版社

图书在版编目(CIP)数据

中欧关系70年大事记／钱小平编著.—北京：中国社会科学出版社，2020.9
ISBN 978-7-5203-6357-0

Ⅰ.①中… Ⅱ.①钱… Ⅲ.①中外关系—大事记—欧洲 Ⅳ.①D822.35

中国版本图书馆CIP数据核字(2020)第065023号

出 版 人 赵剑英
责任编辑 刘凯琳 李凯凯
特约编辑 侯聪睿
责任校对 李 莉
责任印制 王 超

出 版 中国社会科学出版社
社 址 北京鼓楼西大街甲158号
邮 编 100720
网 址 http://www.csspw.cn
发 行 部 010-84083685
门 市 部 010-84029450
经 销 新华书店及其他书店

印 刷 北京明恒达印务有限公司
装 订 廊坊市广阳区广增装订厂
版 次 2020年9月第1版
印 次 2020年9月第1次印刷

开 本 710×1000 1/16
印 张 26.25
字 数 445千字
定 价 139.00元

凡购买中国社会科学出版社图书，如有质量问题请与本社营销中心联系调换
电话:010-84083683

前　言

我在多年从事中欧关系信息资源工作的经历中，经常遇到科研人员在做学术研究时，为核实某个重要历史事件的时间、地点和人物，花费很多时间到图书馆或网络上去查询相关资料，有时，往往事倍功半。研究人员经常说，如果有一本有关“中欧关系”的大全就方便多了。这是我撰写此书的初衷。但是，由于科研处工作较忙，断断续续延宕至今。今年，为了赶在建国70周年之际完成初稿，我加班加点。现在，终于完成夙愿，为祖国70周年献上贺礼。

本书的基本定位是服务于科研。希望它对从事欧洲研究的专业人员具有工具书一样的学术价值，使其便于查询核实重要的历史史实，微观分析一国历史积淀，宏观把握历史发展规律，把脉未来政策走向。不仅如此，对于关注欧洲的读者来说，它也是良师益友，它使读者能够迅速地了解中国与欧洲有关国家关系发展的来龙去脉，认识中国与欧洲关系发展的曲折历程，增强国人对欧洲的认知度。

本书所选“中欧关系”主题是欧洲研究所建所的重点研究学科。2009年“中欧关系”被确定为“中国社会科学院2009—2013年重点学科建设”项目。2016年年底，“中欧关系”又被中国社会科学院确定为“登峰战略”优势学科项目。

《中欧关系70年大事记》的“大事”素材大多从《人民日报》检索而来，时间跨度为1949年9月1日至2019年10月31日，其他检索渠道包括新华社《每日电讯》、新华网、外交部官网等国内权威媒体、网站。

本书所选区域和国别范围主要是以欧洲联盟及其成员国为主的欧洲国家（俄罗斯（含前苏联）、乌克兰等独联体国家除外）。

编写此书时，遵循下列原则：

一、凡属中欧关系中的重大事件，均予以记述。有些重大事件有详细记载的加以脚注，说明来源出处，仅供参阅；

二、国家元首、政府首脑的重要出访，一般均列入“大事”。双方签署的联合公报或声明等具有重要内容的文件予以简述，一般性文件只写明签署或发表地点和日期；

三、同一天有两条以上内容时，除第一条外，其余各条在其前面标注“▲”符号，以示区别。

特别感谢中国社会科学院欧洲研究所登峰战略中欧关系优势学科项目对本书出版的资助。

在本书写作过程中，得到了欧洲所领导及有关学者的大力支持，黄平所长、田德文副所长、陈新副所长、孔田平研究员、刘作奎研究员、赵晨研究员、曹慧博士、吴弦研究员和中国现代国际关系研究院冯仲平研究员提供了许多宝贵意见；中国社会科学出版社重大项目出版中心与智库成果出版中心对本书的出版尽心竭力，在此表示由衷的感谢。

由于本人学识有限，如有错误和疏漏，敬请各位学者和读者不吝赐教。

钱小平

写于2019年10月

目　　录

第一章　1949年9月—1959年12月

1949年

9月10日

意大利国会参议员、意大利共产党中央委员和政治局委员维里奥·斯巴诺抵达北平（北京），逗留数月，考察新中国各方面情况。

9月15日

中共中央主席毛泽东致电祝贺法共中央政治局委员、《人道报》总编辑加香（前译加善）八十岁寿辰。

9月22日

英国《工人日报》头版刊登中国人民政治协商会议消息："中国人民政府的成立，将有极广泛的国际影响，它将要求得到其他国家的外交承认；并要求享有其在联合国大会、安全理事会及所有其他国际组织中的合法地位。"

▲法国《人道报》头版刊登中国人民政治协商会议开幕的消息和毛泽东主席演讲摘要，标题是"毛泽东宣告中华人民共和国诞生"。

9月23日

欧洲进步报纸对中华人民共和国成立的消息表示热烈欢迎和高度重视。捷共中央机关报头版刊登毛泽东主席在中国人民政治协商会议开幕式上的讲话全文和毛泽东主席相片，报头标语："衷心地向英勇的中国人民和中华人民共和国致意！"

9月29日

匈牙利工人党总书记拉科西致电毛泽东主席，祝贺中华人民共和国成立。

10月1日

毛泽东在北京宣布中华人民共和国成立。捷克斯洛伐克、波兰、匈牙利、英国、法国、丹麦等各国进步报纸以显著位置刊载中华人民共和国成立的消息。

10月4日

荷兰共产党致电中国共产党，热烈祝贺中华人民共和国成立。

▲保加利亚和中国建交。

▲巴黎《人道报》登载法共塞纳地方委员会（包括巴黎市）、法国抗德游击队同志会等人民团体通电，祝贺中华人民共和国政府成立，一致要求法国政府迅速与中华人民共和国政府建立外交关系。

▲罗马尼亚工人党中央委员会致电中共中央，庆贺中华人民共和国成立。

10月5日

德国统一社会党致电毛泽东主席，祝贺中华人民共和国成立。

▲罗马尼亚和中国建交。

▲英国下院工党独立集团致电毛泽东主席，祝贺中华人民共和国成立。

▲法共谢尔州委员会致函向中国中央人民政府毛泽东主席致敬。祝贺毛泽东为中华人民共和国首任主席。

10月6日

匈牙利和捷克斯洛伐克与中国建交。

10月7日

英国和丹麦报纸连日载文，庆贺中国中央人民政府成立，赞扬苏联为第一个承认中国中央人民政府的国家。

▲中国和波兰建交。

10月16日

毛泽东主席电贺德意志民主共和国成立和皮克当选总统、格罗提渥当选总理。

▲西班牙共产党中央委员会致电毛泽东主席祝贺中华人民共和国成立。

10月20日

挪威共产党《佛利赫顿报》评中华人民共和国的成立说：“挪威人民

没有任何理由对新中国抱敌视态度。中国人民是自由的人民，是伟大的人民，其伟大不仅在数量上，而且在于它在争取解放的斗争中所表现的惊人的英雄主义和活力。挪威人必须与这样的人民保持友谊。因此，人民要求挪威立即承认中华人民共和国，并与之建立外交关系。”

10 月 21 日

阿尔巴尼亚人民共和国部长会议主席恩维尔·霍查致电毛泽东主席，祝贺中华人民共和国成立。

▲芬兰人民民主联盟赫尔辛基组织向中国中央人民政府致贺。

10 月 23 日

爱尔兰工人联盟致电毛泽东主席，祝贺中华人民共和国成立。

10 月 27 日

中国与民主德国建交。

10 月 29 日

毛泽东电贺捷克斯洛伐克共和国独立三十一周年纪念。

11 月 23 日

中国与阿尔巴尼亚建交。

11 月 30 日

英国共产党中央委员会致函毛泽东，感谢他对英共第二十一届代表大会的祝贺。英共政策四个要点之一是，发展与苏联、人民民主国家和新中国的贸易。

12 月 3 日

由英国进步人士发起的英中会议在伦敦举行。大会表示支持新中国，支持组成一个与中国人民友好的新协会。

12 月 4 日

英中友好协会成立。

12 月 14 日

法国一架飞机侵犯中国领空。20 日，周恩来外交部长严重抗议，法方敌意行为必须承担一切后果。

12 月 22 日

捷克斯洛伐克总统任命法朗梯谢克·魏伊斯柯普夫先生为捷克斯洛伐克共和国驻中华人民共和国首任特命全权大使。

12月30日

捷克斯洛伐克、罗马尼亚和民主德国三国政府首脑新年电贺毛泽东主席。

1950年

1月6日

英国承认中华人民共和国。

1月7日

挪威承认中华人民共和国。

▲丹麦政府外交大臣拉斯姆森致电中国政务院总理兼外交部长周恩来，表示丹麦政府愿与中国建立外交关系。周恩来外长复电称，在丹麦政府与台湾当局断绝关系之后，中华人民共和国中央人民政府愿在平等、互利及互相尊重领土主权的基础上与丹麦政府建立两国之间的外交关系。

1月10日

英联邦外长会议在科伦坡举行。会议讨论了对新中国的政策问题。

1月14日

瑞典政府外交部长奥斯丁·安登致电周恩来总理兼外长，表示瑞典政府愿与中国中央人民政府建立外交关系。

▲捷克斯洛伐克首任驻中华人民共和国特命全权大使魏斯柯普夫博士向刘少奇副主席递交国书。

1月15日

旅法华侨联合会在巴黎成立。

1月17日

瑞士联邦政府主席兼外交部长马克斯·波蒂彼爱致电毛泽东主席，表示瑞士联邦政府愿与中国中央人民政府建立外交关系。

2月13日

英国政府派遣被指定为临时代办的胡阶森（J. Hutchinson）先生为谈判代表，与中国中央人民政府就建立外交关系问题进行谈判。

2月19日

罗马尼亚首任驻中华人民共和国特命全权大使鲁登科夫妇抵京。

3月27日

荷兰政府向中国外交部正式表示，愿在平等、互利及互相尊重领土主权的基础上与中国建立外交关系，同时声明荷兰政府业已与台湾当局断绝外交关系。

4月22日

英中友协举行第一次扩大会议。大会决议敦促英政府支持中国参加联合国。

5月9日

中国和瑞典建交，互派耿飚和阿马斯顿为大使。

5月10日

英国政府命令香港当局扣押中国民航局所属中国、中央两航空公司停放在启德机场的七十架飞机。中国外交部章汉夫副部长提出严重抗议。

5月11日

中国和丹麦建交，互派耿飙（兼任）和穆克为公使。

5月17日

瑞士政府派遣被指定为临时代办的司丁纳先生来北京商谈建立外交关系。

5月22日

中国外交部发言人就中英两国建立外交关系谈判发表谈话说，通知胡阶森代表转达英国政府，请其就联合国中国代表权问题及在香港的中国国家财产权问题再行进一步予以澄清。

6月1日

中国保卫世界和平大会委员会副主席、世界拥护和平大会常设委员会委员刘宁一在伦敦为反对战争、保卫和平而召集的群众大会上发表演说。

6月4日

英中友协通过决议，要求英国政府改变对中国的敌视态度，立即和台湾当局断绝一切关系，以真诚友好的态度与中国商洽建立关系，并投票赞成中国参加联合国安理会。

6月8日

中国中央人民政府任命王幼平将军为中国驻罗马尼亚首任特命全权大使，谭希林将军为中国驻捷克斯洛伐克首任特命全权大使，彭明治将军为中国驻波兰首任特命全权大使。

6月12日

波兰驻中国首任特命全权大使布尔金向毛泽东主席递交国书。

▲瑞典驻中华人民共和国首任特命全权大使阿马斯顿向毛泽东主席递交国书。

6月13日

中国中央人民政府任命黄镇将军为中华人民共和国驻匈牙利首任特命全权大使。

6月14日

中捷签订贸易协定。根据协定中国将输出各种原料，捷克将输出各种工业器材。

6月16日

德意志民主共和国驻华外交使团大使衔团长柯尼希等一行12人访问中华人民共和国。

6月24日

丹麦王国驻中华人民共和国首任特命全权公使穆克，向毛泽东主席递交国书。

8月3日

伦敦《工人日报》以“道义与中国”为题发表社论，斥责英国政府对中国采取的一连串敌视行动。

8月28日

中华人民共和国驻捷克斯洛伐克首任特命全权大使谭希林将军赴捷克斯洛伐克布拉格莅任。

9月12日

中华人民共和国驻瑞典首任特命全权大使耿飙将军向瑞典国王古斯塔夫五世递交国书。

9月14日

中国与瑞士建交。冯铉受任中华人民共和国驻瑞士公使。瑞士派施蒂纳为临时代办。

9月30日

保加利亚首任特命全权大使彼得科夫偕参赞察尔伏拉诺夫，向毛泽东主席递交国书。

10 月 1 日

英中友协在伦敦举行庆祝中华人民共和国首届国庆节盛大集会。出席大会的英国人民近两千人。以中华全国总工会副主席刘宁一为首的中国人民代表团受到热烈友好的欢迎。

10 月 2 日

英工党第四十九届年会反映，广大党员不满政府外交政策，要求对苏友好及允许中国参加联合国。

10 月 10 日

中国与民主德国签订《1951 年中德贸易协定》。

10 月 12 日

中华人民共和国驻民主德国首任特命全权大使衔外交使团团长姬鹏飞将军向皮克总统递交国书。

10 月 22 日

中华人民共和国保卫世界和平大会主席郭沫若发表声明，抗议英国政府阻挠在英国谢菲尔德召开第二次世界拥护和平大会。

10 月 23 日

中华全国总工会副主席刘宁一在英工党代表宴会上发表谈话：中国人民反对英政府追随美国的帝国主义政策。

10 月 25 日

伦敦《工人日报》发表社论称："英国人民的利益较之中国人民的利益更要求立即终止目前对中国的不友好政策。"

10 月 27 日

伦敦《工人日报》评论中国人民解放军进军西藏说：正如威尔士是英国的一部分一样，西藏也是中国的一部分。

10 月 28 日

中国与芬兰建交。

12 月 23—24 日

欧洲各国进步报纸，包括英共《工人日报》、法共《人道报》等，均以显著位置刊载周恩来外长就联合国大会非法通过成立所谓"朝鲜停战三人委员会"一事发表的声明。

12 月 28 日

瑞士联邦驻中华人民共和国首任特命全权公使任佐立向中国政府朱德

副主席递交国书。

1951 年

1 月 19 日

“新中国照片展览”在斯德哥尔摩开幕。

4 月 8 日

英中友协全国会议开幕。会议通过决议，抗议英国政府拒绝发给中国人民代表团入境签证。

4 月 18 日

外交部副部长章汉夫发表声明，抗议英国政府劫夺我永灏轮，指出英政府应对其公开挑衅行动承担一切后果。

5 月 10 日

英国贸易大臣萧克劳斯在下院宣布停止输出橡胶至中国。并表示完全支持美国的禁运建议。

5 月 12 日

英共副主席杜德在伦敦《工人日报》撰文斥责非法“禁运”时指出：禁运“是一种战争措施”。“美国的政策不顾英国利益和英国人民的愿望把英国拖入对中国的战争的政策。”他说：“英国人民的利益要求与中国人民和平共处和友好。”

5 月 15 日

英国人民访问团在北京进行为期两周访问后，离京前往华东访问。

6 月 6 日

英共《劳动月刊》登载毛泽东主席《实践论》译文。

6 月 21 日

中国和捷克斯洛伐克在北京签订贸易协定，双方货物总值超过 1950 年协定的四倍。

9 月 29—30 日

芬中友协为庆祝中国国庆在赫尔辛基放映中国影片《普天同庆》，并举行“新中国展览会”一周。

10 月 1 日

英中友协在伦敦举行中华人民共和国建国两周年庆祝会。

10 月 9 日

《中国与民主德国文化合作协定》在北京签字。

1952 年

1 月 4 日

英中友协会长李约瑟（Joseph Terence Montgomery Needham）祝贺郭沫若荣获“斯大林国际和平奖”。

1 月 25 日

港英当局连续逮捕和驱逐中国居民，中华人民共和国外交部向英国政府提出严重抗议，英国政府必须立即制止此类暴行，否则必须对一切后果担负全部责任。

2 月 8 日

中波文化合作联合委员会达成协议，制定《1952 年度中波文化合作计划》。

2 月 23 日

英中友协在伦敦举行“对中国和平”大会。大会一致通过决议，要求“对中国和平”，主张撤退侵朝英军，发展中英贸易。

2 月 25 日

中国学生代表团应英格兰、威尔士、北爱尔兰全国学生联合会的邀请，抵伦敦作三个星期访问。代表团团长是中华全国学生联合会副秘书长袁永熙，团员包括北京、上海和其他城市各大学的学生代表多人。代表团将到英国各大城市访问各大学，以增进中英两国学生之间的友谊和相互了解。18 日代表团结束在英国的访问后，应挪威全国学生联合会的邀请，前往挪威进行访问。

2 月 27 日

中国学生代表团应芬兰全国学生联合会和芬中友好协会的邀请，在访问英国和挪威后抵达赫尔辛基。团员们在芬兰了解学生的学习与生活情况。

3 月 6 日

中华全国妇联、中华全国文联和全国三大青年团体为香港英当局继一月间非法逮捕、疯狂屠杀我爱国同胞，并阴谋大规模逮捕我爱国人民，分别发表声明，对港英当局这种暴行向港英政府提出严重抗议。

4月8日

中国和英国代表团达成贸易协议，双方同意今年进行每方1000万英镑的贸易。

4月16日

英国共产党举行第二十二届代表大会，中国共产党中央委员会致电祝贺。

5月20日

英国坎特伯雷副主教约翰逊及夫人、牛津大学工人教育问题讲师戴伊访问中国。

5月28日

中国与民主德国签署贸易协定。

6月9日

中英两国贸易谈判代表在柏林签订第一批售货合同。

7月4日

《中国和保加利亚两国文化合作协定》在索非亚签字。

7月5日

中国外交部副部长章汉夫就英国政府有关中英两国间贸易问题的照会发表声明指出，英国政府在照会中所谓的英国公司和厂商在中国遭遇重大困难一事，完全是英国政府追随美国、实施敌视中国管制禁运政策所给予他们的苦果。

7月15日

《中国和捷克斯洛伐克关于延长并修正1951年两国间货物交换与付款协定议定书》在布拉格签订。

8月6日

法国比内政府无理解散中国留法同学组织，巴黎中国学生会为此发表告旅法同学及侨胞书，号召侨胞反对无理迫害。中国全国学联致电支持留法同学并致电比内政府提出严正抗议。

9月21日

中国和苏联及芬兰在莫斯科签订《中苏芬三国关于1952年供货协定》，以及根据此协定之中苏、中芬议定书。

9月29日

法国青年代表团一行11人对中国进行友好访问。

1953年

1月9日

《中国和罗马尼亚科学与技术合作协定》在北京签订。

1月26日

《中国和波兰文化合作协定1953年执行计划》在华沙签字。

4月4日

中国人民救济总会、中国红十字会总会、中华全国总工会、中华全国妇联和中华全国民主青年联合总会致电英国英中友好协会，对在二月初英国水灾中受灾的英国人民表示慰问，并筹募人民币十亿五千余万元①捐助英国灾民。

5月23日

法国贸易代表团访问中国。双方讨论进一步发展两国贸易关系问题。

6月5日

《中国与芬兰1953年换货及付款协定》在北京签订。

6月19日

英国工商业贸易代表团19人对中国进行友好访问。

7月6日

中英贸易代表团在北京举行商业协议签字仪式。根据协议规定，贸易总金额为每方各进出口3000万英镑的货物（用英镑支付）。

7月8日

英国全国矿工联盟年会一致通过决议，要求接纳中华人民共和国参加联合国。决议要求政府立刻制止美国援助中国台湾当局。

7月16日

《中国与匈牙利邮政及电信协定》在北京签订。

10月3日

《中国和匈牙利科学与技术合作协定》在北京签订。

---

① 是指1955年3月1日前的人民币旧币。

10月30日

《中国与民主德国科学技术合作协定》在柏林签字。

11月28日

《中国与民主德国文化合作协定1954年执行计划》在北京签字。

1954年

4月26日

挪威人民文化代表团一行12人访问中国。

4月27日

《中国和捷克斯洛伐克一九五四年交换货物及付款协定》在布拉格签订。

4月30日

《中国和匈牙利一九五四年交换货物及付款协定》在布达佩斯签订。

5月14日

参加日内瓦会议的英国代表团首席代表、外交大臣艾登访问中国代表团首席代表周恩来总理兼外长，交谈三十分钟。

5月17日

出席日内瓦会议的中国代表团接见法国全国和平理事会代表团，法方向中国代表团说明法国人民要求停止印支战争的愿望，并递交该会发表的公报。

6月12日

参加日内瓦会议的中国代表团首席代表周恩来总理兼外长在伯尔尼会见瑞士联邦政府主席陆巴特尔（Lubatel）。

6月23日

《中国与民主德国技术与技术科学合作常任委员会第一届会议议定书》在北京签订。

7月14日

英国下院举行外交问题辩论，工党领袖艾德礼在发言中抨击美国外交政策，称把中国排斥在联合国之外是错误的、不理智的，而且是和联合国的原则相违背的。

7月16日

中国赴比利时贸易访问团一行7人赴布鲁塞尔。

7月17日

《中国和捷克斯洛伐克1954年文化合作执行计划》在布拉格签字。

8月15日

英国工党代表团一行8人访问中国。16日，周恩来总理兼外长在北京设宴招待英国工党代表团。

8月31日

在雷克雅未克举行的瑞典、挪威、丹麦、冰岛四国外长会议发表公报，一致主张恢复中华人民共和国在联合国的合法席位。

▲《中国和匈牙利文化合作协定1954年文化合作执行计划》，经双方商谈协议后进行换文。

9月2日

《中国和捷克斯洛伐克科学与技术合作议定书》在布拉格签订。

9月11日

中国和芬兰两国政府达成互派大使协议。

9月24日

英国文学、艺术和科学界代表团一行6人到达北京。

9月25日

毛泽东主席接见来我国参加建国五周年国庆典礼的捷克斯洛伐克政府代表团。接见时在座的有中央人民政府副主席刘少奇、宋庆龄，政务院总理兼外交部部长周恩来，政务院副总理董必武、陈云、邓小平。

10月3日

法国妇女代表团5人访问中国。

10月12日

英国议员、工会工作者、合作社工作者、科学家、教师和艺术家访华代表团来中国进行友好访问。

10月27日

中国驻英国代办宦乡及随行人员等一行8人乘飞机抵达伦敦。

11月17日

英国工商界贸易访问团一行28人访问中国。访问期间，将和中国进出口公司、中国各出口公司及中国银行商谈贸易问题。

11 月 19 日

根据《中德文化合作协定 1954 年执行计划》来中国访问、讲学的德意志民主共和国文学史家艾尔弗雷德·甘托罗威茨抵达北京，在中国进行为期一年的访学。

11 月 29 日

中国代表张闻天以观察员身份出席欧洲国家保障欧洲和平和安全会议并在会议上致词。

12 月 11 日

荷兰工商界贸易访问团一行 9 人访问中国。

12 月 13 日

比利时联合执政党——自由党和社会党在召开党代会讨论比利时对外政策时，以 694 票对 9 票通过一项决议，要求比利时承认中华人民共和国。

12 月 27 日

《中国和民主德国 1955 年文化合作协定执行计划》在柏林签字。

1955 年

1 月 10 日

《中国和匈牙利科学和技术合作协定》在北京签订。

1 月 20 日

《中国和匈牙利文化合作协定 1955 年执行计划》在布达佩斯签订。

1 月 26 日

英国外交大臣艾登发表关于台湾局势的声明。他把中国台湾和中国大陆沿海其他岛屿分开，以承认美国侵占中国台湾、割裂中国领土的办法，来安排中国台湾问题的所谓“和平解决”。工党领袖艾德礼在艾登发言后责难美国干涉中国内政，并指责艾登不顾中国台湾是中国组成部分之一的历史事实。

1 月 27 日

《1955 年中国和保加利亚交换货物和付款协定》在北京签订。

2 月 1 日

瑞典《新日报》就中国台湾地区局势发表社论称，“台湾之属于中国，正像哥特兰（Gotland）是瑞典的一部分一样。如果有某个卖国贼借外国武力之助而盘踞在哥特兰，难道哥特兰就不属于瑞典了吗？”

2 月 4 日

英中友好协会通过决议，要求美国军队从中国领土撤走，并号召一切团体和个人抗议美国的侵略政策。

2 月 5 日

英国工商界贸易访问团首批 23 人访问中国。访问团在京将和中国进出口公司、各出口公司商谈具体的贸易。

2 月 7 日

英国和平委员会发表声明，斥责英国政府纵容美国干涉中国内政。声明强调，包括台湾在内的一群岛屿，根据法律和条约以及从历史上看都是属于中国的。没有中国政府的积极参加，就不可能彻底解决远东问题或是国际问题。只有中华人民共和国政府才能在联合国代表中国人民。中华人民共和国政府应该在联合国取得自己的合法地位。

2 月 13 日

中国文化周在赫尔辛基闭幕。

3 月 1 日

《中国和捷克斯洛伐克文化合作协定 1955 年执行计划》在北京换文。

3 月 10 日

《中国和罗马尼亚文化合作协定》在布加勒斯特签字。

3 月 21 日

中国和波兰《1955 年中波交换货物和付款协定》在北京签订。

4 月 7 日

毛泽东主席发布命令，宣布结束中华人民共和国同德国之间的战争状态。这是中德两国关系中具有历史意义的重大事件。中国是在 1941 年 12 月 9 日宣布同德国处于战争状态的。

4 月 10 日

英国独立工党年会通过决议，谴责美国海、空军陈兵中国海面是对中华人民共和国的“直接挑衅”。

4 月 24 日

中国和民主德国在北京签订《1955 年中德交换货物和付款协定》。

5 月 9 日

港英当局派遣武装警察四百余人强行侵占中国航空公司在香港九龙马头围道仓库，殴伤中国航空公司职工 4 人。中国人民对香港英国当局这种非法的横暴行为极端愤慨，并完全拥护中国民用航空局王凤梧代局长的抗议声明。

5 月 12 日

瑞典工商界贸易访问团访问中国。

6 月 11 日

《中国和波兰技术和技术科学合作议定书》在北京签订。

7 月 26 日

法国外交部长比内就法中建立关系问题说："朝鲜停战和印度支那停战消除了同中华人民共和国政府建立任何形式的关系的障碍。台湾问题表明，如果没有中华人民共和国参加，远东问题是难以解决的。"法国政府不打算改变政治现状，而计划在经济和文化方面同中华人民共和国建立关系。

8 月 16 日

英国访华友好代表团到达北京。

8 月 28 日

瑞典文化代表团访问中国。

8 月 31 日

意大利妇女代表团 9 人访问中国。代表团将在北京、沈阳、鞍山、抚顺和上海等地进行参观和访问。

9 月 5 日

荷兰共产党总书记保罗·德·格鲁特（Paul de Groot）携夫人访问中国。

9 月 8 日

丹麦文化代表团一行 10 人对中国进行友好访问。

9 月 16 日

挪威文化代表团一行 10 人访问中国。

9 月 21 日

法国法中友协代表团一行 16 人访问中国。

▲意大利社会党总书记彼得罗·南尼（Pietro Nani）访问中国。

10月5日

英国公谊会代表团到中国参观访问。

11月25日

丹麦贸易代表团一行18人到达北京。

12月3日

《中国和捷克斯洛伐克科学与技术合作议定书》在北京签订。

1956年

1月25日

法国访华经济代表团一行28人来访问中国。

2月10日

中国和比利时签订由比利时供应中国氮肥的合同。

2月14日

中华全国总工会打电报给奥地利联邦政府，对奥政府内政部下令禁止世界工会联合会在奥地利活动，并派警察袭击和封闭世界工会联合会在维也纳的办公室的做法，提出严重的抗议。

2月15日

中华人民共和国和丹麦王国将双方公使馆升格为大使馆并互换大使。

2月25日

《中国和波兰邮电技术合作议定书》签订。

3月4日

英国外交大臣劳埃德在印度世界事务委员会发表演说，英国希望同苏联和中国和平共处。

3月13日

《中国和阿尔巴尼亚1956年交换货物和付款议定书》在北京签订。

3月31日

中国和芬兰两国政府决定从1956年4月1日起在关税和航行方面相互实行最惠国待遇。

4月11日

英国贸易部宣布，英国政府准许英公司向中国输出拖拉机。拖拉机是美国主持的巴黎统筹委员会列在西方国家对中国“禁运”货单上的货物。

4月14日

比利时对外贸易大臣拉罗克发表演说，对中国实行贸易禁运是一件荒谬的事。西方迟早放弃这种禁止贸易的政策。他主张西方在同社会主义体系各国进行贸易方面采取比较“灵活的政策”。

4月21日

英中友好协会通过决议，敦促英国政府在联合国下届会议上全力支持接纳中国进入联合国，并取消对英中两国之间的贸易限制。

6月6日

意大利工商界访问团团长金蒂利在访问中国后说，意大利工商界访问团这次在北京签订贸易合同，应该为意大利同中国之间日益发展的贸易打开大门；由于国际局势的缓和和意大利贸易界人士在1956年同中国建立接触后的良好结果，意中两国扩大贸易的前景广阔。

6月14日

中华人民共和国驻丹麦首任特命全权大使郑为之向丹麦国王斐德烈九世递交国书。

6月20日

为了适应中国和芬兰间的通信需要，中国邮电部决定，开放北京—赫尔辛基间国际电话业务。

6月28日

奥地利工商界代表团一行25人来中国访问。

7月13日

中华人民共和国首任驻瑞士联邦特命全权大使冯铉向瑞士联邦主席费德曼递交国书。中国同瑞士在1950年1月建立外交关系。最初两国外交代表是公使，1956年1月，经过双方协议升格为大使。

7月31日

《中国和芬兰1956年度贸易协定》在赫尔辛基签字。根据这个协定，两国政府在1956年度交换的货物将比上一年度有所增加。

9月11日

冰岛文化代表团一行9人访问中国。

9月24日

英国坎特伯雷教长约翰逊博士和夫人及两个女儿访问中国。

11月3日

中国政府向英国和法国政府提出严正声明，强烈抗议英、法侵略埃及的野蛮行为，坚决要求英、法政府立即停止对埃及的侵略。

11月25日

应中共中央邀请，荷兰共产党代表团团长安妮·阿夫林克和团员盖拉德·玛斯、盖雷特·台夫里斯一行3人对中国进行参观、访问。中共中央委员会设宴招待代表团成员。

12月30日

瑞士联邦国民议会议员康塞特偕夫人访问中国。

1957年

3月1日

《中国与民主德国技术和科学合作议定书》在北京签订。

3月6日

《中国和捷克斯洛伐克1957年度换货和付款协定》在布拉格签订。

3月10日

中捷两国总理在北京举行第一次会谈。双方就当前国际局势、加强社会主义国家的团结和进一步发展中捷两国相互关系交换意见。

3月27日

《中国和捷克斯洛伐克友好合作条约》在北京签订。同时签署《中捷两国政府联合声明》《中国和捷克斯洛伐克文化合作协定》和《中国和捷克斯洛伐克保健合作协定》。

3月29日

英国110名议员向下院提出一项动议，要求结束对中国的贸易"禁运"，赞同英国工业联合会和工商业组织向政府提出的扩大对华贸易的要求。

4月1日

中国和波兰《1957年中波贸易和支付协定》在华沙签订。根据协定，今年中波两国贸易额比1956年将有所增长。

4月5日

法国国民议会外交委员会一致通过一项决议草案，要求政府承认中华人民共和国。

4月9日

比利时经济学者访华团访问中国。

4月11日

《中国和波兰两国政府联合声明》在北京签署。

4月12日

瑞士驻中国公使馆升格为大使馆。

4月21日

希腊工会代表团抵达北京参加“五一”节观礼。

5月16日

法国前总理富尔在香港答记者问时说，他赞成法国承认中华人民共和国。

5月27日

巴黎“中国委员会”会议仍然没有达成折衷协议。英国外交大臣劳埃德坚持要放宽“禁运”。他说，英国“将作进一步努力，以便就放宽对中国贸易管制问题达成协议”。

5月30日

英国外交大臣劳埃德在下院宣布，英国决定放宽它对中国的贸易管制。

▲挪威外交部发言人说，在对华贸易问题的初步讨论中，挪威的观点原则上已经接近英国的态度。

▲毛泽东主席接见法国前总理富尔和夫人。

5月31日

英国单独放宽对华贸易限制的决定在法国引起反响。法国人士说，其他国家也必然会学英国的样，因为他们不能让英国“垄断”中国的市场。法国右翼的“震旦报”说，英法两国“没有必要牺牲商业利益来讨好美国”。

6月1日

英国决定放宽对华禁运的行动在其他西方国家引起同情和共鸣。挪威、瑞典、意大利、联邦德国表示赞同。

6月3日

英国贸易部宣布，放宽英国对中国贸易限制的决定将从6月5日起生效。

6月4日

丹麦政府发言人说，丹麦政府将不顾“禁运”政策的限制，决定同中国政府谈判缔结两国间的贸易协定。他还说，丹麦将把它对中国的出口限制降到和对苏联及东欧国家同一水平。

6月19日

丹麦、比利时、荷兰和法国相继决定放宽对中国的贸易限制。

6月21日

意大利政府正式宣布放宽对中国的贸易限制。

7月18日

英中贸易委员会宣布，将邀请中国由各种专家组成的技术代表团访问英国。

8月2日

冰岛统一社会党主席埃纳尔·奥格尔森及其夫人、子女一行四人访问中国。前往机场欢迎的有中共中央总书记邓小平，中共中央书记处书记王稼祥、候补书记杨尚昆和中央委员刘宁一等。

8月3日

《中国和匈牙利科学和技术合作议定书》在北京签订。

9月10日

中国和罗马尼亚科学和技术合作委员会第五届会议在布加勒斯特举行。会议通过一系列旨在进一步发展两国科学技术合作的决议。

9月27日

《中国和民主德国贸易协定》在京签订。

9月28日

法国经济代表团结束对中国的访问离开北京回国。访问期间，与中国国际贸促会就发展中法两国贸易关系进行会谈，还访问了国家计委和有关工业部门，还分别去大连、抚顺、兰州、天水以及丰沙线、宝成路、淮河等地区进行了参观。

▲意大利友好访华代表团一行9人访问中国。

10月4日

《中国和匈牙利联合声明》在北京签署。双方决定互派经济代表团，研究进一步扩大两国经济合作的可能性。

11月8日

《中国和瑞典贸易协定》在斯德哥尔摩签订。

1958年

1月23日

《中国和瑞典贸易协定》开始生效。

2月3日

应中国人民对外文化协会邀请，德（联邦德国）中协会主席沈克到达北京。

4月21日

挪威议会外交、宪法委员会主席芬·穆应邀来中国做为期一个月的访问。芬·穆在谈话中强调，他这次访问中国的目的之一，是希望对促进中国和挪威两国人民的友谊和共同了解有所贡献。“虽然我们两个国家政治制度不同，距离遥远，但是我们有友好的关系。我希望今后进一步发展两国关系，首先是发展文化交流和经济往来。”

▲《中国和匈牙利1959—1962年长期贸易协定》在北京签订。

6月9日

捷克斯洛伐克易货代表团访问中国。

6月16日

根据《中国和挪威贸易和支付协定》，中挪两国在北京进行两国银行间有关支付的换函。

8月1日

法国经济学家代表团访问中国。

9月8日

英国工党就美国在中国台湾海峡地区挑起紧张局势发表声明，指出沿海岛屿是中国的一部分，呼吁政府“向美国政府说明不能在关系到沿海岛屿的冲突中指望英国在军事方面的任何帮助，并呼吁政府影响美国，使国民党军队从这些岛屿撤退”。

10月13日

英中友好协会通过决议指出，中国台湾、金门和马祖是中国领土。有关这些岛屿问题的解决，是中国的内政。任何外国干涉这一纠纷都只能导致紧张局势的加剧。

10 月 31 日

丹麦共产党第二十次代表大会开幕。中国共产党代表、中共中央委员、书记处候补书记刘澜涛出席大会。

12 月 18 日

《中国和保加利亚 1959 年交换货物和付款议定书》在北京签订。同时，还签订《中国和保加利亚关于延长和补充中保 1958 年到 1960 年长期贸易协定的议定书》。

1959 年

1 月 21 日

中国政府发表声明指出：苏联政府关于签订对德和约的建议是非常合理和适时的。声明宣布：中国政府作为曾经参加反对德国法西斯战争的成员国，认为自己有责任促成对德和约的签订，以利于早日实现德国问题的和平解决。

1 月 27 日

中国与民主德国发表联合声明，双方赞同缔结对德和约，谴责美国制造“两个中国”的阴谋。

3 月 3 日

《中国科学院和捷克斯洛伐克科学院 1959—1961 年科学合作协定和 1959 年执行计划》在布拉格签字。

3 月 6 日

《中国和波兰 1959 年货物周转和付款协定》在华沙签订。

3 月 17 日

《中国和匈牙利 1959 年换货和支付协定》在布达佩斯签订。

▲《中国科学院和民主德国科学院科学合作协定及 1959 年执行计划》在柏林签字。根据协定，两国科学院在自然科学和社会科学研究方面将进行密切合作，相互给予必要协助。

3 月 27 日

英国共产党第二十六次代表大会开幕。中国共产党中央委员会书记处书记王稼祥、中央委员伍修权率代表团参加会议。

4月29日

瑞典杂志发表评论西藏问题文章指出，西藏问题是中国内政问题。在几百年前，西藏主权就已隶属中国。外国侵略者乘中国中央政权之虚而侵入西藏，但这并不能改变西藏主权属于中国这一事实。中国人从未放弃过对西藏的主权要求。也未曾有任何一个国家承认一个独立的西藏。

4月30日

民主德国人民议院代表团对中国进行友好访问。

5月15日

《中国和芬兰1959年度贸易协定》在赫尔辛基签字。

5月20日

《中国和捷克斯洛伐克科学与技术合作议定书》在北京签字。

9月24日

希腊文化代表团访问中国并参加建国十周年庆典。

9月26日

瑞典自然科学家古斯塔夫逊，著名诗人布隆拜、安德逊等3人访问中国并参加国庆典礼。

▲意大利作家勒维率领意大利文化代表团一行5人访问我国并参加建国十周年庆典。

9月27日

西班牙、英国、芬兰、卢森堡、冰岛等党代表团来我国访问并参加建国十周年庆典。

9月30日

挪威共产党代表团来我国访问并参加建国十周年庆典。

11月7日

《中国和匈牙利科学技术合作议定书》在北京签订。

12月14日

英中友协秘书长德里本夫妇访问中国。

第二章　1960年1月—1969年12月

1960年

1月8日

英国陆军元帅蒙哥马利同尼赫鲁就国际形势、印中关系问题座谈。蒙哥马利说，中国有六亿人口，是世界上最大的国家。“我认为，如果联合国中没有中国，我们就不能真正着手解决国际问题。”在讨论世界问题和世界和平的时候，中国是不能被忽视的。

1月18日

《中国和民主德国通商航海条约》《中国和民主德国1960年到1962年交换货物协定》在北京同时签字。

1月19日

中国和民主德国两国政府发表联合新闻公报强调，团结一致坚持斗争，反对美国复活联邦德国和日本军国主义。

1月21日

捷克斯洛伐克对外贸易部部长克拉伊契尔访问中国。

2月1日

意大利共产党举行第九次代表大会。中国共产党中央委员会委员刘长胜在意共第九次代表大会上致词，并宣读中国共产党中央委员会的贺电。

2月2日

《中国和捷克斯洛伐克1960年交换货物和付款议定书》在北京签字。

▲习仲勋副总理接见捷克斯洛伐克对外贸易部部长克拉伊契尔和由他率领的政府贸易代表团全体团员。

2月16日

《中国和匈牙利文化合作协定1960年执行计划》在布达佩斯签字。计划规定，双方将进一步扩大和加强文化、艺术、科学、教育和体育等方面的联系和经验交流。

▲《中国和罗马尼亚文化合作协定1960年执行计划》在布加勒斯特签字。

2月19日

《中国和捷克斯洛伐克文化合作协定1960年执行计划》在北京签字。

2月22日

《中国和波兰1960年货物周转和付款协定》在北京签字。

2月28日

《中国和匈牙利1960年交换货物和付款协定》在北京签字。

2月29日

《中国科学院和罗马尼亚科学院科学合作协定1960年执行计划》在北京签字。

3月15日

《中国和保加利亚1960年换货议定书》在索非亚签字。

▲《中国和罗马尼亚关于1960年交换货物和付款议定书》在北京签字。

▲《中国科学院和保加利亚科学院科学合作1960年执行计划》签字仪式在北京举行。

3月23日

《中国和民主德国1960年换货和付款议定书》在柏林签字。这项议定书是根据中国和民主德国1960年到1962年长期贸易协定签订的。

3月25日

《中国和民主德国文化合作协定1960年执行计划》在柏林换文。

4月5日

法中友好协会代表团访问中国。

4月13日

《中国和民主德国技术与技术科学合作议定书》在北京签订。

4月15日

芬兰共产党第十二次代表大会开幕，中国共产党中央委员会代表吴芝圃应邀出席大会，向代表大会致贺词，并宣读中共中央给大会的贺电。

4 月 17 日

中国妇女代表团赴英国参加英中友协年会并进行参观访问。

4 月 24 日

英中友协代表团访问中国。

4 月 27 日

法中友好协会代表团访问中国。

▲法国《回声报》社长希莱伯及其夫人访问中国。

5 月 5 日

瑞典军事代表团对中国进行友好访问。

5 月 7 日

《中华人民共和国和捷克斯洛伐克共和国领事条约》在布拉格签订。

5 月 11 日

瑞典民主青年联盟代表团访问中国。

5 月 14 日

瑞典工人代表团访问中国。

5 月 18 日

习仲勋副总理在北京接见匈牙利司法部副部长费伦茨博士和由他率领的匈牙利法律工作者代表团全体团员。

5 月 21 日

丹麦共产党主席克努德·耶斯佩森和夫人访问中国。

5 月 24 日

英国蒙哥马利元帅对中国进行访问。陈毅元帅设宴欢迎蒙哥马利元帅。贺龙元帅出席宴会。26 日，周恩来总理同蒙哥马利元帅举行会谈。

5 月 29 日

丹麦宗教事务大臣博迪尔·科克夫人访问中国。

5 月 31 日

意大利新闻工作者代表团访问中国。

6 月 1 日

中华全国新闻工作者协会副主席梅益设宴欢迎意大利新闻工作者代表团。

6月2日

希腊雅典市长佐库拉斯设宴招待中国文化代表团，希腊首都市政委员会全体委员出席作陪。

6月4日

中国共产党中央委员会电贺北爱尔兰共产党代表大会在贝尔法斯特开幕。

7月7日

挪威工人代表团访问中国。

8月1日

瑞士驻中国大使纳维义举行庆祝瑞士联邦国庆招待会。周恩来总理、陈毅和习仲勋副总理等出席招待会。

9月21日

瑞典文化代表团访问中国。

9月23日

意大利文化代表团来我国参观访问。

▲冰岛文化代表团来我国参观访问。

9月24日

卢森堡文化代表团来我国参观访问。

▲瑞典和平代表团一行10人访问中国。

9月25人

挪威文化代表团访问中国。

10月1日

意大利共产党《团结报》发表社论说，由于十一年前中国革命的胜利，世界发生了巨大变化。中国开始进入一个新时期，世界出现新的力量对比。社论说，中国的榜样有力地推动了世界各地的民族解放斗争。殖民主义制度已经分崩离析。社会主义国家是不可征服的。

10月2日

英中友好协会在伦敦市政厅集会，庆祝中华人民共和国成立十一周年。英中友协主席斯坦莱·梅恩致开幕词。中华人民共和国驻英国代办宦乡感谢梅恩和英中友协在促进两国人民的友好和相互了解方面所作出的贡献。

10月20日

《中国和匈牙利科学技术合作议定书》在布达佩斯签订。

10月23日

希腊文化代表团访问中国。

1961年

1月5日

瑞典共产党第十九次代表大会开幕，中国共产党中央委员会委员张际春向大会致词并发贺电。

2月23日

《中国和捷克斯洛伐克科学与技术合作议定书》在布拉格签订。

3月8日

《中国和保加利亚1961年交换货物和付款的议定书》在北京签字。

3月17日

《中国和罗马尼亚文化合作协定1961年执行计划》在北京签字。该项执行计划包括科学教育、文化艺术、展览、电影、新闻广播和体育等方面。

▲挪威共产党第十次代表大会在挪威首都奥斯陆开幕。中国共产党代表、中共中央委员曾山向大会发贺电。

3月31日

英国共产党第二十七次代表大会在伦敦开幕。中国共产党中央委员会向大会致贺词并派代表出席大会。

4月1日

奥地利共产党第十八次代表大会在维也纳召开。中国共产党中央委员会代表、中共中央委员曾山参加大会并致词。

4月4日

《中国和捷克斯洛伐克文化合作协定1961年执行计划》在布拉格签字。

4月10日

《中国和捷克斯洛伐克两国科学院科学合作1961年执行计划》在布拉格签字。

4月11日

《中国和芬兰1960—1961年度两国政府间贸易协定》在赫尔辛基签订。

4月20日

《中国和保加利亚两国科学院科学合作协定1961—1962年执行计划》在索非亚签订。

4月28日

《中国和罗马尼亚两国科学院科学合作协定1961年执行计划》在布加勒斯特签订。

5月15日

《中国和民主德国1961年交换货物和付款议定书》在北京签字。

5月25日

《中国和保加利亚文化合作协定1961年执行计划》在北京签字。

7月7日

《中国和罗马尼亚1961年换货和支付议定书》在布加勒斯特签订。

7月13日

《中国和波兰1961年货物周转和付款协定》在华沙签订。

7月15日

《中国和匈牙利1961年换货和支付议定书》在布达佩斯签字。

9月3日

中保友好协会代表团对保加利亚进行友好访问。

9月6日

英国蒙哥马利元帅由中国人民国防体育协会主任李达上将陪同乘飞机从广州到达北京，对我国进行友好访问。

9月8日

瑞典、挪威、丹麦、芬兰和冰岛五国外长在哥本哈根举行会议后发表公报，强调联大应解决中国在联合国的代表权问题。

9月23日

意大利文化代表团一行3人来我国访问。

9月24日

冰岛统一社会党代表团访问中国。

9月28日

应全国妇联主席蔡畅邀请，比利时伊丽莎白王太后对我国进行友好访问。29日周恩来总理在北京接见伊丽莎白王太后。接见时在座的有国务院副总理陈毅，全国妇联主席蔡畅、副主席许广平。

▲意大利共产党总书记陶里亚蒂接见由彭迪率领的中国新闻工作者代表团。访意期间，代表团访问了意大利议会众议院、意大利总工会和《团结报》，并且同意大利新闻界进行接触。

9月29日

中波友好协会在人民大会堂举行茶会，欢迎波兰政府代表团团长、波中友协主席英德里霍夫斯基和他率领的波兰政府代表团全体贵宾。中波友好协会会长沈雁冰和英德里霍夫斯基团长在茶会上先后讲话。30日国家主席刘少奇在北京接见英德里霍夫斯基主席及其代表团成员。

▲国家主席刘少奇在北京接见匈牙利国民议会代表团团长、国民议会副主席伊斯特万妮及其代表团成员。

▲英国蒙哥马利元帅在访问中国后回国途中，在机场发表谈话说，中国“是在前进”。中国人民精力充沛。西方国家应当同中国交朋友。蒙哥马利重申应该恢复中国在联合国的合法席位。

10月17日—11月8日

中国科学院副院长竺可桢率领中国科学院代表团赴英国访问。

1962年

2月2日

《中国和匈牙利1962年文化合作协定》在布达佩斯签字。

2月11日

匈牙利政府贸易代表团访问我国。

2月17日

《中国和罗马尼亚两国代表团1962年文化合作协定》在布加勒斯特签订。

2月24日

中国人民对外文化协会举办的“瑞士联邦图片展览会”在北京故宫文华殿开幕。

2月28日

《中国与波兰文化合作协定1962年执行计划》在华沙签字。

3月11日

陈毅副总理在北京接见意大利国营碳化氧公司访华代表团全体成员。

3月28日

《中国和波兰1962年货物周转和付款协定》签订。

3月29日

《中国和芬兰1961—1962年度贸易协定》在北京签订。

3月30日

《中国和匈牙利1962年交换货物和付款协定》在北京签订。

▲《中国和保加利亚1962年换货和支付议定书》在索非亚签字。

4月3日

《中国和捷克斯洛伐克文化合作协定1962年执行计划》在北京签字。

4月18日

《中国和保加利亚文化合作协定1962年执行计划》在索非亚签订。

5月16日

国家主席刘少奇打电报给挪威国王奥拉夫五世，祝贺挪威王国国庆。

5月22日

《中国和波兰两国科学院科学合作协议1962年执行计划》在华沙签字。根据这项计划，1962年中波两国科学院将接待双方科学家进行讲学、考察和科学研究工作以及互相交换科学资料等。

5月29日

《中国和罗马尼亚1962年交换货物和付款议定书》在北京签订。

6月25日

《中国和波兰科技合作第九届会议议定书》在华沙签字。

7月17日

《中国和捷克斯洛伐克1962年交换货物和付款议定书》在北京签字。

▲《中国和罗马尼亚科学与技术合作议定书》在布加勒斯特签字。

7月21日

中国党和国家领导人毛泽东、刘少奇、朱德和周恩来致电波兰党和国家领导人，热烈祝贺波兰人民共和国国庆十八周年。

7月23日

《中国和民主德国科技合作议定书》在柏林签订。

8月4日

《中国政府和民主德国1962年换货和付款议定书》在柏林签订。

8月16日

《中国和民主德国文化合作协定1962年执行计划》在柏林签字。

9月13日

《中国和保加利亚科学技术合作议定书》在北京签订。

9月20日

英国著名物理学家孟德尔逊博士应中国物理学会邀请访问我国。

9月24日

捷克斯洛伐克外交部长戴维在联大发言，要求恢复中华人民共和国在联合国的合法权利，而把台湾当局的代表从联合国的所有机构驱逐出去。他还指责美国阻挠恢复中国在联合国的合法席位。

9月27日

国务院副总理兼国防部长林彪元帅打电报给匈牙利国防部长拉约什上将，祝贺匈牙利“武装力量节”。

9月30日

《中国科学院和捷克斯洛伐克科学院1962—1966年科学合作协议和1962—1963年执行计划》在北京签订。

▲波中友协代表团由中波友协副会长蔡楚生陪同参观了中波友好人民公社，受到了社员们的热烈欢迎。

10月3日

匈牙利、保加利亚和罗马尼亚代表在联大发言中都要求恢复中华人民共和国在联合国的合法席位。

10月10日

国务院副总理兼国防部部长林彪元帅电贺波兰人民军建军十九周年。

10月14日

丹麦哥本哈根大学理论物理研究所所长波尔教授夫妇和尼尔森副教授来中国讲学和访问。

11月10日

国家主席刘少奇电贺瑞典国王古斯塔夫六世·阿道尔夫，祝贺他八十寿辰。

11月19日

英国哲学家罗素分别于11月8日、16日和19日三次打电报和写信给周恩来总理，呼吁中印两国在边境冲突中停火和举行谈判。周恩来总理于16日复电，感谢他对中印边界问题所表示的关切。

11月20日

英国哲学家罗素发表声明，欢迎中国政府宣布中国边防部队将主动停火、主动后撤的声明。罗素说，中国政府的声明“应当被作为一个慷慨的行为而予以欢迎”。“只有没有远见的人才会对祝贺中国人作出这个决定的行动吹毛求疵。”

11月21日

中华人民共和国政府关于主动在中印边界全线停火并主动后撤的声明成为西欧国家报纸普遍重视和显著刊登的头号重大新闻。

▲英国《工人日报》发表社论说：“中国政府关于和平结束边境冲突的真诚愿望，清楚地表明：正当中国在取得军事上的胜利时，它实行停火和撤退。”“中国的行动为结束冲突和通过谈判解决边界问题创造了机会。”

▲英国《泰晤士报》在主要版面刊登中国声明的摘要。《每日电讯报》和《每日邮报》也在头版刊登声明的全文。

▲法新社发布消息说，中国政府的声明是“北京采取的惊人的主动态度”，这个声明“向全世界表明北京的和平愿望，表示它不愿意继续打一场即使是胜利的仗”。

▲联邦德国《世界报》和西柏林各报都以头版显著位置报道中国政府的声明，并冠以“来自北京的惊人的命令，自午夜起停火”“北京安排停火”等醒目标题。

▲挪威首都奥斯陆所有的报纸都在头版刊登中国政府关于主动停火的声明。

▲挪共机关报《自由报》在头版用通栏大标题发表声明全文，标题是“中华人民共和国的新的和平建议，从今天下午起停战，后撤”。

▲瑞典首都斯德哥尔摩、丹麦首都哥本哈根的报纸都在头版报道中国政府的声明。

▲英国首相麦克米伦在下院就中国政府的声明回答议员的质询时说，英国“将欢迎（中印边界问题的）和平结局”。“中国的建议是否能构成

可以接受的谈判基础，这要由印度政府来决定。中国的建议使事态向好的方面发展。”

▲英国工党议员锡尔弗曼提议对中国的和平倡议表示欢迎，并且要求英国政府“尽最大力量促成这一争端取得公正和平的解决”。一些工党议员签名附议这个动议。

11月22日

外文出版社出版《中印边界问题》一书的英文、法文、西班牙文版。

11月23日

英国共产党政治委员会发表声明，欢迎中国政府再一次为了和平解决中印边界争端采取主动停火、主动后撤的措施，并呼吁印度总理尼赫鲁立即和中国政府举行谈判，以挫败美国和英国极力煽动印度政府扩大中印边境战火的活动。

▲英国和平主义者、哲学家罗素说，中国“目前提出的不损害双方领土要求的停火建议应该被接受”。“如果中国人已经撤退后印度仍不谈判，那么，可以肯定美国人将被卷入。”他说，“任何想使印度同美国签订军事协定的企图，都将直接地使目前的边界争端变为世界危机”。

11月27日

英国著名诗人和文艺批评家李德说，在中印边界争端中，中国有“很充分的理由”。他指责西方对中国采取“执拗的敌对”态度。

12月1日

中共中央总书记邓小平宴请挪威共产党代表团。

12月2日

毛泽东主席会见挪威共产党代表团。

▲意大利共产党第十次代表大会在罗马开幕。陶里亚蒂在谈到帝国主义本性以及战争与和平问题时，直接攻击中国共产党。指责“帝国主义是纸老虎”这一论断。

12月4日

中国共产党代表赵毅敏在意共第十次代表大会上致辞，对陶里亚蒂无理指责中国共产党发表评论说，中国共产党人对于意大利共产党某些同志在若干重大问题上的观点，是有不同意见的。我们认为，这些观点不符合《莫斯科宣言》和《莫斯科声明》，是不利于国际共产主义运动、不利于无产阶级国际主义团结、不利于反对帝国主义的斗争、不利于保卫世界和平的斗争的，也是不符合意大利人民的根本利益。

12 月 5 日

比利时布鲁塞尔自由大学共产党员学生在布鲁塞尔举行“中国周”。在“中国周”期间，举行中国书籍杂志展览会和放映《万水千山》和《红色娘子军》两部中国影片。

12 月 14 日

中国政府贸易代表团抵达波兰访问。

12 月 19 日

国务院副总理陈毅在北京接见英国工党议员、前英工党内阁部长贝克。

12 月 22 日

英国坎特伯雷教长约翰逊发表圣诞节祝词，支持中国主张通过谈判解决中印边界问题的立场，并要求尼赫鲁接受中国建议。

1963 年

1 月 12 日

中国共产党代表团团长伍修权在德国统一社会党第六次代表大会上致贺词，再次呼吁兄弟党平等协商消除分歧加强团结。

1 月 25 日

英中友好协会在伦敦举行第一次中国当代画展。

2 月 2 日

英国共产党总书记约翰·高兰和政治委员会委员、英国《工人日报》主编乔治·马修斯访问中国。中国共产党中央委员会副主席刘少奇接见马修斯并进行友好会谈。

3 月 20 日

《中国和保加利亚文化合作协定 1963 年执行计划》在北京签字。

4 月 8 日

《中国和罗马尼亚 1963 年换货和付款协定》在布加勒斯特签字。

4 月 10 日

《中国和匈牙利 1963 年换货和付款协定》在布达佩斯签字。

4月19日

《中国和捷克斯洛伐克1963年换货和付款协定》在布拉格签字。

4月20日

《中国和波兰文化合作协定1963年执行计划》在北京签字。

4月28日

英中友好协会第十三次年会通过决议，赞扬中国在中印边界冲突问题上的立场，指出中印冲突责任全在印方，并且要求印度政府同中方政府谈判，以解决中印冲突问题。年会还通过另一项决议，要求恢复中国在联合国的合法权利。

4月30日

《中国和波兰1963年换货和付款协定》在华沙签字。

5月4日

《中国和波兰科学技术合作议定书》在北京签订。

5月15日

《中国和捷克斯洛伐克文化合作协定1963年执行计划》在布拉格签字。

5月25日

《中国和匈牙利文化合作协定1963年执行计划》在北京签字。

5月29日

《中国同芬兰1963年贸易协定》在赫尔辛基签字。

6月8日

《中国和罗马尼亚科学技术合作协定》在北京签订。同时还签订《中国和罗马尼亚科学技术合作委员会第八届会议议定书》。

6月18日

《中国和挪威文化协定》在奥斯陆签订。

6月20日

《中国和保加利亚科学院科学合作1963年执行计划》在北京签字。

6月22日

《中国和民主德国1963年交换货物和付款协定》在北京签订。

7月5日

《中国和罗马尼亚文化合作协定1963年执行计划》在北京签订。

7月6日

《中国科学院和罗马尼亚科学院科学合作协议和两国科学院科学合作协议1963—1964年执行计划》在北京签订。

7月15日

《中国和捷克斯洛伐克科学技术合作联合委员会第十届会议议定书》在布拉格签字。

7月17日

捷克斯洛伐克政府于七月八日无理要求中国政府召回新华社驻布拉格分社3名记者，经我驻捷使馆七月十三日提出强烈抗议并断然拒绝捷方的无理要求后，捷政府今日制造借口要求召回新华社记者，从而制造破坏中捷人民团结、恶化中捷关系严重事件。

7月31日

比利时工会代表团访问中国。

8月22日

毛泽东主席会见比利时工会代表团。中国人民保卫世界和平委员会副主席廖承志会见比利时工会代表团。

▲捷克斯洛伐克政府宣布封闭新华社布拉格分社。这是捷克斯洛伐克政府继七月八日无理要求召回新华社布拉格分社社长黄振声等三同志之后，蓄意恶化中捷两国、两党关系的又一严重步骤。

9月15日

英国“四十八家”组织代表团来中国访问。

10月7日

芬兰政府贸易代表团访问中国。

▲英国路透社总经理杰勒尔德·朗来中国访问。周恩来总理接见总经理杰勒尔德·朗，并回答他所提出的问题。

10月10日

芬兰总理卡尔亚莱宁复函国务院总理周恩来一九六三年八月二日关于全面、彻底、干净、坚决地禁止和销毁核武器和建议召开世界各国政府首脑会议的信件。根据芬兰政府的中立政策，芬兰不会为任何外国的利益在它的领土上接受核武器。芬兰政府一方面认为普遍彻底裁军是最终目标，一方面愿意支持任何旨在防止核武器进一步发展和散布从而和缓国际紧张局势的措施。

10 月 15 日

《中国与民主德国技术和技术科学合作议定书》在北京签订。

10 月 21 日

周恩来总理在北京接见比利时工会工作者。

10 月 22 日

法国参议员、前总理富尔和夫人访问中国。周恩来总理接见富尔和其夫人。

10 月 25 日

中国技术进口公司向英国汉弗瑞斯·格拉斯哥公司订购合成氨成套设备并达成协议，双方在北京签订合同。

10 月 27 日

比利时著名和平人士安多瓦纳·阿拉男爵和夫人访问中国。中国人民保卫世界和平委员会副主席廖承志和夫人设宴欢迎。

10 月 28 日

《中国和芬兰 1964 年贸易协定》在北京签订。

10 月 31 日

国家主席刘少奇在北京接见法国参议员、前总理埃加·富尔和夫人。接见时在座的有：周恩来总理，陈毅副总理，以及张奚若、谢黎、吴晓达等。

11 月 2 日

毛泽东主席在上海接见法国参议员、前总理埃加·富尔和夫人，并同他们进行友好谈话。陪同接见的有周恩来总理、陈毅副总理。

11 月 7 日

法国总理蓬皮杜就中法关系发表谈话，主张发展两国间的贸易和文化关系。

11 月 26 日

《中国和保加利亚科技合作议定书》在索非亚签订。

12 月 12 日

法国外交部长德姆维尔在国民议会外交委员会发表关于法国外交政策的讲话。他表示，鉴于中国市场的重要性，法国愿意同一个有伟大文明的中国发展经济和文化关系。

12月14日

中国技术进口公司向意大利蒙特卡提尼公司订购两套化肥生产设备，双方达成协议并在北京签订合同。

12月27日

《中国和罗马尼亚1964年度交换货物和付款协定》在北京签字。

1964年

1月17日

国务院代总理邓小平在北京接见希腊文化代表团全体成员。

1月19日

毛泽东主席在北京接见希腊文化代表团全体成员。

▲法国议员代表团访问中国。

1月27日

中国和法国建交。

1月28日

意大利东方出版社出版《毛泽东选集》第四卷意大利文版合辑本，书名是:《将革命进行到底》。

▲希腊历史出版社出版希腊文版毛泽东著作《实践论》《矛盾论》和《关于正确处理人民内部矛盾的问题》的合辑本。书名是:《目前形势和我们的任务》。

▲波兰《人民论坛报》发表文章说，法国和中国建交是一个重要政治事件，对此我们深表欢迎。

1月29日

保加利亚《工人事业报》就中法建交发表文章说，法国对中国表现了现实的态度。帝国主义者要对七亿人口的中国实行政治隔离的做法是徒劳的。这一壁垒一定会被打通。这证明不同社会制度国家和平共处原则的自然和积极发展正为所有国家平等合作、为各国人民之间的相互谅解以及维护世界和平的事业开辟道路。

▲捷克斯洛伐克《劳动报》发表署名评论文章公然攻击中国说，中国同法国建交是企图摆脱“孤立”。它说：“基于双方都力图摆脱一定的孤立，两国通过中法协议相会在一起了。”

▲匈牙利《人民自由报》就中法建交发表署名评论说，法国不管美国公开的威胁和抗议而承认中华人民共和国，这给美国一记道义上的耳光。

▲罗马尼亚《火花报》发表文章说，中法建交是理智和现实主义的政治行动，是国际生活中具有重大意义的事件，它符合和平和国际舞台上关系正常化的利益。

1月30日

毛泽东主席接见以弗朗索瓦—贝纳尔为首的法国议员代表团全体成员，同他们进行友好谈话。

1月31日

《中国和匈牙利广播电视合作协定》在北京签订。

2月1日

比利时共产党政治局通过决议，欢迎中、法两国建交。决议说，中法两国建交是“不同社会制度国家之间和平共处政策的一个成就”，只有美帝国主义和它的仆从对这一行动表示不满。决议要求比利时政府“同唯一合法的中华人民共和国政府建立外交关系”。

2月5日

李先念副总理接见波兰政府贸易代表团，并同他们进行友好谈话。

▲《中国和波兰1964年货物周转和付款协定》在北京签字。

2月10日

台湾当局发表声明，宣布自2月10日起同法国政府“断绝外交关系”。

3月20日

比利时中国协会秘书长胡斯曼夫人来中国访问。4月2日，周恩来总理在北京接见胡斯曼夫人。

3月21日

《中国和保加利亚文化合作协定1964年执行计划》在索非亚签字。

3月24日

《中国和匈牙利文化合作协定1964年执行计划》在布达佩斯签字。

3月25日

中国共产党中央委员会电贺荷兰共产党第二十一次全国代表大会开幕。

3 月 28 日

《中国和匈牙利 1964 年交换货物和付款协定》在北京签字。

3 月 29 日

比利时布鲁塞尔大学理学院院长布罗歇尔教授访问中国。中国科学院秘书长杜润生举行宴会欢迎客人。

3 月 30 日

《中国科学院和波兰科学院科学合作协议 1963—1964 年执行计划》在北京签字。

4 月 3 日

捷克斯洛伐克政府贸易代表团访问中国。

4 月 6 日

李先念副总理在北京接见由比中协会经济委员会主席、经济学家罗治率领的比利时经济贸易代表团。

4 月 9 日

《中—挪文化协定》开始生效。该协定于 1963 年 6 月 18 日在奥斯陆签订。

4 月 10 日

比利时共产党机关刊物《人民之声》（第十五期）发表社论，谴责苏共领导发表苏共中央二月全会的反华报告。

4 月 14 日

《中国政府和保加利亚政府关于 1964 年交换货物和付款的协定》在索非亚签字。

4 月 22 日

荷兰经济代表团一行 31 人对中国进行友好访问。5 月 1 日，周恩来总理接见代表团成员。

4 月 24 日

以巴克教授及夫人等 9 人组成的比利时科学家代表团对我国进行友好访问。

▲《中国和捷克斯洛伐克 1964 年交换货物和付款协定》在北京签字。

4 月 25 日

英国科学仪器展览在北京闭幕。展出期间，共有 14000 人前往参观，中英两国技术人员举行十多次专业座谈。

4 月 28 日

法国外交部长德姆维尔就法国外交政策发表演说指出，中国作为强国出现是重大事件，法中建交符合法国利益。

5 月 5 日

中国国际贸促会副主席萧方洲和荷兰经济代表团团长伯赫在广州互相交换有关进一步促进两国间经贸关系的信件。

5 月 14 日

挪威《政治》杂志发表文章说，"《毛泽东选集》是关心政治的工人阶级应该学习的书籍，他们将从中得到教益"，"以毛泽东为首的中国共产党人根据马克思的理论引导自己的国家走上发展的道路"。

5 月 27 日

《中国和捷克斯洛伐克文化合作协定 1964 年执行计划》在北京签订。

5 月 28 日

应周恩来总理和夫人邓颖超邀请，年已九十高龄的英国前坎特伯雷教长约翰逊和夫人来我国访问。约翰逊先生是在中华人民共和国成立以来第四次来我国访问。

5 月 31 日

法国驻中华人民共和国首任特命全权大使佩耶向刘少奇主席递交国书。

6 月 6 日

毛泽东主席的《实践论》《矛盾论》和《关于正确处理人民内部矛盾的问题》等三篇著作，在瑞士被翻译成法文出版。合辑本书名是：《毛泽东哲学著作》。

▲希腊历史出版社把毛泽东主席关于军事问题的若干篇论文翻译成了希腊文，并合辑成《毛泽东军事文选》出版并发行。

▲中国驻法国首任特命全权大使黄镇在法国总统府向法国总统戴高乐递交国书。

6 月 18 日

《延长中国和波兰科学技术合作协定有效期限的议定书》在华沙举行签字仪式。

7 月 3 日

英国著名学者、英中友好协会会长李约瑟博士及其夫人访问中国。

7月9日

《中国与民主德国技术和技术科学合作议定书》在柏林签字。

7月13日

国家主席刘少奇打电报给法国总统戴高乐，祝贺法国国庆。

▲中共中央打电报给法共中央，吊唁法共主席多列士逝世。

8月1日

《中国和民主德国1964年换货和付款协定》在柏林签字。

8月2日

英国皇家学会会员、低温物理学家库尔堤博士及其夫人来中国访学。

8月15日

陈毅副总理在北京接见法国马赛法中友协分会负责人德尚。陈毅副总理对法国客人们所做的法中友好工作表示赞扬，希望法中友好工作进一步发展。

9月2日

《中国和民主德国文化合作协定1964年执行计划》在柏林签字。

▲瑞典"火炬社"代表团访问中国。

9月5日

法国技术展览会在北京开幕。陈毅副总理出席开幕式。

▲国务院副总理谭震林在北京接见荷兰社会学教授魏特汉。

9月15日

冰岛贸易和文化部长吉斯拉森和夫人访问中国。

9月18日

英国剑桥大学教授、数学家拉普伍德来中国访学。

9月20日

奥地利联邦商会代表团访问中国。24日陈毅副总理接见代表团全体成员。

▲法国巴黎商会旅行团和外国经济研究团到达北京。

9月24日

《中国科学院和保加利亚科学院合作协定1964—1965年执行计划》在索非亚签字。

9月25日

法国经济学家贝特兰教授访问中国。10月12日，薄一波副总理接见贝特兰教授，同他们就中国的经济建设等问题进行座谈。

9月28日

《中国和捷克斯洛伐克科学与技术合作议定书》在北京签订。

10月2日

全国人大常委会委员长朱德接见瑞典“火炬社”青年代表团。

▲周恩来总理在北京接见英国访华小组全体成员。

10月13日

中国技术进口公司同法国舍赛尔公司就向法国购买石油勘探设备达成协议。双方在北京签订合同。

10月18日

中国国际贸促会主席南汉宸宴请由法国科学组织总会会长埃克率领的法国科学组织总会旅行团。

10月19日

英国著名作家菲利克斯·格林赞扬中国核试验成功是对亚洲、非洲和拉丁美洲人民的鼓舞。

10月20日

比利时阿拉男爵发来电报，祝贺我国第一颗原子弹爆炸成功。

10月21日

法国报纸在评论中国第一颗原子弹爆炸成功时指出，中国的科学技术已经在没有外援的情况下取得重大成就。

▲法国宣传部长佩雷菲特说，中国爆炸原子弹“有使世界力量对比发生某种程度变化之势，人们必须注意这一事实，拥有核武器的五国正是签署建立联合国旧金山宪章的五国”。

10月28日

中国国际贸促会主席南汉宸举行宴会，欢迎英国中英贸易理事会主席、英国机械及科学仪器展览会主席约翰·凯济克及其随行人员。

11月3日

周恩来总理在北京接见英国贸易大臣贾埃。

11月14日

《鲁迅选集》瑞典文译本在瑞典出版。

11月23—28日

以廖承志为首的中国人民保卫世界和平委员会代表团访问意大利并同

意大利和平委员会代理主席卢查托举行会谈。双方发表联合公报。公报说：双方就承认中华人民共和国的国际权利，为争取在中意之间建立正常关系而采取行动、为反对建立北大西洋公约组织多边核力量的危险而采取共同行动、美国在南越的侵略和援助南越人民争取解放的英勇斗争进行了讨论。

11 月 26 日

《中国科学院和民主德国科学院科学合作年度执行计划》在北京签订。

11 月 30 日

中国和意大利达成旨在促进两国民间经贸关系、并在中意两国互设民间性商务代表办事处协议。双方同意尽快在北京和罗马分别成立商务代表办事处。

12 月 3 日

中国技术进口公司同瑞典国际加气混凝土公司就中国购买生产加气混凝土成套设备达成协议，双方在北京签订合同。

12 月 19 日

为期一周的中国图书展览会在瑞典皇家图书馆开幕。

12 月 21 日

英国首相威尔逊复信周恩来总理，无理攻击中国核试验并反对我政府建议。

12 月 27 日

中国科学院副院长李四光设宴欢迎来我国讲学和访问的英国剑桥大学地质系古地磁学家哈兰博士。

1965 年

1 月 8 日

法国驻华大使佩耶拜会陈毅副总理兼外交部长，双方就两国共同关心的重要问题进行友好谈话。

1 月 22 日

荷兰代首相比舒维尔就中国政府关于全面禁止和彻底销毁核武器建议复信周恩来总理。对中国政府作出的进行核爆炸的决定，深感遗憾。诚恳地呼吁中国政府重新考虑它在这个问题上的立场。

2 月 1 日

比利时共产党政治局发表一项决议，谴责美—比在布隆迪策动新的反华阴谋。

3 月 12 日

瑞典首相就中国政府全面禁止和彻底销毁核武器建议给周恩来总理复信。

3 月 22 日

芬兰大使托依伏拉向中国外交部转达芬兰政府就中国政府全面禁止和彻底销毁核武器建议给周恩来总理的复信。表达了芬兰政府关于核武器的观点，并表示，这些观点仍然未变。

3 月 26 日

《中国和匈牙利 1965 年换货和支付协定》在布达佩斯签字。

4 月 8 日

《中国和捷克斯洛伐克 1965 年交换货物和付款协定》在布拉格签订。

4 月 10 日

瑞典阿特拉斯公司展览会在北京展览馆开幕。

4 月 12 日

中国机械进出口公司同法国大西洋造船厂在北京签订客货船建造合同。这是中法建交后，签订的第三个船舶合同。

4 月 21 日

罗马尼亚代表团发表声明，反对台湾当局的代表窃据中国席位，出席联合国欧洲经济委员会第二十届会议。

4 月 23 日

意大利人造丝公司向中国纺织品进出口公司出售价值约 26 亿里拉的人造丝和人造棉合同在罗马签字。

4 月 26 日

挪威工商代表团访问中国。

▲《中国和波兰科学技术合作议定书》在北京签订。

5 月 3 日

《中国和民主德国政府文化合作协定 1965 年执行计划》在北京签字。

5 月 5 日

《中国和波兰文化合作协定 1965 年执行计划》在北京签字。

5月9日

丹麦议员、前大臣、战时抗德运动领导人雅科布森对中国进行友好访问。

5月13日

《中国和保加利亚两国文化合作协定1965年执行计划》在北京签字。

5月15日

《中国和罗马尼亚两国科学技术合作议定书》在北京签字。

▲英中了解协会在伦敦成立。成立大会由英国皇家学会会员、剑桥大学冈维尔—卡耶斯学院院长李约瑟博士主持。他指出，协会的主要宗旨是向英国人民介绍中国的生活和成就。它将帮助人们毫无偏见地、抱着友好的愿望去了解中国人民的想法和看法。他相信，这个协会将对国际和平和互相了解作出巨大贡献。

5月27日

《中国和罗马尼亚文化合作协定》在布加勒斯特签字。

5月28日

《中国和匈牙利科学技术合作议定书》在北京签字。

6月4日

应瑞典、丹麦、挪威、芬兰政府的邀请，中国经济贸易代表团前往上述国家进行访问。

6月5日

《中国和匈牙利文化合作协定1965年执行计划》在北京签字。

6月18日

《中国和捷克斯洛伐克文化合作协定1965年执行计划》在布拉格签订。

6月25日

中国外交部复照通知英国政府，中国政府严正拒绝一个以英国为首、包括另外三个英联邦国家政府首脑的代表团就越南问题前来北京访问。

7月4日

比利时工会工作者友好代表团访问中国。

7月7日

挪威商业和航运大臣赖伊设宴招待中国政府经济贸易代表团。双方在讲话中表示希望进一步发展中国和挪威两国间的贸易和友好关系。

7月15日

《中国政府和民主德国政府关于互派大学生、研究生和进修生的协定》在北京签订。

7月20日

法国国务部长马尔罗对中国进行正式访问。8月2日，周恩来总理接见马尔罗部长。

9月8日

朱德委员长接见法国国民议会议员代表团团长、国民议会副议长帕斯基尼和代表团全体成员。

9月9日

中国政府经济贸易代表团访问芬兰。芬兰总统吉科宁和夫人在总统府接见并宴请代表团成员。双方希望中芬两国的友好关系和贸易关系得到进一步发展。

9月20日

英国英中了解协会代表团来中国参加国庆典礼，并进行友好访问。

9月26日

由对外文化联络委员会副主任宋一平率领的中国政府文化代表团访问法国。

10月1日

《中国和法国政府1965—1966年文化交流执行计划》在巴黎签订。

11月2日

巴黎最大百货公司之一拉斐德公司即日开始举行大规模中国商品展览和销售。这反映法国各阶层对中国商品的喜好。展出的中国商品，包括工艺品、绸缎、瓷器、刺绣和地毯等。

11月21日

芬兰政府贸易代表团访问中国。

11月22日—12月4日

法国工业展览会在北京展览馆举行。共有22万多人参观了展览会。在此期间，中法两国有关部门人士举行了技术座谈会，互相交流经验。

▲《中国和民主德国技术和技术科学合作议定书》在北京签字。

11月23日

《中国和芬兰1966年贸易协定》在北京签订。

11 月 30 日

周恩来总理接见参加法国工业展览会的法国外交部长代表肖维尔。

12 月 1 日

《中国和罗马尼亚两国科学院 1965—1966 年科学合作执行计划》在布加勒斯特签字。

12 月 23 日

《中国科学院和捷克斯洛伐克科学院 1966—1967 年科学合作执行计划》在布拉格签字。

1966 年

1 月 17 日

捷克斯洛伐克政府贸易代表团访问中国。

3 月 2 日

毛泽东主席著作和中国书画展览会在挪威首都奥斯陆举行。

3 月 7 日

波兰政府贸易代表团访问中国。

3 月 16 日

《中国和保加利亚 1966 年换货和付款协定》在索非亚签字。

3 月 20 日

瑞典皇家工程技术科学院副院长马姆斯特罗姆访问中国。

3 月 22 日

《中国和波兰 1966 年货物交换和付款协定》在北京签订。

3 月 25 日

《中国和民主德国 1966 年换货和付款协定》在柏林签字。

4 月 16 日

丹麦、芬兰、挪威和瑞典四国媒体记者来中国访问。

4 月 27 日

芬中协会主席台朗尼率团访问中国。

4 月 30 日

《中国和挪威 1966—1967 年文化交流计划》在北京签字。

5月10日

法国《费加罗报》报道中国核爆炸所用的通栏标题是：《中国在核方面的“跃进”》。文章说，这次新爆炸使中国“进入热核大国的行列”。它“证实了，中国作为一个核大国，不仅在军事上，而且在工业和科学上所取得的创纪录惊人进步”。

5月11日

《中国和捷克斯洛伐克文化合作协定1966年执行计划》在北京签订。

6月1日

《中国和法国航空交通协定》在巴黎签订。

6月24日

《中国和波兰文化合作协定1966年执行计划》在华沙签字。

7月4日

《中国和民主德国技术与技术科学合作议定书》在柏林签字。

7月8日

意大利东方出版社出版意大利文《毛泽东军事文选》。

7月20日

《中国和匈牙利文化合作协定1966年执行计划》在布达佩斯签字。

7月21日

法国共产主义运动（马克思列宁主义）在巴黎举行第一次代表大会，热烈赞扬毛泽东思想在反对现代修正主义斗争中作出了历史性的贡献。

7月22日

《中国和民主德国文化合作协定1966年执行计划》在柏林签订。

7月25日

《中国和法国关于相互提供技术服务议定书》在北京签订。

9月20日

中法两国巴黎—上海航线正式开航。

10月6日

比利时工业展览会在北京农业展览馆举行。

10月28日

《中国和捷克斯洛伐克科学技术合作议定书》在北京签字。

10月30日

《新华社讯》：中国发射导弹核武器试验成功的消息，引起西欧国家媒体广泛关注，认为中国这个成就沉重打击了美苏勾结保持的核垄断地位。

1967年

1月3日

法国共产主义运动（马克思列宁主义）中央委员会书记马尔蒂致电中共中央和国务院，祝贺我国成功进行新的核爆炸。

1月31日

《中国和保加利亚1967年交换货物和付款协定》在北京签字。

2月14日

《中国和罗马尼亚1967年换货和付款协定》在布加勒斯特签字。

2月27日

《中国和保加利亚科学技术合作议定书》在北京签订。

3月1日

丹麦工业展览会在北京农业展览馆举行。展出期间，中丹双方科技、贸易人员进行技术经验交流和贸易洽谈。

3月20日

法国政府把中国在巴黎的两处房产正式交还给中国驻法国大使馆。这两处房产是法1964年承认中华人民共和国以前，分别由台湾当局驻法国的伪“大使馆”和伪“总领事馆”使用。

4月25日

《中国同芬兰1967年贸易协定》在赫尔辛基签订。协议规定，自今年7月1日起，中芬两国贸易付款将通过两国银行新开立的芬兰马克账户进行，取消使用卢布清算。

6月22日

《中国和匈牙利1967年交换货物和付款协定》在布达佩斯签字。

6月30日

《中国和波兰1967年交换货物和付款协定》在华沙签订。

7月11日

中国外交部西欧司负责人召见英国驻华代办霍普森，就港英当局无理逮捕新华社香港分社记者薛平以及不断对分社工作人员进行挑衅和迫害，提出最强烈的抗议。

7月25日

意中文化友好关系协会访华代表团访问我国。

9月27日

挪威地区工会代表团对中国进行友好访问。

10月13日

《中国和罗马尼亚科学技术合作议定书》在北京签订。

10月17日

《中国和波兰科学技术合作议定书》在北京签字。

12月30日

《中国和罗马尼亚1968年度交换货物和付款协定》在北京签订。

1968年

1月20日

《中国和芬兰1968年贸易协定》在北京签订。

1月29日

意大利共产党（马克思列宁主义）中央政治思想工作委员会发表公报，号召党的各级组织和党员开展学习毛泽东思想的运动。

3月1日

瑞典进步青年组织“火炬社”在斯德哥尔摩举行代表大会，大会通过决议，“火炬社”将用“把马克思列宁主义和毛泽东思想与实际相结合的方法来教育青年”。

3月10日

意大利共产党（马克思列宁主义）总书记迪努齐在党的第二次全国组织工作会议上，高度赞扬毛泽东思想，并号召全党认真学习毛泽东主席著作，把毛泽东主席的教导运用到意大利革命实践中去。

3月26日

《中国和捷克斯洛伐克1968年度交换货物和付款协定》在北京签字。

4月2日

《中国和保加利亚1968年度交换货物和付款协定》在索非亚签字。

4月9日

《中国和波兰1968年度交换货物和付款协定》在北京签字。

3 月 24 日

比利时左派刊物《光明》周刊发表文章，严正谴责苏联对中国进行武装挑衅。

3 月 26 日

法国马克思列宁主义共产党写信给中共中央委员会，严正谴责苏联对中国发动武装挑衅。

▲奥地利马克思列宁主义党中央委员会发表声明，严厉谴责苏联对中国进行武装挑衅。

3 月 28 日

侨居外国的希腊共产党马克思列宁主义小组发表声明，强烈谴责苏联对中国进行武装挑衅。

4 月 5 日

德国共产党（马克思列宁主义者）中央委员会发表声明，强烈谴责苏联对中国的武装挑衅，坚决支持中国人民反苏斗争。

4 月 21 日

法国《红色人道报》发表文章，谴责苏联对中国进行武装挑衅。

4 月 22 日

《中国和芬兰 1969 年贸易协定》在赫尔辛基签订。

5 月 4 日

《毛泽东著作选读》瑞典文版在瑞典出版。同时出版和再版的还有《毛泽东选集》第二卷和《毛主席语录》。

5 月 23 日

法国机床及公共工程器械展览会在北京开幕。

6 月 16 日

《中国和捷克斯洛伐克 1969 年度贸易协定》在布拉格签字。

7 月 4 日

《中国和保加利亚 1969 年度贸易协定》在北京签字。

7 月 7 日

《中国和民主德国 1969 年度交换货物和付款协定》在北京签字。

8 月 5 日

《中国和匈牙利 1969 年交换货物和付款协定》在布达佩斯签字。

8 月 7 日

《中国和波兰 1969 年交换货物和付款协定》在华沙签字。

9 月 12 日

瑞典皇家图书馆举办的中国图书和绘画展览会在斯德哥尔摩开幕。

9 月 15 日

英国“中国之友”在伦敦放映中国大型纪录影片《新沙皇的反华暴行》。

9 月 27 日

瑞典马列主义者共产主义联盟主席贡·比林率团前来参加中华人民共和国成立二十周年庆祝活动。

10 月 30 日

波兰共产党中央委员会向中国政府和人民，对中国今年九月进行的新的原子武器试验成功和首次地下核爆炸，致以热烈的和衷心的祝贺。

12 月 7 日—1970 年 1 月 13 日

法国马克思列宁主义共产党人代表团访问中国。

第三章　1970 年 1 月—1979 年 12 月

1970 年

1 月 19 日

《中国和阿尔巴尼亚 1970 年交换货物和付款议定书》，以及《阿尔巴尼亚 1970 年使用中国贷款的议定书》，在地拉那签字。

1 月 31 日

《中国和芬兰 1970 年贸易协定》在北京签字。

3 月 28 日

《中国和罗马尼亚 1970 年度贸易协定》在北京签字。

4 月 25 日

瑞典马列主义者共产主义联盟电贺中共中央，祝贺中国第一颗人造地球卫星发射成功。

▲瑞典“火炬社”发来贺电，祝贺中国成功发射第一颗人造地球卫星。

4 月 26 日

比利时马克思列宁主义共产党中央委员会电贺中共中央，祝贺中国第一颗人造地球卫星发射成功。

▲荷兰马克思列宁主义党中央委员会发来贺电，祝贺中国成功地发射第一颗人造地球卫星。

▲荷兰马列主义者同盟祝贺中国成功地发射第一颗人造卫星。

▲挪威社会主义青年联盟（马克思列宁主义者）中央委员会发来贺电，祝贺中国成功地发射第一颗人造地球卫星。

4月27日

希腊马列主义组织发来电贺中共中央，祝贺中国第一颗人造卫星发射成功。

▲丹麦共产主义联盟（马克思列宁主义）中央委员会发来贺信。祝贺中国成功地发射第一颗人造地球卫星。

▲西班牙共产党（马克思列宁主义）执行委员会发来贺电，祝贺中国成功地发射第一颗人造地球卫星。

4月28日

瑞士共产党人组织发来贺电，热烈祝贺中国成功地发射第一颗人造地球卫星。

4月29日

英国共产党（马克思列宁主义）书记处电贺中国驻英代办处，祝贺中国成功地发射第一颗人造地球卫星。

5月7日

芬兰赫尔辛基马列主义者协会执行委员会发来贺电，祝贺中国第一颗人造地球卫星发射成功。

5月15日

法国、摩洛哥和英国政府部长、大臣发来贺电，祝贺中国成功地发射第一颗人造地球卫星。

5月28日

法国《红色人道报》发表文章，热烈拥护毛泽东主席5月20日发表支持世界人民反对美帝斗争的庄严声明。

6月17日

《中国和捷克斯洛伐克1970年度交换货物和付款协定》在北京签字。

6月24日

法国《红色人道报》在巴黎举行集会，热烈拥护中国人民的伟大领袖毛泽东主席5月20日发表的支持世界人民反美斗争的庄严声明。

6月30日

《中国和民主德国1970年度换货和支付协定》在柏林签字。

7月2日

《中国和波兰1970年货物交换和付款协定》在北京签字。

7 月 3 日

李先念副总理会见波兰航运代表团和波兰政府贸易代表团全体成员。

7 月 7 日

法国政府代表团对中国进行友好访问。这是 1964 年中法两国建交以来法国政府成员第一次到中国进行正式访问

7 月 24 日

《中国和匈牙利 1970 年度交换货物和付款协定》在北京签字。

8 月 29 日

匈牙利副总理拉约什接见中国政府农业代表团团长、中国驻匈牙利大使吕志先。

8 月 31 日

《中国和保加利亚关于 1970 年交换货物和付款协定》在索非亚签字。

10 月 20 日

“中国和罗马尼亚科学技术合作委员会第十三届会议”在布加勒斯特圆满结束，并签订会议议定书。

▲联邦德国汉堡的学生和青年举行“中国周”展览，庆祝中华人民共和国成立二十一周年。展览会场内展出了毛泽东主席的著作以及多种中国书刊。

11 月 6 日

中国和意大利建立外交关系并发表联合公报。

11 月 10 日

瑞典内阁成员、国务大臣洛夫贝里访问中国，并参加瑞典驻中国大使馆新馆舍奠基仪式。

11 月 11 日

毛泽东主席就法国前总统戴高乐将军逝世致唁电给戴高乐夫人，对戴高乐将军不幸逝世表示诚挚的悼念和敬意。

▲为悼念法国前总统戴高乐将军逝世，北京天安门广场、新华门前和外交部三处下半旗致哀。

▲法国、瑞士等西欧报界人士对中意建交表示欢迎，认为是中国外交政策的胜利。法国《世界报》社论说，中意建交是中国外交政策“取得的一项重大成就”，这“表明华盛顿长期以来强加于（西欧）大陆的那个方针越来越行不通了”。

11月25日

中国和罗马尼亚两国政府《关于中国向罗马尼亚提供长期无息贷款的协定》在北京签字。

12月22日

英国共产党（马列）主席雷格·伯奇率团对中国进行友好访问。

12月28日

英国《卫报》发表文章指出，中国对东海大陆架拥有主权。文章说，一九五八年关于大陆架的日内瓦协议规定，沿海国家对“水深二百米或超过这个深度而水深允许开发天然资源”的大陆架行使主权。

1971年

1月7日

卢森堡—中国友好协会代表团对中国进行友好访问。

2月8日

《中国和芬兰1971年政府贸易协定》在芬兰首都赫尔辛基签字。

3月22日

中国和罗马尼亚《关于中国向罗马尼亚提供成套项目和技术援助的议定书》等文件在北京签字。当天签署的其他文件是：《关于中国向罗马尼亚提供成套设备和材料交付条件的议定书》《关于中国派往罗马尼亚的工程技术人员待遇和工作条件的议定书》。

4月3日

以潘恩为团长的英中了解协会访华团一行16人对我国进行友好访问。

4月20日

中国首任驻意大利特命全权大使沈平向意大利总统萨拉盖特递交国书。

4月28日

《中国和匈牙利1971年交换货物和付款协定》在北京签字。

5月2日

芬兰—中国协会在赫尔辛基举行集会，庆祝芬兰—中国协会成立二十周年。

5月18日

意大利政府经济代表团访问中国。

▲《中国和民主德国1971年交换货物和付款协定》在北京签字。

▲《中国和捷克斯洛伐克1971年度换货和付款协定》在布拉格签字。

5月19日

中国代表团访问匈牙利。

5月25日

芬中协会访华团一行18人对中国进行参观访问。

5月27日—6月12日

意大利中国文化友好关系协会在罗马举办《中国社会主义建设成就》照片展览。中国驻意大利临时代办冯贤弼以及意大利政治和文化界著名人士出席开幕式。

5月28日

中国和奥地利建立正式外交关系。

5月31日

《中国和波兰1971年货物交换和付款协定》在华沙签字。

6月9日

《中国和罗马尼亚联合公报》在北京签字。

6月22日

瑞典"火炬社"访华团访问中国。

7月13日

《毛泽东选集》第三卷意大利文版由意大利东方出版社翻译出版。

▲瑞典中国友好联合会访华团对中国进行友好访问。

7月17日

由法国国民议会文化、家庭和社会事务委员会主席佩雷菲特率领的法国议会代表团访问中国。

7月18日

丹麦青年访华团访问中国。

7月20日

英中了解协会代表团对中国进行友好访问。

8月3日

卢森堡—中国友好协会访华团访问中国。

8 月 8 日

挪威中国友好协会访华团访问中国。

8 月 21 日

瑞士邮政和航空代表团对中国进行友好访问。

▲丹麦—中国文化协会友好访华团访问中国。

8 月 24 日

奥地利经济代表团对中国进行友好访问。

8 月 27 日

周恩来总理会见奥地利联邦商会主席赛林格和由他率领的奥地利经济代表团全体成员。

9 月 1 日

瑞典政府代表团对中国进行友好访问。

9 月 3 日

挪威执政党工党机关报《工人报》发表题为《不存在两个中国》的社论，谴责美国制造“两个中国”的阴谋。社论表示挪威支持要求恢复中华人民共和国在联合国的合法权利。

9 月 11 日

英国前工党政府工艺大臣本和夫人对中国进行友好访问。

9 月 13 日

芬兰对外贸易和计划部部长马蒂拉在政府大厦会见中国政府贸易代表团。

9 月 17 日

芬兰总统吉科宁在赫尔辛基接见正在芬兰访问的中国政府贸易代表团团长、对外贸易部副部长周化民，同他进行了友好的谈话。

9 月 18 日

中国交通部代表团对波兰进行访问。

9 月 19 日

中国政府贸易代表团在结束对芬兰的访问以后抵达斯德哥尔摩进行友好访问。

9 月 20 日

瑞典商业大臣费尔特接见中国政府贸易代表团全体成员。

9月24日

瑞士日内瓦国际高等学院院长弗雷蒙夫妇对中国进行友好访问。

9月25日

英国友好人士麦克唐纳先生访问中国。

9月27日

中国政府代表团前往法国进行友好访问。

▲中国政府贸易代表团前往挪威进行友好访问。挪威首相布拉特利接见中国政府贸易代表团。

9月28日

英国工会代表团对中国进行友好访问。

10月4日

中国政府贸易代表团赴丹麦进行友好访问。

10月25日

中国和比利时建立外交关系。

10月28日

中国和罗马尼亚《关于中国给予罗马尼亚长期无息贷款协定》在北京签字。

▲中国政府经济代表团对意大利进行友好访问。29日，意大利政府总理科隆博接见代表团成员。中国和意大利两国在罗马签订贸易和支付协定。

11月4日

法国《红色人道报》发表题为《中国进入联合国是革命人民的胜利》的社论，欢迎恢复中华人民共和国在联合国的合法权利。

11月8日

意大利前副总理、前外交部长、终身参议员南尼及其随行人员访问中国。

11月16日

以总书记卡里略为首的西班牙共产党代表团访问中国。

11月17日

奥地利经济代表团一行26人在参加了我国秋季广交会后乘飞机到达北京访问。

▲《毛泽东选集》第三卷瑞典文版在瑞典出版发行。至此，《毛泽东

选集》一至四卷瑞典文版全部出版。

11月18日

《中国和芬兰1972年度贸易协定》在北京签字。这是中芬两国政府间签订的第二十个贸易协定。

▲比利时比中协会经济委员会代表团访问中国。

11月22日

英国苏格兰发展和工业理事会主席克莱德斯米尔等访问中国。

11月26日

《中国和罗马尼亚1972交换货物和付款议定书》在北京签字。

▲奥地利首任驻中华人民共和国特命全权大使汉斯·塔尔贝格向董必武副主席递交国书。

11月28日

由荷兰贸易促进委员会主席范登堡团长率领的荷兰经济代表团访问中国。

11月30日

芬中协会访华团对我国进行友好访问。

12月5日

中国政府和阿尔巴尼亚政府《关于1972年交换货物和付款议定书》以及《关于阿尔巴尼亚1972年使用中国贷款的议定书》在地拉那签字。

12月8日

中国和冰岛建立外交关系，双方发表联合公报。

12月14日

中国和塞浦路斯建立外交关系。

1972年

1月22日

周恩来总理会见法国国民议会外交委员会主席德布罗伊和由他率领的法国国民议会外交委员会官方代表团。

1月31日

中国和马耳他建立外交关系，并发表联合公报。

2月10日

《中国和捷克斯洛伐克1972年交换货物和付款协定》在北京签字。

3月6日

丹麦工业展览会在北京开幕。展览会期间，首都群众近10万人前往参观。中丹两国的技术人员一共进行了70多个项目的技术交流座谈。

3月13日

中英两国达成互换大使协议。两国外交代表由代办升格为大使。

3月14日

《中国和罗马尼亚科学技术合作委员会第十四届会议议定书》在北京签字。

《中国和匈牙利1972年交换货物和付款协定》在北京签字。

3月16日

《中国和波兰1972年货物交换和付款协定》在北京签字。

4月2日

马耳他政府代表团访问中国。周恩来总理宴请马耳他政府代表团并发表讲话。4月8日，中马两国政府在广州签订《关于中国向马耳他提供长期无息贷款的协定》。国务院总理周恩来和马耳他总理明托夫分别代表本国政府在协定上签字。

4月3—13日

瑞典工业展览会在北京展览馆举行。展览会期间，首都群众近20万人前往参观。中国、瑞典两国的技术人员进行了250多个项目的技术交流座谈。

4月7日

《中国和罗马尼亚民用航空运输协定》在布加勒斯特签字。

▲英国保守党议员丘吉尔及夫人对中国进行友好访问。

4月9日

对外贸易部副部长李强会见中英贸易协会访华小组全体成员。

4月10日

中意混合委员会在北京举行第一次会议。双方代表就发展中意贸易交换意见。

4月13日

国务院总理周恩来、外交部副部长乔冠华、外贸部副部长李强会见中英贸易协会主席凯瑟克和夫人、英国保守党议员丘吉尔和夫人以及英国首任驻中国大使艾惕思。

▲人大常委会副委员长郭沫若和于立群会见英国保守党议员丘吉尔和夫人。

4月18日

《中国和保加利亚关于1972年交换货物和付款协定》在索非亚签订。

4月24日

《中国和民主德国1972年交换货物和付款协定》在柏林签字。

5月5日

《中国和波兰海运公司管理委员会第二十二次会议议定书》在华沙签字。

5月11日

瑞士激进民主党主席、瑞士日内瓦州政府主席施米特及夫人访问中国。

5月16日

中国和荷兰签署两国外交关系升格为大使级的联合公报。

▲《中国和匈牙利科学技术合作委员会第十一届会议议定书》在北京签字。

5月24日

比利时首任驻中国特命全权大使雅克·格鲁特哈特向董必武代主席递交国书。

5月26日

芬兰—中国协会访华团对我国进行友好访问。

5月27日

由艾伦·霍奇金爵士率领的英国皇家学会代表团离开北京去我国南方访问后回国。

6月5日

中国和希腊建立外交关系。

6月7日

奥地利外交部长基希施莱格和商业部长施塔里巴赫尔分别接见中国国际贸易促进委员会代表团。

6 月 9 日

瑞士巴塞尔大学学生文化委员会举行关于中华人民共和国的“介绍周”。

6 月 10 日

瑞士政府民航代表团访问中国。

6 月 14 日

马耳他首任驻中华人民共和国特命全权大使福拉切向董必武代主席递交国书。

▲奥地利联邦总理克赖斯基接见中国国际贸易促进委员会代表团全体成员。

6 月 15 日

中国国际贸易促进委员会代表团赴荷兰进行友好访问。

7 月 7 日

由法国外交部长舒曼率领的法国政府代表团对中国进行为期一周的访问。中国外交部长姬鹏飞同法国外交部长舒曼举行会谈。

7 月 21 日

中华人民共和国驻大不列颠及北爱尔兰联合王国首任特命全权大使宋之光在白金汉宫向英国女王伊丽莎白二世递交国书。

7 月 25 日

德意志联邦共和国联邦议院外交委员会主席施罗德和夫人抵达上海，对我国进行友好访问。

7 月 28 日

全国人大常委会副委员长郭沫若会见瑞士议员小组。

8 月 26 日

由第一机械工业部部长李水清率领的中国政府代表团，前往瑞典、挪威和芬兰进行友好访问。

9 月 3 日

法国参议院文化事务委员会代表团访问中国。

9 月 9 日

中国政府代表团赴挪威进行友好访问。

9 月 15 日

中国政府代表团赴芬兰进行友好访问。

9 月 25 日

中国经济贸易展览会在罗马举行。

10 月 6 日

以全国人民代表大会常务委员会委员、中华人民共和国科学技术协会主席团委员、中国科学院生物物理研究所所长贝时璋为团长的中国科学家代表团，应邀前往英国、瑞典和加拿大进行友好访问

▲法国雇主协会访华代表团对我国进行友好访问。

10 月 7 日

瑞典—中国友好协会在瑞典首都斯德哥尔摩举行庆祝晚会，庆祝该组织成立二十周年。瑞中友协举办的“中国周”活动圆满结束。

10 月 8 日

《中国和意大利海运协定》在北京签字。

10 月 11 日

中国和德意志联邦共和国建立外交关系。

▲荷兰首任驻中国特命全权大使费渊向董必武代主席递交国书。

10 月 12 日

罗马尼亚《火花报》就中国同联邦德国建交发表评论说：“中华人民共和国和德意志联邦共和国建立大使级外交关系，不仅是对两国合作，而且对整个国际关系正常化都具有重大意义。”

10 月 16 日

《中波海运公司第十一次股东会议议定书》在华沙签字。

10 月 20 日

中国经济和贸易展览会在奥斯陆开幕。这是中国在挪威举办的第一次经济和贸易展览会。展品包括农产品、轻工业品和重工业产品等。

10 月 21 日

挪威贸易访华团对我国进行友好访问。

10 月 22 日

意大利工业展览会在北京展览馆闭幕。有 290 多家意大利厂商参加这次展览会，是中意建交以来意大利在中国举办的第一个展览会。

▲意大利文化代表团对中国进行友好访问。

10 月 23 日

瑞典高等教育和科学研究主管大臣斯文 · 莫贝里会见中国科学家代表

团全体成员。

10月30日

英国外交和联邦事务大臣亚历克·道格拉斯—霍姆和夫人访问中国。外交部长姬鹏飞同英国外交和联邦事务大臣亚历克·道格拉斯—霍姆举行会谈。

▲奥地利政府代表团对中国进行友好访问。

11月2日

《中国和奥地利贸易和支付协定》在北京签字。

11月11日

荷兰经济部总司长奥斯豪特访问中国。

11月12日

芬兰、瑞典、挪威和丹麦北欧四国新闻代表团访问中国。

11月16日

中国和卢森堡建立外交关系。

▲中国和马耳他在瓦莱塔签署《关于发展计划和中国向马耳他提供技术援助的议定书》。

11月25日

法国科学技术展览会在北京展览馆开幕。

11月27日

《中国和罗马尼亚1973年交换货物和付款议定书》在布加勒斯特签字。

12月12日

德意志联邦共和国政府贸易协定谈判代表团对中国进行为期一周的访问。双方草签两国政府贸易和支付协定。

1973年

1月8日

《中国和意大利民用航空运输协定》在北京签字。

▲中国和意大利通过换文达成商标注册互惠协议。协议规定，一方国家的公司、企业可在对方国家依法申请商标注册，并取得已注册商标的专用权。

1月12日

意大利外交部长朱塞佩·梅迪奇访问中国。

▲中国政府贸易代表团赴英国和荷兰进行访问。

1月13日

中国政府贸易代表团对英国进行友好访问。

1月15日

英国首相希思、贸易工业大臣沃尔克分别会见中国政府贸易代表团。

1月17日

奥地利中国研究会在蒂罗尔州首府因斯布鲁克市举行“中国周”。

1月18日

中国政府贸易代表团赴荷兰访问。荷兰首相比舒维尔和外交大臣施梅尔策分别接见我政府贸易代表团。

1月19日

《中国和罗马尼亚关于中国向罗马尼亚提供成套项目和技术援助议定书》在北京签字。

1月26日

奥地利中国研究会举行报告会。奥地利工商部长施塔里巴赫尔和前总理、奥地利中国研究会主席皮特曼分别在会上作访华观感报告，并与听众互动解答问题。

2月2日

中国银行和捷克斯洛伐克贸易银行《关于办理中捷两国换货和支付的结算手续议定书》在北京签字。

2月7日

荷兰首相比舒维尔接见中国驻荷兰首任大使郝德青。

2月19日

《中国和保加利亚1973年交换货物和付款协定》在北京签字。

3月5日

《中国和民主德国1973年交换货物和付款协定》在北京签字。

3月7日

《中国和匈牙利1973年交换货物和付款协定》在布达佩斯签字。

3月9日

中国和西班牙建交。

3月20日

《中国和捷克斯洛伐克1973年交换货物和付款协定》在布拉格签字。

3月23日

《中国和波兰1973年交换货物和付款协定》在华沙签字。

▲法国马赛"法中文化中心"代表团对我国进行友好访问。

3月24日

英国贸易工业大臣沃尔克和夫人对中国进行友好访问。

3月25日

中国对外贸易部部长白相国宴请沃尔克及夫人和英国航空海运部长赫塞尔廷。

3月26日

英国工业技术展览会在北京展览馆开幕。英国贸易工业大臣沃尔克和夫人、英国航空海运部长赫塞尔廷和夫人等出席开幕式。

3月27日

周恩来总理会见英国贸易工业大臣沃尔克和夫人、英国航空海运部长赫塞尔廷和夫人等英国客人。

3月28日

中国首任驻希腊大使周伯萍向希腊摄政王帕帕多普洛斯递交国书。

4月1日

《中国科学院和罗马尼亚科学院1973—1974年科学合作计划签字仪式》在布加勒斯特举行。

4月2日

《中国和奥地利贸易和支付协定》换文在维也纳签字。

4月5日

中国图片展览在马耳他首都瓦莱塔举行。

4月10日

希腊首任驻中国大使尼古拉斯·卡塔波迪斯向董必武代主席递交国书。

▲比利时经济代表团访问中国。

4月11日

中意混合委员会在罗马举行第二次会议，会议取得圆满结果。

4 月 17 日

中国外贸部副部长李强会见比利时经济代表团。

▲比利时政府代表团对中国进行友好访问。4 月 20 日，国务院副总理李先念，外贸部副部长李强会见代表团成员。

▲罗马尼亚中国友好协会在布加勒斯特成立。

4 月 19 日

德意志联邦共和国首任驻中国大使罗尔夫·保尔斯向董必武代主席递交国书。

4 月 20 日

《中国和捷克斯洛伐克科学技术合作联合委员会第十五届会议议定书》在北京签字。

4 月 22 日

周恩来总理会见希腊首任驻中国大使尼古拉斯·卡塔波迪斯。

▲周恩来总理会见德意志联邦共和国首任驻中国大使罗尔夫·保尔斯。

4 月 23 日

中国国际贸易促进委员会参观团访问联邦德国。

4 月 25 日

中国邮政代表团访问法国。

4 月 26 日

中国科学院副院长吴有训会见并宴请丹麦著名核物理学家尼尔·波尔研究所的波尔教授等。

6 月 28 日

由比中协会举办的中国图片展览在布鲁塞尔开幕。

7 月 3 日

法中友协对我国进行友好访问。

7 月 5 日

《中国和联邦德国贸易和支付协定》在波恩签字。这是两国建交以来签订的首个官方贸易和支付协定。

7 月 7 日

中国科学院副院长吴有训会见并宴请瑞典皇家工学院高分子工艺教授朗比夫妇和瑞典科学政策研究工作者西格德逊。

8月8日

西班牙首任驻中华人民共和国特命全权大使安赫尔·桑斯·布里斯，向董必武代主席递交国书。

8月18日

荷兰议会代表团对中国进行友好访问。荷兰议会代表团是中荷建交以来荷兰派往我国的第一个高级官方代表团。

8月23日

中国经济贸易展览会在丹麦首都哥本哈根开幕。

8月29日

马耳他总督马莫和夫人在圣安东宫接见并宴请中国政府经济代表团全体成员。

9月2日

外交部副部长乔冠华会见英国工党议员、前内阁大臣詹金斯和夫人。

9月4日

国务院副总理邓小平会见英国工党议员、前内阁大臣詹金斯和夫人。

9月11—17日

法国总统蓬皮杜对中国进行为期一周的友好访问。蓬皮杜总统访问北京、大同、杭州和上海。

9月12日

毛泽东主席会见法国总统蓬皮杜。

▲周恩来总理与蓬皮杜总统举行会谈。双方就主要国际问题和中法关系深入交换意见。双方决定签订海运协定和加强在航空运输方面的合作。

9月15日

中国国际贸易促进委员会代表团赴英国、法国和瑞士进行友好访问。

9月16日

中国人民对外友好协会副会长丁雪松宴请奥地利中国研究会理事会代表团。

9月19日

中国和塞浦路斯贸易和支付协定在北京签字。

▲中国和马耳他两国在马耳他首都瓦莱塔签订《关于中国向马耳他提供发展项目和技术援助的议定书》。

9 月 20 日

国务院副总理邓小平、外贸部部长白相国会见塞浦路斯工商部长科洛卡西德斯和夫人。

9 月 21 日

周恩来总理会见西班牙首任驻中国大使布里斯。

9 月 22 日

《中国和保加利亚科技合作委员会第十一届会议议定书》在索非亚签字。

9 月 25 日

冰岛首任驻中华人民共和国特命全权大使比雅德纳松向董必武代主席递交国书。

9 月 27 日

法国总统乔治·蓬皮杜在爱丽舍宫阐述法国对外政策时谈到不久前他对中国进行的正式访问，指出，“在一些重要方面例如：国家独立、国防、尊重弱国、拒绝任何霸权等等，我们与中国领导人的看法完全一致。”

10 月 6 日

中国国际贸易促进委员会海损理算处观察员任建新赴西班牙首都马德里出席欧洲国际海损理算人协会第七次大会。

10 月 18 日

中华人民共和国首任驻西班牙特命全权大使陈肇源向西班牙国家元首巴蒙德递交国书。

10 月 25 日

国务院副总理邓小平、国务院科教组组长刘西尧会见联邦德国教育和科学部长多纳尼和夫人及其随行专家。

10 月 26 日

瑞典工业代表团访问中国。

11 月 12 日

《中国和瑞士民用航空运输协定》在瑞士首都伯尔尼正式签订。中国民用航空总局和瑞士航空公司签订两项关于空运业务的协议。

11 月 23 日

《中国和罗马尼亚 1974 年交换货物和付款议定书》在北京签字。

12 月 17 日

《中国和捷克斯洛伐克 1974 年交换货物和付款协定》在北京签字。

1974 年

1 月 15 日

《中国和阿尔巴尼亚政府 1974 年交换货物和付款议定书》在地拉那签字，同时还根据中阿两国政府的长期协定签订《1974 年阿尔巴尼亚方面使用中国贷款的议定书》。

2 月 21 日

《中国和民主德国 1974 年交换货物和付款协定》在柏林签字。

3 月 11 日

《中国和波兰 1974 年货物交换和付款协定》在北京签订。

3 月 25 日

《中国和匈牙利 1974 年交换货物和付款协定》在北京签订。

3 月 26 日

奥地利政府代表团对中国进行友好访问。

▲邓小平副总理会见奥地利中国研究会理事会代表团。

4 月 27 日

为期两天的瑞典—中国友好联合会第三次代表大会在乌普萨拉举行。克里斯特·利奥波德和英格马尔·阿克塞尔松分别重新当选为瑞—中友联主席和副主席。

5 月 4 日

《中波海运公司管理委员会第二十四次会议议定书》在华沙签字。

▲英中了解协会在伦敦举行第九次年会。会议讨论和通过管理委员会的报告并选出新的管理委员会。

5 月 22 日

法国工业科学技术展览会在北京展览馆开幕。

5 月 24 日

英国前首相希思访问中国。27 日周恩来总理在京会见希思。

6 月 2 日

法中友好协会在巴黎举行第十一次代表大会。

6 月 4 日

《中国和保加利亚海运协定》在索非亚签字。

8 月 2 日

瑞士联邦委员、政治部长格拉贝尔访问中国。

▲《中国和挪威海运协定》在北京签字。

8 月 5 日

瑞士经济代表团访问中国。6 日，邓小平副总理会见代表团成员。

9 月 14 日

中国政府赠送给英国一对大熊猫“晶晶”和“佳佳”，空运到达伦敦。

9 月 21 日

《中国和保加利亚科学技术合作议定书》在北京签字。

9 月 24 日

《中国和捷克斯洛伐克科学技术合作议定书》在布拉格签字。

9 月 28 日

瑞典共产党干部代表团和瑞典共产党中央委员霍姆伯格及其夫人访问中国。

9 月 30 日

《中国向罗马尼亚提供成套项目和技术援助议定书》在北京签字。

10 月 2 日

中国科学代表团赴芬兰和丹麦进行友好访问。

10 月 5 日

中国国际贸易促进委员会主任王耀庭会见并宴请由斯隆率领的英国四十八家集团代表团。

10 月 21 日

《中国和丹麦海运协定和为发展两国间的贸易、经济关系组成中、丹混合委员会的换文》在北京签字。

10 月 26 日

《中国和匈牙利科学技术合作委员会第十三届会议议定书》在北京签字。

11 月 2 日

外交部副部长乔冠华会见英国“中国政策研究会”代表团。

11月5日

中国科学院原子能和平利用考察团赴法国进行考察访问。

11月8日

中国和挪威在北京换文达成商标注册互惠协议。协议规定，一方国家的公司、企业可在对方国家依法申请商标注册并取得已注册商标的专用权。

11月10日

英国苏格兰发展及工业协会代表团访问中国。

11月15日

比中协会经济委员会在布鲁塞尔举行“中华人民共和国成立二十五年来的经济发展”座谈会。

12月17日

《中国和芬兰民用航空运输协定》在北京草签。

12月20日

《中国和瑞士贸易协定》在伯尔尼签字。

▲《中国和芬兰1975年贸易协定》在赫尔辛基签订。

▲《中国和捷克斯洛伐克1975年换货和付款协定》在布拉格签字。

12月24日

《中国和罗马尼亚1975年交换货物和付款议定书》在布加勒斯特签字。

1975年

1月4日

周恩来总理在医院会见荷兰外交大臣范德斯图尔一行。

1月9日

毛泽东主席会见马耳他总理明托夫及其随行人员。

1月18日

《中国和瑞典海运协定》在北京正式签字。

1月25日

《中国和民主德国1975年交换货物和付款协定》在北京签字。

1 月 25 日

挪威—中国友好协会在挪威特隆赫姆市召开第三次全国代表大会。会议选出新一届友协全国理事会。哈拉尔德·博克曼再次当选为全国理事会主席。

1 月 29 日

中意混合委员会在北京成立。

3 月 2 日

芬兰—中国协会在赫尔辛基举行年会。会议改选理事会，马蒂·卡扬蒂埃再次当选芬兰—中国协会主席。

3 月 3 日

《中国和匈牙利 1975 换货和付款协定》在布达佩斯签字。

3 月 11 日

《中国和波兰 1975 年换货和付款协定》在华沙签字。

3 月 26 日

丹麦—中国友好协会在奥尔堡市举行年会。会议选出新的友协全国理事会。佩尔·芬伯当选为丹麦—中国友好协会的主席。

4 月 5 日

由比利时王国阿尔贝亲王率领的比利时政府经济代表团访问中国，并主持在北京举办的比利时工业展览会开幕式。

4 月 8 日

比利时工业展览会在北京展览馆开幕。这是中比两国建交以来比利时在中国举行的首个大型工业展览会。

4 月 20 日

《中国和比利时海运协定和民用航空运输协定》在北京签字。比利时首相廷德曼斯和夫人、纪登奎副总理出席签字仪式。

5 月 3 日

英中了解协会在伦敦举行第十次年会。

5 月 6 日

外交部长乔冠华与到访的欧洲经济共同体（欧盟前身）委员会副主席克里斯托弗·索姆斯会谈，就中国与欧洲经济共同体建立正式关系达成一致。这一天成为中国与欧共体建交日。①

① http：//www. xinhuanet. com/world/chinaeurope40/index. htm.

5 月 8 日

欧洲经济共同体委员会副主席索姆斯在北京举行记者招待会，宣布双方已就建立正式关系问题达成协议，并就台湾问题发表声明说：“关于台湾，共同体成员国都承认中华人民共和国政府为中国唯一的合法政府，欧共体将不与台湾保持任何官方关系或缔结任何协定”。

▲李先念副总理会见到访的欧洲经济共同体委员会副主席克里斯托弗·索姆斯及其随行人员。

▲周恩来总理在医院会见欧洲经济共同体委员会副主席克里斯托弗·索姆斯及其随行人员。

5 月 12 日

邓小平副总理前往法国进行正式访问。

5 月 14 日

法国国民议会议长富尔和夫人在国民议会大厦宴请邓小平副总理。富尔议长说，他对中华人民共和国与欧洲经济共同体建立正式关系和邓小平副总理对法国的友好访问表示高兴。

5 月 17 日

法国总理希拉克在谈到邓小平副总理访问法国时说，法中关系很好；法国和中国都拒绝两个超级大国的霸权。双方决定成立混合委员会，以推动法中经济和贸易关系的发展。

6 月 4 日

以外贸部局长郑拓彬为团长的中国政府贸易代表团前往挪威、丹麦和意大利参加双边混合委员会会议。

6 月 18 日

欧洲议会举行会议，庆贺中国和欧洲经济共同体建交。与会代表一致认为，欧洲经济共同体同中国建立正式关系是一个历史性事件，它对双方都有益。

6 月 28—29 日

意中友好协会在罗马举行第三次全国代表大会。任命祖凯蒂继续担任意中友协秘书长。

7 月 15 日

中国和法国在北京换文，确认两国间达成《商标注册互惠协议》。

7 月 16 日

欧共体举行首脑会议，9 国首脑对中欧建立正式关系表示高兴，认为这一决定为发展双方关系开辟了道路，共同体理事会十分重视这一决定。

8 月 9 日

全国人大常委会副委员长谭震林会见欧洲经济共同体欧洲议会副议长科贝克豪尔和夫人。

8 月 14 日

《中国和荷兰海运协定》在北京正式签字。

9 月 8 日

李先念副总理会见联邦德国经济部长弗里德里希斯和由他率领的政府代表团。弗里德里希斯部长在华期间，主持了联邦德国技术展览会开幕式，与姚依林代部长进行会谈，并访问上海。

9 月 15 日

中国驻比利时大使李连璧 15 日、16 日先后向欧共体部长理事会主席、意大利外长玛里亚诺·鲁莫尔和欧共体委员会主席弗朗索瓦—格扎维尔·奥利托提交委任书，兼任中国驻欧洲经济共同体使团团长，成为中国驻欧洲经济共同体首任正式常驻代表。

9 月 19 日

英国前首相希思及其一行应邀对中国进行友好访问。

10 月 2 日

《中国和芬兰民用航空运输协定》在北京签字。

10 月 14 日

欧共体委员会主席奥托利宴请中国驻欧洲经济共同体使团团长李连璧。

10 月 24 日

中国高等教育代表团访问英国。

10 月 31 日

《中国和联邦德国海运协定》《中国和联邦德国民用航空运输协定》，在北京签字。

11 月 4 日

《中国和保加利亚科学技术合作委员会第十三届例会议定书》在索非亚签字。

11月6日

《中国和匈牙利科技合作委员会第十四届会议议定书》在布达佩斯签字。

▲中国高等教育代表团结束对英国的访问，前往法国进行访问。

11月23日

朱德委员长打电报给西班牙国王卡洛斯一世，祝贺他就任西班牙国王。

12月9日

《中国和捷克斯洛伐克1976年交换货物和付款协定》在北京签字。

1976年

1月3日

《中国和保加利亚1976年换货和付款协定》在索非亚签字。

1月19日

《中国和波兰1976年货物交换和付款协定》在北京签订。

1月29日

《1976—1980年长期贸易协定》《中国和罗马尼亚1976年交换货物和付款议定书》在北京签字。

2月7日

《中国和阿尔巴尼亚政府1976年交换货物和付款议定书》在地拉那签字。同时，根据两国政府的协定，双方还签订《1976年阿尔巴尼亚方面使用中国贷款的议定书》。

3月6日

《中国和匈牙利1976年交换货物和付款协定》在北京签订。

3月14日

中国丹麦混合委员会在北京举行第二次会议。

芬兰—中国协会在赫尔辛基举行第二十五届年会。乌尔霍·卡赫宁当选为芬兰—中国协会主席。

3月30日

冰岛—中国文化协会在雷克雅未克举行年会。雅克布·本内迪克松重新当选为副主席。

4 月 8 日

《中国和罗马尼亚海运协定》在北京正式签字。

4 月 16 日

《中罗科技合作委员会第十七届会议议定书》在布加勒斯特签字。

5 月 21 日

中国政府贸易代表团结束对荷兰的访问，前往瑞典。代表团在荷兰期间，参加了中荷经济贸易混合委员会第二次会议，双方就第一次会议以来两国经济贸易关系的发展及有关问题进行讨论。

6 月 1 日

中国新任驻欧洲经济共同体使团团长宦乡在布鲁塞尔分别向欧洲经济共同体部长理事会执行主席、卢森堡政府首相兼外交大臣加斯东·托恩和欧洲经济共同体委员会主席弗朗索瓦—格扎维埃·奥托利递交委任书。

6 月 12—13 日

瑞典—中国友好联合会在斯德哥尔摩举行第四次代表大会。克里斯特·利奥波德继续当选为主席。

6 月 15 日

英中了解协会在伦敦举行第十一次年会。

6 月 28—29 日

丹麦—中国友好协会在哥本哈根举行全国会议。佩尔·芬伯和菲利普·阿克坦诺分别重新当选为全国主席和副主席。

10 月 23 日

《中国和匈牙利科学技术合作委员会第十五届会议议定书》在北京签字。

▲北欧五国对中国友好组织在丹麦首都哥本哈根举行为期两天的联席会议。会议讨论进一步发展和加强北欧人民同中国人民之间的友好往来和友好关系问题。

11 月 20 日

《中国和保加利亚科学技术合作委员会第十四届会议议定书》在北京签字。

11 月 25 日

《中国和捷克斯洛伐克科学技术合作联合委员会第十八届会议议定书》在布拉格签字。

▲《中波海运议定书》在华沙签字。

11 月 28 日

联邦德国代表团抵达北京参加双边经济贸易混合委员会会议。

12 月 21 日

《1977 年度中芬两国政府间贸易协定》在赫尔辛基签字。

1977 年

1 月 9 日

英中了解协会和旅英爱国华侨在伦敦隆重举行集会，纪念周恩来总理逝世一周年。

1 月 16 日

奥地利中国研究会代表团，在北京、上海、南宁、桂林和广州等地参观访问后离开广州回国。

1 月 24 日

《中国和罗马尼亚社会主义共和国政府 1977 年交换货物和付款议定书》在布加勒斯特签字。

1 月 27 日

《中国和芬兰海运协定》在赫尔辛基签字。

2 月 17 日

毛泽东主席著作《论十大关系》希腊文版在希腊教育出版社出版。

2 月 23 日

奥地利科学家代表团访问中国。中国科学院副院长方毅会见并宴请代表团成员。

3 月 2 日

英国谢菲尔德商会代表团对中国进行友好访问。

3 月 15 日

《中国和保加利亚关于 1977 年交换货物和付款协定》在北京签字。

3 月 24 日

《中国和挪威船舶技术检验合作协议》在北京签订。

3 月 26 日

中波轮船股份公司管理委员会在北京举行第二十七次会议。4 月 3 日在北京举行会议议定书签字仪式。

3月28日

英国驻中国大使尤德（Sir Edward Youde）在宅邸举行宴会，庆祝中英两国外交关系升格为大使级五周年。应邀出席宴会的有外交部部长黄华和何理良同志，外交部司长钱其琛等。

4月1日

外交部长黄华会见并宴请联邦德国基督教民主联盟副主席、巴登—符腾堡州总理菲尔宾格一行。

▲瑞士中国友好和文化关系促进协会在日内瓦举行“中国日”活动。

4月3日

中国对外友协会长王炳南会见并宴请以法中友协秘书长马纪樵夫人为团长的法中友好协会代表团。

4月7日

英国保守党领袖撒切尔夫人访问中国。李先念副总理宴请撒切尔夫人一行。

4月9日

中共中央主席华国锋会见英国保守党领袖撒切尔夫人。

4月20日

《中国和匈牙利1977年换货和支付协定》在布达佩斯签字。

5月19日

《中国和捷克斯洛伐克1977年换货和付款协定》在布拉格签字。

5月23日

《中国和波兰1977年换货和付款协定》在华沙签字。

5月25日

丹麦—中国友好协会在哥本哈根举行第五次全国会议。菲利普·阿克坦诺和佩尔·芬伯分别当选为全国主席和副主席。

6月10日

中国对外贸易部部长李强在北京与西班牙驻中国大使索布雷多换文，确认中华人民共和国政府和西班牙政府间达成商标注册互惠协议。

▲中挪贸易混合委员会第三次会议在奥斯陆举行。会议就进一步发展两国的贸易关系交换意见。

6 月 28 日

中丹贸易混合委员会第三次会议在哥本哈根举行。双方就进一步发展两国的贸易关系交换意见。

7 月 5 日

欧洲议会在卢森堡举行会议，通过关于发展欧洲经济共同体同中国的经济、贸易关系的决议。

7 月 9 日

中国对外贸易部部长李强会见以罗兰·德凯尔戈莱为团长的欧洲经济共同体委员会代表团。

10 月 6 日

王震副总理会见中英贸易协会代表团。

10 月 18 日

英国前首相希思访问我国。

10 月 20 日

中国外贸部部长李强会见比利时比中协会经济委员会代表团。

10 月 22 日

德中友好协会和德中协会在波恩联合举办“中国日”，庆祝联邦德国和中国建交五周年。

10 月 25 日

意大利总理安德雷奥蒂接见中国邮电代表团团长、邮电部部长钟夫翔。

11 月 3 日

马耳他总理明托夫对中国进行正式访问。5 日中共中央主席、国务院总理华国锋会见明托夫总理。6 日《中国和马耳他两个政府经济技术合作议定书》在北京签字。

11 月 11 日

法国—中国友好协会在巴黎举行第十二届全国代表大会。

11 月 18 日

《中国和芬兰两国 1978 年贸易协定》在北京签字。

11 月 25 日

《中国和保加利亚科学技术合作委员会第十五届会议议定书》在索非亚签字。

▲《中国和匈牙利科技合作委员会第十六届会议议定书》在布达佩斯签字。

11 月 28 日

中国对外贸易部部长李强访问英国，李强同德尔大臣就发展中英贸易关系问题进行会谈，分别会见英国外交和联邦事务大臣欧文、工业大臣瓦利和能源大臣安东尼·韦奇伍德·本。

11 月 30 日

英国首相卡拉汉在首相府接见中国对外贸易部部长李强。

12 月 5 日

中国对外贸易部长李强对法国进行为期 10 天的访问。

12 月 14 日

《中国和英国船舶技术检验合作协议》在伦敦签订。

12 月 20 日

《毛泽东选集》第五卷希腊文版在希腊出版。

12 月 24 日

《中国和罗马尼亚 1977—1979 年科学合作计划》在布加勒斯特签字。

1978 年

1 月 14 日

《中国和保加利亚两国 1978 年交换货物和付款协定》在索非亚签订。

1 月 19 日

法国总理巴尔和夫人对中国进行正式访问。21 日，中共中央主席、国务院总理华国锋会见巴尔总理和夫人，双方就发展中法两国友好关系和双方共同关心的国际问题交换意见。《中国和法国科学技术协定》在北京签字。

1 月 30 日

《中国和波兰 1978 年货物交换和付款协定》在北京签字。

2 月 3 日

《中国同欧洲经济共同体贸易协定》在布鲁塞尔草签。这是中国与欧共体之间首次签订贸易协定。

2月14日

西班牙同中国人民友好协会在马德里成立。

2月24日

挪威—中国友好协会在奥斯陆举行第六次全国代表大会。谢蒂尔·克拉内再次当选为理事会主席。

2月27日

《中国和匈牙利1978年交换货物和付款协定》在北京签订。

3月15日

奥地利中国协会成立。

3月19日

芬兰—中国协会在赫尔辛基举行年会。乌尔霍·凯赫宁重新当选为芬兰—中国协会主席。

4月1日

法国海军“迪居埃—特鲁安”号驱逐舰抵达上海，对我国进行正式访问。

4月2日

瑞典外交大臣瑟德尔女士访问中国。

4月3日

中国外贸部长李强访问欧共体总部。双方正式签署中欧贸易协定，有效期五年，成立联合委员会。

▲中国外贸部部长李强到达波恩，开始对联邦德国进行友好访问。

4月4日

联邦德国总理施密特会见中国外贸部部长李强。

▲联邦德国经济部长拉姆斯多夫同李强部长举行会谈，双方就进一步发展中国和联邦德国经济贸易关系交换意见。

5月9日

中国人民解放军副总参谋长张爱萍会见法国外交政策研究中心访华团。

5月10日

中国钢铁工业代表团访问奥地利。

5月12日

《中国和保加利亚科学技术合作协定》（于1955年3月23日在索非亚

签订）继续延长有效期。

5月12日

中国钢铁工业代表团访问英国。16日英国外交和联邦事务大臣欧文会见中国钢铁工业代表团。

5月13日

法国巴黎工商会主席让·特夫率团对中国进行为期3天的访问。

5月15日

英国贸易大臣埃德蒙·德尔代表英国政府举行招待会，欢迎正在英国访问的中国经济代表团。

5月17日

中国外贸部长李强会见联邦德国粮食和农林部部长埃特尔和夫人。

5月19日

《中国和罗马尼亚关于经济技术合作长期协定》在北京签署。

5月24日

丹麦女王玛尔格蕾特二世和亨里克亲王在弗雷登斯堡接见谷牧副总理。

5月29日

联邦德国总统谢尔在总统府接见谷牧副总理。

6月1日

《中国—欧洲经济共同体贸易协定》生效。

6月8日

《中国和西班牙两国政府间民用航空运输协定》在北京草签。

6月9日

荷兰外交大臣范德克劳访问中国。外交部长黄华同范德克劳大臣举行会谈。

6月13日

瑞典—中国友好联合会第五次全国代表大会在斯德哥尔摩举行。克里斯特·利奥波德再次当选为瑞典—中国友好联合会主席。

6月15日

以中国科学院副院长钱三强教授为团长的中国科学院代表团赴比利时和法国访问。

6月16—21日

西班牙国王卡洛斯一世和王后陛下对中国进行正式访问。

▲全国人大常委会委员长叶剑英会见西班牙国王卡洛斯一世和王后索菲娅陛下。

▲邓小平副总理宴请西班牙国王卡洛斯一世和王后索菲娅陛下并发表讲话

6月19日

《中国和西班牙两国政府贸易协定、民用航空运输协定》在北京签字。

▲西欧联盟议会会议在巴黎举行。会议通过《中国和欧洲安全》《地中海安全》《欧洲安全和非洲问题》等报告，主张欧洲加强同中国合作以对付苏联的威胁。

8月6日

英国贸易大臣埃德蒙·德尔访问中国。外贸部长李强宴请贸易大臣埃德蒙·德尔。

8月21日

《中国和罗马尼亚关于建立中罗政府经济技术合作委员会的协定》以及其他八个协定和议定书在布加勒斯特签署。双方互换今年5月签订的《中罗经济技术合作长期协定》的批准书，并签订《互换中罗领事协定批准书》的证书。

9月13日

欧洲议会通过决议，欧共体同中国今年四月签订的贸易协定是一个重要事件，强调指出，协定有关促进经济、贸易和工业界的代表人物和欧共体同中国之间的相互访问条款对加强双方关系的重要性。

9月17日

法国前总理、巴黎市长希拉克访问北京市委。

9月19日

欧洲经济共同体就放宽共同体从中国进口产品的限制特别条例达成协议。条例规定，在同中国的贸易中，放宽中国向共同体出口的20余种补充产品的限制。

▲瑞中友协在日内瓦举行会议，会上通过了瑞中友协关于谴责越南当局执行反华政策的决议。

9月21日

希腊外交部长拉利斯同正在希腊访问的外交部长黄华举行会谈。

9月22日

希腊总统察佐斯和总理卡拉曼利斯分别接见外交部长黄华。中国和希腊在雅典签订中、希文化协定。

9月24日

欧洲共同体委员会副主席哈费尔坎普率团访华。成为双方建交后首个访华的欧共体高级代表团。

10月3日

方毅副总理赴联邦德国、法国进行正式友好访问。

10月4日

《中芬两国政府1979年度贸易协定》在赫尔辛基签字。

10月18日

英国前首相希思访问中国。

10月20日

外贸部部长李强会见比利时比中协会经济委员会代表团。

10月25日

意大利总理安德雷奥蒂接见中国邮电代表团。

11月8日

《毛泽东选集》第二卷丹麦文版由丹麦十月出版社翻译出版。

11月15日

《中国与英国两国政府科学技术合作协定》在伦敦签订。

▲中国交通部部长叶飞赴荷兰、比利时、联邦德国进行正式访问。

11月16日

《中国和罗马尼亚科学技术合作委员会第十九届会议议定书》在布加勒斯特签字。

11月22日

荷兰首相范阿赫特在海牙接见中国交通部长叶飞。27日《中国和荷兰两国政府民用航空运输的协定》在海牙签订。

11月29日

比利时首相范登博埃南会见中国人民对外友好协会代表团团长楚图南。

11月30日

荷兰共产主义统一运动（马列）代表团同西班牙劳动者革命组织代表团在马德里发表联合公报赞扬毛泽东主席关于三个世界划分的理论，揭露两个超级大国在欧洲的争夺，指出欧洲人民必须联合反霸。

12月4日

中、法两国政府在北京签署为期7年的《发展经济关系和合作的长期协定》。根据协定，七年内，双方贸易总额累计将达六百亿法郎。邓小平副总理参加签字仪式，并在签字仪式前会见法国外贸部长弗朗索瓦和夫人一行。

12月5日

中国和瑞典两国政府在北京签署为期10年的《工业和科学技术合作协定》。

12月7日

丹麦教育大臣比亚高夫人访问中国。

12月16日

联邦德国、荷兰和瑞典政府发表声明指出中美建交是国际关系正常化的重要一步。

12月17日

英国外交大臣欧文和意大利外交部长福拉尼对中美建交表示欢迎。

12月19日

耿飚副总理会见西班牙劳动党访华团，双方就国际形势和国际共运交换意见。

12月26日

中国政府赠送西班牙两只大熊猫落户马德里动物园。

1979年

1月8日

《中国和保加利亚关于1979年交换货物和付款协定》在北京签字。

1月11日

《中国和捷克斯洛伐克1979年交换货物和付款协定》在布拉格签署。

1 月 15 日

中国科学院和法国原子能总署在北京签署为期 3 年的《基础研究科学合作协议》。协议决定，双方将组织科学家互访和讲学，组织共同研究项目。

1 月 16 日

《中国和匈牙利 1979 年换货和付款协定》在布达佩斯签字。

1 月 18 日

荷兰外交大臣范德克劳和夫人对中国进行友好访问。

1 月 20 日

《中国和民主德国 1979 年交换货物和付款协定》在北京签字。

▲《中国和荷兰两国民用航空运输协定》在北京签字。

1 月 22 日

《中国和波兰 1979 年换货和付款协定》在华沙签订。

1 月 25 日

华国锋总理在北京会见卢森堡首相托恩。

1 月 26 日

北京同贝尔格莱德将结为友好城市。

2 月 8 日

中国和葡萄牙建立外交关系。

2 月 16 日

意大利成立维罗纳—中国协会。

2 月 18 日

王震副总理会见欧洲空间局代表团。

▲中国人民外交学会会长郝德青会见欧洲委员会议会主席柯斯特。

2 月 20 日

外交部长黄华会见欧洲委员会议会主席柯斯特。双方就发展双边关系及当前国际形势进行友好交谈。

2 月 21 日

欧洲共同体委员会主席罗伊·詹金斯访问中国。邓小平会见罗伊·詹金斯。

▲王震副总理会见欧洲委员会议会主席柯斯特。双方表达了中国同西欧国家之间在经济技术方面加强合作的愿望。

2 月 24 日

华国锋总理会见欧洲共同体委员会主席詹金斯。

▲英国工业大臣瓦利一行访问中国。

3 月 4 日

中英两国政府经济合作协定在北京签字。

3 月 7 日

王震副总理会见英国四十八家集团访华代表团。

3 月 12—16 日

中国—比利时、卢森堡经济联盟经济和贸易混合委员会先后在布鲁塞尔和卢森堡举行第四次会议。

3 月 16 日

谷牧副总理会见德意志经济东方委员会主席沃尔夫一行，同他们就发展中国和联邦德国之间经济贸易关系交换意见。

3 月 19 日

邓小平副总理会见瑞士联邦委员、经济部长霍纳格一行。邓副总理阐述了我国对外经济政策。霍纳格部长表示，瑞士愿意同中国进行更密切和有成效的经济合作。

3 月 21 日

邓小平副总理会见英中文化协会执委会代表团，就中国实现四个现代化、民主集中制以及国际重大问题，同英国朋友进行广泛交谈。

3 月 28 日

康世恩副总理会见英国金属学会访华代表团。

4 月 7 日

李先念副总理会见联邦德国联邦议院外交委员会主席格哈德·施罗德和夫人。

4 月 19 日

爱尔兰工商能源部长奥马利及其一行对中国进行正式访问。

4 月 23 日

《中国和意大利两国政府经济合作协定》在罗马签字。

5 月 15 日

中国首任驻葡萄牙大使馆临时代办晏鸿亮赴任。

6月5日

冰岛总统埃尔亚恩在雷克雅未克接见耿飚副总理。

6月6日

英国能源展览会在北京开幕。

▲意大利工业设计展览在北京开幕。

6月7日

中国银行卢森堡分行正式开始营业。

6月18日

荷兰女王储贝娅特丽克丝接见中国外贸部部长李强。

6月19日

丹麦女王玛格丽特二世接见中国外贸部部长李强。

6月23日

中国和爱尔兰建立外交关系。

6月27日

爱尔兰总理林奇、总统希勒里分别在都柏林接见中国外贸部长李强。

7月17日

首次中欧经贸混委会在北京举行。欧共体决定给予中国最惠国待遇。

▲谷牧副总理会见欧洲经济共同体混合委员会代表团和欧洲经济共同体纺织品协定谈判代表团。谷牧指出，发展同共同体的关系不仅具有经济意义，而且具有政治意义。共同体给予中国的普遍优惠制仍有一些限制，因此，中国希望共同体对中国的待遇应当同对其他发展中国家一样。

7月18日

《中欧第一项纺织品贸易协定》在北京签署。

7月22日

对外贸易部部长李强会见欧洲经济共同体贸易混合委员会代表团。

7月23日

李先念副总理会见奥中友协代表团。代表团赠送一台能精选粮食作物、经济作物和蔬菜等各种种子的种子精选机和一些树种。

7月21—30日

中国政府农业代表团赴英国和联邦德国进行友好访问。

7月30日

中国政府农业代表团前往联邦德国访问。

8月2日

中共中央政治局委员耿飚会见比利时马克思列宁主义共产党中央代表团。

8月17日

马耳他议会代表团对中国进行为期两周访问。

9月6日

英国前首相希思对中国进行第四次访问。

9月12日

丹麦王国玛格丽特二世女王和亨里克亲王对中国进行正式访问。14日，《中国和丹麦两国政府经济和技术合作协定》在北京签字。

9月14日

余秋里副总理会见“欧洲国际合作中心”主席奥利维叶·吉斯卡尔—德斯坦和副主席阿尔伯特·尚彭。

▲《丹麦安徒生生平及作品展览》在北京展览馆开幕。丹麦女王玛格丽特二世和亨里克亲王、国务院副总理谷牧和文化部长黄镇出席开幕式。

9月15日

薄一波副总理会见芬兰新闻代表团，就他们提出的有关我国国内的一些问题和国际问题发表看法。

9月16日

中国首任驻葡萄牙大使杨琪良在里斯本向葡萄牙总统埃亚内斯递交国书。

▲西班牙国王卡洛斯和王后索菲娅陛下赠送中国人民一对大猩猩在北京动物园落户。

9月17日

邓小平副总理在北京会见英国前首相希思先生。

▲中国银行卢森堡分行举行开业仪式，这是中华人民共和国成立以来中国银行在国外开设的第一个分行。

9月19日

葡萄牙首任驻中国特命全权大使加西亚，向人大常委会副委员长乌兰夫递交国书。

9月26日

卢森堡大公让和夫人殿下对中国进行正式访问。叶剑英委员长在人民大会堂会见卢森堡大公让和夫人殿下。28 日中国和卢森堡两国政府在北京签署《中华人民共和国政府和卢森堡大公国政府文化合作协定》和《中华人民共和国政府和卢森堡大公国政府定期货运航班协议》。

9 月 27 日

丹麦女王玛格丽特二世陛下和亨里克亲王殿下宴请正在丹麦进行访问的中国副总理王任重。

10 月 4 日

姬鹏飞副总理会见由荷兰共产主义统一运动（马列）主席、政治书记基斯·德·布尔率领的荷兰共产主义统一运动（马列）中央代表团。

10 月 5 日

余秋里副总理会见由芬兰—中国协会主席乌尔霍·凯赫宁率领的芬中协会友好访华团。

10 月 7 日

中共中央副主席李先念会见瑞典共产党代表团。

10 月 8 日

中国和荷兰两国政府在荷兰海牙签署关于发展农业合作的意向声明。声明说，双方同意建立中国—荷兰联合农业工作组，并进一步组织两国农业代表团互访。

10 月 11 日

邓小平副总理会见英国学术院代表团。双方就我国经济建设和科学技术发展问题进行交谈。中国社会科学院副院长宦乡、外交部部长助理宋之光和社会科学院外事局局长王光美参加会见。

10 月 15 日

华国锋总理开始对法国、德意志联邦共和国、英国和意大利进行国事访问。

10 月 16 日

华国锋总理在巴黎戈德弗鲁瓦旅馆为周恩来纪念牌揭幕。法国总统德斯坦和巴黎市长希拉克参加揭幕仪式。

10 月 17 日

华国锋总理和德斯坦总统在爱丽舍宫继续举行会谈。中法两国在巴黎签署《关于中法经济关系的发展》《关于互设领事机构》和《关于一九八〇年至一九八一年文化交流计划》三个文件。

▲谷牧副总理会见第三批英国工业家代表团。

10月22日

华国锋总理开始对联邦德国进行正式访问。24日中德两国政府在波恩签署《关于经济、文化合作两项协定和互设总领事馆的协议》。华国锋总理和施密特总理出席签字仪式。

10月25日

邓小平、方毅副总理会见英国麦克米伦出版公司董事长、牛津大学校长、英国前首相麦克米伦。麦克米伦先生是英国保守党元老，曾于1957年至1963年任英国首相。

10月28日

华国锋总理抵达伦敦，开始对英国进行正式访问。29日华国锋总理同撒切尔夫人举行会谈。

▲英国《卫报》发表题为《华主席的访问》社论，强调英国应以明智和积极的态度促进英中关系。

10月30日

英国女王伊丽莎白二世在白金汉宫设宴招待华国锋总理。这是英国女王第一次在白金汉宫会见中国领导人。

▲康世恩副总理会见法国地质学家代表团。康副总理就中法两国合作开展喜马拉雅山地质研究问题，同法国地质学家进行交谈，并希望这一合作能够顺利进行。

11月1日

华国锋总理和撒切尔夫人继续举行会谈。中英两国政府在伦敦签署《关于教育和文化合作协定》及《民用航空运输协定》。这两项协定的签订标志着两国友好合作关系取得新的成就。

11月3日

华国锋总理对意大利进行正式访问。5日华国锋总理和科西加总理举行会谈。中意两国政府在罗马签署《中华人民共和国和意大利共和国经济贸易合作意向书》。

11月4日

英国前首相希思就华国锋总理访问英国发表文章，强调从全球战略出发，加强西欧同中国的关系。他说："中国领导人讨论问题总是从整个世界战略角度出发。"中国不想搞扩张，只是"一心一意致力于国内发展"。

11月7日

《中国社会科学院和罗马尼亚社会政治科学院社会科学合作协议》在布加勒斯特签订。中国社会科学院院长胡乔木和罗马尼亚社会政治科学院院长米赫内亚·乔治乌分别在协议上签字。

11月8日

康世恩副总理会见英国化工代表团，双方就加强中英两国在化学工业方面的技术交流和友好合作问题进行交谈。

11月12日

希腊共和国总理卡拉曼利斯先生对中国进行为期5天正式访问。13日邓小平副总理同希腊总理卡拉曼利斯举行首次会谈。15日华国锋总理会见希腊总理卡拉曼利斯。中希两国政府签订《科技合作协定》。

▲《中国和保加利亚科学技术合作委员会第十七届会议议定书》在索非亚签字。

11月15日

英国图书展览在中国美术馆开幕。

11月19日

欧洲议会议长韦伊在巴黎接见中国妇女代表团。

11月23日

中国和比利时—卢森堡经济联盟在北京签署《中华人民共和国和比利时—卢森堡经济联盟发展经济、工业、科学和技术合作协定》。有效期5年。

11月29日

《中国和英国关于铁路科学和技术合作的议定书》在伦敦签字。

12月6日

国务院副总理、国家科委主任方毅同法国科研国务秘书艾格兰在北京举行会谈。25日双方签署会谈纪要；中法签署《中华人民共和国地质部和法兰西共和国总理府科研国务秘书处关于开展地质科学技术合作的协定》。

12月13日

《中国和捷克斯洛伐克科学技术合作联合委员会第二十一届会议议定书》在北京签字。

12月14日

谷牧副总理会见由巴登—符腾堡州经济、中产企业、交通部部长埃贝勒博士率领的联邦德国巴符州经济代表团。双方就巴符州同中国企业如何进行合作问题进行探讨。

12 月 16 日

中国同意大利在北京就合拍《马可·波罗》电视片达成协议。

12 月 21 日

《中国和匈牙利科技合作委员会第十八次会议议定书》在布达佩斯签字。

第四章　1980年1月—1989年12月

1980年

2月29日

《中国和罗马尼亚1980年交换货物和付款议定书》在北京签字。

3月21日

薄一波副总理在北京会见联邦德国下萨克森州经济代表团。

3月22日

《中国和捷克斯洛伐克1980年交换货物和付款协定》在北京签字。

3月23日

薄一波副总理在北京会见联邦德国不来梅州经济代表团。就加强双方的经济、技术合作关系，以及平衡相互之间的进出口贸易额等问题交换意见。

▲英国国防大臣皮姆及其随行人员对中国进行正式访问，并主持在上海举行的英国航空设备展览会开幕式。中英两国高级军事领导人就双方共同关心的国际问题，以及发展中英关系等问题交换意见。

▲比利时—中国协会选举范登德里舍为协会新主席。

3月24日

意大利威尼斯水城和我国江苏省苏州市结成友好城市。

3月25日

《中国和波兰1980年货物交换和付款协定》在北京签字。

3月28日

《中国和保加利亚1980年交换货物和付款协定》在索非亚签订。

3月30日

全国人大常委会副委员长谭震林会见爱尔兰中国文化协会代表团成员。

4月14日

姚依林副总理会见西班牙企业家组织联合会代表团。就增进相互了解、促进两国间的经济贸易关系问题进行会谈。

4月15日

意大利共产党总书记贝林格访问中国。中共中央总书记胡耀邦同贝林格总书记举行会谈。

▲《中国和匈牙利1980年交换货物和付款协定》在北京签字。

4月16日

中国同联邦德国签署《中国航空研究院与德国航空航天研究试验院民用航空研究合作专门议定书》。

4月17日

中共中央副主席邓小平在北京会见意大利共产党总书记贝林格。

4月22日

中国社会科学院考古研究所所长夏鼐，当选为英国学术院通讯院士，并获证书。这是英国学术院第一次选举我国学者担任通讯院士。

4月28日

比利时—中国协会新任主席范登德里舍教授对中国进行为期一周访问。

4月29日

中国—瑞典政府间工业和科学技术合作混合委员会第二次会议在北京闭幕。会议期间，双方回顾第一次会议以来两国间工业和科技合作发展的情况，并探讨两国间进行新的、扩大的工业和科技合作可能性。

5月2日

《中国同芬兰1980—1981年文化合作计划》在北京签字。这是中芬两国建交以来签订的第一个文化合作计划。

5月5日

中国社会科学院外国文学研究所所长、中国作协副主席、著名诗人冯至教授被瑞典皇家文学、历史、考古研究院推选为外籍院士。

5月17日

比利时军队总参谋长贡捷中将对中国进行为期9天友好访问。18日，中国人民解放军总参谋长杨得志同贡捷中将举行会谈。

5月19日

《中国和意大利关于和平利用核能的科技合作议定书》在罗马签署。同时双方签订《中国和意大利1980年和1981年就和平利用核能进行科技合作的计划》。

5月19日

中国与丹麦经济和技术合作协定混合委员会第一次会议在北京举行。双方就两国农牧业、工业和技术方面的合作项目、贸易发展前景以及丹麦向中国提供优惠贷款等交换意见。

5月29日

《中国和罗马尼亚政府经济技术合作委员会第二次会议议定书》在布加勒斯特签订。

6月2日

挪威国王奥拉夫五世在王宫接见康世恩副总理。

▲挪威首相努尔利在阿克斯胡斯城堡宴请康世恩副总理及其一行。双边就友好合作关系交换意见，一致认为，两国在石油勘探、水力发电和造船方面存在着广泛合作前景。

6月9日

中国副总理康世恩在伦敦拜会英国首相撒切尔夫人。

6月16—19日

欧洲议会中国事务代表团与中国全国人民代表大会在斯特拉斯堡举行第一次议会间会谈。

8月1日

方毅副总理在北京会见荷兰教育科学大臣派斯和夫人一行。

8月6日

中国和瑞士在伯尔尼签署为期两年的电台、电视合作议定书。

8月9日

中国和联邦德国经济混合委员会德方代表团开始对中国进行为期12天访问。这次会议将就两国经济合作和贸易发展情况，以及缔结两国投资保护协定问题交换意见。

9月1日

第二十七届欧洲研究中国大会在瑞士苏黎世大学举行。来自欧洲国家280多名学者和学术团体代表参加会议。大会主题是，中国：延续性和变化。

9月4日

国务院副总理、中国科学院院长方毅在人民大会堂会见联邦德国洪堡基金会代表团。

9月12日

中国国际信托投资公司和意大利商业银行在北京签订《发展业务合作协议书》。协议书规定为促进中意两国之间经济合作与技术交流，双方银行将进行各种方式的业务协作，促进两国企业间的多种经济合作。双方同意在业务合作方面相互提供便利。

▲中国科学小组首次应邀出席在波兰华沙举行的历时4天的第十届欧洲微波科学讨论会。

9月14日

中国五金矿产进出口总公司同比利时古斯塔夫·梅斯有限公司《联合建立企百煤炭贸易有限公司协议》在根特签字。根据协议，这家联营有限公司将由中比两家公司联合投资，双方各占一半股份。

9月15日

中共中央政治局委员、书记处书记彭冲会见西班牙工人委员会代表团。

▲人大常委会副委员长谭震林在北京会见卢森堡议员团，向他们介绍五届人大第三次会议情况。

▲方毅副总理在北京会见联邦德国大学校长代表团。双方讨论进一步加强两国教育和学术交流问题。

▲瑞士联邦委员会主席谢瓦拉在伯尔尼接见中国新闻代表团全体成员。

▲瑞典—中国贸易理事会在斯德哥尔摩成立。

9月16日

意大利总统佩尔蒂尼和夫人对中国进行正式访问。

9月17日

谷牧副总理会见法国外贸部长德尼奥一行。

9 月 22 日

挪威首相努尔利对中国进行正式访问。

9 月 23 日

国务院副总理兼国家农委主任万里在北京会见荷兰农业代表团，双方签署《中国农业部长同荷兰农渔大臣会谈谅解备忘录》。

9 月 24 日

全国人大常委会副委员长谭震林在北京会见瑞典议会人民党访华团。

▲谷牧副总理在北京会见联邦德国测绘代表团。双方签署《中德两国测绘科技合作议定书》。

10 月 3 日

中国中央人民广播电台和法国国家广播公司在巴黎签署《广播合作协定》。

10 月 14 日

北京和贝尔格莱德结为友好城市，并在贝尔格莱德签署协议。

10 月 15 日

法国总统德斯坦对中国进行为期一周正式访问。中共中央主席华国锋会见法国总统德斯坦。

10 月 17 日

中共中央副主席邓小平在人民大会堂会见法国总统吉斯卡尔·德斯坦。

▲赵紫阳总理同德斯坦总统举行会谈。两国政府就继续进行有关中国从法国引进原子能发电站成套设备并加强技术合作的问题达成原则协议；并商定，双方今后将就重大国际问题随时进行部长级磋商，定期交换意见；《中法两国关于设立领事机构的协议》在北京签字。

▲方毅副总理会见英国文化委员会主席特劳顿爵士和夫人，同他们就扩大中、英文化交流进行友好交谈。

10 月 21 日

法国驻上海总领事馆举行开馆仪式。

10 月 28 日

荷兰首相范阿赫特对中国进行正式访问。这是中荷两国建交以来第一位荷兰首相访问中国。

▲外贸部长李强率团前往瑞士、奥地利访问。

10月29日

卢森堡大公让在卢森堡接见中国人民对外友好协会代表团。

10月30日

中共中央主席华国锋、中共中央副主席邓小平在人民大会堂分别会见荷兰首相范阿赫特及其随行人员。

▲《中荷两国政府经济和技术合作协定、文化合作协定》在北京签字。国务院总理赵紫阳、荷兰首相范阿赫特出席签字仪式。

11月3日

中国赠送给联邦德国一对大熊猫，交接仪式在成都市动物园举行。

▲瑞士联邦委员会副主席富格勒接见正在瑞士访问的中国外贸部长李强。双方表示愿意发展两国之间的经济和贸易关系。

▲中国—欧洲经济共同体贸易混合委员会在布鲁塞尔举行第二次会议，就双方贸易中存在的问题交换意见。

11月5日

《中国和奥地利两国政府关于经济、工业和技术合作的协定》在维也纳签订。协定有效期为10年。

11月10日

西班牙共产党代表团对中国进行为期15天友好访问。11日，中共中央主席华国锋、中共中央总书记胡耀邦分别会见、宴请代表团成员。

11月14日

由中国援建马耳他的30万吨干船坞正式投入使用。

11月17日

爱尔兰外交部长勒尼汉接见中国人民对外友好协会代表团。

11月19日

爱尔兰总统希勒里博士接见中国人民对外友协代表团。

11月24日

中国作家协会和意大利全国作家工会《1981年度文学艺术交流协议书》在上海签订。

▲《中国社会科学院和瑞典斯德哥尔摩大学学术交流协议》在北京签字。中国社会科学院院长胡乔木和斯德哥尔摩大学校长海尔姆费里德分别在协议上签字。

12月7日

《中国和保加利亚科学技术合作委员会第十八届会议议定书》在北京签字。

1981年

1月12日

联邦德国经济合作部长奥费尔格尔德宣布，联邦德国今年将首次向中国提供总额为1500万马克（约合800万美元）的技术发展援助。

1月14日

中国外交部发言人就荷兰政府批准向台湾地区出售潜艇一事在回答记者问时进一步阐明中国政府的严正立场。

1月19日

中国外交部就荷兰政府批准为台湾地区建造潜艇一事照会荷兰驻华大使柯南葆，照会要求把中荷两国外交关系降为代办处级，并建议双方就两国关系降格问题举行谈判。

1月21日

卢森堡议会批准《卢森堡大公国政府和中华人民共和国政府文化合作协定》。该协定是1979年9月卢森堡大公让访华期间两国政府在北京签订的。

1月25日

中波轮船股份公司股东会在华沙举行第十五次会议并签订议定书。

1月26日

比利时副首相兼交通大臣斯皮塔尔斯率比利时交通代表团访问中国。

1月29日

《中国和罗马尼亚文化合作协定新的年度执行计划》在布加勒斯特签订。

2月3日

荷兰议会下院经过表决，通过反对党动议，要求荷兰政府收回关于允许莱茵—斯凯尔特—维罗梅公司向台湾地区提供两艘潜艇的决定。

2月9日

法国社会党领导人密特朗率团对中国进行友好访问。

2月16日

《中国和塞浦路斯新贸易协定》在尼科西亚签署，新协定为期3年。这是中塞签订的第二个贸易协定，第一个贸易协定于1973年签订。

2月17日

英国外交和联邦事务部国务大臣布莱克宴请中国人大代表团。布莱克说，他希望通过中国人大代表团首次访英，使中英两国议会之间的接触更加频繁。

▲中国—比利时、卢森堡经济联盟发展经济、工业、科学和技术合作协定混合委员会在北京举行第一届会议。

2月20日

荷兰政府不顾中国政府抗议和荷兰议会的否决，坚持准许向台湾地区出售潜艇。

▲马耳他代总统塞里宴请在马耳他访问的中国全国人民代表大会代表团。

2月23日

《中国比利时两国贷款协定》在北京签字。根据协定，比利时政府今年将继续向中国政府提供无息政府贷款3亿比利时法郎。

2月27日

希腊总理拉利斯接见正在希腊访问的中国人大代表团。

3月3日

联邦德国工业电子专业展览会在北京展览馆开幕。

3月10日

《中英关于航空运输企业避免双重征税协定》在北京签字。

3月14日

《中国和罗马尼亚1981年换货和付款议定书》在布加勒斯特签字。

3月30日至4月10日

"欧洲经济共同体—中国贸易周"在布鲁塞尔举行。谷牧副总理率团参加。贸易周后，谷牧副总理将对卢森堡、西班牙进行正式友好访问。

3月31日

中国代表团团长、国务院副总理谷牧在布鲁塞尔同欧洲经济共同体委员会副主席哈费尔坎普和达维尼翁举行会谈。

4月1日

比利时国王博杜安接见谷牧副总理。

4月2日

谷牧副总理访问卢森堡并会见卢森堡大公让。卢森堡首相维尔纳会见谷牧。

4月4日

谷牧副总理在参加“欧洲经济共同体—中国贸易周”期间顺访联邦德国，同联邦德国经济部长兰姆斯多夫在波恩举行会谈。

4月5日

芬兰—中国协会在赫尔辛基举行年会。

4月7—14日

瑞典首相费尔丁和夫人对中国进行正式访问。这是中瑞建交三十多年来瑞典首相首次访华。赵紫阳总理在人民大会堂同费尔丁首相举行会谈。

▲首个《中国与西班牙文化、教育和科学合作协定》在马德里签署，协定为期五年。

4月15日

《中国和保加利亚1981年交换货物和付款协定》在北京签字。

4月18日

人大常委会副委员长彭冲会见英国议员团。

4月19日

中华全国总工会主席倪志福会见奥地利工会联合会代表团。

4月25日

中共中央副主席李先念会见奥中友协代表团。

4月30日

人大常委会副委员长杨尚昆会见英中了解协会代表团，向他们介绍我国目前的政治形势和农村现行经济政策。

5月1日

中共中央副主席邓小平在人民大会堂会见联邦德国前总统谢尔一行。

5月5日

中国政府照会荷兰政府：鉴于荷兰政府坚持其批准向台湾地区出售潜艇的错误决定，违背了1972年中荷关于外交关系升格的联合公报原则，中国政府为维护国家主权和国际关系的基本准则，决定把两国外交关系从大使馆级降为代办处级。5 月 11 日，荷兰政府同意将荷兰同中国的外交关系从大使级降为代办处级。

5 月 7 日

《中国和民主德国 1981 年交换货物和付款协定》在北京签字。

5 月 9 日

奥地利国民议会议长贝尼亚宴请以杨尚昆副委员长为团长的中国人大代表团。

5 月 10 日

中国社会科学院副院长许涤新率领中国首个经济学家代表团访问英国，先后在牛津、剑桥和伦敦开展为期 3 周的学术交流活动。许涤新团长就目前中国四个现代化建设中的若干问题与英国同行进行交流。

5 月 11 日

《中国和捷克斯洛伐克 1981 年交换货物和付款协定》在布拉格签字。

5 月 12 日

万里副总理在人民大会堂会见瑞士知名人士代表团。

5 月 13 日

张爱萍副总理在人民大会堂会见意大利国家核能委员会代表团。双方对 1980 年 5 月中意双方在罗马签署的《中国第二机械工业部与意大利核委会关于和平利用核能科技合作议定书》签订一年来的执行情况表示满意，并表示双方要在和平利用核能方面继续加强合作和交流。

5 月 16 日

《中意两国仲裁合作协议》在北京签订。

5 月 18 日

《中国和波兰 1981 年换货和付款协定》在华沙签字。

5 月 19 日

以荣毅仁为团长的中国国际信托投资公司代表团前往瑞典、芬兰、挪威、丹麦和英国访问。

5 月 20 日

法国政府向中国政府赠送《法国 1902—1968 年专利说明书》。

▲芬兰议会议长维洛莱宁宴请由习仲勋率领的中国人大代表团全体成员。

5 月 22 日

瑞典国王卡尔十六世·古斯塔夫在王宫接见以习仲勋为团长的中国人大代表团全体成员。

5 月 23 日

以杨尚昆副委员长为团长的中国人大代表团对联邦德国进行为期一周访问。联邦德国总统卡斯滕斯接见代表团。

5 月 25 日

比利时国王博杜安一世和王后阿拉贡陛下开始对中国进行正式访问。

▲《中国瑞典标准化合作协议》在北京签订，为期五年。

5 月 26 日

比利时国王博杜安一世在北京钓鱼台国宾馆会见中国物理学家、中国科学院副院长李薰教授、高能物理研究所所长张文裕教授、理论物理研究所所长彭桓武教授。双方就进一步发展两国科技交流等问题进行交谈。

5 月 27 日

中共中央副主席邓小平会见比利时国王博杜安一世。邓小平说，中比两国在许多问题上看法是一致的。我们愿意同包括比利时在内的整个欧洲加强合作。欧洲希望中国好起来，中国也希望欧洲好起来。

5 月 28 日

挪威议会议长汉森宴请中国人大代表团。

▲《中国和罗马尼亚科技合作委员会第二十一届会议议定书》在布加勒斯特签字。

5 月 29 日

《中国和芬兰林业合作议定书》在赫尔辛基签字。

6 月 9 日

《中国和匈牙利 1981 年换货和付款协定》在布达佩斯签字。

6 月 16 日

中国人民对外友好协会代表团赴西班牙和葡萄牙进行友好访问。

6 月 21 日

法中友协举行全国代表大会。

▲中国成都市和法国蒙彼利埃市结成友好城市，双方签订议定书。

6 月 23 日

中共中央副主席李先念会见联邦德国巴登—符腾堡州州长施佩特一

行。施佩特表示，希望出现一个强大的中国和一个强大、团结的欧洲。他希望中国同欧洲能够一起抵制霸权主义的扩张行径。

6月26日

《中国科学院生物学部与法国卫生和医学研究所合作协定》在巴黎签字。

7月8日

意大利国民劳动银行在北京成立代表处。

▲中国人民对外友协会长王炳南会见并宴请由范德林德主席率领的荷兰中国友好协会代表团，宾主进行了亲切友好的交谈。

7月17日

欧洲议会主席韦伊夫人一行访问中国。人大常委会副委员长杨尚昆在钓鱼台国宾馆会见韦伊夫人一行。

7月18日

匈牙利出版《鲁迅文学评论选集》。

▲中国人民解放军总参谋长杨得志访问瑞士。

7月19日

外贸部长李强会见欧洲议会主席韦伊夫人，同她就发展中国和欧洲共同体各国之间的贸易和经济合作问题交换意见。韦伊夫人表示，欧洲共同体国家正在研究改变经济合作的方式，以适应中国的经济调整政策。她建议，欧洲国家可以在发展中国的轻工业、交通运输业、能源开发方面给予合作。

▲中共中央副主席李先念会见欧洲议会主席韦伊夫人。

8月1日

中共中央政治局委员、中央书记处书记彭冲率领中国共产党代表团赴西班牙访问并参加西班牙共产党第十次代表大会。

9月2日

欧洲议会议员马尔蒂内率欧洲议会代表团在人民大会堂同中国人大常委会委员郝德青、林丽韫以及有关方面人士进行座谈。双方就欧洲的经济形势、中国的政治经济情况以及中国与欧洲共同体的关系等问题交换看法。

9月8日

《中国和比利时两国政府1982—1983年文化合作计划》在北京签署。

9月14日

瑞典国王卡尔十六世·古斯塔夫陛下和王后西尔维娅陛下对中国进行为期10天国事访问。人大常委会委员长叶剑英在北京会见瑞典国王卡尔十六世·古斯塔夫和王后西尔维娅陛下。

9月15日

瑞士卡格出版社图书展览在中国美术馆开幕。

9月17日

国务院副总理康世恩会见瑞典中国贸易委员会代表团。双方就发展两国经济贸易合作交换意见。

▲《中国和捷克斯洛伐克科学技术合作联合会第二十三届会议议定书》在北京签字。

9月22日

谷牧副总理会见联邦德国专利代表团，双方就两国专利事业的合作和技术援助问题进行交谈。

▲《中国铁道部和联邦德国交通部铁路合作协议》在北京签字。

9月26日

意大利众议院议长约蒂访问中国。

10月2日

《中国和法国1982—1983年文化交流计划》在巴黎正式签字。

10月17日

全国政协委员会副主席、全国妇联主席康克清会见由英国上院议员、欧洲—中国协会会长维克斯率领的欧中协会代表团。欧洲—中国协会成立于1974年。

▲中国—瑞典政府间工业和科技合作混合委员会第三次会议在斯德哥尔摩闭幕。两国签署《中国—瑞典互相保护投资的协定草案和科技合作协定书》。

10月19日

丹麦首相约恩森和夫人对中国进行为期10天正式访问。22日中共中央副主席邓小平在北京会见丹麦首相约恩森一行。《中国和丹麦两国政府1982—1983年科学、教育和文化合作计划》在北京签字，为期2年。

▲中国工业代表团访问丹麦。双方就发展中丹两国工业和技术合作问题举行会谈。

▲《中国和匈牙利科学技术合作议定书》在布达佩斯签字。

10 月 27 日

《中国和匈牙利科学技术合作委员会第二十届会议议定书》在布达佩斯签字。

11 月 18 日

中国著名社会人类学家费孝通在伦敦接受英国皇家人类学会颁发的赫胥黎奖章。

11 月 23 日

《中国和联邦德国农业科学技术合作议定书》在北京签字。

12 月 4 日

《中英关于执行 1978 年科技合作协定的新议定书》在伦敦签订。

1982 年

1 月 4 日

英国掌玺大臣阿特金斯和夫人一行对中国进行访问。

1 月 6 日

赵紫阳总理在中南海会见英国掌玺大臣阿特金斯一行。赵紫阳说，中英两国的贸易前景是广阔的，双方要有信心，共同努力，寻找途径，发展贸易关系。

1 月 8 日

希腊著名学者季米德里奥斯·韦利萨罗普洛斯撰写的《中国哲学史》首次在希腊正式发行。

1 月 16 日

瑞士和中国友好协会在伯尔尼成立。这是第一个瑞士全国性的与中国友好组织。弗朗索瓦·莱勒施任协会主席。

1 月 27 日

赵紫阳总理在北京会见马耳他外交部长特里戈纳一行。

2 月 3 日

法共举行二十四大，中国驻法大使姚广应邀出席大会。

2 月 4 日

英国工会界人士访问中国。

2 月 6 日

法共中国问题负责人阿兰·鲁在法共二十四大会议上就中国问题发表讲话说，1949 年中国革命的胜利是当代重大事件之一。这个胜利为促使帝国主义与为争取解放和独立而进行斗争的各国人民之间的力量对比发生积极的变化作出了历史性的重大贡献。希望中国人民和中国共产党在建设中国式的社会主义斗争中取得圆满成功。

2 月 10 日

英国下院议长托马斯宴请全国人民代表大会代表团。

2 月 17 日

《中国和捷克斯洛伐克 1982 年交换货物和付款协定》在北京签字。

2 月 24 日

《中国政府和罗马尼亚政府 1982 年交换货物和付款议定书》在北京签字。

2 月 26 日

《中国和保加利亚 1982 年交换货物和付款协定》在索非亚签字。

3 月 1 日

中国文化周在马德里自治大学开幕。这是自 1973 年两国建交以来第一次举行此类活动。

3 月 26 日

《中国和匈牙利 1982 年交换货物和付款协定》在北京签字。

3 月 28 日

芬兰—中国协会在赫尔辛基举行年会。

3 月 29 日

《中国和瑞典关于相互保护投资的协定》在北京签订生效。这是我国同外国签订的第一个双边保护投资的协定。

4 月 4 日

英国前首相希思访问中国。

4 月 8 日

《中国和葡萄牙两国政府文化科学技术合作协定》在北京签字。

4 月 15 日

卢森堡首任驻中国大使卡尔洛·凯特尔向人大常委会副委员长乌兰夫递交国书。

▲国务院副总理兼对外经济贸易部长陈慕华在北京会见联邦德国商业银行代表团。

4月16日

中国和罗马尼亚政府关于发展经济、科学技术和文化合作的5个文件在北京签字。协定有效期10年。

▲万里副总理在北京会见英国皇家学会代表团。

4月29日

卢森堡首相维尔纳和夫人一行访问中国。赵紫阳总理同维尔纳首相举行会谈，双方就共同关心的国际问题和中卢双边关系问题交换意见。维尔纳表示卢森堡主张恢复欧洲军事力量的平衡，以维护欧洲和平与安全；愿意同发展中国家扩大经济合作，以便促进世界各国的经济繁荣。

5月8日

解放军副总参谋长伍修权率团对西班牙进行为期8天友好访问。

5月12日

中国工会代表团赴联邦德国、法国访问。

▲中共中央委员、中联部顾问冯铉赴希腊访问，并出席希共（国内派）第三次代表大会。

5月18日

中国和联邦德国经济混合委员会在波恩举行第二次会议。双方分析了两国经济贸易合作可以加强的有利因素，并提出了建设性意见。其中包括：加强两国地区性的合作和中小企业合作；扩大两国在第三国的劳务和销售方面的合作范围；争取早日签订两国间的促进和保护投资的协定；在两国能源和原料合作方面作出新的努力。

5月21日

《中比两国政府关于比利时政府向中国政府提供国家贷款的协定》在北京签字。根据这一协定，比利时政府今年继续向中国政府提供无息政府贷款3亿比利时法郎。

6月1日

中国和欧洲经济共同体合办的南京节能技术培训中心第一期研究学习班今天开学。这是我国第一次同外国合作举办全国性的节能技术培训班。

6月3日

对外经济贸易部长陈慕华在中南海会见英国伦敦出口公司董事长、四十八家集团副主席杰克·佩里和由他率领的英国伦敦出口公司代表团。

6月4日

中共中央委员、国务委员姬鹏飞会见并宴请荷兰共产党主席胡克斯特拉和夫人。胡克斯特拉说，荷兰共产党将继续发展同中国共产党的关系。我们两党的关系虽然曾遇到过一些困难，但没有中断过。我们一直没有忘记两党之间存在着传统的战斗友谊。

6月7日

中共中央主席胡耀邦在北京会见荷兰共产党主席胡克斯特拉和夫人。胡耀邦重申中国共产党提出的关于发展各国共产党之间关系的准则，胡克斯特拉完全同意这些原则。

6月11日

《中国和芬兰两国政府长期贸易协定》在赫尔辛基正式签署。该协定于1983年1月1日起生效，有效期为五年。

6月12日

欧洲经济共同体委员会副主席达维浓一行对中国进行为期一周访问。

6月15日

《中国和挪威两国政府长期贸易协定》在挪威首都奥斯陆签订。

6月18日

卢森堡大公让和夫人接见正在卢进行正式访问的外交部长黄华和夫人何理良。

6月22日

外交部长黄华访问葡萄牙。葡萄牙总理巴尔塞芒在总理府接见黄华外长，双方就进一步发展两国关系和双方感兴趣的国际问题进行交谈。

6月24日

马耳他总理明托夫访问中国。28日赵紫阳总理同马耳他总理明托夫在人民大会堂举行会谈。

6月28日

外交部长黄华开始对西班牙进行3天正式访问。黄华是中西两国建交9年以来第一位访问西班牙的中国外长。

7月8日

欧洲共同体举行关于中国外贸体制改革的讨论会，欧共体委员会对外关系司副总司长托法尼说，欧洲经济共同体赞赏中国对实现一个统一和强大的欧洲所给予的支持。我们也支持中国统一、稳定和繁荣。这是该委员会自欧洲经济共同体和中国建立正式关系以来所组织的第一次这样的讨论会。

7 月 16 日

《中国和意大利两国政府 1982 年—1984 年财政技术合作计划会谈纪要》在罗马签订。根据合作计划，意大利政府将以贷款和赠款等方式，对双方商定的一批合作发展项目提供部分资助。

7 月 30 日

法国对外关系部长谢松和夫人一行对中国进行为期一周访问。

8 月 27 日

法国国民议会执行局代表团对中国进行友好访问。

8 月 29 日

中国在爱尔兰举办的首届为期 12 天大型经济贸易展览会在首都都柏林结束，来自爱尔兰近两万名观众参观了展览。

9 月 1 日

《中国和芬兰 1982—1984 年度两国政府文化交流计划》在赫尔辛基签署。

9 月 3 日

中共中央主席胡耀邦在人民大会堂会见德国社会民主党联邦理事会主席团成员埃贡·巴尔一行。宾主就共同感兴趣的问题进行广泛的交谈。胡耀邦介绍了中国对外政策的基本思想。在谈到两国关系时，双方一致希望中国同德意志联邦共和国之间的友好合作关系不断发展。

9 月 11 日

中国海洋石油总公司和挪威地球物理公司在北京签订成立合资经营公司——《中国奇科地球物理公司的协议》。

9 月 24 日

邓小平同志在人民大会堂会见英国首相撒切尔夫人。两国领导人就香港前途问题进行深入讨论，阐述各自立场。

9 月 26 日

英国首相撒切尔夫人在广州出席《中英关于向南海油田提供电信服务意向书》的签字仪式。

9月27日

《中国和捷克斯洛伐克科学技术合作联合委员会第二十四届会议议定书》在布拉格签字。

10月4日

《中国和葡萄牙两国政府经济、工业和技术合作协定》在北京签字。

10月6日

万里副总理在人民大会堂会见葡萄牙工业、能源和出口部长奥尔塔和夫人一行，同他们就发展两国经济贸易关系问题进行交谈。

▲对外经济贸易部长陈慕华会见联邦德国杜伊斯堡市友好代表团并出席《杜伊斯堡市和武汉市建立友好城市关系议定书》签字仪式。

10月8日

挪威议会代表团对中国进行为期12天友好访问。

10月10日

德意志联邦共和国总统卡斯滕斯和夫人对中国进行国事访问。12日，赵紫阳总理前往钓鱼台国宾馆拜会卡斯滕斯总统。

10月11日

为庆祝中国和德意志联邦共和国建交十周年，联邦德国政府把一批橡树苗赠送给我国作为两国友好象征。树苗定植仪式在天坛公园举行。

10月12日

《中国和丹麦两国政府关于医学生物学合作计划协定》在北京签字。

10月14日

法共中央代表团对中国进行为期13天友好访问。此次来访，中法两党正式恢复关系，并决定不断扩大双方的友好合作。

10月22日

国务委员谷牧会见奥地利多瑙欧洲研究所代表团。奥地利多瑙欧洲研究所是一个国际性经济组织。

10月24日

赵紫阳总理在北京会见爱尔兰外长柯林斯一行。柯林斯外长是爱尔兰第一位访问中国的外长，这标志着中爱友好关系发展到一个新阶段。

10月28日

国务委员薄一波在北京会见英国四十八家集团代表团。

10 月 30 日

英国《阶级斗争》11 月号发表署名文章指出，香港是被英国非法占领的中国领土的一部分，英国共产党人无条件地支持中国人民及其政府收回其领土香港的神圣权利。

11 月 1 日

瑞典国王卡尔十六世·古斯塔夫在斯德哥尔摩接见中国基督教代表团。

11 月 10 日

中国—比利时、卢森堡经济联盟混合委员会第二次会议在布鲁塞尔举行。

11 月 11 日

中国—欧洲经济共同体联合贸易委员会在布鲁塞尔举行第四次会议。欧共体方面认为，中国的调整政策是正确的，并表示愿意为中国实现“四个现代化”作出贡献。中国方面谅解经济衰退给共同体造成的困难，并表示愿意考虑共同体的希望。

11 月 12 日

中国船舶工业总公司和英国国营造船公司签订一项关于船舶工业的合作协议。

12 月 9 日

《中国和匈牙利科学技术合作委员会第二十一届会议议定书》在北京签字。

▲《中国与联邦德国两国在民用航空无线电导航系统领域内合作议定书》在波恩签署。

12 月 10 日

中瑞双方就瑞士免税进口中国丝棉织品进行换文。从明年 1 月 1 日起，我国的某些丝、棉手工织品将享受瑞士免税进口待遇。

▲中国重庆市和法国土鲁兹市宣布建立友好城市关系并签署议定书。

12 月 12 日

中国洛阳市和法国图尔市结成友好城市并签署议定书。

12 月 13 日

中共中央政治局委员、书记处书记习仲勋在北京会见瑞典共产党代表团。

12月27日

《中国和保加利亚1983年交换货物和付款协定》在北京签订。

12月31日

中共中央总书记胡耀邦在中南海会见法国马克思列宁主义共产党中央代表团。

1983年

1月3日

中共中央总书记胡耀邦在北京会见由雅克·洪辛格率领的法国社会党代表团。

1月8日

《中国与波兰1983年货物交换和付款协定》在华沙签字。

1月10日

《中国和捷克斯洛伐克1983年换货和付款协定》在布拉格签字。

1月10—14日

中芬经济合作混合委员会在赫尔辛基举行第一次会议。双方表示将尽力扩大两国间的贸易和合作。

1月16日

国务院代总理万里在北京会见英国工业大臣帕特里克·詹金一行。

3月2日

中国共产党代表团抵达罗马，应邀参加意大利共产党第十六次全国代表大会。

▲《中国和民主德国1983年交换货物和付款协定》在北京签字。

3月4日

《中国和匈牙利1983年度交换货物和付款协定》在布达佩斯签字。

3月11日

意大利社会党总书记克拉克西在罗马会见中国共产党代表团。

3月12日

芬兰—中国协会在赫尔辛基举行年会，乌尔霍·凯赫宁再次选举为主席。

3 月 21 日

中共中央书记处书记胡启立在北京会见法国共产主义青年运动代表团。

3 月 22 日

联邦德国驻华使馆举行德国伟大诗人歌德逝世一百五十周年纪念会。

▲《中国和瑞典王国瑞典学会关于文化合作与交流的会谈纪要》在北京签字。

3 月 23 日

国务委员兼对外经济贸易部长陈慕华开始对英国、马耳他、法国、奥地利、比利时以及欧洲经济共同体和联合国工业发展组织进行访问。

▲国务委员兼国家科委主任方毅在北京会见由欧洲共同体科研总司司长法赛拉率领的欧共体科技政策代表团。

▲国务委员姬鹏飞在北京会见瑞典王国瑞典学会代表团。宾主就加强中国和瑞典的文化交流进行友好交谈。

3 月 25 日

英国贸易大臣科克菲尔德勋爵在伦敦同对外经济贸易部长陈慕华就中英双边经济合作与贸易发展问题进行会谈。双方就两国今后在石油、煤炭、发电等领域进一步加强合作的可能性进行探讨。

3 月 26 日

比利时对外关系大臣廷德曼斯对中国进行友好访问。

3 月 30 日

万里副总理在北京会见英国职工大会代表团。

▲国务委员兼对外经济贸易部部长陈慕华在伦敦记者招待会上说，目前，中国根据平等互利、互通有无的原则，已同 174 个国家和地区建立了经济贸易关系，与包括英国在内的 89 个国家签订了政府间贸易和经济技术合作协定和议定书。今年以来，中英双方已经签订或即将签订一些重要项目的合同或协议。中英之间贸易发展前景良好。

3 月 31 日

中国上海与联邦德国大众汽车公司达成双方合资在中国生产“桑塔纳”牌轿车的基础协议。

▲国务委员兼对外经济贸易部长陈慕华访问马耳他。4 月 6 日，中马签署《中国马耳他两国政府关于马耳他向中国提供长期贷款的协定》。

4月5日

外交部发言人发表谈话，强烈抗议荷兰政府批准荷台通航协议，并要求荷兰政府撤销对荷台通航协议的批准。

4月6日

国务委员兼对外经济贸易部长陈慕华访问法国。8日陈慕华部长在巴黎法中委员会向法国企业界人士介绍中国经济形势和对外经济政策时说，对外开放政策是中国的一项基本政策，欢迎法国企业家到中国投资。

4月7日

中国工会代表团赴维也纳参加奥地利建立国家劳动监督制度一百周年庆祝活动及劳动保护国际经验交流会。

4月11日

法国总理莫鲁瓦在总理府接见陈慕华部长时表示，法国愿意向中国转让尖端技术。法国政府对法国在中国建设核电站和电讯方面同中国进行合作十分关心。他希望法国工业能够参加中国的中小企业革新。

4月15日

国务委员兼对外经济贸易部长陈慕华访问奥地利并同奥地利联邦商会主席塞林格、外交部长帕尔和商业部长施塔里巴赫就两国经济、贸易关系等问题举行会谈。

4月18日

中共中央总书记胡耀邦在中南海会见法国《人道报》代表团。

▲国务委员兼对外经济贸易部长陈慕华访问比利时并同比利时首相马尔滕斯、副首相兼财政和外贸大臣德克莱克进行会见、会谈。

4月19日

欧洲经济共同体委员会主席加斯东·托恩在布鲁塞尔会见对外经济贸易部长陈慕华。托恩指出，共同体非常重视同中国的关系。这不仅因为中国是一个大国，而且因为这种建立在相互信任基础之上的关系有益于全世界的稳定。托恩说，他对双方关系的发展感到高兴；希望双方在农产品贸易问题上有一个长期的安排，并使农产品的贸易多样化。

5月3日

法国总统密特朗访问中国。5日《中法两国关于核电合作的备忘录和广播电视合作的议定书》在北京签署。双方就国际形势和共同关心的重大国际问题广泛、深入地交换意见。

5 月 9 日

联邦德国外交部国务部长默特斯在一份解释联邦德国总理科尔 5 月 4 日发表施政纲领有关对华关系部分的书面谈话中说，同联邦德国历届政府一样，科尔政府对华政策的出发点是只有一个中国。随着同中华人民共和国建立外交关系，联邦德国也就承认了中国对台湾地区的代表权。基于这一原因，联邦德国历届政府都拒绝同台湾当局建立官方关系。

5 月 10 日

中共中央总书记胡耀邦抵达贝尔格莱德，对南斯拉夫进行为期 5 天正式友好访问。

5 月 17 日

外交部新闻发言人发布，中国和欧洲共同体通过外交渠道商定，双方将建立定期政治磋商。双方商定，作为开始，磋商将先在司长——大使级进行。

5 月 19 日

《中国和罗马尼亚科学技术合作委员会第二十三届会议议定书》在布加勒斯特签字。

5 月 26 日

中共中央总书记胡耀邦和比利时共产党主席范盖特在北京举行会晤，宣布中比两党恢复中断十八年的关系。双方一致认为，各国政党应该独立思考、独立判断、独立制定政策，在平等的基础上发展党与党的关系。

6 月 4 日

中国文化代表团赴意大利参加在威尼斯市举行的中国古代文明展览开幕式并对意大利进行友好访问。

6 月 7 日

西欧联盟议会第二十九届会议通过《中国与欧洲安全建议书》。建议书要求西欧国家就有关维护世界和平问题与中国进行定期磋商并发展与中国的贸易和经济合作关系。“尽可能取消”不利于发展与中国经贸合作关系的障碍，特别是要使这种贸易和合作不再受巴黎统筹委员会的限制。建议书认为，中国是世界力量平衡的一个重要因素。中国的和平和经济开放政策“完全符合欧洲的利益”。

6 月 8 日

国务委员姬鹏飞在北京会见荷中友协代表团。

6月9日

中国卫生部医疗队考察组访问马耳他。中马双方签署医疗合作备忘录，双方还就在马耳他建立中国医疗中心有关问题进行探讨。

6月12日

中国—欧洲经济共同体1983年第一期节能技术培训班在南京举办。

6月14日

中国对外经济贸易部代表团赴西班牙参加中国—西班牙经济和贸易混合委员会第三次会议。会议期间，双方表示将努力促进双边进出口商品的多样化，并就能源、建材、轻工和纺织等领域加强经济、技术合作交换意见。1982年，两国的贸易额约达1.2亿美元。

6月15日

中意两国使用意大利“天狼星”卫星进行联合空间通信试验。

6月19日

中国同波兰在华沙签订总值3000万瑞士法郎的互换纺织品补充协议。

6月21日

英国著名科学家、英中了解协会前会长李约瑟博士在剑桥会见中国对外友协代表团。年逾八旬的李约瑟博士，亲自向中国朋友介绍他至今仍在精心从事的《中国科学技术史》的研究和撰写工作。

6月22日

《中国记者协会和民主德国记者协会1984年至1987年合作议定书》在柏林签订。

▲比中经济委员会在布鲁塞尔举行年会。比中经济委员会主席罗歇在讲话中赞扬中国的开放政策和中国在经济调整中所取得的成就。

6月23日

《中国和民主德国政府邮电合作协定》在北京签字。

▲西班牙共产党主席伊巴露丽在马德里接见以中共中央顾问委员会成员、中联部顾问冯铉为团长的中国共产党友好参观团，同他们进行了热情友好的谈话。

6月25日

《中国和希腊两国政府经济技术合作协定》在北京签字。

7月7日

中国长春与英国伯明翰结为友好城市。

7月12日

由中英合资兴办的中国渤海雷卡定位测量有限公司和中国南海雷卡定位测量有限公司在北京成立。

7月13日

中英香港问题第二阶段会谈第一次会议在北京结束。双方进行了有益的和建设性的会谈。

7月25日

中英香港问题第二阶段会谈第二次会议在北京举行。

▲中国和英国合资经营的华英南海油田电讯服务公司在伦敦正式成立。公司将为开发中国南海的近海和沿海油田提供电讯服务。英国首相撒切尔夫人和中国驻英国大使陈肇源出席成立仪式。

7月28日

国务委员兼对外经济贸易部长陈慕华在北京会见捷克斯洛伐克科技合作代表团。《中捷科学技术合作联合委员会第二十五届会议议定书》在北京签署。

8月2日

中英关于香港问题的第二阶段会谈在北京举行第三轮第一次会议。

8月4日

英国费边社代表团对中国进行为期两周访问。协会理事王铁崖教授宴请客人。

8月11日

荷兰首相吕贝尔斯在内阁会议结束后对记者说，荷兰坚持1981年处理售台潜艇事件时制定的“仅此一次，下不为例”的方针，今后不再向台湾地区出售武器。此番话是针对荷兰执政党之一自由党领袖内佩尔斯的主张而讲。他认为近几个月来荷中双方贸易额的显著增长，是荷兰在对台湾问题上采取慎重态度的结果。如再次向台湾地区出售武器，将会损害同中国之间正在增长的贸易关系。

8月15日

国家主席李先念在北京会见由丹麦议长雅各布森率领的丹麦议会代表团。

8月29日

意大利共产党总书记贝林格在北京举行记者招待会时说，首先对中国共产党邀请他来中国度假表示感谢。两党领导人就1980年恢复关系以来的两党关系交换意见。贝林格谈到意共和西欧一些共产党提出的“新国际主义”三原则内容，即：一、没有国际中心，没有领导党，没有老子党，所有的党都应是平等的；二、要尊重各党之间的意见分歧，讨论这些分歧时应互相尊重，以诚相待；三、新国际主义所包括的，不仅有各共产党，而且还应包括社会民主党、社会党以及第三世界的民族解放运动。

9月8日

国务委员张劲夫在北京会见联邦德国专利代表团时说，对以优惠条件积极向中国转让先进技术的国家，我们将在贸易方面给予优惠待遇。这样做体现了平等互利原则。《中国和德意志联邦共和国专利合作项目协议》已于1983年8月22日生效。德意志联邦共和国专利局已同我国专利局建立良好合作关系，并为我国专利制度的建立提供了设备和技术援助。

9月9日

冰岛总统芬博阿多蒂尔和总理黑尔曼松分别接见正在冰岛访问的中国文化部副部长吕志先一行。

9月12日

中国文化部向匈牙利厄特弗什·罗兰大学赠送五百本中文图书。赠书包括现代文学、古典文学和工具书，其中有唐诗、宋词、《水浒传》《红楼梦》《鲁迅全集》和汉语词典。

9月16日

挪威首相维洛克在奥斯陆接见中国石油工业部长唐克，双方探讨挪中两国在发展海上石油生产方面进行合作的问题。

9月19日

中国新任驻欧洲经济共同体使团团长章曙，向共同体委员会主席托恩递交委任书。

9月20日

国务委员兼对外经济贸易部长陈慕华在中南海会见比利时中国经济委员会代表团。

▲中国社会福利代表团赴丹麦、挪威、瑞典北欧三国访问。

9月22日

中国国际问题专家宦乡访问香港并发表谈话说，中国政府一定要收回香港主权和治权。英国应该珍惜中英关系并及早解决三个问题：第一，承认香港的主权和治权，都属于中国政府；第二，把香港现时不稳定的经济尽快稳定下来。港英当局自称对港元采取的是“不干预”政策。但实际上却采取了许多打击港元的干预措施，这是不能允许的。第三，给香港工业发展以指导性的帮助。

9 月 23 日

中英关于香港问题的第二阶段第四轮会谈结束。

9 月 25 日

叶锡恩写信给英国部分国会议员，表达她对香港前途问题的看法。她提出，要解决香港前途问题，“唯一的现实途径是承认主权和治权在法理上都是中国的，而从这个灵活的立场上，给予香港一些特殊地位以保证继续保持繁荣和稳定”。叶锡恩指出，英国政府首先要承认香港属于中国，尊重中国人民的感情，会谈才能有进展。英国国会英中关系小组主席、保守党议员艾德里复信给香港市政局民选议员叶锡恩，对叶锡恩提出的香港的主权及治权于法理上均应属于中国所有的观点表示赞同。

9 月 26 日

联邦德国在全国 40 个城市总共 43 家赫尔蒂（ALDI）商店同时举办为时两周的“中国商品周”活动。这是迄今为止在联邦德国举行的规模最大的中国商品展销会。

9 月 27 日

《中法两国铁路合作协定》在巴黎签署。

9 月 28 日

中国和保加利亚科技合作委员会第二十一届会议在索非亚闭幕，双方商定了在农业、轻纺、机械、煤炭等方面的科技合作项目，并就两国在蔬菜栽培方面广泛交流经验、共同开展研究工作达成协议。中保双方签订会议议定书。

9 月 29 日

《中国科学院和奥地利科学院科学合作协定》在维也纳签订。这是中奥 1971 年建交以来两国科学院之间签订的第一项协定。

9 月 30 日

《中法两国政府 1984 年至 1985 年度文化交流计划》在北京签署。

10 月 3 日

中国和波兰科技合作委员会在华沙举行第十六次会议，会议签署《中国和波兰1984年科技合作议定书》。

10月4日

《中国和阿尔巴尼亚1984年度换货和付款议定书以及交货共同条件议定书》在北京签字。

▲法国国民议会议长梅尔马兹在巴黎波旁宫宴请由陈丕显副委员长率领的中国人大代表团。

10月5日

中国、联邦德国经济合作混合委员会第三次会议在人民大会堂举行。双方在一系列问题上达成新的协议：一、两国签署投资保护协定。该协定对促进双方在更广泛的范围内加强合作奠定了基础；二、双方同意设立有色金属小组，开辟一条新的合作途径；三、双方研究进一步扩大贸易的有关问题。中方赞赏联邦德国为促进中国扩大出口所采取的积极态度；四、中方对联邦德国继续提供技术合作资金表示赞赏；五、双方认为，中国对中小企业进行技术改造方面有许多工作可做，愿意共同作出努力。

▲丹麦议会议长雅各布森在哥本哈根会见以周而复副会长为首的中国对外友协代表团。雅各布森希望丹中两国不断扩大人民间的交往。

10月6日

《中国和瑞典工业和科技合作混合委员会第四次会议纪要》在北京签字。两国政府还签订《中国瑞典互相保护投资的协定》。

10月7日

《中国同联邦德国关于促进和相互保护投资的协定》在北京签订。协定规定，缔约任何一方应促进缔约另一方的投资者在其境内投资，并给予公平、合理的待遇。

▲赵紫阳总理在北京会见联邦德国经济部长拉姆斯多夫一行时说，把欧洲的优势同中国的优势结合起来有利于弥补各自的缺陷，也有利于世界的稳定。中国愿意看到一个强大、团结的欧洲；同时，繁荣、安定的中国也符合欧洲的利益。发展起来的中国不会对欧洲构成威胁，在经济上也不会成为欧洲的竞争对手。

10月9日

中国政府代表团对联邦德国进行为期10天访问。双方首次举行为期4天关于发展政策和合作的混合委员会会议。双方同意，除在农业领域已商定的合作项目外，今后应加强包括节能、交通、技术检验和标准化、职业培训以及现有企业的技术改造等领域内的合作。

10 月 12 日

中国人大代表团访问欧洲议会总部斯特拉斯堡，同欧洲议会发展中国关系代表团举行工作会议，双方就国际问题和双边关系交换意见。双方一致认为，希望看到一个强大的中国和一个强大的欧洲，以便为反对超级大国瓜分世界的斗争和为保卫世界和平作出贡献。通过会谈，双方为今后进一步发展良好关系和在各个方面的合作确定共同努力的目标。

10 月 18 日

比利时国王博杜安、首相马尔滕斯在布鲁塞尔分别接中国人大代表团。

10 月 19 日

中英关于香港问题的第二阶段第五轮会谈在北京举行。

▲《中国和南斯拉夫 1983 年至 1984 年科技合作议定书》在贝尔格莱德签署。

10 月 20 日

《中国和联邦德国政府 1984 年至 1985 年度文化交流计划》签字仪式在北京举行。

▲法国核工业技术展览会在北京展览馆开幕。

10 月 23 日

李先念主席在人民大会堂会见奥地利政府代表团。24 日，中奥双方签署《关于奥地利进口中国手工制品给予减免关税待遇的协定》。

10 月 27 日

国务委员兼对外经济贸易部长陈慕华在北京同联邦德国经济合作部部长瓦恩克举行会谈。双方表示要进一步扩大两国在各个经济领域中的合作和交流。

10 月 28 日

西班牙外交大臣莫兰对中国进行为期 5 天正式友好访问。吴学谦同莫兰举行会谈。双方同意采取积极步骤推动两国友好合作关系继续向前发展。

11 月 1 日

欧洲经济共同体主席托恩访问中国。中国同欧洲煤钢共同体和欧洲原子能共同体分别建立外交关系。中国与欧洲共同体正式宣布全面建交。[①]

11月4日

国务委员兼对外经济贸易部长陈慕华会见意大利政府代表团。双方签署意大利政府赠送中国政府的“北京急救中心”和“天津市医疗放射诊疗中心”两个项目的议定书并签署双方会谈纪要。

11月5日

中顾委主任邓小平在北京会见欧洲共同体执委会主席托恩时说，欧洲共同体和中国当前共同面临的问题是如何对付更加动荡不安的形势。中国对付当前形势的办法就是加强自己，搞好建设，摆脱贫穷落后的状态。托恩说，我们也希望有一个一致的欧洲、强大的欧洲，同时希望通过发展欧洲共同体同中国的关系，使世界走向稳定。

▲赵紫阳总理在北京会见欧洲共同体执委会主席托恩时说，中国与欧洲共同体的关系有着坚实政治基础。一个团结、强大的欧洲同一个繁荣、强大的中国的友好合作关系将是保障当今世界安全稳定的重大因素。中国和欧洲共同体的关系很好。托恩说，双方的贸易潜力和技术交流，加上政治和财政上的合作，是非常重要的。双方的经济关系是相互补充的。

11月6日

李鹏副总理会见英国能源大臣沃尔克。双方希望中英两国在能源开发、节约能源和提高能源效率方面进一步开展合作。

11月10日

《中国卫生部和民主德国卫生部关于卫生事业和医学科学合作1984—1985年度计划》在北京签字。

11月14日

瑞典外交大臣布德斯特伦对中国进行友好访问。

▲《中国和比利时合作发展议定书》在北京签字。

▲中英关于香港问题的第二阶段第六轮会谈在北京开始举行。

11月19日

由对外经济贸易部副部长贾石率领的中国政府经济贸易代表团赴罗马，参加中意混合委员会第二次会议。

---

① 《人民日报》1983年11月2日第1版。

11月23日

中央书记处书记习仲勋率中国共产党代表团，前往法国进行友好访问。这是自1982年中、法两党关系正常化以来中共代表团对法国的第一次正式访问。双方在巴黎举行政治会谈。双方就共同关心的国际问题和如何发展两党关系问题交换看法。

11月24日

瑞士政府拒绝了两家瑞士军火公司要求向台湾地区出售武器的申请。瑞士政府发言人说，政府采取这一决定，是因为这两宗交易有可能损害瑞士同中国的关系。瑞士的经济利益也是考虑的重要因素。

11月26日

《中国和意大利两国政府1984—1985年文化交流计划》在罗马签署。

12月1日

《中国和比利时两国政府1984—1985年度文化合作计划》在布鲁塞尔签字。

12月2日

英国圣公会坎特伯雷大主教伦西博士一行4人，应对外友协和中国基督教协会邀请，开始对中国进行为期半个月友好访问。

▲法国共产党总书记马歇在巴黎法共总部会见由中央书记处书记习仲勋率领的中国共产党代表团全体成员，并同他们进行了友好谈话。

12月7日

中英关于香港问题的第二阶段第七轮会谈在北京举行。

12月19日

中共中央总书记胡耀邦电贺西班牙共产党主席伊巴露丽和西班牙共产党总书记伊格莱西亚斯，再次当选为西共主席和总书记。

12月22日

《中国和匈牙利科技合作委员会第二十二次会议议定书》在布达佩斯签字。

12月28日

荷兰议会举行特别会议，以压倒多数批准荷兰政府关于不再继续向台湾地区出售潜艇的决定。荷兰政府曾于21日举行特别会议，决定不再向台湾地区出售更多的潜艇。

1984 年

1 月 2 日

中共中央政治局委员、书记处书记习仲勋在人民大会堂会见法共中央委员、法国《人道报》总编辑勒内·安德里厄一行。习仲勋说，通过这次访问，对法国共产党的优良传统有了进一步了解。中法两党关系将一年比一年发展得更好。

1 月 8 日

中国人民解放军空军司令员张廷发在人民大会堂举行宴会，欢迎英国皇家空军参谋长基思·威廉逊上将和夫人一行。

1 月 11 日

中国、芬兰两国官员在北京举行中芬经济、工业、科学和技术合作协定和长期贸易协定混合委员会第二次联合会议。双方签署会议纪要。

1 月 17 日

《中国和罗马尼亚 1984 年交换货物和付款议定书》在北京签字。

1 月 21 日

为期两周的“1984 年的中国”展览，在布鲁塞尔“理想宫”开幕。

1 月 23 日

英国新任驻华大使伊文思爵士向李先念主席递交国书。

1 月 25 日

中英关于香港问题第二阶段会谈第八轮会议在北京举行。外交部部长助理周南、英国驻华大使理查德·伊文思代表双方政府参加会议。

▲法中友好协会在巴黎举行庆祝会和招待会，庆祝法国和中国建立外交关系 20 周年。

1 月 26 日

《中国和波兰 1984 年货物交换和付款协定》在北京签字。

▲《中国和丹麦第二批政府贷款协议》在北京签字。

1 月 27 日

中法两国领导人互致贺电，祝贺中法建交二十周年。

▲中共中央总书记胡耀邦在中国同法国建交二十周年之际，向法国人民发表广播电视讲话。

2 月 1 日

中国和荷兰达成协议，两国外交关系由代办级恢复为大使级，并签署联合公报。

2 月 22 日

中英关于香港问题第二阶段会谈第九轮会议在北京开始举行。

3 月 6 日

国务委员宋平在北京会见荷兰经济合作代表团。宋平指出，两国在农业、畜牧业方面，中国可从荷兰引进先进技术并进行合作。在交通运输尤其是港口建设方面也有进行合作的可能性。

3 月 7 日

《中国和比利时无息贷款协定》在北京签字。协定规定，贷款将由中国政府用于支付比利时企业所提供的 S1240 数字程控电话交换系统设备的费用。

▲《中国和联邦德国民用空间科学技术合作议定书》在波恩签字。该议定书是根据 1978 年 10 月 9 日中德两国政府间签署的科技合作协定而签订。

▲《中国政府和保加利亚政府 1984 年交换货物和付款协定》在索非亚签字。

3 月 10 日

《中国政府和意大利政府空间科学技术合作议定书》在罗马签字。

3 月 12 日

《中国政府和民主德国政府 1984 年换货和付款协定》在莱比锡签字。

3 月 14 日

人大常委会副委员长黄华会见由格雷特勒率领的奥地利多瑙欧洲研究所经济代表团，宾主进行友好交谈。

▲《中国科学院和英国皇家学会科学合作协议》在北京签字。中英双方第一个科学合作协议是在 1978 年签署，这次是在顺利执行上一协议之后，续签的第二个科学合作协议。

3 月 16 日

中国和英国关于香港问题第二阶段第十轮会谈在北京开始举行。

3 月 22 日

《中国和罗马尼亚 1984 年图书贸易合同》在布加勒斯特签字。

3月25日

匈牙利副总理马尔亚伊·约瑟夫在布达佩斯接见由国家经委副主任朱镕基率领的中国经济代表团。

3月26日

中国和英国关于香港问题第二阶段第十一轮会谈在北京开始举行。

3月27日

《中国和匈牙利两国经济代表团关于发展两国经济技术合作会谈纪要》在布达佩斯签字。双方就匈牙利方面参加中国一些企业的技术改造问题达成协议。

3月29日

《中国和欧洲共同体新的纺织品贸易协议》在北京达成并草签。

3月31日

由团长德舒什夫人率领的欧洲议会对华关系代表团对中国进行正式友好访问。4月1日，人大常委会副委员长黄华同德舒什夫人举行工作会谈。黄华指出，在平等互利的原则下发展同欧洲共同体的经济、贸易、科技和文化合作关系是中国的既定政策。德舒什夫人说，由6个党派代表组成的代表团虽然对一些问题观点不尽相同，但对于中国和与中国的关系，大家的观点都是一致的：希望最广泛、最卓有成效地同中国合作。

▲芬兰—中国协会在赫尔辛基举行年会。会议再次选举乌尔霍·凯赫为该协会主席。

4月2日

《中国和保加利亚经济代表团会谈纪要》在索非亚签字。

4月3日

《法中发展科技合作会谈纪要》在巴黎签字。

4月5日

中国和欧洲共同体在巴黎举行首次部长级政治磋商。外交部长吴学谦与欧共体主席国法国外长谢松等在巴黎举行首次中欧外长级政治磋商。

4月11日

中国和英国关于香港问题第二阶段第十二轮会谈在钓鱼台国宾馆开始举行。

4月12日

欧洲议会对外经济委员会会议提出关于共同体与中国关系的报告。报告高度评价中国的对外政策，特别是“中国支持欧洲经济、政治一体化，并要求欧洲经济共同体在世界范围内施加它的经济和政治影响”。报告说，政治合作是欧洲经济共同体和中国之间在未来的经济和贸易合作发展中起主导作用的因素之一。报告认为有必要加强同中国进行部长级定期政治磋商；共同体是中国的第三大贸易伙伴，共同体应该考虑一项更为积极的政策，以确保共同体企业更多地参加中国的建设。

4 月 13 日

田纪云副总理在人民大会堂会见瑞典住房规划大臣汉斯·古斯塔夫松时说，中国是建筑行业的巨大市场，中国同瑞典开展合作有很好的前景。古斯塔夫松表示，瑞典期待着在建筑业方面同中国开展长期的交流与合作。

▲欧洲议会举行会议，讨论欧洲经济共同体和中国的经贸关系问题，发言者一致赞成巩固和发展双方的合作关系。

4 月 15 日

英国外交大臣杰弗里·豪爵士对中国进行为期 3 天访问。16 日国务委员兼外交部长吴学谦同英国外交大臣杰弗里·豪举行会谈。双方阐述各自的立场，评价已经取得的进展，并且研究了为达成协议还需要做的工作。双方还就共同关心的国际问题，包括东西方关系和欧洲形势问题，并就香港问题和其他双边关系问题交换意见。17 日双方在北京签署《中英两国政府关于在曼彻斯特设立中国总领事馆和在上海设立英国总领事馆的协议》。

4 月 19 日

《中国和意大利科技合作会谈纪要》在罗马签署。

4 月 20 日

英国外交大臣杰弗里·豪访问香港并就香港前途问题在港发表声明说，要达成一份使香港 1987 年后仍由英管治的协议是不切实际的，中英双方都愿达成一项能够确保香港稳定和繁荣的协议。1997 年以后，香港的现行制度最少维持五十年。可以预见，作为中国一部分的香港，将会享有高度的自治权，在行政、制定法律、维持港人所熟悉的司法制度，以及负责维持香港治安各方面，都会享有这种自治权。

4 月 23 日

英国国防国务大臣斯坦利对中国进行为期一周正式友好访问。

4 月 24 日

《中国政府和奥地利政府科学技术合作协定》在北京签订。

4 月 25 日

《中国科学院和罗马尼亚科学院 1984—1985 年科学合作计划》在布加勒斯特签字。

▲马耳他总理明托夫在马耳他首都瓦莱塔接见中国港湾工程建设公司代表团，并同代表团人员就加强马中两国间在港口工程建设方面的合作进行交谈。

4 月 27 日

中国和英国关于香港问题第二阶段第十三轮会谈在北京举行。

5 月 1 日

《中国和丹麦 1984—1987 年经济合作会谈纪要》在哥本哈根签署。根据纪要，中国和丹麦将在今后四年利用丹麦政府提供的 10 亿丹麦克朗的混合贷款进行 25 个项目的经济合作。

5 月 2 日

中国政府经济代表团对联邦德国进行为期两周访问。访问期间，分成三组到联邦德国各州进行参观访问，并洽谈经济合作事宜。代表团此访带来约 100 个合作项目。

5 月 3 日

《中国和联邦德国经济合作混合委员会农业粮食工作组第五次会议纪要》在北京签署。

5 月 6 日

李鹏副总理对联邦德国进行为期 10 天正式访问。9 日两国在波恩签署《中国和德意志联邦共和国政府间和平利用核能合作协定》。

5 月 8 日

中国和匈牙利两国合作社组织负责人举行正式会晤。这是两国合作社负责人在两个组织中断关系二十多年后的首次正式会晤。

▲联邦德国政府向中国残疾人福利基金会捐赠五万马克。中国残疾人福利基金会理事长崔乃夫向联邦德国政府表示感谢。

▲中国和英国关于香港问题的第二阶段第十四轮会谈在钓鱼台国宾馆举行。

5月10日

《中国和英国两国政府关于对所得和财产收益相互避免双重征税和防止偷、漏税的协定》在伦敦草签。

▲《中国和民主德国两国政府文化和科学合作协定以及1984年和1985年执行计划》在北京签署。

▲中国和英国1984和1985两年度文化、教育、科学交流计划在北京签字。

5月11日

意大利社会党全国代表大会在意大利维罗纳城开幕。中国共产党应邀首次派代表参加大会。

▲捷克斯洛伐克国际关系协会主席埃尔班在布拉格会见中国对外友协代表团。

5月14日

田纪云副总理在北京会见意大利农业代表团。

▲中国和丹麦经济技术合作协定混合委员会第五次会议在北京举行。

5月16日

英国外交和联邦事务大臣杰弗里·豪在下院就香港问题发表讲话时说，中英两国政府有达成保证香港稳定和繁荣协议的共同目标，香港的前途不可分割地同中国这个伟大的具有悠久历史的国家联系在一起。

▲《中国政府和荷兰政府文化合作协定》开始生效。

5月18日

南斯拉夫共产主义者联盟中央委员会主席团主席德拉戈斯拉夫·马尔科维奇为首的南共联盟代表团，对中国进行正式友好访问。中共中央总书记胡耀邦同马尔科维奇主席举行会谈。双方一致表示要努力促进两国经济关系的进一步发展。

5月24日

德国统一社会党政治局委员、中央书记库特·哈格在德党十届八中全会上做报告时，主张同中国的关系进一步正常化，并且主张进一步发展这种关系。

▲捷克斯洛伐克外贸部部长博胡米尔·乌尔班一行对中国进行正式友好访问。国务委员兼对外经济贸易部部长陈慕华同乌尔班进行会谈。双方就进一步发展两国经济贸易和科技合作关系交换意见。

5月28日

德国社会民主党主席勃兰特率团对中国进行为期一周友好访问。29日中共中央总书记胡耀邦同勃兰特主席就当前国际形势、双边关系以及加强两党联系和合作问题交换意见。30日中共中央顾问委员会主任邓小平会见勃兰特和他率领的代表团。

▲对外经贸部副部长贾石同荷兰外贸大臣布尔克斯坦进行第二次会谈并签署会谈纪要。

5月30日

中国和英国关于香港问题第二阶段第十五轮会谈在钓鱼台国宾馆开始举行。

6月6日

《中国和罗马尼亚科学技术合作委员会第二十四届会议议定书》在北京签字。

6月7日

中共中央总书记胡耀邦同西班牙共产党总书记伊格莱西亚斯举行会谈。双方表示要进一步发展两党友好关系。

▲瑞士劳动党中央代表团对中国进行友好访问。中瑞两党领导人将就恢复两党关系举行会谈，并就国际重大问题和各自国内情况交换意见。19日中共中央总书记胡耀邦在钓鱼台国宾馆同瑞士劳动党总书记阿尔芒·马尼安举行会谈，双方宣布正式恢复两党关系。

6月11日

西班牙工人社会党代表团访问中国。这是西班牙工人社会党首次派团访问我国。代表团同中国共产党领导人就共同关心的问题交换意见。

6月12日

中国代表团和波兰代表团在华沙开始举行会谈，并于18日在波兰外交部举行两国政府领事条约草签仪式。

6月13日

中英两国政府代表团关于香港问题第二阶段第十六轮会谈在北京结束。双方发表的新闻公报，双方同意，为了实现就香港问题尽速达成协议的目的，成立一个工作小组以讨论双方所提出的文件。

6月15日

中国邮政代表团赴德意志联邦共和国汉堡出席万国邮政联盟第十九届

大会。

▲《中国和南斯拉夫工业合作混合委员会第五届会议纪要》在北京签字。

6月21日

《中国和波兰关于卫生保健和医学科学合作协定及其1985—1986年度执行计划》在北京签署。

6月22日

罗马尼亚社会主义共和国总统齐奥塞斯库签署法令，决定在中华人民共和国主席李先念七十五岁寿辰之际授予他一枚“罗马尼亚社会主义共和国之星”一级勋章。

6月23日

国务委员兼对外经贸部长陈慕华一行赴匈牙利、波兰和捷克斯洛伐克进行正式访问。在访问期间，她将分别同三国政府有关领导人就进一步发展双边经济贸易关系问题，广泛地交换意见，并代表我国政府签署有关协议。

▲中国和南斯拉夫在萨拉热窝签订一项为期十年的长期协定。根据这项协定，从1985年起南斯拉夫每年将向中国出口十万吨钢材。

6月25日

《中国和匈牙利两国政府经济技术合作协定》和《关于成立中匈两国经济、贸易、科技合作委员会议定书》在布达佩斯签订。

6月27日

中国和英国关于香港问题的第二阶段第十七轮会谈在钓鱼台国宾馆开始举行。

▲塞浦路斯总统基普里亚努访问中国。

6月28日

马耳他外交部部长亚历克斯·希贝拉斯·特里戈纳对中国进行工作访问。

6月30日

《中国和波兰两国政府经济技术合作协定》和《关于成立中波两国政府经济、贸易和科技合作委员会议定书》在华沙签署。

7月6日

《中国同捷克斯洛伐克两国政府经济技术合作协定》和《关于成立中

捷经济、贸易、科技合作委员会议定书》在布拉格签订。双方认为，这两项文件的签订，标志着双方在这些领域内的友好合作进入了一个新的发展阶段。

7月10日

全国人大常委会副委员长王任重在人民大会堂同西班牙众议院代表团举行工作会谈。这是中西两国1973年建交以来，中国人大常委会和西班牙议会领导人之间的首次会晤。

▲中国和联邦德国科技合作五周年讨论会在北京开幕。

▲《中国和联邦德国科学技术合作联合委员会第四次会议纪要》在北京签字。

7月11日

中国和英国关于香港问题第二阶段第十八轮会谈在钓鱼台国宾馆开始举行。

7月13日

中国农牧渔业部部长何康访问法国并与法国农业部长米歇尔·罗卡尔在巴黎签署会谈纪要。纪要指出，中国和法国将进一步扩大在农业、畜牧业和食品加工方面的科技与经济合作。

▲中国农牧渔业部部长何康率领的中国农业代表团访问匈牙利。双方就两国农业合作问题交换意见并签署会谈纪要。

7月23—24日

欧洲共同体外交部长在布鲁塞尔举行会议。会议决定，批准共同体委员会和中国就达成一项新的经济和贸易合作协定进行谈判，以替代目前的贸易协定。外长会议在新闻公报中指出，1978年签署的共同体—中国贸易协定，“对促进双边的交流作出了巨大的贡献。但是，共同体和中国目前的关系已经超出贸易领域”。因此，共同体委员会已被授权同中国达成一项新的协定，一方面保留1978年贸易协定的条款，另一方面将把经济合作的内容也写入协定中去。

7月24—25日

中国和英国关于香港问题第二阶段第十九轮会谈在钓鱼台国宾馆举行。会谈结束后发表联合新闻公报。

7月26日

《中英两国政府关于对所得和财产收益相互避免双重征税和防止偷漏

税协定》在北京签字。

7月27日

英国外交大臣杰弗里·豪爵士对中国进行为期4天工作访问。中、英两国外长举行会谈，双方重申尽早就香港问题达成协议的共同愿望。双方认为，杰弗里·豪同中国领导人的会谈为实现这一目标取得了重大的进展。

8月1日

外交部发言人就中英关于香港问题会谈答记者问时说：英国外交大臣这次来北京进行工作访问期间，同中国领导人就香港问题的主要方面进行了富有成果的会谈。会谈取得了重大进展。双方就成立中英联合联络小组问题达成协议。中英两国政府同意：为促进双方共同目标并促进两国政府在香港问题上已有的合作关系，成立中英联合联络小组。

8月8日

中国和英国关于香港问题的第二阶段第二十轮会谈在钓鱼台国宾馆举行。

8月18日

由比利时、联邦德国、丹麦、英国、意大利和荷兰自由民主党人士组成的欧洲自由民主党联盟代表团访问中国。21日国务委员张劲夫在会见代表团成员时说，中国和欧洲国家扩大合作的主要方式之一是把技术转让和扩大贸易结合起来。如果巴黎统筹委员会对中国不合理的限制能尽快消除，中国和欧洲国家扩大合作的前景将更为广阔。

8月21日

中国和英国关于香港问题的第二阶段第二十一轮会谈在钓鱼台国宾馆举行。

8月23日

罗马尼亚举行盛大国庆招待会。国家主席、中国党政代表团团长李先念，应邀同罗马尼亚主要党政领导同志站在一起，欢度罗马尼亚人民的节日。

▲中国国际交流协会会长李一氓会见并宴请法国和平组织“百人呼吁书”代表团。1982年法国各界知名人士一百人签名发出和平呼吁书，从而建立了这个组织。

▲《中国和匈牙利科学技术合作委员会第二十三届会议议定书》在北

京签字。

8月25日

国务委员张劲夫在人民大会堂会见英国友好人士、自然科学史专家李约瑟博士。李约瑟博士是中国人民的老朋友。新中国成立后，他曾先后六次来华访问，并正在撰写一部介绍中国几千年来的文明、文化和科学技术发展的著作《中国科学技术史》。

8月27日

荷兰外交部发言人在海牙发表谈话，否认关于荷兰已放宽对中国台湾人前往荷兰时办签证手续的消息。荷兰政府认为，台湾是中华人民共和国的一部分。荷兰外交使团在没有获得荷兰外交部的批准时无权向中国台湾人颁发签证。

8月29日

国家主席李先念对南斯拉夫进行访问。这是中国国家元首第一次访问南斯拉夫。

▲《中国和瑞士混合贷款协定》在伯尔尼签署。这是两国自1950年建交以来第一次签署这样的协定。

9月2日

芬兰外贸部长耶尔穆·莱内对中国进行为期5天友好访问。5日，《中国和芬兰两国政府投资保护协定》在人民大会堂签署。

9月5日

中国和英国关于香港问题的第二阶段第二十二轮会谈在钓鱼台国宾馆开始举行。

9月11日

《中国和南斯拉夫经济、科学和技术合作委员会第四次会议议定书》以及《中国和南斯拉夫1986—1990年贸易协定》在贝尔格莱德签订。

9月15日

《中国和保加利亚两国政府经济技术合作协定》和《中国和保加利亚两国政府关于成立中保经济、贸易、科技合作委员会议定书》在索非亚签字。

9月14日

李鹏副总理在人民大会堂会见前来参加中国和联邦德国发展合作混合委员会第二次会议的联邦德国政府代表团。根据双方签署的会议纪要，联邦德国将援助中国进行农业、能源等方面十个项目的建设，总值达2500万马克。

9月16日

《中国政府和民主德国政府经济合作协定》以及《两国政府关于成立经济、贸易、科技合作委员会议定书》在柏林签署。

9月20日

第六届全国人民代表大会常务委员会第七次会议决定：批准外交部副部长钱其琛代表中华人民共和国政府于1984年7月14日在北京签署的《中华人民共和国政府和波兰人民共和国政府领事条约》。

▲英国内阁批准中英两国政府关于香港问题的协议草案，并同意这一草案下周在北京草签。从而为在1997年把香港交还给中国铺平道路。

▲《中国和波兰科技合作委员会第十七届会议议定书》在北京签字。今年是中波技术和技术科学合作协定签署三十周年。会议对三十年来两国间的科技合作工作表示满意，一致认为，这一协定促进了两国的社会主义建设和增进了两国人民和科技工作者之间的友谊。

9月26日

首次中国—欧洲共同体之间部长级会晤在北京钓鱼台国宾馆举行。国务委员兼对外经济贸易部部长陈慕华同欧洲共同体委员会副主席威廉·哈费尔坎普参加会谈。双方就进一步发展中国同欧洲共同体之间的经济贸易合作关系自由而坦率地交换意见。双方草签《中国和欧洲经济共同体贸易和经济合作协定》。

▲《中英关于香港问题联合声明》在北京人民大会堂草签。中国政府代表团团长、新任外交部副部长周南和英国政府代表团团长、英国驻华大使理查德·伊文思，分别代表本国政府在联合声明上签字。联合声明宣布，中华人民共和国政府决定于1997年7月1日对香港恢复行使主权，英国政府在这一天将香港交还给中华人民共和国。联合声明及其三个附件和两个备忘录，已于今天在北京、伦敦和香港同时发表。

▲欧洲共同体十国外长发表声明，欢迎中英两国政府草签关于香港问题的联合声明。

▲英国外交部就中、英两国政府在香港问题上达成协议发表《大不列颠及北爱尔兰联合王国政府和中华人民共和国政府关于香港前途的协议草案》白皮书。这份白皮书是中、英两国政府在北京草签关于香港问题的联

合声明后发表。白皮书的名称是《大不列颠及北爱尔兰联合王国政府和中华人民共和国政府关于香港前途的协议草案》。它包括四个部分：《前言》《联合声明》及三个附件、《互换备忘录》和《几点解释》。

9 月 27 日

《中华人民共和国政府和大不列颠及北爱尔兰联合王国政府关于香港问题的联合声明（草签文本）》中、英文合排本已由北京外文出版社出版。

▲中共中央顾问委员会主任邓小平在人民大会堂会见联邦德国前总理施密特一行。施密特说，（自上次访华）九年来，中国变化很大。人民生活水平有了提高，气氛更开朗，管理经济的方法和模式也正在起着变化。欧洲国家要独立自主，就必须一体化。九年来，欧洲在这方面没有多大进展。邓小平说，中国确实有了变化。在对外政策上，我们国家更加注意独立自主。

9 月 29 日

中国和联邦德国合资武汉长江啤酒有限公司在北京正式签约。

10 月 5 日

国家主席李先念在人民大会堂会见奥地利联邦商会主席鲁道夫·赛林格一行。李先念说，中奥两国关系很好，希望两国的经济贸易关系不断扩大。

10 月 6 日

全国人大常委会委员长彭真在人民大会堂会见瑞士联邦议会代表团时说，中国目前最根本的任务就是实现社会主义四个现代化。中国需要一个和平的国际环境。戈蒂埃说，几个世纪来，瑞士奉行中立政策。我们对中国经济发展的前途毫无疑问。我们非常希望加强瑞中两国的经济合作关系，并增加我们之间的贸易往来，因为瑞士是以外贸为生的。

▲荷兰政府欢迎中英就香港问题达成协议。这一成就为香港地区的进一步稳定和繁荣作出重要贡献。

▲由文化部副部长吕志先率领的中国政府文化代表团对保加利亚进行为期 5 天友好访问。访问期间，中保两国签署《中国文化部和保加利亚文化委员会 1985—1986 年文化交流计划》。

10 月 7 日

联邦德国总理科尔访问中国。这是科尔任总理后首次访华。

10月8日

国家主席李先念会见瑞士联邦议会代表团时强调，中国反对搞“两个中国”和“一中一台”。代表团团长戈蒂埃说，中国提出的“一国两制”设想，在西方特别是在经济界人士中得到很好的理解。中国在解决香港问题上的立场有助于使台湾地区的中国人更加接近你们。他说，你们同台湾地区的统一是一定会实现的。这不仅是我个人而且也是瑞士政府的愿望。

10月11日

英国外交大臣杰弗里·豪在英国执政党保守党1984年年会上说，英中两国政府草签的关于香港问题联合声明是“一个历史性的协议”，是一个双方“都可以引以自豪的成就”。香港的成功回归对两国都至关重要。

▲英国首相撒切尔夫人在英国执政党保守党1984年年会上说，英中两国达成的关于香港问题的协议“满足了香港人民的需要和愿望”，是英国政府今年的“两项重大外交成就之一”。

10月12日

中国与联邦德国合营的上海大众汽车有限公司举行奠基典礼。

10月14日

国务委员兼对外经贸部部长陈慕华同瑞典外贸大臣海尔斯特伦举行会谈。《中国与瑞典纺织品及纺织制品贸易协定》在北京签字。陈慕华部长同海尔斯特伦外贸大臣在协定上签字。两位部长还签署《关于延长1979年两国签署的贸易协定有效期的谅解备忘录》。

10月15日

联邦德国执政党议会党团发言人发表声明，科尔总理访华加强了两国广泛的合作。赞扬联邦德国和中国关系的发展为不同社会制度国家间的合作树立了榜样。

10月16日

中国和联邦德国学者学术讨论会在波恩举行。研讨会由联邦德国艾伯特基金会和上海国际问题研究所联合举行。

10月17日

比利时经济事务大臣伊斯更斯在关于同中国进行贸易的国际讨论会上说，比利时应当通过多种多样的可能办法，包括出口、转让技术、贷款以及合资企业等方式来帮助中国实现现代化计划。他说，比中关系良好。比利时的企业，无论大小，应当到中国投资；比利时政府将支持它们在中国从事的经济活动和项目。

10月18日

联邦德国议院各主要政党就科尔总理的访华声明表态，一致欢迎联邦德国政府同中国合作的政策并表示支持联邦政府长期奉行这项政策。

10月20日

《中国和芬兰两国政府1985—1987年文化交流计划》在北京签字。

10月25日

《中国广播电视部和民主德国部长会议国家广播委员会广播合作协定》在北京签字。

11月6日

欧洲经济共同体委员会决定为中国的两个项目提供总数为330万欧洲货币单位（1欧洲货币单位等于0.75597美元）的无偿援助。共同体将用170万欧洲货币单位为改善珠江支流北江的水位预测和控制系统而提供和转让技术，另外160万欧洲货币单位将用于向中国提供和转让苹果和柑橘的种植以及收获后的处理（主要是储藏）技术。共同体向中国提供的援助属于1984年共同体向非联系国的发展中国家提供财政和技术援助的范围之内。

11月7日

《中国和保加利亚科学技术合作委员会第二十二届会议议定书》在北京签字。议定书确定了两国在农业、轻工、纺织和卫生等方面的新的科技合作项目。

11月12日

国家主席李先念对西班牙进行为期4天国事访问。在结束对西班牙的访问之后，李先念还先后对葡萄牙和马耳他进行国事访问。

▲西班牙国王胡安·卡洛斯和王后索菲娅在东方宫宴请国家主席李先念和夫人林佳楣。13日李先念主席和西班牙首相冈萨雷斯在马德里举行会谈，双方就两国关系和共同关心的国际问题交换了意见。15日《中国和西班牙两国政府关于发展经济和工业合作协定》在马德里签字。根据协定，双方同意继续发展两国在经济和工业方面的合作。双方还就在上海和巴塞罗那互设总领事馆的问题达成协议。

11月14日

第六届全国人民代表大会常务委员会第八次会议听取国务委员兼外交

部部长吴学谦代表国务院所作的关于提请审议中英关于香港问题协议文件的报告，审议国务院关于提请审议《中华人民共和国政府和大不列颠及北爱尔兰联合王国政府关于香港问题的联合声明》的议案。会议同意中英两国政府草签的《中华人民共和国政府和大不列颠及北爱尔兰联合王国政府关于香港问题的联合声明》。15 日六届全国政协常委会第七次会议通过中英两国政府草签的关于香港问题的联合声明的决议。

▲第六届全国人民代表大会常务委员会第八次会议决定：中华人民共和国加入《保护工业产权巴黎公约》（1967 年斯德哥尔摩文本），同时声明：中华人民共和国对公约第二十八条第一款予以保留，不受该款约束。

11 月 15 日

《中国教育部和波兰科学技术高等教育部 1985 年和 1986 年高等教育合作议定书》在北京签字。

11 月 17 日

国家主席李先念访问葡萄牙。李先念主席在克卢兹宫先后会见葡萄牙总理苏亚雷斯和议长费尔南多 · 阿马拉尔。李主席表示，赞成葡西加入共同体，希望欧洲团结强大。

▲中国北方工业公司和西班牙塞密特公司在马德里签订 3 项总价值为 6 亿多比塞塔（合 300 万美元）的合同。根据合同，中国北方工业公司将从西班牙引进电冰箱、电视和冷凝器生产线，并在湖南省建一家年产量为 20 万台的电冰箱厂。

11 月 19 日

国家主席李先念对马耳他进行为期 4 天国事访问。这是自中、马两国于 1972 年建交以来中国国家元首首次访马。21 日中国国家主席李先念在瓦莱塔同马耳他总理多米尼克 · 明托夫举行会谈，就发展双边关系问题交换意见。李先念主席被授予马耳他大学名誉法学博士学位。

11 月 21 日

匈牙利贸易展览会在北京开幕。这是匈牙利在我国举办的规模最大的一次贸易展览。展览会期间，匈方举行介绍匈经济概貌和经济改革的报告会和二十七项技术座谈会。

11 月 22 日

中国—马耳他服务有限公司在马耳他举行开业仪式。该公司是中马两国第一家合资经营的公司，它拥有一个中西餐兼备的长城餐厅和一个针灸推拿中心。长城餐厅中餐部的厨师和针灸推拿中心的医生均由中方派出。

11 月 23 日

《中国和匈牙利两国政府卫生和医学科学合作协定》在北京签字。这是中匈两国之间第一个卫生合作协定。

12 月 4 日

为期 2 天中国—欧洲经济共同体混合委员会第六次会议在布鲁塞尔举行。会议期间，双方对 1983 年度在贸易方面取得的良好成果一致表示满意。据共同体统计局数字，双方贸易总额已从 1975 年的 18 亿欧洲货币单位增加到 1983 年的 54 亿欧洲货币单位。

12 月 5 日

英国议会下院经辩论，一致通过中英两国政府在今年 9 月下旬草签的关于香港问题的联合声明。

12 月 6 日

英文版《邓小平文集》作为世界领袖丛书，由英国培格曼出版公司出版并向世界各国传播。这是西方出版公司首次获准出版我国现任党和国家领导人的著作。

12 月 10 日

英国议会上院一致通过中英两国政府关于香港问题的联合声明。至此，撒切尔夫人 18 日前往中国正式签署，这项联合声明的必要的审议程序已经完成。

12 月 11 日

意大利—亚洲协会在罗马举办中英关于香港问题联合声明座谈会。意亚协会主席奥兰多参议员在座谈会上说，中英关于香港问题的协议是明智的，有远见的，是解决国际争端的典范，是对和平事业的贡献。中国驻意大使林中说，用一国两制的方式为解决国际争端提供了榜样，也为解决台湾问题、实现国家统一开辟了道路。

12 月 17 日

中国和挪威合资成立中国南京新吉波电子有限公司。

12 月 18 日

英国首相撒切尔夫人对中国进行正式访问。

▲国家主席李先念在人民大会堂会见应邀前来北京参加中英两国政府关于香港问题的联合声明正式签字仪式观礼的一百〇一位香港各界人士。

12月19日

中共中央顾问委员会主任邓小平会见英国首相撒切尔夫人。邓小平指出，中英两国领导人对各自的国家和人民做出了一件非常有意义、非常有益的事。香港问题已经有一个半世纪的历史。这个问题不解决，在两国和两国人民之间总存在着阴影。现在这个阴影消失了，两国之间的合作和友好一片光明。撒切尔夫人对邓小平这一评价表示完全赞同。特别赞扬邓小平提出的“一国两制”构想是最有天才的创造。

▲欧洲共同体决定给中国3个发展项目提供270万欧洲货币单位（约合194万美元）的无偿援助。这笔援助将分别用于北京地区的种子和蔬菜栽培，大连的人工饲养对虾以及发展海南岛的种植业。

12月20日

《中国和民主德国1985年交换货物和付款协定》在北京签字。

▲英国首相撒切尔从北京抵达香港并在香港发表讲话，英国政府竭尽所能履行协议，港人可以抱有绝对信心面对将来。

12月21日

中国社会科学院台湾研究所负责人阚念倚就中英两国政府正式签署关于香港问题的联合声明发表谈话说，“一个国家、两种制度”的基本原则和精神既适用于香港，也完全适用于台湾地区。香港问题的顺利解决，必将有力地促进祖国统一的步伐。

1985年

1月1日

南斯拉夫《政治报》撰文，把中国经济改革和带来的变化，列为1984年世界第一重要的大事。

1月14日

由议长埃尔基·皮斯蒂宁率领的芬兰议会代表团访问中国。全国人大常委会委员长彭真在北京会见皮斯蒂宁议长时说，他赞赏芬兰在国际事务中奉行积极的和平中立政策。

▲国务委员兼外交部部长吴学谦在北京会见芬兰议会代表团时说，中国外交政策的核心是争取一个长期和稳定的世界和平环境，只有这样才有利于中国国内的经济建设。当前世界人民关心的问题，一个是和平问题，

另一个是发展问题，即南北关系问题。

1 月 19 日

国务委员兼对外经贸部部长陈慕华应邀对罗马尼亚、意大利、西班牙和联邦德国进行友好访问。访问期间，中罗两国签订 1985 年交换货物和付款议定书、中意鼓励和相互保护投资协定，并参加中国和联邦德国经济合作混合委员会第四次会议。陈慕华同四国领导人和企业界的朋友们就进一步扩大贸易和经济合作交换意见。

1 月 21 日

英国议会下院举行二读辩论通过英中香港问题法案。

1 月 28 日

《中国和英国空间科技合作谅解备忘录》在伦敦签署，决定在卫星系统、地面站和运载火箭等空间科学技术方面进行合作。这是两国首次在空间科技合作方面达成的文件。

1 月 30 日

中国和意大利决定在中国大陈岛联合建立风力发电试验场并进行试验。

▲《中国和波兰 1985 年货物交换和付款协定》在华沙签订。

2 月 4 日

中国和联邦德国两国政府经济合作协定混合委员会第四次会议在波恩举行。《中国和联邦德国两国政府经济合作协定》签订于 1979 年。根据协定组成的混合委员会每年交替在各自的首都举行一次会议。

2 月 6 日

《中国和联邦德国两国政府关于山西省两个煤矿可行性研究和合作设计协议书》在北京签订。

2 月 7 日

英国议会下院经过两院三读通过香港法案。法案规定，从 1997 年 7 月 1 日起，英国对香港的主权和治权即告结束。

▲中国经贸部副部长魏玉明结束对奥地利为期 10 天访问。访问期间，两国签署《中国和奥地利经济合作备忘录》和《奥地利向中国提供低息贷款协议》。这是奥地利同中国第一次签订贷款协议。

▲为促进中国同西欧各国经济贸易关系而设立的中国联合贸易公司在汉堡举行开业式。来自联邦德国、法国、意大利、比利时、丹麦、英国、

荷兰、爱尔兰和瑞士等国的700多位经济界和政界知名人士应邀出席仪式。正在这里访问的对外经济贸易部长陈慕华主持开业式。中国联合贸易公司董事长兼总经理李树德在开业式上介绍公司的宗旨和任务。

2月9日

《中国和匈牙利1985年度换货和付款协定》在布达佩斯签字。

2月10日

中共中央总书记胡耀邦致电祝贺法国共产党总书记乔治·马歇再次当选为法共总书记。

2月11日

中国和法国在巴黎签署《中国航天工业部和法国研究和工艺技术部关于空间科学技术合作的议定书》。

2月12日

法国共产党总书记马歇在巴黎会见中共中央政治局委员倪志福。马歇和倪志福相互通报了各自党的情况。双方对最近几年来两党关系的发展表示满意，并希望两党关系得到进一步加强。

2月17日

中国秦代兵马俑展览在瑞典展出。

2月21日

《中国和捷克斯洛伐克两国政府1985—1986年文化交流计划》在布拉格签字。

2月28日

英国内阁不管大臣戴维·扬勋爵率贸易代表团对中国进行为期2周访问。赵紫阳总理会见代表团成员。3月4日，中英两国在人民大会堂签署为期七年的矿用自卸汽车技术合作合同。

3月2日

中国秦代兵马俑展览在挪威首都奥斯陆现代艺术中心开幕。挪威国王奥拉夫五世和首相科勒·维洛克等一千多人出席开幕式。

3月8日

《中英两国关于发展珠江三角洲数字电话工程协议》在广州签署。

3月14日

瑞典邮政总局发行第三十八届世界乒乓球锦标赛纪念邮票。中国乒乓球名将蔡振华成为第一个在国外邮票画面上出现的中国运动员。

3月25日

《中国和意大利经济合作协定混合委员会第三次会谈纪要》在北京签字。根据会谈纪要，双方将于近日在南京签署轻型卡车技术合作项目合同。

3月29日

《中国和法国关于牛、羊、种兔、种禽等动物六项检疫协定》正式签署。迄今为止，双方共签署了八个检疫协定。

4月1日

欧洲共同体法院院长麦肯齐勋爵夫妇访问中国。最高人民法院院长郑天翔在钓鱼台国宾馆会见并宴请麦肯齐夫妇。最高人民法院副院长任建新与麦肯齐院长进行工作会谈，就双方今后建立友好关系，共同促进中国和欧洲共同体及其成员国之间友好合作和经贸关系的不断发展交换意见。

4月3日

《中国江西省和联邦德国黑森州关于建立经济合作关系的议定书》在北京签字。

4月4日

《中波经济、贸易、科技合作委员会第一次会议纪要》在人民大会堂签字。纪要对近两年来中波两国经济、贸易和科技合作所取得的迅速发展给以积极评价。

▲中共中央总书记胡耀邦会见联邦德国艾伯特基金会代表团。

▲英国女王伊丽莎白二世签署由上、下两院分别通过的将香港归还中国的法案，从而使这项法案成为一项法律。香港法案规定英国将从一九九七年七月一日起结束对整个香港地区的统治。法案规定必须履行中英两国政府去年十二月十九日在北京签署的中英关于香港问题的联合声明。英国上、下两院分别于三月二十八日和二月七日通过了香港法案。

4月5日

国防部部长张爱萍在钓鱼台国宾馆同意大利国防部部长斯帕多利尼举行会谈。双方就两国和两军之间在技术和其他方面的合作交换意见。

4月11日

中法混合委员会第五次会议在北京举行。

▲第六届全国人民代表大会第三次会议审议国务院关于提请审议批准《中华人民共和国政府和大不列颠及北爱尔兰联合王国政府关于香港问题

的联合声明》的议案，决定批准1984年12月19日由赵紫阳总理代表中国政府签署的《中华人民共和国政府和大不列颠及北爱尔兰联合王国政府关于香港问题的联合声明》，包括附件一：《中华人民共和国政府对香港的基本方针政策的具体说明》，附件二：《关于中英联合联络小组》和附件三：《关于土地契约》。

4月13日

中国轻工业代表团赴西班牙、意大利和联邦德国访问。

4月14日

英国前首相爱德华·希思访问中国。这是希思第八次来华访问。17日希思在北京就当前的国际形势发表讲话。18日邓小平会见英国前首相希思时说，将按解决香港问题的方式解决台湾问题；中国把加强同欧洲的经济联系视为一项政策，希望欧洲企业界为中国商品进入欧洲市场创造条件。

4月15日

比利时首相马尔滕斯访问中国。16日赵紫阳总理同马尔滕斯首相在人民大会堂举行会谈。双方就国际形势和进一步发展中比友好合作关系交换意见。17日中共中央顾问委员会主任邓小平在会见比利时首相马尔滕斯时说，虽然战争的危险依然存在，但制约战争的力量在发展。欧洲和中国都是制约战争的力量。

▲国务委员姬鹏飞会见以主席马努松为团长的瑞典和平与仲裁协会代表团。双方就维护世界和平、实现裁军、反对战争等问题交换看法。

4月16日

《中法两国关于发展经济关系和合作的五年长期协定》和《法国政府向中国政府提供贷款》的两个文件在人民大会堂签订。中国对外经济贸易部部长郑拓彬和法国工业调整和外贸部长克勒松在协定上签字。

4月18日

中国政府文化代表团开始对民主德国、希腊、丹麦、英国、爱尔兰和联邦德国进行友好访问。访问期间，两国签署《中国政府和爱尔兰政府文化合作协定》和《中国政府和希腊政府1985年至1987年文化交流计划》。

4月22日

中国共产党代表团和比利时共产党代表团在布鲁塞尔举行会谈，双方就当前国际形势和国内问题以及进一步促进两党关系问题交换意见。

4 月 23 日

中国和民主德国经济、贸易、科技合作委员会第一次会议在北京开幕。

4 月 26 日

《中国和民主德国科技合作常任委员会第十二届会议议定书》在北京签署。本届会议上，双方还制订中国国家科委和民主德国科技部 1985 年至 1986 年合作计划。

4 月 29 日

《中丹两国政府关于丹麦向中国提供政府贷款协定》《中丹两国政府关于鼓励和相互保护投资协定》以及《中丹两国政府科学技术合作协定》在人民大会堂签字。

5 月 1 日

瑞士联邦委员会通过文件，支持中国参加国际原子能机构董事会。

5 月 2 日

中国共产党和塞浦路斯社会党建立正式关系。

5 月 3 日

欧洲共同体委员会主席德洛尔和欧洲共同体理事会主席安德雷奥蒂分别致电赵紫阳总理，祝贺欧洲共同体与中国建交十周年。德洛尔电报说，中国和欧洲共同体在国际经济和政治中日益增长的作用赋予这两个稳定和进步地区的合作以具有世界影响的特殊意义。

5 月 4 日

《中国交通部同法国城市规划、住房和运输部关于公路的合作协议》和《中法关于内河航运的合作协议》在北京签订。

5 月 6 日

在中国与欧洲共同体建交十周年之际，中国对外经济贸易部部长郑拓彬接受本报记者采访时指出，中国和欧洲共同体的贸易往来和经济合作关系在稳步、健康地发展，前景令人鼓舞。郑拓彬说，中国与欧洲共同体建交的十年，正是双方经济贸易关系明显发展的十年。十年来，中国和欧洲共同体的贸易额增长一倍多，1984 年达到 56 亿多美元；双边贸易已从一般商品的进出口发展到开展合作生产、合资经营、联合投标、承包劳务等等。

▲李鹏副总理在北京会见法国城市规划、住房和运输部长基莱斯率领

的法国铁道运输代表团。中国决定购买150台法国生产的大马力电力机车。

5月9日

国务委员陈慕华在人民大会堂会见由经济财政部商业国务秘书贝拉斯克率领的西班牙政府经济贸易代表团。在京期间，代表团同中国对外经济贸易部举行中西贸易混合委员会第四次会议和经济工业合作混合委员会第一次会议。双方就福建炼油厂、浙江柑橘综合利用项目和辽宁水泥厂等三个合作项目达成协议。西班牙方面同意对上述项目予以贷款资助。

5月13日

《中丹两国关于环境保护合作备忘录》在中国驻丹麦大使馆签署。

5月15日

李鹏副总理赴民主德国、波兰和匈牙利访问。

▲由中共中央委员谭启龙率领的中国共产党代表团对瑞士进行友好访问。

5月16日

《中国教育部和民主德国职业教育国务秘书处职业教育合作协议》在北京签字。

▲荷兰农业展览会在北京开幕。

5月17日

中芬经济合作混合委员会第三次会议在赫尔辛基举行。会议讨论了进一步发展两国贸易和经济技术合作问题。

5月20日

法国驻华大使马乐代表法国总统向钱三强教授颁发“法国荣誉军团军官”勋章。72岁的钱三强现任中国科学院学部委员及特别顾问、中国物理学会理事长等职。

5月21日

《中国和欧洲共同体贸易和经济合作协定》在布鲁塞尔正式签署。协定为期五年。

▲葡萄牙总统埃亚内斯访问中国。访华期间，中葡两国领导人就历史遗留下来的澳门问题进行讨论。

5月22日

欧洲委员会代理主席纳塔利在布鲁塞尔会见中国对外经济贸易部部长

郑拓彬，并同他进行友好谈话。双方表示深信，中国和欧洲共同体昨天在这里签订的贸易和经济合作协定将进一步密切在各方面的双边关系。

5 月 23 日

欧洲共同体委员会负责对外关系与商业政策的委员德克莱克在布鲁塞尔总部同中国对外经济贸易部部长郑拓彬举行会谈。双方就世界经济形势和加强双边经济贸易合作问题交换意见。

▲中国银行在联邦德国法兰克福同七个国家的十家银行签署在联邦德国发行一亿五千万马克公募债券协议书。这是中国银行首次进入欧洲资本市场，也是中国银行更加积极地进入国际资本市场的标志。

▲中共中央总书记胡耀邦在北京会见荷兰共产党中央代表团时说，中国共产党在处理同其他国家共产党的关系时，绝不把自己的意志强加于任何党。但是，对于所有愿意同我们友好交往的共产党、工人党，我们将坚定不移地给予道义上的同情和声援。

5 月 24 日

中国核安全代表团赴联邦德国和瑞士访问，探讨在核安全领域的合作事宜。

5 月 25 日

李鹏副总理及其随行人员在华沙同波兰副总理奥博多夫斯基和波兰有关方面负责人举行全体会议。双方就进一步发展两国关系交换意见。《中国和波兰两国政府 1986 至 1990 年长期贸易协定》在华沙签署。

5 月 27 日

《中英香港问题联合声明》正式宣告生效。外交部副部长周南和英国驻中华人民共和国特命全权大使伊文思爵士在北京分别代表本国政府互换由赵紫阳总理和撒切尔首相签署并经双方按照各自法律程序批准的中英两国政府关于香港问题的联合声明批准书，并共同签署互换批准书的证书。

5 月 30 日

协助瑞士和其他欧洲企业发展对华贸易和商业业务的瑞中服务有限公司北京办事处正式开业。

▲瑞士—中国经济协会在日内瓦成立。该协会宗旨是促进瑞中两国之间的贸易和经济交流。

▲联邦德国总理科尔赠送给赵紫阳总理的电视转播车交接仪式在北京举行。

5月31日

匈牙利部长会议主席捷尔吉会见到访的李鹏副总理并同他进行友好谈话。拉扎尔说，李鹏副总理的访问对发展两国关系很重要。匈牙利将根据本国条件发展同中国的关系，尤其是经济关系。6月1日《中国和匈牙利两国政府1986至1990年长期贸易协定》在布达佩斯签订。

▲国务委员张劲夫在中南海会见比利时弗拉芒政府主席加斯东·根斯一行。双方探讨合资经营、扩大比利时向中国投资、力求双方贸易平衡等问题。

▲中国政府和联邦德国政府发展政策合作混合委员会第三次会议在波恩结束并签署会谈纪要。双方商定1985年发展政策合作，其中包括技术合作和财政合作方面的具体项目。一致表示，将进一步加强两国间的经济和技术合作。

6月4日

法国总理法比尤斯在总理府会见李鹏副总理。双方就两国关系，包括经济技术合作以及核电站等问题，进行友好会谈。

6月7日

中国政府和意大利政府在北京签署四个项目的贷款协议、赠款议定书和换文。根据协议，意大利政府将向中国政府贷款四千万美元，赠款一千余万美元。意大利政府还将派专家和技术人员来华提供技术服务，并对中国企业进行技术转让。

▲《中国和匈牙利经济贸易科技合作委员会第一次会议纪要》在布达佩斯签订。纪要对近年来中匈两国经济贸易和科技合作取得的迅速发展给予积极评价，认为不久前签订的1986年至1990年的长期贸易协定为长期、稳定地发展两国经济贸易合作创造了有利条件。

6月12日

英国贸易和工业部国务大臣钱农在对英国下院贸工特别委员会发表讲话时，呼吁巴黎统筹委员会放宽对中国的贸易限制。他认为，1949年中华人民共和国成立后，几乎所有北约组织成员国和日本强加给中国的巴黎统筹委员会的有关限制是没有任何法律基础的。英国政府认为，这种限制有放宽的余地，而并不损害英国的利益。

6月13日

英国贸易和工业部国务大臣钱农宣布，巴黎统筹委员会已就英国公司向中国和华沙条约组织国家出口技术的规定作了广泛修改，新的规定将从7 月 25 日生效。他说，自从巴黎统筹委员会重新修订 1982—1984 年出口禁运货单以来，英国是该委员会会员国中第一个公布彻底修改出口控制规定的国家。

6 月 17 日

王任重副委员长率全国人大代表团访问波兰。波兰议会议长斯·古茨瓦接见代表团成员。

▲瑞士联邦主席富格勒在伯尔尼接见廖汉生副委员长率领的全国人大代表团。富格勒对中国实行开放政策以来取得的成果表示钦佩。通过人大代表团的这次访问，两国在各方面的关系将会得到进一步发展。

6 月 18 日

中联部部长钱李仁率中国共产党代表团赴葡萄牙访问。中共代表团此次访葡是二十多年来中葡两党关系中第一次直接交往。

6 月 21 日

《中国航天工业部和法国国家空间研究中心关于空间科技合作会谈纪要》在北京签署。

▲卢森堡大公让在卢森堡王宫接见中国人大代表团。双方表示希望加强两国和两国人民之间的友好联系。

6 月 22 日

中国全国人大代表团开始对民主德国进行为期一周友好访问。民主德国人民议院主席团主席辛德曼在柏林接见全国人大代表团。双方一致表示，加强两国议会之间的交往将对两国的社会主义建设，对两国政府和人民友好合作关系的发展起积极促进作用。

6 月 24 日

中国上海市和希腊比雷埃夫斯市正式结为友好城市。

6 月 25 日

中国和联邦德国研究会最近在南京举行成立大会暨第一届学术讨论会。这是研究联邦德国政治、经济及其他有关问题的全国性学术团体。研究会选举宦乡为顾问，徐达深为会长。联邦德国驻中国大使斐培谊向大会发了贺电。

6 月 27 日

国务委员姬鹏飞会见挪威社会主义左翼党代表团。

7月4日

中国上海市和波兰格但斯克省缔结友好关系协议书签字仪式在格但斯克市举行。这是中国同东欧社会主义国家之间正式缔结友好关系的第一对友好省市。

7月10—11日

中英土地委员会第一次会议在香港举行。会后双方发表新闻公报：双方就委员会的工作程序达成协议，并就委员会职权范围的施行细则进行磋商。双方商定，土地委员会的第二次会议于1985年7月31日开始举行。

7月11日

应中华全国青年联合会邀请，450名法国青年抵达北京与我国各界青年进行为期10天的友好联欢。

▲《中国和罗马尼亚科技合作委员会第二十五届会议议定书》在布加勒斯特签字。根据这项议定书，中罗两国将加强机械制造、电子、石油化工、地质、冶金、农业和医药等方面的科研合作。

7月15日

《中国和民主德国1986年至1990年交换货物和付款协定》《国务院副总理田纪云和民主德国部长会议副主席许雷尔在北京举行会谈的纪要》和《中国与民主德国计划委员会加强工作联系的协议》三个文件在北京签署。

7月17日

中国从英国引进二十二头麋鹿协议签字仪式在北京举行。

7月20日

中波两国农业部长在华沙签署的会谈纪要表示，两国将发展农业机构、研究单位和高等院校之间直接的科学技术和经济合作。

7月22—25日

中英联合联络小组在伦敦举行第一次会议。会后发表新闻公报，双方商定小组的工作程序。

7月23日

据中国财政部提供的材料，我国已经先后同日本、英国、美国、法国、比利时、联邦德国签订了避免双重课税协定。

7月31日

中英土地委员会在香港举行第二次会议，双方就有关土地契约文件问题，包括土地拍卖和投标条款等具体内容交换意见。

8 月 5 日

英国四十八家集团要求扩大对华贸易，集团执委会首席委员雷德斯通说，四十八家集团一直主张把中国排除在巴黎统筹委员会的限制之外。他说，1957 年英国政府退出了非法对华贸易禁运，现在同样的行动将会扩大英国的出口领域，特别是高级技术领域。

8 月 8 日

中罗政府经济技术合作委员会第六次会议在布加勒斯特闭幕，中方主席陈慕华和罗方主席扬·丁卡分别在议定书上签字。

8 月 15 日

中英土地委员会在香港举行第三次会议。双方根据中英联合声明有关规定，就公开拍卖、公开投标和私人协约方式出售政府土地的法律文件，1997 年 6 月 30 日前届满七十五年期不可续期土地契约的续期法律文件，修改政府土地契约条件的法律文件达成协议。

8 月 21 日

法国对外关系部长迪马在巴黎会见中国残疾人福利基金会理事长邓朴方。

8 月 22 日

《捷克斯洛伐克斯柯达公司向中国出售两套五十万千瓦电站成套设备合同》签字仪式在北京举行。

8 月 23 日

马耳他总统阿加塔·巴巴拉女士对中国进行国事访问。25 日赵紫阳总理在钓鱼台会见巴巴拉总统。

▲国家主席李先念在人民大会堂会见由西班牙参议院议长德卡瓦哈尔率领的西班牙参议院代表团。德卡瓦哈尔授予李先念一枚参议院金质勋章。

8 月 26 日

中国、日本和英国在京签署一项在大连市合资组建北方国际租赁有限公司的合同。

8 月 29 日—9 月 3 日

法国对外关系部长罗朗·迪马对中国进行正式访问。

8 月 30 日

《中国和保加利亚科学技术合作会议议定书》在索非亚签字。

9月4日

西班牙首相冈萨雷斯对中国进行为期7天正式访问。《中国和西班牙科学技术合作基础协定及其附加议定书》在北京签订。赵紫阳总理和西班牙首相冈萨雷斯出席签字仪式。

▲《中国同奥地利贷款议定书》在维也纳签署。根据议定书，奥地利向中国提供总额为六十九亿奥地利先令（约合三亿六千万美元）贷款，用于投资兴建中国二十七座地方中小型水电站。这是中国同外国签订的第一个有关水电方面的贷款议定书。

9月7日

国务委员张劲夫在人民大会堂会见奥地利经济人士访华团一行17人。

9月12日

奥地利总统基希施莱格对中国进行国事访问。《中奥两国政府民用航空运输协定》和《中奥两国关于促进和相互保护投资协定》在北京签字。

▲中国、奥地利经济贸易混合委员会第五次会议在人民大会堂举行。《中国和奥地利关于部分纺织品贸易谅解备忘录》在北京签字。

▲外交部长吴学谦在北京同奥地利外交部长格拉茨举行会谈，就欧洲、亚洲形势中共同感兴趣的问题交换意见。

▲中英土地委员会在香港举行第四次会议。会后发表新闻公报。

9月13日

《中国和匈牙利科技合作委员会第二十四届会议议定书》在布达佩斯签字。议定书通过了中匈相互提供科技援助项目和中匈双方共同研究项目的决议，同意今后每年相互推荐科技合作项目和新技术，进一步研究双方在加强农业和煤炭领域科技合作的措施。

9月15日

中共中央总书记胡耀邦在中南海会见意大利社会党议员访华团。胡耀邦向代表团成员介绍中国经济体制改革情况。并说，改革不会改变中国的社会主义性质。

9月23日

中国新任驻欧洲共同体使团团长刘山在布鲁塞尔向欧共体委员会主席德洛尔递交委任书。

9月25日

英国国会议员、运输大臣里德利一行对中国进行为期一周访问。27

日，李鹏副总理会见里德利一行。28 日，中国和英国决定将 1984 年 11 月 29 日到期的两国间的铁路技术合作协议延期五年并签订备忘录。双方决定加强两国在内陆交通运输方面的合作。

▲《中国和欧洲共同体互换贸易和经济合作协定批准书》仪式在布鲁塞尔举行。

9 月 26 日

《中国和民主德国政府关于交换和接受进修生、研究生和大学生的协定》在人民大会堂签署。这是中国和民主德国自 1965 年以来第一次签署交换留学生的协定。

▲中共中央政治局委员、书记处书记胡启立在人民大会堂会见丹麦社会主义人民党代表团，双方就发展两党友好关系进行谈话。

▲卢森堡首相兼国务、财政大臣雅克·桑特和夫人对中国进行非正式访问。27 日赵紫阳总理在钓鱼台国宾馆会见桑特首相时说，我们高兴地看到欧洲的联合一年比一年好。欧洲联合的进程不可阻挡。桑特首相说，西欧除了实现政治经济上的联合之外，没有别的道路可走。桑特表示卢森堡将为进一步发展两国在钢铁工业和其他方面合作作出努力。

▲中国国际信托投资公司在法兰克福同美国、日本、联邦德国、法国、英国、瑞士和加拿大七个国家的 12 家银行签署一项在联邦德国发行一亿五千万马克债券的协议书。主干事行是联邦德国德意志银行。这是中国国际信托投资公司第一次在联邦德国发行债券。

9 月 27 日

《中国与比利时文化协定 1986—1987 执行计划》在北京签字。

9 月 28 日

中国著名地质古生物学家、八十五岁高龄的许杰教授，在联邦德国获得德国地质学会的最高科学奖——莱奥波尔德·冯·布赫奖。

9 月 30 日

中捷经济、贸易、科技合作委员会第一次会议在布拉格举行。10 月 4 日，中捷签署会议纪要。会议期间，双方还完成了两国 1986—1990 年长期贸易协定的谈判工作。

10 月 1 日

中国人大代表团访问欧洲议会。访问期间，代表团同欧洲议会对华关系代表团举行两次工作会议，双方主要讨论经济和贸易合作等双边关系以及共同关心的国际问题。

▲中国新任驻欧洲共同体大使刘山在卢森堡向欧洲共同体部长理事会主席普斯递交国书。

10月3日

《中国和匈牙利就进一步发展两国之间旅游业合作的会谈纪要》在布达佩斯签字。

10月4日

中国—欧洲共同体新技术革命讨论会在北京举行。

10月5日

国务委员兼国防部长张爱萍在人民大会堂会见英国国防参谋长埃德温·布拉马尔元帅和夫人一行。

▲马耳他总理卡梅罗·米夫苏德·邦尼奇出席马耳他—中国友好协会新址落成典礼。

10月6日

荷兰议会代表团访问中国。彭真委员长在会见荷兰议会代表团时说，中国的发展就是维护世界和平和制止战争力量的发展。即使到下个世纪中叶中国接近发达国家水平时，中国仍然是和平的力量。

10月7日

罗马尼亚共产党总书记、共和国总统齐奥塞斯库对中国进行正式友好访问。9日中共中央顾问委员会主任邓小平会见齐奥塞斯库总统。齐奥塞斯库把一枚“罗马尼亚社会主义共和国之星”一级勋章授予邓小平。11日《中国和罗马尼亚两国政府关于1986年至1990年期间双边经济关系发展协定》和《中国和罗马尼亚两国关于相互供应主要货物的长期贸易协定和现汇易货协定》在北京签字。

10月8日

《中国和南斯拉夫两国政府关于金融银行合作协议议定书》在贝尔格莱德签订。

10月9日

中国和联邦德国联合创办的第一个德语培训中心在北京对外经济贸易大学举行开学典礼。德语培训中心是联邦德国经济合作部对华援助项目之一，培训对象是从事两国经济技术合作项目的中方人员。

▲《中国和波兰两国民航代表团关于发展两国航空关系的会谈纪要》

在华沙签订。纪要规定，中波间将于 1986 年开始建立定期航线。双方草签《中波政府民用航空运输协定》。

10 月 10 日

《中法商标工作组章程》换文仪式在北京举行。根据章程规定，中华人民共和国国家工商行政管理局商标局和法兰西共和国国家工业产权局共同建立中法商标工作组。

10 月 12 日

《中波两国 1986 年科技合作项目》在华沙签署。

10 月 13 日

意大利共产党总书记纳塔对中国进行为期一周友好访问。中共中央总书记胡耀邦在中南海同纳塔举行首次会谈。双方表示将为进一步加强两党的传统友谊和友好合作而共同努力。16 日纳塔总书记在中共中央党校演讲。

10 月 14 日

国家经委副主任赵维臣同欧洲共同体委员会能源总司代表团举行会谈。会谈后，双方签署一项合作协议备忘录。

10 月 17 日

国家主席李先念在人民大会堂会见由议长让 - 马利 · 卡罗率领的西欧联盟议会代表团。双方就欧洲和世界的和平等问题进行交谈。

10 月 19 日

中国—欧洲共同体杭州能源培训中心第二期能源管理及节能新技术研究班举行结业典礼。该培训中心是国家科委和欧洲共同体根据共同签署的能源科技合作计划，于 1985 年初正式建立。

10 月 28 日

国务院代总理万里在人民大会堂会见欧洲委员会议会议长阿伦斯和欧洲委员会高级官员桑德。万里说，维护世界和平和发展经济是中国同西欧各国的共同目标。加强中国同西欧长期稳定的合作对此具有重要意义。

10 月 29 日

中共中央顾问委员会主任邓小平在人民大会堂会见联邦德国副总理兼外长根舍。邓小平向根舍扼要介绍中国的发展远景后说，中国同欧洲一样，前景是好的。我们的一贯观点是希望中国发展起来，也希望欧洲强大起来。根舍说，当中国意识到自己的力量时，欧洲人也在觉醒，开始认识到自己的同一性和欧洲在世界上应当发挥的作用。我们同东欧尽管社会制度不同，意识形态各异，所属集团也不同，但大家都意识到自己是欧洲人，都愿意加强合作，以减少对峙，避免冷战。邓小平高兴地说，这是很好的发展趋势。

▲《中国机械电子工业与联邦德国西门子股份公司全面合作备忘录》在人民大会堂正式签字。

10 月 31 日

全国人大常委会委员长彭真在人民大会堂会见瑞典议会代表团。

11 月 1 日

英国四十八家集团驻京联络处开业仪式在北京举行。中国国际贸易促进委员会名誉主任薄一波等出席开业式。

11 月 2 日

《中国通用机械技术设计成套公司与联邦德国恩德斯豪斯公司长期技术合作协议》在北京签字。这是我国通用机械行业首次通过共同承包工程项目的方式与外国厂家合作。

11 月 7 日

《中华人民共和国和德意志民主共和国领事条约》在柏林草签。

11 月 9 日

中共中央总书记胡耀邦在北京会见瑞典社会民主党代表团。胡耀邦强调，中国共产党和中国政府确定的独立自主的和平外交政策长期不会改变。双方认为，三十年前建立起来的中瑞两国关系一直发展得很好。双方还就进一步扩大两国的经济技术合作问题交换意见。

11 月 13 日

《中国和南斯拉夫经济、科学和技术合作委员会第四次会议议定书》和《中南 1986 年至 1990 年贸易协定》在贝尔格莱德签订。

11 月 15 日

《中国和保加利亚政府间经济、贸易和科技合作委员会第一次会议纪要》在北京签字。纪要规定，委员会第二次会议将于 1986 年第四季度在索非亚举行。

11 月 18 日

中国和意大利两国在电信领域第一个合作项目——PCM（脉冲编码调

制设备）合同最近在北京签字。

11月22日

中共中央政治局委员、书记处书记胡启立访问联邦德国并同德国社会民主党主席勃兰特分别于22日、27日举行两次会谈，双方就国际形势、裁军问题、欧洲问题、南北问题以及世界一些热点地区的形势及两党关系交换意见。

▲中国向捷克斯洛伐克出口四艘七千吨级货船的合同在布拉格签署。

11月23日

中国和波兰两国计划委员会在华沙签署《加强联系和合作议定书》。议定书规定，两国计委将加强联系和合作，积极探索扩大两国贸易与经济技术合作范围的可能性。

11月26—29日

中英联合联络小组第二次会议在北京钓鱼台国宾馆举行。会议发表新闻公报。

11月29日

中波两国有关公司签订关于波兰今后两年向中国提供一批采煤机械的合同。

12月2—5日

西欧联盟议会在巴黎举行会议。会议通过《中国的发展与欧洲的安全》的报告，要求加强欧洲同中国的关系。

12月2—7日

中国—欧洲共同体贸易周活动在布鲁塞尔举行。国务委员张劲夫率团参加。第一届贸易周于1981年举行。经过一周洽谈，中国与西欧已达成从西欧引进六十多个技术设备项目的协议，成交额超过一亿美元，签订31个投资议定书。贸易周结束后，中国代表分别访问共同体各成员国，继续进行接触和洽谈，扩大贸易周的成果。

12月3日

中共中央书记处书记郝建秀作为中国共产党的代表前往西班牙参加西班牙共产党主席多洛雷斯·伊巴露丽九十寿辰庆祝活动。

▲《中国和阿尔巴尼亚1986年换货和付款议定书》和《中国和阿尔

巴尼亚1986年至1990年换货和付款协定》在北京签字。

12月5日

《中国和波兰1986年换货和付款议定书》在北京签字。

12月7日

李鹏副总理在人民大会堂会见捷克斯洛伐克副总理奥布齐纳。两位副总理各自介绍本国的科技发展情况，探讨进一步扩大两国科技合作的可能性。

12月10日

《中国和捷克斯洛伐克关于奥布齐纳访问中国的纪要》《中捷1986年至1990年科技合作纲要》和《中捷科学技术合作联合委员会第二十七届会议议定书》，在北京签署。

12月11日

李鹏副总理对法国进行为期3天工作访问。法国总理法比尤斯在总理府接见李鹏副总理，双方就进一步发展两国关系和加强两国的经济技术合作交换意见。

12月13日

中英土地委员会第六次会议在香港结束。会后发表新闻公报。

▲李鹏副总理对捷克斯洛伐克进行正式访问。两国签署《中国和捷克斯洛伐克1986至1990年长期贸易协定》。

12月16日

《中国和匈牙利1986年换货和付款议定书》在北京签字。

12月21日

李鹏副总理对保加利亚进行正式访问。中保两国签署《中国和保加利亚1986年至1990年长期贸易协定》。两国还签署《中国和保加利亚1986年换货和付款议定书》。

12月24日

《中国和民主德国1986年换货和付款议定书》在柏林签订。

12月25日

《中国和罗马尼亚1986年交换货物和付款议定书》在北京签字。

1986年

1月12日

意中友协第五次全国会议闭幕。会议选举意大利前驻中国大使方济曦为意中友协主席。

1月17日

中英土地委员会第七次会议在香港结束。会议就一系列土地交易法律文件，1985—1986财政年度的批地计划达成协议。

▲中法合资创办北京巴黎大磨坊食品有限公司合同签字仪式在北京举行。

▲法国水星出版社出版《鲁迅文集》。

1月20日

《中国科学技术协会和波兰技术协会合作协议》在华沙首次签订。

1月22日

《中国银行哈尔滨分行和捷克斯洛伐克贸易银行关于地方换货贸易支付和结算议定书》在布拉格签字。这是中国部分省市同捷克斯洛伐克开展政府协议外换货贸易以来签署的第一个解决银行账户问题的协议。

▲《中国和匈牙利植物检疫和植物保护合作协定》在布达佩斯签订。

1月24日

欧洲共同体委员会对外关系委员德克莱克在布鲁塞尔表示，鉴于共同体和中国都有进一步发展双边关系的共同愿望，共同体准备在中国建立常驻代表机构。

1月25日

《中国和匈牙利1986—1990年科学和技术合作协议》在布达佩斯签字。

2月22日

挪威外交大臣斯特雷和夫人访问中国。外交部长吴学谦在钓鱼台国宾馆同斯特雷外长就双边关系和国际问题，特别是裁军问题举行会谈。

2月25日

《中国核学会和联邦德国核技术协会合作协议》在北京签订。

▲挪威外交大臣斯特雷到访北京，中挪两国签署《中国和挪威政府关

于对所得和财产避免双重征税和防止偷漏税协定》。

3月11日

中英联合联络小组第三次会议在香港举行。会议发表新闻公报。

3月20日

《中国政府和波兰政府民用航空运输协定》在北京签字。

4月1日

《中国和意大利合作建立意大利语培训中心备忘录》在北京签署。

4月3日

中共中央政治局委员、书记处书记胡启立在北京会见比利时弗拉芒社会党代表团。这是比利时弗拉芒社会党派出的第一个访华团。

▲李鹏副总理在中南海会见挪威议会能源、工业委员会代表团。李鹏向客人介绍全国人大第七个五年计划草案，并希望中挪两国在这方面加强合作。

4月7日

希腊总理乔治·安德烈·帕潘德里欧访问中国。赵紫阳总理在人民大会堂同帕潘德里欧举行会谈。双方就东西方关系、南北会谈、裁军和一些地区性问题诚挚交换意见。

4月9日

中共中央顾问委员会主任邓小平在人民大会堂会见希腊总理帕潘德里欧。邓小平说，世界形势错综复杂，但我们应该看到两个根本性的问题：东西问题和南北问题。东西问题是战争与和平问题。我们把第三世界看作是和平力量的支柱，也把欧洲，包括西欧和东欧看作是维护和平的力量。

4月11日

中国和英国合作建设一家铝厂。

4月13日

《中国和波兰邮电合作协定》在北京签字。

4月15日

中国与联邦德国在农业领域第一个合资企业华安肉类有限公司在河北省大厂举行土建奠基仪式。

4月16日

意共总书记纳塔在意共总部会见由乔石副总理率领的中共代表团。纳塔强调，欧洲、中国和不结盟国家应共同努力，制止美国的战争行动。

4月18日

联邦德国副总理兼外长根舍在外交部会见乔石副总理，双方表示要进一步加强两国之间的友好合作关系。

5月6日

以对外经贸部长郑拓彬为团长的中国政府经济贸易代表团今起对爱尔兰、法国和英国进行访问。

▲中国共产党代表团在哥本哈根与丹麦社会主义人民党领导人举行会谈。双方对两党目前的关系感到满意，并表示要进一步发展两党之间的关系。

5月7日

李鹏副总理在北京会见联邦德国基民盟主席团委员基普一行。宾主就两国汽车生产合作问题进行交谈。一致认为，联邦德国大众汽车公司应加速汽车零部件在中国的国产化进程。同时，应尽量多进口中国的汽车零部件和其他产品，以求得合营公司的外汇平衡。

5月8日

《中国和爱尔兰经济、工业、科学和技术合作协定》在都柏林签署。对外经济贸易部长郑拓彬与爱尔兰工商部长麦克尔·努南共同在协定上签字。

5月11日

中国政府科技代表团赴波兰、民主德国、捷克斯洛伐克和匈牙利四国进行友好访问。

5月12日

中法混合委员会第六次会议在巴黎举行。对外经贸部长郑拓彬出席并主持会议。中国和法国在巴黎签订政府间财政议定书。根据议定书，中国将从法国方面获得十三亿四千五百七十万法郎的混合贷款。

▲芬兰总统科伊维斯托在总统府接见外交部长吴学谦，并举行会谈。双方签署《中国和芬兰关于对所得避免双重征税和防止偷漏税的协定》。这是两国继1984年9月签署投资保护协定后又一个关系到两国经济合作的政府间的协定。

5月14日

法国总理希拉克在巴黎接见中国对外经济贸易部部长郑拓彬，并同他进行友好交谈。

5月15日

《中英促进和相互保护投资协定》和《关于发展贷款的财政安排协定》在伦敦签署。对外经贸部部长郑拓彬和英国外交大臣杰弗里·豪分别代表本国政府签字。

5月16日

中法举行双边司法协助协定谈判。通过谈判，双方对协定中大部分条款基本达成一致意见，并商定下轮谈判将于近期内在法国巴黎举行。

▲中共中央政治局委员习仲勋在人民大会堂会见瑞士劳动党代表团。这是中瑞两党1984年恢复关系以来，瑞士劳动党派出的第一个访华代表团。

▲中英两国在伦敦签署《中英1986—1988年文化、教育和科学交流计划》。

5月17日

《中国和波兰1986至1990年科技合作纲要》在华沙签字。这是中波两国间第一次签订长期科技合作纲要。

5月20日

彭真委员长在北京会见欧洲议会对华关系代表团。

5月21日

奥地利总理西诺瓦茨在联邦总理府接见中国人民对外友好协会代表团，并同他们进行友好交谈。

5月24日

《中国和联邦德国关于发展政策合作混合委员会第四次会议会谈纪要》在北京签署。根据纪要，联邦德国今年将向中国提供财政援助7000万马克、技术援助37960万马克。

▲外交部部长吴学谦在比利时皇家国际关系学会发表演讲，题目是“中国致力于和平和发展”。吴外长强调他这次对欧洲的访问“是一次谋求和平，谋求合作的友谊之行”。

5月26日

卢森堡大公让、首相桑特在卢森堡分别接见正在此间访问的国务委员兼外交部长吴学谦，同他进行亲切友好的谈话。

5月27日

爱尔兰总统希勒里会见吴学谦外长。下午，吴外长和爱尔兰外长巴里举行会谈。双方讨论东西方关系和军备控制，特别是核武器问题。28 日，爱尔兰总理菲茨杰拉德会见吴学谦外长。

5 月 31 日

《中国和捷克斯洛伐克两国国家科委直接合作议定书》和《中国和捷克斯洛伐克关于执行 1986 至 1990 年科技合作纲要项目和备忘录》在布拉格签署。

6 月 9—23 日

中共中央总书记胡耀邦对英国、联邦德国、法国和意大利四国进行正式访问。

6 月 30 日—7 月 1 日

中葡关于解决澳门问题首轮会谈第一次会议在钓鱼台国宾馆举行。会议发表新闻公报。

7 月 1 日

欧洲共同体委员会主席雅克 · 德洛尔开始对中国进行为期 5 天正式访问。这是他于 1985 年 1 月担任欧共体委员会主席后第一次访华。吴学谦外长同德洛尔主席举行会谈。

7 月 2 日

李鹏副总理在人民大会堂会见欧洲共同体委员会主席德洛尔。李鹏说，进一步发展中国同西欧的经济关系可通过三个途径：在贸易方面，西欧能更多地接受中国的产品；西欧工业国提供优惠贷款，支持他们的产品向中国出口；西欧企业家到中国来建立独资企业、合资企业或多边的合资企业。

7 月 3 日

中共中央顾问委员会主任邓小平在人民大会堂会见欧洲共同体委员会主席德洛尔一行，邓小平在谈到中欧关系时说，中国同欧洲发展关系的前景十分广阔。中国同欧洲有许多共同点，没有利害冲突。最大的共同点是彼此都希望和平，都是维护和平、制约战争的力量。这也是中国同欧洲发展政治和经济关系的基础。邓小平说，中国把自己看作是和平的力量，也把东西欧看作是和平的力量。

7 月 15 日

奥地利政府授予中国人民对外友好协会前会长王炳南、中国人民对外友好协会前副会长梁畊、中国驻奥地利前任大使王殊和奥地利驻华大使魏德博士“阿图尔·冯·罗斯特霍恩”勋章，以表彰他们为促进中奥友谊而作出的杰出贡献。

7月18日

欧洲共同体委员会决定向中国提供240万欧洲货币单位的发展援助。

7月19日

《英国向中国提供政府赠款和贷款的会谈纪要》在北京签字。根据会谈纪要，英国政府将向两国合作的近20个项目提供赠款。

7月22日

中英联合联络小组第四次会议在伦敦举行。会后发表新闻公报。

8月25日

中共中央政治局委员习仲勋在人民大会堂会见意大利共产党领导机构成员、中央书记处书记基亚兰特和夫人。

10月18日

中国和保加利亚政府关于交换货物等四项文件在人民大会堂签字。这四项文件是：《中国和保加利亚1987年交换货物和付款议定书》《中国对外经济贸易部和保加利亚劳动和社会事务委员会关于中国青年工人在保加利亚企业进行职业培训和工作的协定》《中国国家教委和保加利亚人民教育部1987年至1991年高等教育直接合作协议》和《中国科学技术委员会与保加利亚国家研究和工艺委员会之间合作备忘录》。

10月24日

《中国和民主德国关于发展经济和科学技术长期合作的协定》和《中国和民主德国1987年交换货物和付款议定书》，在钓鱼台国宾馆签字。

10月30日

意大利总理克拉克西访问中国并同赵紫阳总理举行会谈。两国政府在人民大会堂签署《中国和意大利关于对所得避免双重征税和防止偷漏税的协定》。这是中国同外国签署的第十六个这样的协定。

11月1日

中共中央顾问委员会主任邓小平在人民大会堂会见意大利总理克拉克西。

▲中共中央总书记胡耀邦在钓鱼台国宾馆会见意大利总理克拉克西。

11月6日

《中国—波兰科技合作混合委员会第十九届会议议定书》在北京签字。

根据议定书规定，中波两国将在科技方面进行99项短期、长期和对口部门之间的合作，涉及机械、电子、冶金、农业、轻纺工业和医药卫生等领域。

11月11日

中捷经济、贸易和科技合作委员会第二次会议在北京举行并签署《中国和捷克斯洛伐克1987年交换货物和付款议定书》。

11月12日

《中国政府和瑞士政府关于相互促进和保护投资协定和关于和平利用核能合作协定》在北京签字。

11月13日

瑞士联邦委员会副主席、外交部长奥贝尔在记者招待会上说，瑞士在裁军问题上的立场同中国是一致的。

11月18日

《中国和罗马尼亚科技合作委员会第二十六届会议议定书》和《中国和罗马尼亚1986年至1990年科技合作纲要》在人民大会堂签字。

▲葡萄牙总统苏亚雷斯在总统府接见中国副外长周南。双方进行友好谈话。

▲国务委员方毅、国务委员兼国家科委主任宋健在人民大会堂分别会见英国著名生物化学家和科学史家李约瑟博士。李约瑟博士是英国皇家学会会员、剑桥东亚科学史图书馆馆长。

11月26日

中共中央总书记胡耀邦在上海会见英国著名学者李约瑟博士和他的合作者鲁桂珍博士。李约瑟博士将一本由我国编辑出版的、80多万字的《李约瑟文集》赠送给胡耀邦。

11月28日

《中国政府和波兰政府关于长期经济合作的主要方向的文件》在北京签字。根据这份文件，中、波两国将在原料、煤炭、动力、机械电子、化学、交通运输和纺织等工业领域以及农业和食品业开展多种形式的合作。

▲英国政府向中国残疾人福利基金会赠送25000副助听器，以帮助中国残疾人康复。

▲中英联合联络小组第五次会议在北京举行。会议讨论了多项议题，并取得积极成果。联络小组就公务员的新退休金计划进行了充分讨论并取

得完全一致的意见。

12 月 2 日

挪威国王奥拉夫五世授予我国著名作家、翻译家萧乾国家勋章，以表彰他为增进和加强挪中两国之间的相互了解和文化交往所作出的贡献。

12 月 4 日

《中国和罗马尼亚 1987 年换货及付款议定书》在布加勒斯特签署。议定书规定，明年两国贸易额将比 1986 年有所增长。

12 月 8 日

中共中央政治局委员、书记处书记胡启立在人民大会堂会晤葡共中央总书记库尼亚尔一行。

12 月 27 日

法国社会党第一书记若斯潘夫妇前往中国进行友好访问。

1987 年

1 月 5 日

芬兰共产党代表团对中国进行访问。中共中央政治局委员、书记处书记乔石在人民大会堂同代表团就发展两党关系问题举行会谈。双方一致同意，两党要在独立自主、完全平等、互相尊重、互不干涉内部事务原则的基础上进一步发展两党传统友谊。双方希望，通过加强两党关系来促进两国之间的友好合作。

1 月 12 日

中国与欧洲共同体经济和贸易合作混合委员会第二次会议在布鲁塞尔举行。双方一致认为，中欧在工业、农业、科技、信息、能源、促进贸易和人才培训等方面进行着卓有成效的合作，其特点是领域广、项目多、质量高。

▲由西班牙格拉纳达大学和格拉纳达省议会联合举办的以纪念鲁迅为中心内容的中国文化周在西班牙格拉纳达市举行。

1 月 16 日

匈牙利社会主义工人党政治局委员、中央委员会书记费伦茨对中国进行为期一周友好访问。

▲英国外交部正式宣布：魏德巍出任香港新总督，接替去年 12 月病

故的港督尤德爵士。

1月17日

《中国和捷克斯洛伐克1987年至1988年文化交流计划》在北京签署。

2月1日

中国化工进出口总公司——中化（英国）有限公司在伦敦开业。

2月9日

《中国与联邦德国政府间三个技术合作项目协议书》在北京签字。三个项目包括：设在北京的精密机械培训中心、缩微技术培训中心和设在哈尔滨的焊接技术培训中心。德方将为这三个中心提供1250万马克的援款。

2月12日

《中国同联邦德国政府合作举办天津现代工业技术培训中心项目协议书》在北京签字。德方将为培训中心提供2500万马克财政贷款和1000万马克赠款。

2月26日

希腊总理帕潘德里欧在总理府会见中国人大代表团。帕潘德里欧说，中国政府在对外关系中坚守独立自主、和平共处的原则，从不干涉别国内政。中国政府的这一一贯立场，强烈地吸引和鼓舞着世界人民。27日，希腊总统萨采塔基斯在总统府会见中国人大代表团。

3月4日

中国国际信托投资公司董事长荣毅仁在联邦德国法兰克福正式宣布，该公司驻欧洲代表处在法兰克福开业。

3月10日

荷兰首相吕贝尔斯在海牙接见由中国全国人大常委会副委员长荣毅仁率领的中国人大代表团。12日，荷兰克劳斯亲王在王宫接见荣毅仁团长时说，荷兰与中国不仅应在经贸方面进行合作，而且在文化、科技方面也应进行合作。荷兰能成为中国的一个好伙伴，两国今后应进行全面合作。

▲外交部长吴学谦访问波兰。波兰统一工人党中央第一书记、国务委员会主席雅鲁泽尔斯基会见吴学谦。

3月13日

外交部长吴学谦对保加利亚进行为期3天正式友好访问。

3月17日

意大利总理克拉克西在总理府会见正在这里访问的吴学谦外长。

▲中英联合联络小组第六次会议在香港举行。会议取得积极成果，并达成多项协议。

3 月 18 日

中国政府同葡萄牙政府关于解决澳门问题第四轮会谈在钓鱼台国宾馆开始举行。中方代表团团长是外交部副部长周南，葡方代表团团长是鲁伊·梅迪纳大使。

3 月 19 日

外交部部长吴学谦同圣马力诺外长加蒂就共同关心的国际问题和发展双边关系问题举行会谈。

3 月 20 日

国务委员兼国家科委主任宋健和欧洲共同体委员会主席德洛尔相互交换信件，确认《关于建立和管理中国—欧洲共同体生物技术中心原则的协议》签署和互换信件仪式在欧共体委员会总部举行。

▲英国皇家学会对华研究员奖学金开始颁发，英国女王伊丽莎白二世为隆重仪式揭幕。皇家学会对华研究员奖学金是 1986 年 10 月 13 日女王访华时宣布设立的。根据这项计划，三年内中国将派遣大约 100 名科学家到英国进行研究工作。

▲吴学谦外长对联邦德国进行为期 5 天正式访问。

3 月 24 日

联邦德国总理科尔在总理府会见国务委员、外交部长吴学谦。双方就世界形势及双边关系交换意见。

▲吴学谦外长同根舍外长签署《中国和联邦德国财政合作协定》。按照协定，联邦德国将向中国提供具有发展援助性质的政府低息贷款。

3 月 25 日

吴学谦外长在联邦德国外交政策协会发表题为《维护世界和平，加强互利合作》的演讲，阐述中国外交政策。

▲吴学谦外长访问瑞士。27 日吴学谦外长同瑞士联邦主席兼外交部长奥贝尔举行会谈。双方就裁军问题和其他共同关心的国际问题、双边关系问题，包括关于香港联合声明的执行情况交换看法。

▲国务委员张劲夫对奥地利进行为期 5 天友好访问。奥地利联邦总理弗拉尼茨基在联邦总理府会见国务委员张劲夫，双方就共同关心的问题和进一步加强两国间的友好合作关系交换意见。

3月26日

《中国和葡萄牙关于澳门问题联合声明》在北京草签。

3月28日

《中国政府和欧洲共同体委员会关于欧共体委员会在中国设立代表团及其特权与豁免协定》，在布鲁塞尔草签。

▲国家经委和欧洲共同体合办第二期企业管理硕士研究班在北京举行开学典礼。研究班为期3年。主要研究西欧的管理知识和方法，并在国内外企业实习，探索具有中国特色社会主义企业管理道路。

3月30日

国务委员陈慕华在中南海会见欧洲共同体对外关系委员德克莱克一行。双方就加强中国同欧共体的合作坦诚地交换意见。双方一致认为，中国和欧共体都有加强合作和扩大贸易的愿望，双方要共同努力，克服合作中的一些具体困难，使合作健康地向前发展。

▲波兰航空公司新开辟的华沙—北京航线首航班机起航。两国政府于1986年3月在北京签订《中波民用航空运输协定》。

3月31日

《中国和欧洲共同体委员会关于在中国设立欧洲共同体委员会代表团及其特权与豁免协定》签字仪式在北京举行。外交部副部长周南和欧洲共同体委员会对外关系委员德克莱克分别在协定上签字。

4月2日

中国政府代表团与德国经济东方委员会在汉诺威国际博览会联合举行讨论会，探讨加强两国经济、技术和贸易合作问题，双方一致认为，中国和联邦德国经济、技术和贸易合作前景光明，大有可为。国务委员张劲夫做题为《中国的对外开放政策》报告。

4月3日

瑞典首相卡尔松访问中国。4日瑞典首相卡尔松出席瑞、中两国合作项目首钢康太尔有限公司投产剪彩仪式。赵紫阳总理在人民大会堂同卡尔松首相举行会谈，双方就裁军问题交换意见。

4月6日

瑞典首相卡尔松在北京举行的中外记者招待会上说，中国领导人的“政治活力”给他留下深刻印象。他用“和平是可能的、大治是必要的、大门是敞开的”这三句话概括他以往三天中同中国领导人进行会见和会谈的内容。

▲《中国向瑞典购买纸浆的合同》《关于建立中国瑞典输电开发中心意向书》《中国瑞典土壤保持合作项目协议（换文）》和《中国和瑞典关于为和平目的在空间活动领域合作的谅解备忘录》在人民大会堂签字。中瑞双方还草签《北京华侨大厦管理协议书》。瑞典首相卡尔松和田纪云副总理出席签字仪式和草签仪式。

▲联邦德国总理科尔在总理府会见中国政府代表团团长、国务委员张劲夫，双方就进一步发展两国之间的关系问题交换意见。

▲中国人才交流协会驻联邦德国办事处在波恩正式开业。这是该交流协会在欧洲设立的第一个办事处。

4月11—17日

葡萄牙总理席尔瓦访问中国。13日《中葡关于澳门问题的联合声明》在京正式签署，宣布中华人民共和国政府将于1999年12月20日对澳门恢复行使主权。

4月15日

英国前首相希思在国际俱乐部举行有关国际形势问题的演讲。

4月21日

外交部长吴学谦在曼谷与英国外交大臣杰弗里·豪举行定期会晤。双方就共同关心的国际和双边问题交换意见，其中包括执行中英联合声明的进展情况。

4月24日

捷克斯洛伐克总理什特劳加尔对中国进行为期6天正式友好访问。这是30年来捷克斯洛伐克总理第一次访华。赵紫阳总理同什特劳加尔总理举行会谈，双方相互通报各自国家政治、经济形势，并就扩大两国在各个领域的合作及对当前重大国际问题的看法交换意见。

4月26日

《中国远洋运输总公司和捷克斯洛伐克国际海运股份公司关于成立中捷海运公司协议书和公司章程》在北京签字。

▲邓小平在人民大会堂同捷克斯洛伐克总理什特劳加尔举行会谈。

4月30日

柏林——北京航线正式通航。中国民航将于今年5月4日首航柏林。

5 月 2 日

为期 6 天的中国、民主德国经济、贸易、科技合作委员会第三次会议在北京召开。

5 月 4 日

中国与联邦德国在政府机构担任要职的一批经济专家在北京举行首届经济发展管理研讨会。

▲《中国和法国关于民事、商事司法协助的协定》在钓鱼台国宾馆签署。这一协定是中国同外国签署的第一个有关这方面的协定。协定的签署将有助于促进两国经济贸易关系的发展、文化交流和人员往来。

5 月 5 日

保加利亚共产党中央委员会总书记、国务委员会主席日夫科夫对中国进行为期 6 天正式友好访问。5 月 6 日，两国签署《中国和保加利亚关于长期经济和科学技术合作基本方面的协定》。中保两国同时签订下列文件：《中国和保加利亚领事条约》《中国政府和保加利亚政府文化合作协定》和《中国和保加和亚 1987 年至 1990 年科技合作纲要》。中国国家科委同保加利亚国家研究和技术委员会还签订了合作协议。

5 月 7 日

邓小平会见保加利亚共产党中央总书记、国务委员会主席日夫科夫。

5 月 10—16 日

荷兰首相吕贝尔斯访问中国。13 日双方签署避免双重征税和防止偷税漏税协定。

5 月 12 日

“中国商品欧洲分拨中心”（其前身“中国存仓分拨中心”）在比利时安特卫普港隆重举行开业典礼。该中心是我国设在国外的第一家出口商品分拨机构。

5 月 14 日

中国对外经济贸易部部长助理朱友兰在比利时“佛兰德国际技术博览会”就“中国日”举行的讨论会上呼吁欧洲和中国在面临世界技术革命挑战的情况下，加强经济和技术交流，以便促进共同的发展和繁荣。

▲中国和民主德国在北京签署《中国和民主德国 1986 年至 1990 年科学技术长期合作重点项目议定书》《中国和民主德国科学技术合作常任委员会第 14 届会议议定书》《中国和民主德国科学技术合作共同条件》三个

文件。

5 月 18 日

中英两国政府在北京互换备忘录，确认在联合联络小组第六次会议中，中英双方就 1997 年 6 月 30 日后香港签证身份书继续使用的安排达成的协议。

▲英国玛格丽特公主开始对中国进行为期 10 天访问。

5 月 19 日

中国银行驻联邦德国法兰克福代表处正式开业。

5 月 20 日

中英联合联络小组国际权利和义务专家小组会议，在香港举行。这是中方专家常驻香港后在此间举行的首次会议。

5 月 22 日

国家主席李先念和夫人林佳楣在人民大会堂会见英国女王伊丽莎白二世的妹妹玛格丽特公主及其子女。李先念说，中英两国关系很好，他希望两国间增加往来，进一步发展经济、科技和文化关系。玛格丽特对英中两国间频繁地往来表示高兴。

▲为期 3 天的中英联合联络小组常设国际权利和义务专家小组首次会议，在香港结束。会议主要讨论未来香港特别行政区与国际劳工组织和亚洲及太平洋经济社会委员会的关系问题。双方对讨论情况表示满意。

5 月 26 日

国家主席李先念在人民大会堂会见南斯拉夫联邦执委会副主席、中南经济、科学和技术合作委员会南方主席米洛萨夫列维奇。

5 月 27 日

中英两国保险业负责人聚会伦敦，会议以“保险与中国”为主题，共商中英保险业加强合作的长久之计。双方就中英长期合作、中英保险业的作用、中国人民保险事业的发展和市场状况，以及中国进入世界保险市场的前景等问题作了战略性探讨。

5 月 29 日

英国政府向中国东北森林大火受灾地区捐赠价值 25 万英镑的物资。

6 月 4 日

中共中央代理总书记、国务院总理赵紫阳对波兰进行为期 5 天正式友好访问。

4月28日

瑞典刊物《星火》全文刊登毛泽东主席支持美国黑人抗暴斗争的声明，并发表评论赞扬毛泽东主席的声明，毛泽东主席的伟大声明不仅对美国黑人的斗争，而且对世界革命形势，都作了全面、深刻和明确的分析。

4月29日

英国进步工人和学生欢迎毛泽东主席支持美国黑人抗暴斗争的声明。

5月3日

《中国和民主德国1968交换货物和付款协定》在柏林签订。

5月4日

《中国和匈牙利1968年度交换货物和付款协定》在北京签字。

▲意大利共产党（马克思列宁主义）机关报《新团结报》在头版头条以《响应毛泽东的伟大号召，坚决进行阶级斗争》为题，全文刊登毛泽东主席4月16日发表的支持美国黑人抗暴斗争的声明，热烈欢呼声明的伟大意义。

5月27日

中国外交部向英国驻华代办递交我国外交部照会，就美国核动力航空母舰“企业号”开进香港，和英国政府纵容美国利用香港作为侵略越南战争的活动基地，向英国政府提出强烈抗议，严正要求英国政府立即着令“企业号”离开香港。

8月26日

中国外交部召见英国驻华代办处临时代办柯利达，就香港英国当局取消香港中华中学注册的无理行径向英国政府提出严重抗议。

1969年

3月17日

意大利工人和青年在米兰示威，抗议苏联武装侵犯中国领土。

3月22日

比中友协在布鲁塞尔发表公报，谴责苏联蓄意对中国进行武装挑衅，侵犯中国领土珍宝岛。

▲瑞典马列主义者共产主义联盟发表声明，严正谴责苏联军队侵入珍宝岛，对中国进行武装挑衅。

▲中国有色金属进出口总公司驻联邦德国代表处在杜塞尔多夫正式成立。

6月5日

《中国和波兰关于民事和刑事司法协助的协定》在华沙签署。这项协定是中国同社会主义国家签署的第一个有关这方面的协定，也是中国同外国在刑事诉讼方面建立协作关系的第一个协定。

▲《中英关于解决历史遗留的相互资产要求协定》在北京签订，并于同日生效。外交部副部长周南、英国驻华大使伊文思代表各自的政府在协定上签字。这是中国同西欧国家达成的第一个资产要求协议。

6月9日

国家主席李先念在人民大会堂会见塞浦路斯议会代表团。

6月10—11日

中国和欧洲共同体就恢复中国在关贸总协定的席位问题举行首次正式磋商。

6月11日

中捷两国签署《中捷两国政府关于避免双重征税和防止偷漏税的协定》。

6月17日

《中国和南斯拉夫避免双重征税协定》在贝尔格莱德举行草签仪式。

6月23日

第六届全国人民代表大会常务委员会第二十一次会议决定：批准外交部长吴学谦代表中华人民共和国于1987年5月6日在北京签署的《中华人民共和国和保加利亚人民共和国领事条约》。

6月29日

国家主席李先念在人民大会堂会见西班牙国防大臣纳西索·塞拉。李先念说，双方认为，中西两国自建交以来关系一直很好，希望两国继续交流经验，使这种友好关系不断加强。

6月30日

中国和欧洲共同体合作为中国培养的首批经营管理硕士研究生完成学业。欧共体委员会对外关系委员德克莱克在布鲁塞尔向34名中国学生颁发毕业证书。

7月7日

中英联合联络小组在伦敦举行第七次会议。会后发表新闻公报，联络小组就香港继续参加亚洲和太平洋经济社会委员会问题达成协议。双方就英方关于目前香港进行的政制检讨进展情况介绍交换意见。

7月10日

《中国政府与法国政府1987年第一个财政议定书》在北京签字。根据议定书，法国将向中国提供一笔最大额度为89700万法国法郎的贷款，用于北京地下铁道改造等13个中法合作项目。

7月12日

联邦德国总理科尔和夫人一行对中国进行为期8天正式访问。赵紫阳总理在人民大会堂同科尔总理举行会谈，两国总理就今后长期稳定地发展两国经济合作、贸易往来和文化交流等问题深入地交换意见，并提出具体设想。14日，赵紫阳总理继续与科尔总理会谈时说，中国同德意志联邦共和国的关系，现在已经走上了长期、稳定发展的轨道。今后双方的共同任务是使两国关系的发展更加深入、更加密切。科尔总理强调，两国今后在政治上相互磋商，经济上密切合作，文化上相互交流，是我们两国长期稳定合作的三大支柱。德意志联邦共和国决心加强这三大支柱。

7月13日

国家主席李先念在人民大会堂会见联邦德国总理科尔。

7月14日

邓小平在人民大会堂会见联邦德国总理科尔。在谈到两国关系时，邓小平说，我们发展相互关系要有长远眼光，不但要看到本世纪，还要看到下世纪，要长期友好合作下去。邓小平说，自从党的十一届三中全会以来的8年多时间里，我们同发达国家的关系一般来说比较正常，加强了合作，合作得比较好的还是欧洲。联邦德国对我们更开放一些。科尔总理完全赞同邓主任的看法。

7月15日

联邦德国执政的联盟党议会党团主席德雷格尔在波恩就联邦德国总理科尔访华发表声明，高度评价科尔总理访华成果。声明指出，1984年10月，科尔总理对中国进行的第一次访问为促进两国合作作出了贡献；科尔总理的这次访问又为双方稳定的合作展示了新的广阔的前景。两国首先将在经济、科技和文化领域进一步扩大关系。德中贸易暂时停滞的阶段已经结束。中国是地球上最大、最古老和最重要的文化国家之一，中国“一定有一个伟大的未来”。

7月22日

中国出版工作者协会和英国培格曼出版公司合作出版英文版《邓小平文集》第二版。

8月4日

北京市巴黎大磨坊食品有限公司今天在北京正式投产。

8月12日

法国马特拉公司搭乘8月5日发射的中国卫星上天的2个微重力试验装置，今天在北京由中国长城工业公司交给法国马特拉公司代表柏德先生。中法两国进行的这次空间科技合作协议是今年6月在巴黎签订的。按协议规定，15公斤重的法国全封闭微重力实验仪器，免验、免税进入中国境内后，即被放进等待发射的科学探测和技术试验卫星体内，然后由中国“长征2号”运载火箭送入近地轨道。

8月17日

葡萄牙政府新任总理席尔瓦在宣誓就职时说，新政府将继续执行上届政府的对外政策。新政府将“优先”把葡中两国关于澳门问题的协议提交议会通过。“在这方面，政府将与总统一起，尽全力来保持澳门及其居民的稳定与进步”，直到将其管理权移交给中国为止。

8月18日

中国海洋石油总公司与英国（BP）石油开发有限公司在北京草签《中国南海05/08合同区石油合同》，并正式签署《中国南海05/08合同区初探井合同》。

8月25日

万里副总理在中南海会见卢森堡副首相兼外交大臣雅克·普斯。

9月9日

《中国核协会与欧洲核协会合作协议》在北京签字。该协议将为促进双方科学技术交流，共同开发和平利用核能发挥积极作用。

9月11日

《中国农牧渔业部和民主德国农林食品工业部科技合作协议》在柏林签字。

9月14日

《中国水电部和民主德国煤炭和动力部关于电力领域合作议定书》在柏林签字。

9月15日

中国地质矿产部代表团和民主德国地质部代表团在柏林签署《关于两国在地质勘探等方面进行合作的会谈纪要》。

▲《中国邮电部和民主德国邮电部1987—1988年邮电科技合作计划》在柏林签字。

9月17日

英国外交部在伦敦举行招待会，欢迎依照中英友好奖学金备忘录前来英国进行科研和进修的首批中国学者和研究生。中英友好奖学金是根据包玉刚先生建议于1986年设立，有效期10年。

9月19日

法国政府赠送我国一批大兴安岭地区火灾前后的卫星遥感资料。赠送仪式在北京举行。

9月30日

英国政府决定，对进口中国棉纺男、女和儿童内衣施行新的临时配额，限制其进口增长速度。英国贸工部负责贸易事务的国务大臣艾伦·克拉克说，在到7月份为止的3个月内，从中国进口的内衣数量翻了一番多，这种情况“已经开始威胁到英国的工业和就业”。

10月8日

国务委员张劲夫在人民大会堂会见由荷兰贸促会中国商会主席韦思曼率领的荷兰投资者访华团。

▲法国外交部国务秘书迪迪埃·巴里亚尼在参议院会议上谈到中国西藏问题时指出，法国遵循国际关系中的一项基本原则，即不干涉别国的内部事务。

10月9日

中国银行在此间同30家国际银行正式签署《在伦敦发行两亿美元欧洲债券的协议》。这表明中华人民共和国的金融机构首次成功地进入资金雄厚的伦敦欧洲债券市场。

10月10日

联邦德国外交部长根舍就联邦德国同中国建交15周年对新华社记者

发表谈话指出，在过去的15年中，两国关系“在各个领域都得到很大发展。特别是在最近10年，发展两国关系的动力大大增强。两国重要政治家之间充满信任和密切的政治对话是这些关系的重要支柱”。联邦德国中国合作具有重要政治意义。

▲匈牙利社会主义工人党总书记卡达尔·亚诺什对中国进行为期5天正式友好访问。中央代理总书记、国务院总理赵紫阳在宾馆看望卡达尔时说，卡达尔30年后重访中国是一次历史性的访问，这次访问将推动中匈两党、两国友好关系进一步发展。11日赵紫阳总理在人民大会堂欢宴卡达尔一行。关于中匈关系，赵紫阳说，中国十分珍视中匈友谊，坚信这种友谊不仅有利于两国的社会主义建设和改革事业，也有利于维护世界和平。卡达尔在讲话中说，匈中关系再次扩展到政治、经济和社会生活的几乎所有领域。他重申，同伟大的社会主义中华人民共和国的关系，是匈牙利对外政策牢固和永久的因素。

10月13日

《中国与比利时首都民间经济合作长期合作协议》在北京举行签字仪式。

10月21日

《中国和阿尔巴尼亚1988年换货及付款议定书》在广州外贸中心签字。

10月28日

联邦德国外交部长根舍发表题为《德—中关系未来展望》文章指出，中国共产党第十三次代表大会表明要继续和加快中国的改革和开放政策。改革和开放政策使中国更多地参与国际政治，承担更多的国际责任。目前，中国为世界和平与稳定作出了更大的贡献。他认为，中国实行改革政策是一个长期的过程。联邦德国从一开始就支持中国的改革和开放政策，今后仍将支持这一政策。

11月5日

国家主席李先念离京前往法国、意大利、卢森堡和比利时访问。

11月7日

国家主席李先念及夫人林佳楣开始对法国进行为期7天国事访问。10日中法签订《1987年中国和法国经济技术合作财政议定书》。根据议定书，法国政府1987年全年将向中国提供总额为16.4亿法郎的混合贷款。

11 月 11 日

外交部长吴学谦在钓鱼台国宾馆同波兰统一工人党中央政治局委员、外交部长马里安·奥热霍夫斯基进行会谈。会谈后，两国外长签署《两国外交部合作协议》，并就中国政府同意波兰政府在中国广州重新开设总领馆和波兰政府同意中国政府在波兰增设一个总领馆的问题进行换文。

11 月 13 日

国家主席李先念对意大利进行国事访问。李先念主席同意大利总统科西加举行会谈。宾主在会谈中都表示进一步加强友好合作关系的愿望，并就东西方关系和裁军问题交换看法。

11 月 14 日

李先念主席在罗马会见意大利总理乔瓦尼·戈里亚。双方对两国关系的发展表示满意，并就进一步加强经济、技术合作交换了意见。戈里亚总理说，双方的经济合作关系是和谐有效的。他赞赏中国"明智的投资政策"，并表示意大利在中国投资的可能性很大。双方认为，两国的文化、科技合作的情况良好，并希望进一步扩大这些方面的往来。

▲李先念主席在罗马会见意大利共产党总书记亚历山德罗·纳塔。

▲《中国—意大利第三个 3 年财政、经济、技术合作计划（1987—1989）补充会谈纪要》在罗马签字。意大利承诺将向中国提供一批项目的贷款和赠款。

11 月 18 日

国家主席李先念及夫人林佳楣对卢森堡进行国事访问。卢森堡大公在欢迎李先念主席国宴上发表讲话说，中国的繁荣是当今世界稳定的一个重要因素。李主席说，15 年来，我们两国领导人多次互访，增进了相互了解，促进了两国在各个领域的交流和合作。两国间的经济技术合作近年来也取得可喜的进展。

▲中国大连市和民主德国罗斯托克市结为友好城市。

▲《联邦德国政府再次向中国大兴安岭森林火灾区提供 2000 万马克紧急无偿援助议定书》在北京签字。

11 月 19 日

国家主席李先念及夫人林佳楣对比利时王国进行国事访问。

11 月 20 日

国家主席李先念同比利时首相马尔滕斯进行会谈。李先念主席说，中国希望西欧巩固团结，用一个声音说话，成为争取世界和平和反对战争的强大力量。李主席对中比两国在经济合作和文化交流方面的稳步发展表示满意。马尔滕斯首相在会谈时指出，比利时和中国自 1971 年建交以来，两国建立在互相谅解和友好基础上的良好关系得到进一步加强。李先念主席这次来访是对两国关系发展的一个推动。两国的科技合作关系有着良好的发展前景。

▲《中国和比利时关于民事司法协助协定》在布鲁塞尔正式签字。

11 月 23 日

为期 3 天的“中国—西方讨论会”在比利时举行。

11 月 24 日

中国农牧渔业部与欧洲经济共同体奶类项目代表团在北京就《欧洲经济共同体向我国大城市奶类发展提供援助草案》签署事宜进行磋商，并达成一致意见。欧洲经济共同体将对我国 20 个大城市奶类发展提供援助项目。援助项目计划于 1988 年起实施，为期 5 年。

▲西班牙众议院议长庞斯在众议院会见由廖汉生副委员长率领的我国人大代表团。

11 月 25 日

英文版《邓小平文集》第二版由英国培格蒙出版公司在伦敦出版并向世界各地发行。

11 月 26 日

西班牙国王卡洛斯和首相冈萨雷斯分别在王宫和首相府会见中国人大代表团全体成员。

▲比利时—中国经济贸易委员会在比利时首都布鲁塞尔成立。比利时—中国经济贸易委员会前身比—中工商会和比—中经济委员会创建于 1983 年，其成员大多是比利时的大出口公司。

11 月 27 日

中国商品周在葡萄牙首都里斯本国际博览会隆重开幕。

12 月 2 日

葡萄牙总统苏亚雷斯和总理席尔瓦分别在总统和总理府会见以廖汉生副委员长为首的中国全国人民代表大会代表团。双方一致认为，中葡两国政府今年 4 月在北京签署的关于澳门问题的联合声明，圆满地解决了两国之间历史上遗留下来的问题。它使中葡两国的关系进入一个新的阶段，有利于进一步发展中葡两国在政治、经济和文化等领域的友好合作关系。

▲法共第 26 次全国代表大会开幕，中共中央书记处书记阎明复率中共代表团出席大会并宣读中共中央贺词。

12 月 3 日

《中国和保加利亚互换领事条约批准书》的签字仪式在索非亚举行。

12 月 4 日

《中国政府和民主德国政府文化和科学合作协定 1988—1990 年执行计划》在北京签署。这项协议包括两国外交部 1988—1989 年间进行合作和交流的具体项目。

12 月 7 日

新任中国人民解放军总参谋长迟浩田在人民大会堂会见并宴请比利时军队总参谋长莫里斯·盖桑贝格中将。

12 月 11 日

《中国政府和法国政府 1988 年至 1989 年文化交流计划》在北京签署。根据计划，双方将在文化、教育领域开展广泛的交流与合作。这是自 1980 年以来，中法两国政府间两年一度所签署的第 5 个文化交流计划。

▲葡萄牙议会审议批准《中葡两国政府关于澳门问题的联合声明》。

▲《中国和民主德国 1988 年贸易协定》在柏林签字。根据两国 1986—1990 年换货和付款贸易议定书，两国代表团经过磋商达成了 1988 年贸易协定。

12 月 15 日

《中国和保加利亚人民共和国 1988 年贸易议定书》在索非亚签字。

12 月 17 日

荷兰议会今天以多数票通过决议，要求“维尔通—菲耶努尔德造船厂停止向荷兰内阁申请为台湾地区制造潜艇的出口许可证”。荷兰外交部发言人再次重申，荷兰政府绝不会准许维尔通—菲耶努尔德为台湾地区生产潜艇。他强调：“什么事情都不能影响我们与中国的关系。”

12 月 28 日

《德国工业设计一百五十年回顾展》在北京民族文化宫展出。

1988年

1月11日

中国《人民日报》意文版在意大利出版发行。

▲中国国际信托投资公司首次在伦敦同18家国际银行签署发行150亿日元（1.07亿美元）欧洲日元债券协议。

1月15日

中葡两国政府在北京互换关于澳门问题联合声明的批准书。外交部副部长周南和葡萄牙共和国驻华特命全权大使瓦莱里奥代表各自政府交换了批准书，并在互换批准书证书上签字。

▲中葡两国政府确定双方土地小组成员名单。

▲中葡联合联络小组举行组长会晤。双方组长就联络小组的工作程序、方式以及第一次会议时间、地点和议程等进行初步磋商。对土地小组初期工作的日程和进驻澳门的时间等交换意见。

▲法国《世界报》发表述评，对中国刚刚公布的《全民所有制工业企业法（草案）》给予较高评价。编者按说，《企业法》是“中国加速经济改革的一大推动力”。

▲外交部副部长朱启祯和波兰驻中国大使邓鲍夫斯基在北京互换《中国和波兰关于民事和刑事司法协助的协定批准书》并签署互换批准书证书。《中波司法协助协定》是1987年6月5日赵紫阳同志访问波兰期间由两国全权代表在华沙正式签署。根据协定第30条，《中波司法协助协定》将于1988年2月13日生效。

1月18日

挪威首相布伦特兰偕丈夫阿尔内·奥拉夫·布伦特兰对中国进行正式访问。

▲中共中央总书记赵紫阳在北京会见挪威首相布伦特兰夫人一行时说，中国对外政策有两个明显特点：一是维护世界和平；二是发展同各国的经济技术合作。这两点也可概括为和平与发展两大问题，在这两大问题上，中挪两国有着一致的观点。布伦特兰夫人说：“你们正确的对外开放政策为中国提供了同各国合作的基础；你们对外奉行独立自主的和平外交政策促进了国际的和平和发展。对此我们给予高度评价”。20日两国政府

签署《中挪关于海事地面卫星站赠款协议》《中挪关于中国南海琼东南盆地52/26合同区初探井合同》《中挪合资北京华威大厦管理合同、设计和建筑合同》。

1月19日

中国国家自然科学基金委员会和比利时国家科学研究基金会在比利时首都布鲁塞尔首次签订有效期为三年的双边合作协议。根据这项合作协议，双方将在平等互利的基础上，在各自基金会所管辖的范围内鼓励研究机构和研究人员进行交流与合作。

1月20日

英国外交大臣杰弗里·豪在英国议会下院发表讲话，强调英中两国政府保持和发展友好合作关系，对顺利执行英中两国1984年签署的关于香港问题的联合声明至关重要。英中两国在贯彻联合声明方面业已形成一种紧密而又求实的合作关系。他说，英中两国正在香港进行一项独特的事业，香港问题是两国关系的核心。

1月22日

中共中央政治局常委胡启立在中南海会见希腊左翼党代表团。双方在会见时对两党友好关系的发展表示满意，并表示今后要进一步加强交往。

2月1日

中国社会科学院哲学所和英国皇家哲学所将在我国举办暑期哲学学院，以促进中英学术交流。中国著名学者于光远、汝信、张孝文等和英国学士院院士伯林、斯特罗森爵士、昆顿勋爵，皇家学会哈尔斯伯里伯爵及达米特教授等均为赞助人。洪谦和艾耶尔教授任名誉院长，邢贲思为院长。

2月2日

荷兰副首相兼经济事务大臣德科尔特在议会宣布，荷兰政府将不向荷兰维尔通—菲耶努尔德造船厂颁发为台湾地区建造4艘潜艇的出口许可证，因为这将损害荷兰同中国的关系。

2月24日

圣马力诺共和国两位执政官（即国家元首）泰伦齐和扎费拉尼对中国进行正式友好访问。国家主席李先念在人民大会堂同泰伦齐和扎费拉尼举行会谈时指出，超级大国主宰世界的时代已经过去。国家不论大小，一律平等，对世界和平和国际事务都有发言权，这是中国的一贯立场。两位执政官认为，圣中两国都是古老国家，也有着共同的目标，这就是争取世界和平与和睦共处。通过访问，两国关系将会得到进一步的加强。

2月25日

欧洲议会扩大执行局通过决议，欧洲共同体和中华人民共和国之间的关系“至关重要”，并“对一切干扰欧洲议会和中国之间和谐友好关系的企图表示遗憾”。决议认为，“欧洲共同体和中国的关系应该建立在尊重和相互承认对方领土完整、独立和主权的基础上”。决议确认“西藏是中国领土的一部分”。

2月26日

根据中葡澳门问题联合声明的有关规定，中葡土地小组成员正式进驻澳门。

2月29日

中葡土地小组在澳门开始举行首次全体会议。会后发表新闻公报说，会议就土地小组的工作方式与程序原则上达成一致意见。会议还就1988年度澳葡政府批地计划，包括部分大型建设工程项目的用地问题，初步交换看法。

▲中国—欧洲共同体第三次贸易周在布鲁塞尔隆重开幕。欧洲共同体负责对外关系和贸易政策委员德克莱克、中国对外经济贸易部部长郑拓彬、中国驻欧共体使团团长刘山，以及双方经济界、企业界、新闻界1000多人出席开幕仪式。

3月1日

中国对外经济贸易部部长郑拓彬与欧共体负责对外关系和贸易政策委员德克莱克在欧共体总部签署《中国和欧洲经济共同体援款协议》。根据协议，欧共体在1988—1992年五年内，向中国北京、上海、天津等20个城市的奶类发展项目提供7950万欧洲货币单位的援助，约占我国该项目总经费的1/3。

▲外经贸部部长郑拓彬和欧洲共同体委员会主管对外关系和贸易政策委员德克莱克在布鲁塞尔举行高级别磋商，双方就世界经济形势、中国与欧共体关系及共同关心的问题交换意见。

▲挪威工党主席、政府首相布伦特兰夫人在奥斯陆会见由中共中央候补委员、中联部副部长李淑铮率领的中国共产党代表团。

3月3日

《中法两国1988年首批财政议定书》在法国驻华使馆签署。这是中法两国自1985年以来签署的第5项议定书。同时签订的还有《中法赠款议定书》。法国将向我国赠款600万法国法郎，资助一个水坝的可行性研究。

3月4日

第三次中国—欧洲共同体贸易周圆满结束。中国与欧共体成员国达成了向西欧出口一亿零一百三十六万美元，从西欧进口四千万美元的交易，总成交额达一点四亿多美元，超过预期水平。中国代表团和欧共体委员会对此均表示满意。

▲奥地利总理弗拉尼茨基在维也纳会见由外经贸部部长郑拓彬率领的中国政府经济贸易代表团时指出，奥地利怀着极大的兴趣注视着中国为实现“四个现代化”所作出的努力，中国的“四化”建设对世界政治具有重大意义。他希望进一步加强奥中两国间的经济合作关系。

▲中国和保加利亚经贸科技合作委员会第三次会议在钓鱼台国宾馆举行。

3月8日

中英联合联络小组第九次会议在香港举行。

3月10日

外交部长吴学谦开始对英国进行为期6天正式访问。英国外交大臣杰弗里·豪同吴学谦外长举行两轮会谈。双方就广泛的国际问题，包括东西方关系、裁军和地区冲突等交换意见。双方认为，加强中英两国在各个级别上的政治磋商是必要和有益的。中方还向英方介绍了中国加快和深化改革，进一步扩大对外开放的政策。

3月14日

英国首相撒切尔夫人在首相府会见外交部长吴学谦。

3月15日

吴学谦外长在英国皇家国际事务研究所发表演讲，阐述我国改革开放政策和对国际形势立场。

▲挪威议会代表团对中国进行为期10天友好访问。彭真委员长在会见挪威议会代表团时说，全国人大很快就要换届了，七届人大将继续努力发展社会主义民主、健全社会主义法制。这是中国共产党第十一届三中全会确定的方针，是国家的根本任务之一。

3 月 16 日

姚依林副总理在会见挪威议会代表团时，应客人的要求谈及西藏问题。姚依林重申，西藏自古以来就是中国领土的一部分。世界上还没有一个国家不承认西藏是中国的领土。西藏问题是中国的内政，不许外国进行干涉。18 日，国家主席李先念会见挪威议会代表团。

3 月 17 日

中国国家自然科学基金委员会和英国皇家学会正式建立合作交流关系。两个机构在北京签署谅解备忘录。

3 月 21 日

荷兰首相吕贝尔斯在海牙接见由中共中央政治局委员、上海市市长江泽民率领的上海市友好代表团。双方就国际形势、双边关系和中国经济改革等问题交换意见。

3 月 22 日

捷克斯洛伐克共产党中央主席团委员、中央书记瓦西尔·比拉克对中国进行友好访问。

3 月 26 日

中共中央政治局委员、上海市市长江泽民对英国进行为期 6 天访问。28 日，江泽民市长在伦敦金融城会见 60 家公司的英国商人，鼓励他们到上海进行投资合作。29 日，英国首相撒切尔夫人在首相官邸会见上海市市长江泽民。

3 月 29 日

中葡土地小组在澳门举行历时两天的第二次全体会议结束。会议就中葡土地小组的工作方式与细则达成协议。

4 月 15 日

历时 5 天的中葡联合联络小组第一次会议在里斯本结束。双方就联合联络小组的工作细则达成协议，并就在澳门过渡时期内共同关心的重要问题开始交换意见。

4 月 19 日

希腊总统赫里斯托斯·萨采塔基斯和夫人对中国进行为期 6 天正式访问。

4 月 26 日

中国同英国合资建立第一家提供集装箱海运服务的公司——中好航运

代理有限公司，在伦敦开业。英国贸易与工业大臣扬勋爵说，这是“英中关系发展的一个象征”。

▲《中国民主同盟和波兰民主党 1988 年——1990 年往来议定书》在北京钓鱼台国宾馆签署。

5 月 3 日

欧洲委员会议会举行会议，支持中国关于恢复其关税及贸易总协定缔约国地位的要求。指出，中国缔约国地位的恢复将保证其产品更顺利地进入欧洲市场，促进欧洲国家同中国的贸易往来。

▲欧洲委员会议会通过关于“欧洲和中华人民共和国合作的经济关系的报告”的决议草案，要求欧洲理事会成员国政府和欧洲共同体以最惠国待遇让更多的中国产品进入欧洲市场，支持中国重返关税及贸易总协定。

5 月 8 日

爱尔兰总统帕特里克·希勒里和夫人对中国进行为期 8 天国事访问。这是第一位爱尔兰总统访问中国。

5 月 9 日

李鹏总理在钓鱼台国宾馆会见爱尔兰总统帕特里克·希勒里。李鹏说，欧洲、包括西欧和东欧是一支和平力量，中国愿意看到一个联合强大的欧洲，欧洲是中国在经济和科技方面的一个合作伙伴，希望东、西欧加强接触与合作。希勒里总统说，我们欢迎中国的开放政策，中国由于国家大，影响也大，其重要性越来越明显。

5 月 11 日

英国首相撒切尔夫人在首相府会见正在这里访问的中国人大常委会副委员长、中国国际信托投资公司董事长荣毅仁。双方对近年来中英两国关系的发展表示满意，并希望双方共同努力，更快地发展两国之间的贸易和经济合作关系。

5 月 12 日

荣毅仁在英国中英贸易委员会组织的集会上发表讲话说，希望各国企业家到中国进行投资，进行经济合作。在这方面，我担任董事长的中国国际信托投资公司（集团）愿意同大家进行合作。他还说，我们可以为各国企业家到中国投资和进行经济合作提供便利，充当向导和伙伴。

5 月 13 日

全国人大常委会委员长万里在人民大会堂会见欧洲委员会议会议长路

易·戎一行时说，加强同西欧各国的友好合作关系是中国外交政策的重要组成部分。中国同西欧在经济、文化、科技等方面合作的潜力很大。他希望加强这方面合作，以求得共同的发展。路易·戎说，欧洲和中国之间增加了解、加强合作对稳定世界局势和维护世界和平至关重要。

5月23日

捷克斯洛伐克共产党中央委员会总书记米洛什·雅克什对中国进行正式友好访问。中共中央总书记赵紫阳在人民大会堂同米洛什·雅克什总书记进行正式会谈。

5月25日

邓小平在钓鱼台国宾馆会见捷共总书记米洛什·雅克什一行。邓小平说，我们两党恢复关系以来，两党、两国和两国人民的友好关系发展是好的。旧账都不算了，没有味道，让我们在新的基础上发展友好关系。

▲中国政府和捷克斯洛伐克政府在北京签署《关于长期经济和科学技术合作基本方向的协定》和《航空运输协定》。中共中央总书记赵紫阳、捷克斯洛伐克共产党中央委员会总书记米洛什·雅克什出席签字仪式。

5月26日

国家主席杨尚昆在人民大会堂接受欧洲共同体委员会首任驻中国代表团团长杜侠都递交的委任书。

5月30日

中葡土地小组在澳门举行第三次全体会议。会后发表新闻公报。

6月3日

中国—欧洲共同体核安全培训班在北京开幕。这是我国国家核安全局在核安全领域同欧洲共同体委员会的又一项重要合作。

6月5日

波兰统一工人党中央委员会政治局委员、波兰部长会议主席兹比格涅夫·梅斯内尔对中国进行为期一周正式友好访问。梅斯内尔主席是30年来到中国访问的第一位波兰政府首脑，他的来访是对赵紫阳去年访问波兰的回访。

6月6日

中国和欧洲共同体关于第三个纺织品协定谈判在布鲁塞尔举行。

▲中国江苏省和法国布尔戈涅大区建立经济、科技方面的正式合作关系。

▲李鹏总理在人民大会堂同波兰统一工人党政治局委员、波兰部长会议主席兹比格涅夫·梅斯内尔举行会谈。7 日中波两国在北京签署《中国和波兰关于经济、科学技术长期合作发展纲要》。同时还签署 3 项协定，分别是：《关于相互鼓励和保护投资协定》《关于对所得避免双重征税和防止偷漏税的协定》《关于互免公务旅行签证的协定》。

6 月 15 日

随着匈中两国关系的发展，匈中友好协会重新恢复活动。该协会在布达佩斯召开重新组建大会。经济学家、汉学家戴伯纳当选为会长。匈中友协的宗旨是促进对中国文化的了解。

6 月 19 日

历时 3 周的中国秦朝兵马俑展览在希腊首都雅典闭幕。展览轰动整个雅典乃至希腊全国，观众多达 15 万人次，被誉为“人类古代文明奇迹”。

6 月 22 日

中国开始直接向英国投资，首批两项目投资总额为 4700 万英镑（约 8200 万美元）。

6 月 23 日

中国改革研讨会在伦敦举行。来自欧洲和其他地区的 100 多名中国问题专家与会。与会专家学者赞扬中国政局稳定，呼吁西方增加对华贸易。

6 月 30 日

葡萄牙外交部长皮涅伊罗对中国进行为期一周正式友好访问。

7 月 1 日

中英联合联络小组的双方办事处在香港正式成立。

▲外交部长钱其琛和葡萄牙外交部长皮涅伊罗在钓鱼台国宾馆举行会谈，双方对中葡关系的发展和澳门问题的圆满解决表示满意。

▲欧洲共同体委员会宣布向中国提供 50 万欧洲货币单位（约合 57 万美元）的紧急救灾援助，以帮助最近遭暴雨袭击的福建省人民恢复生产。

7 月 4 日

意大利工业家联合会和中国中小企业对外合作协调中心最近在罗马签署《中国和意大利中小企业合作协议书》。协议书规定，双方将优先把对方作为自己在促进两国中小企业交往与合作方面的伙伴。

7 月 6 日

英国对华贸易四十八家集团在伦敦举行盛宴，庆祝它的代表——“破冰者”代表团访华35周年。

7月8日

欧洲议会议长亨利·普卢姆对中国进行为期一周友好访问。9日万里委员长在人民大会堂会见亨利·普卢姆议长一行。万里说，中国同欧洲共同体的合作将是长期的，并有很大的潜力。在谈到西藏问题时，万里说，欧洲议会有个别议员在西藏问题上做了一些对中国不友好的事情。万里对普卢姆议长在这个问题上所采取的友好、合作态度表示赞赏。

7月12日

中英在北京签署《北京交通管制系统工程合同书》。

7月21日

中国“深圳市出口商品展销及经济技术合作洽谈会”在英国普雷斯顿市开幕。这是中国第一次在英国举办独立的商品展销会，也是深圳市首次进入欧洲市场举办展销会。

8月1日

中葡联合联络小组在澳门举行首次专家会议。

▲由英国皇家哲学研究所和中国社会科学院哲学研究所共同主办的中英暑期哲学学院，在北京正式开学。这个学院每年将邀请四至五位英国当代著名哲学家来华系统授课，并与中国学者进行学术交流。

8月25日

卢森堡议会代表团访问中国。

8月28日

中国残疾人联合会代表团访问英国。访问期间，英方向中国残疾人联合会赠送了5000副助听器及一辆手术车等医疗器械。

9月3日

捷克斯洛伐克总统胡萨克对中国进行正式友好访问。5日经过中捷两国领导人友好协商，《中捷领事条约》在北京重新签订。

9月13日

中葡联合联络小组在北京举行第二次会议，双方就澳门过渡时期问题进行磋商。

9月17日

欧洲共同体委员会副主席兼农业委员会主席弗朗斯·安德里森一行访问中国。

9月20日

吴学谦副总理在中南海会见英国海外发展大臣克里斯多弗·帕顿和夫人一行。

▲英国政府向中国贷款3亿英镑的签字仪式在北京举行。

▲《丹麦政府向中国政府第一批（1988年度）赠款协定》在人民大会堂签署。

▲中英联合联络小组第十次会议在伦敦举行。

9月22日

中国银行在巴黎13区正式开设新支行。这是中国银行继1986年1月在国际金融中心巴黎正式建立分行以来，在法国首都开设的第2个业务机构。

9月26日

欧洲议会对华关系代表团访问中国。27日，万里委员长在北京会见欧洲议会对华关系代表团时重申西藏是中国不可分割的一部分的立场。对任何分裂中国的活动我们都坚决反对。在谈到中国同欧洲共同体间的合作关系时，万里希望进一步巩固并加强双方在政治、经济、科技和文化等领域的合作关系。欧洲议会对华关系代表团团长洪恩也重申了欧洲共同体维护中国主权的立场。

▲中国银行与西班牙官方信贷协会在北京签订抚顺脂肪醇项目政府贷款协议书。这项贷款总金额约为5000万美元。

10月3日

姚依林副总理开始对联邦德国进行为期10天正式访问。4日，姚依林副总理分别同联邦德国财政部长施托尔滕贝格和联邦德国外长根舍举行会晤，双方就两国间的经济、财政和金融等领域的合作交换意见。两国在波恩签署一项两国政府间财政合作协定和大规模集成电路技术转让合同。

10月5日

欧共体委员会驻华代表团正式开馆，杜侠都大使为首任团长。

10月8日

中共中央政治局常委、中央书记处书记乔石前往匈牙利、民主德国和波兰进行为期12天正式友好访问。

10月11日

芬兰总统科伊维斯托和夫人一行访问中国。

10月12日

中葡土地小组在澳门召开第四次全体会议。会后发表的公报说，按照中葡联合声明的有关规定，双方就新的土地契约（包括续期契约和修订契约）的形式达成协议。

▲中国和罗马尼亚政府经济技术合作委员会第9次会议在人民大会堂举行。双方签署会议议定书。

10月13日

姚依林副总理对捷克斯洛伐克进行为期6天正式访问。

10月14日

罗马尼亚共产党总书记、罗马尼亚社会主义共和国总统齐奥塞斯库偕夫人对中国进行为期5天正式友好访问。访问期间，中共中央总书记赵紫阳、国家主席杨尚昆、国务院总理李鹏、中央军委主席邓小平和全国政协主席李先念同志分别同齐奥塞斯库总统进行会见和会谈。

10月17日

中法科技合作项目重水反应堆冷中子源装置，最近在中国原子能科学研究院建成。

10月24日

中国银行在联邦德国发行2亿马克债券签字仪式在法兰克福商业银行大厦举行。这是中国银行第二次在联邦德国成功发行债券。

▲《1988年法国向中国提供贷款的第二次贷款议定书》和《1988年法国向中国赠款议定书》在巴黎签字。

10月30日—11月2日

联邦德国副总理兼外长根舍和夫人一行访问中国。31日钱其琛外长和根舍外长在钓鱼台国宾馆进行会谈。两国外长签署《两国外交部关于建立两部间磋商制度的议定书》。

▲中国和联邦德国在人民大会堂签署三个有关成立合资企业和技术转让的文件。这3个文件的内容是：由中国航空技术进出口公司和联邦德国MBB飞机公司合作成立MPC（多用途支线客机）飞机公司，总部设在汉堡；联邦德国MBB飞机公司向中国航空技术进出口公司转让飞机设计制造技术；北京有线电厂和联邦德国西门子公司合资经营北京信息交换系统有限公司，计划年产30万门EWSD程控数字交换机。

11月13日

欧洲各国对华友好协会第十届年会在罗马结束。会议重点研究成立欧洲各国对华友好协会联合会问题。联合会将以欧洲共同体国家为基础，并向欧洲其他国家对华友协开放。

11月15日

葡萄牙议会代表团访问中国。

▲邓小平文选——《中国的社会主义道路》波兰文，在波兰出版发行。

11月22日

欧共体委员会在布鲁塞尔决定向中国云南省地震灾区提供50万欧洲货币单位的援助，用于购买帐篷等救灾物资。

▲英国女王伊丽莎白二世在新的年度议会开幕日发表讲话时重申，英国政府将遵守中英香港问题联合声明，并同中国在香港问题上紧密合作。

12月8日

在中国经济改革十周年之际，英国前驻华大使理查德·伊文斯爵士发表讲话说，中国将坚持改革，中国的对外经济贸易政策不仅不变而且会有所发展。在5到12年间，中国经济和对外贸易将以每年5%的速度增长。在谈及中英贸易关系时，伊文斯说，英国对华出口目前只占中国市场份额的1.6%。他对英国企业界和金融界在中国发展缓慢表示遗憾。

▲匈牙利外交部长瓦尔科尼·彼得及其一行访问中国。钱其琛外长和匈牙利外长瓦尔科尼·彼得在钓鱼台国宾馆就双边关系和共同关心的国际问题进行会谈。会谈前，两国外长签署了《中国和匈牙利两国政府互免签证协定》和《中匈两国外交部合作协议》。

▲第37届布鲁塞尔尤里卡世界发明博览会公布评奖结果。中国参展项目71项获奖。

12月9日

中国与欧洲共同体纺织品贸易协议在布鲁塞尔草签。

12月12日

中国人大代表团抵达斯特拉斯堡开始对欧洲议会进行为期三天半正式访问。

▲联邦德国政府经济合作部决定向中国提供2000万马克的财政援助，以支援中国政府在云南地震灾区的重建工作。

12 月 17 日

截至 1988 年 12 月 10 日，同中国建立正式外交关系的国家已达 137 个。其中欧洲 30 个：苏联、保加利亚、罗马尼亚、匈牙利、捷克斯洛伐克、波兰、民主德国、阿尔巴尼亚、瑞典、丹麦、瑞士、列支敦士登、芬兰、挪威、南斯拉夫、法国、意大利、圣马力诺、奥地利、比利时、冰岛、马耳他、英国、荷兰、希腊、联邦德国、卢森堡、西班牙、葡萄牙、爱尔兰。

1989 年

1 月 11 日

《中国政府同西班牙政府 1989—1991 年文化、教育合作计划》在中国文化部签署。

1 月 18 日

《中国和保加利亚 1989 年交换货物和付款议定书》在北京签订。

1 月 19 日

《中国和民主德国 1989 年交换货物和付款议定书》在北京签订。

3 月 16 日

欧洲议会通过决议，支持恢复中国在关贸总协定的地位。

▲欧洲议会就所谓西藏问题通过干涉中国内政的决议，中国提出强烈抗议。

3 月 18 日

中国全国人代会外事委员会就欧洲议会通过所谓《关于西藏人权》决议发表声明。

3 月 25 日

中国外交部最近通过外交途径，要求欧洲议会立即停止一切干涉中国内政的行动。

6 月 27 日

欧共体决定冻结对华关系，并实施包括军售禁令在内的一系列制裁措施。中欧关系受到严重损害。

7 月 5 日

《中华人民共和国和捷克斯洛伐克社会主义共和国领事条约》正式

生效。

7月13日

英国外交大臣杰弗里·豪在下议院发表讲话时说，《中英关于香港问题的联合声明》仍然有效。

7月14—16日

西方七国首脑会议在巴黎举行。会议通过了经济宣言和政治宣言。在政治宣言中对中国横加指责，粗暴干涉中国内政。

7月17日

中国外交部西欧司负责人约见法国驻华大使，就中国驻法国大使馆教育处再次遭袭击事进行交涉。

8月2日

欧洲共同体委员会为中国四川省最近发生的水灾向中国提供约50万欧洲货币单位（约合55万美元）的紧急援助。

9月14日

英国向中国出口用于制造战斗机的高技术设备。英国外交部说，英国两家公司已获准向中国出口价值3000万英镑的平视显示器和雷达装备以及一些航空电子设备。

9月25日

中国外交部西欧司负责人约见法国驻华大使马乐，就法国政府允许“民主中国阵线”在巴黎召开“成立大会”提出强烈抗议，并要求法国政府制止“民阵”继续利用法国领土进行反对中国政府的活动。

9月28日

捷克斯洛伐克《红色权利报》发表短评，谴责法国政府干涉中国内政。

▲中英外长就香港问题举行会谈。钱其琛外长重申中国政府对香港前途政策不变；梅杰外交大臣重申英国遵守中英声明义务。

9月29日

外交部长钱其琛在联合国总部会晤法国外长迪马时指出，在巴黎发生的一系列对中国不友好事件，伤害了中国人民的感情，损坏了中法关系。

12月1日

英国政府发表白皮书说，将继续就香港问题同中国对话。

12 月 5—8 日

中葡联合联络小组第 6 次会议在澳门举行，会议发表新闻公报。双方就澳门加入关贸总协定和国际海事组织的进程达成协议。

12 月 11 日

外交部西欧司负责人约见挪威驻华大使霍尔维克，就挪威诺贝尔委员会 10 日授予达赖喇嘛诺贝尔和平奖及挪威领导人参与授奖活动，向挪威提出严正交涉。

12 月 28 日

中国外交部发言人在新闻发布会上就法国可能向台湾地区出售军舰一事答记者问时指出，反对任何国家向台湾地区出售武器。外交部发言人谈东欧形势时说，中国不干涉别国内政，我们对社会主义充满信心。

第五章　1990年1月—1999年12月

1990年

1月5日

西班牙内阁会议批准向中国提供一笔33亿比塞塔（约3000万美元）的援助发展基金贷款。

1月11日

外交部发言人就法国决定不向台湾地区出售军舰一事表示赞赏。

1月12日

法国前总理希拉克在《费加罗报》发表长篇文章，谈法国与亚太国家关系，主张中国应是法国亚洲政策的中心。

1月15日

外交部发言人就捷克斯洛伐克总统邀请达赖访捷一事发表谈话。捷总统哈韦尔邀请达赖喇嘛于二月份访捷，纯属粗暴干涉中国内政。要求捷方撤销对达赖的邀请。

1月17日

中国、波兰政府间经济、贸易、科技合作委员会第5次会议在北京举行。中波双方人员就经济、贸易和科技合作等问题交换意见，会议结束时签署会谈纪要。

2月3日

中国外交部苏欧司负责人召见捷克斯洛伐克驻华大使，就捷总统哈韦尔邀请达赖喇嘛访问捷克斯洛伐克提出抗议。

2月14日

法国政府决定恢复从去年6月中断的对中国出口信贷提供保险。英国和西班牙已经恢复向中国出口信贷提供保险的业务。

2月19日

比利时人士在安特卫普举行的《向中国转让高技术》报告会上说，中国政局稳定经济形势良好，与中国发展经济技术合作是有前途的。

3月1日

外交部发言人在新闻发布会发表谈话，对英国外交大臣赫德及内政大臣沃丁顿最近联名就“居英权方案”复函英国议员一事，回答记者提问时指出，英方的这一措施，严重违反它自己在中英联合声明中所作出的庄严承诺和中英双方有关协议。我们再次希望英方能以大局为重，改变这一错误做法。中方保留对此采取相应措施的权利。

3月3日

法国总理罗卡尔对报界发表谈话承认，对中国实行“经济制裁”没有取得成效。他说，“对于像中国这样一个具有自给自足能力的国家进行经济制裁，是没有什么成效的”。“倘若法中贸易需要资金或补充贷款，法国应该给予提供。”

3月6日

《中国和罗马尼亚1990年换货和支付议定书》在北京签署。

3月13—17日

中国和匈牙利经济、贸易和科技合作委员会第5次会议在布达佩斯举行。两国政府签署会议纪要。

3月14日

法国上诺曼底地区和鲁昂市代表团对中国进行友好访问。

3月15日

外交部发言人李肇星说，中国正密切注视德国统一问题的事态发展。德国问题是第二次世界大战遗留下来的复杂问题。解决德国问题，实现德国统一，将对欧洲乃至世界的局势产生重大影响。

3月20日

法国参议院外事委员会和国防委员会代表团对中国进行为期10天友好访问。全国人大常委会副委员长、全国人大外事委员会主任委员廖汉生在人民大会堂会见代表团成员。勒卡尼埃主席在答辞中说，“维护法中两国自1964年建立的特殊关系”，是法国外交政策中的主要原则。他希望法中之间的交往能继续发展和扩大。

3 月 23 日

李鹏总理在中南海紫光阁会见法国参议院外事委员会和国防委员会代表团时说，意识形态和社会制度的不同，不应妨碍我们和平相处与开展合作。中国是一支和平的力量，不会对任何国家构成威胁。

3 月 26 日

李鹏总理在中南海紫光阁会见英国保守党副主席、前工贸大臣扬勋爵时说，中国政府一贯重视发展中英关系。我们愿意加强同英国的磋商和交流。香港作为一个地区，继续保持它在远东和国际上的金融、贸易和交通运输中心的地位，符合中国的利益。李鹏指出，中国政局的稳定，经济的不断发展，也是香港繁荣和稳定必不可少的条件。

3 月 28 日

法国欧洲联合银行同中国银行就一项 5500 万法郎的出口贷款达成协议。这是法国政府今年 2 月中旬决定恢复向中国出口信贷提供担保后的第一笔非官方贷款的买方信贷，这表明法国已重新开始向中国提供出口贷款。

3 月 29 日

瑞典外交委员会决定放松对中国信贷限制。会议决定，瑞典国际技术经济合作委员会向中国提供总计为 8.7 亿克朗（约 1.4 亿美元）信贷。

4 月 8 日

法国舆论界指出，中国“长征三号”运载火箭 4 月 7 日成功发射“亚洲一号”通信卫星，对“中国在卫星工业方面的威望和商业前景都具有新的意义”。这颗卫星的发射成功，使“中国跻身于迄今为止一直被美国和法国所垄断的卫星发射市场”。

4 月 12 日

外交部发言人再次重申，英国政府无权单方面处理香港中国公民的国籍身份，这是中国主权范围内的事情。

4 月 16 日

中国海洋石油总公司与英国 BP 石油开发有限公司在北京签署中国渤海 10/15 合同区石油合同和中国南海珠江口盆地珠二坳陷联合研究协议。至此，该公司与我国签订的海上石油合同及协议已达 12 个。

4 月 19 日

中国和挪威合资成立天津港赛挪码头有限公司。这是我国港口码头建设和经营方面第一家合资经营企业。

4 月 20 日

英国单方面通过《1990 年英国国籍（香港）法》。① 该法案将允许 5 万个香港家庭正式加入英国国籍。新华社香港分社发言人对此表示极大遗憾。

4 月 24 日

法中委员会主席维勒潘在中法经济贸易交流报告会上说，中国政府目前采取的紧缩政策取得了成效，通货膨胀有所控制，对外贸易趋向平衡，整个经济形势正在好转。他呼吁法国企业界人士继续向中国投资，扩大法中两国在经济、贸易和技术等方面的双边合作。

4 月 25 日

李鹏总理在莫斯科举行记者招待会上说，中国愿同东欧国家保持正常的国家关系。谈到东欧形势时，李鹏总理指出，谁也没有估计到东欧有些国家会发生现在这么大的变化。至于这种变化是否意味着这些国家完全放弃了社会主义制度，还要再看一看，继续仔细观察。但不论这些国家是坚持还是放弃社会主义，中国都愿意在和平共处五项原则的基础上同它们保持正常的国家关系。

4 月 27 日

为期 4 天的中英联合联络小组第 15 次会议在北京结束，会议发表新闻公报。

5 月 11 日

欧洲共同体委员会决定 1991 年在香港建立联络处，以促进双边贸易和增进相互了解。

5 月 21 日

意大利中国商会在年会上通过一项动议提出，要求尽快恢复对华援助计划，履行 1989 年 1 月意中混合委员会会议上意大利方面承诺的义务，并要求意政府在今年下半年担任欧共体轮值主席期间采取行动，促使欧共体成员国恢复对华合作关系。

▲英国外交部主管香港问题的国务大臣莫德发表讲话说，中英关于香港问题联合声明是“一项在联合国注册的、具有约束力的国际协议，中华

① 详见《人民日报》1990 年 4 月 21 日。

人民共和国从来也没有破坏过这项国际协议”。

5 月 30 日

希中友协在雅典举行报告会，介绍毛泽东的革命生涯。

7 月 3 日

罗中熊猫友好文化协会在罗马尼亚首都布加勒斯特成立。

7 月 4 日

法国前政府总理巴尔访问中国。

7 月 6 日

《中国和瑞士关于对所得和财产避免双重征税的协定》在钓鱼台国宾馆正式签署。

7 月 23 日

塞浦路斯总统乔治·瓦西利乌在总统府接见外交部长钱其琛。

7 月 24 日

外交部长钱其琛同塞浦路斯外交部长耶奥约斯·亚科武进行正式会谈。两国外长签署《关于中塞双方互免签证的协议》和《中塞两国政府文化合作执行计划》两个文件。

7 月 26 日

吴学谦副总理在中南海紫光阁会见英国外交国务大臣莫德时说，莫德国务大臣的访问，表明中英双方在改善两国关系方面前进了一步。莫德表示，他的访问是两国关系中的一个转折点。双方就当前的国际形势交换看法。

7 月 28 日

外交部发言人在新闻发布会上指出，英国议会通过的“一九九〇年英国国籍（香港）法”，违反中英联合声明精神，中国政府不能接受。

9 月 5 日

万里委员长在人民大会堂会见意大利众议院天民党党团主席维森索·斯科蒂一行时表示，中国愿意同包括意大利在内的欧共体国家恢复和发展友好合作关系。

9 月 7 日

中共中央总书记江泽民在中南海会见意大利天民党众议院议会党团主席维森索·斯科蒂一行时重申，中国一贯主张同包括意大利在内的欧洲国家发展友好关系。斯科蒂说，意大利政府认为，在当前国际形势下，意大利必须迅速恢复同中国的经济、政治关系，并推动欧共体全面恢复同中国的关系，这是当前最重要的事情。

9 月 8 日

英国著名科学史家李约瑟博士的《中国科学技术史》7 卷巨著第 1 卷（导论）、第 2 卷（科学思想史）和第 5 卷第 1 分册（纸和印刷）中译本，由科学出版社和上海古籍出版社出版。

9 月 17 日

比利时—中国经济贸易理事会主席李德汉在布鲁塞尔举行的比中经贸理事会上发表讲话说，“中国在 80 年代初确定建设现代化中国的目标将坚持下去。不管发生什么事，中国都不会改变这个目标”。比中经贸理事会将继续努力促使比利时政府改善同中国的关系，使双方的经贸合作关系进一步发展。

9 月 19 日

芬兰政府决定，批准出口信贷公司向芬兰阿尔斯特罗姆公司提供总额约 1600 万芬兰马克（约合 429 万美元）的软贷款。这笔贷款将向中国吉林造纸厂提供蒸煮器设备。

9 月 20 日

李鹏总理在人民大会堂会见英国渣打银行董事长高尔频，宾主就进一步发展中英两国在金融领域的合作进行交谈。

9 月 28 日

外交部长钱其琛在纽约会见欧洲共同体理事会三届主席国外长，双方表示希望进一步发展关系。

▲《中国同捷克斯洛伐克贸易协定》在布拉格签署。协定规定从 1991 年 1 月 1 日起，两国之间将由目前的记账贸易改为现汇贸易。

10 月 6 日

外交部西欧司负责人在北京约见德国驻华大使韩培德，就德国总统魏茨泽克 10 月 4 日在柏林会见达赖一事向德方提出严正交涉。

10 月 7 日

欧共体 12 国外长举行非正式会议，原则上赞同与中国恢复正常关系，并肯定了欧共体部长理事会上月底在纽约同钱其琛外长就欧共体和中国之间关系正常化问题所举行会谈的结果。

10月16日

芬兰总理哈里·霍尔克里在赫尔辛基会见对外经贸部长郑拓彬。会谈后双方代表签署《芬兰向中国天津电缆厂和吉林造纸厂提供贷款的协议》。

10月19日

欧洲共同体委员会决定，向中国福建和浙江两省遭受水灾的地区提供价值35万欧洲货币单位（约合45.5万美元）的紧急救援物资。

10月22日

欧洲共同体决定，取消欧共体1989年6月以后对中国采取的限制措施，恢复同中国在政治、经济和文化领域的正常关系。但12国仍将维持禁止向中国出售武器的措施。

10月25日

法国经济、财政和预算国务部长皮埃尔·雷戈瓦在巴黎宣布，法国将恢复与中国进行新的官方贷款谈判。

10月26日

《中国和德国两国政府财政合作协定》在波恩签署。按照协定，德国复兴信贷银行将向中国提供500万马克的财政援助，用于青海省地震后的重建工作。

11月1日

英国四十八家集团来华进行为期3天访问，寻求中英经贸合作。

11月16日

芬兰议会代表团访问中国。

11月22日

西班牙外交大臣费尔南德斯·奥多涅斯访问中国。两国签署《中国政府和西班牙政府关于对所得和财产避免双重征税和偷漏税的决定》。

11月30日

李鹏总理在人民大会堂会见英国前首相希思，欢迎他第14次来中国访问。

12月7日

中国对外经济贸易部在伦敦同英国海外开发署和贸工部就恢复执行英国政府第2批对华贷款签订备忘录。这批贷款是中英双方于1988年9月达成，总额约为3亿英镑（约合5.9亿美元）。

12月19日

《中法两国政府财政合作议定书》在巴黎签署。根据议定书，法国将向中国提供13.1亿法郎混合贷款。

1991年

1月16日

西班牙政府经济代表团和中国政府经济代表团在马德里签署贷款协议。根据协议，西班牙政府将向中国提供总额4.5亿美元的混合贷款，以促进西、中两国间的经济和贸易合作。

1月23日

中国外交部就法国工业部长率团访问台湾地区向法提出抗议。

2月21日—3月9日

应葡萄牙、西班牙、波兰、保加利亚、匈牙利、希腊和马耳他等国外长邀请，外交部长钱其琛对上述7国进行正式访问。

3月15日

《中英两国政府1991年至1993年文化、教育和科学交流计划》在伦敦签字。

3月29日

中国银行与法国一银团在北京签署总额为3.8亿法郎的出口信贷和商业贷款协议。这笔贷款将用于支持广东珠海市电站建设。

4月10日

比利时宣布恢复同中国的正常关系。

4月25日

瑞典政府决定恢复对中国的援助，并要求瑞典国际技术经济合作委员会做好恢复援助的准备。

7月4日

《中英两国政府关于香港新机场建设及有关问题的谅解备忘录》在北京草签。

7月16日

德国政府对中国南方灾区遭受严重洪涝灾害表示慰问，并向灾区提供50万马克的紧急援助。

7月20日

西班牙政府和红十字会向中国遭受洪水灾害的安徽和江苏两省提供价值40多万美元的人道主义援助。

7月23日

欧共体委员会决定向中国受灾地区提供50万欧洲货币单位的紧急援助。

7月25日

瑞典政府决定向中国受灾地区提供210万瑞典克朗（约合180万元人民币）的捐款，用于为中国受灾群众购买急需的药品、食物和帐篷。

7月26日

德国驻华大使韩培德再次拜会中国国际减灾十年委员会副主任、民政部部长崔乃夫时表示，德国政府除了已提供的50万马克的紧急援助外，还将提供4700吨大米（价值230万马克）的援助以及1000万马克的低息贷款。此项贷款主要用于灾区的基础建设。

9月2—4日

英国首相梅杰访华。双方签署《关于香港新机场建设及有关问题的谅解备忘录》。梅杰首相是1989年以来第一位来华访问的西欧国家的政府首脑。

9月4日

中国银行与英国银团在北京签署总金额为1.7亿美元的政府贷款协议。

9月11日

中国同爱沙尼亚建交。

9月12日

中国同拉脱维亚建交。

9月14日

中国同立陶宛建交。

10月21日

瑞典政府批准一项向中国提供的新贷款。这笔2.9亿瑞典克朗（约合4680万美元）的贷款将主要用于通讯项目的建设。

12月17日

中国人民建设银行与西班牙银行签署总额为7646万美元的西班牙政府混合贷款协议。

1992年

1月16日

中国人民建设银行与西班牙国家信贷协会在人民大会堂签署《关于利用西班牙政府贷款的银行贷款总协议》。这是继1991年12月中国人民建设银行为天津乙烯项目与西班牙银行签署总金额为7646万美元西班牙政府混合贷款协议后签署的又一贷款协议。

1月29日

拉脱维亚共和国与台湾当局签署所谓“建立领事关系的联合声明”。对此，31日，中国外交部发言人授权发表谈话：台湾是中国领土不可分割的一部分。我们坚决反对已与我国建交的国家与台湾地区建立和发展任何形式的官方关系和进行官方往来。拉脱维亚方面在台湾问题上的一系列做法违背了自己在中拉两国建交公报中所作的明确承诺，严重损害了中拉关系和两国人民的友谊。中国方面对此提出强烈抗议。2月24日，中国政府决定将中华人民共和国大使馆暂时撤出拉脱维亚。

2月5日

中国和西班牙在马德里签署两个经济合作项目的合同，共利用西班牙混合贷款3.6亿美元。

2月14日

荷兰政府表示禁止向台湾地区出售潜艇，并重申荷兰将遵守1984年荷中达成的不向台湾地区出售军火的协议。19日，荷兰议会两院表示支持该决定。

3月8—14日

外交部长钱其琛访问英国、德国和欧共体。9日钱其琛外长在伦敦向英国首相梅杰递交中国参加《不扩散核武器条约》的加入书。

3月9日

正在英国访问的外交部长钱其琛应邀在英国皇家国际事务研究所发表题为《中国的改革开放和中英关系》的讲演。

3月12日

外交部长钱其琛在德国外交政策协会应邀作题为《中国的外交政策》的报告。

▲外交部长钱其琛访问欧共体并与欧共体委员会主席雅克·德洛尔举行会谈。

4月24日

英国首相梅杰任命克·帕滕（中文名为彭定康）为第28任香港总督。

5月2日

《中国和西班牙关于民事、商事司法协助的条约》在北京签署。

5月6日

英国政府再次强调，将同中国继续合作确保香港政权的顺利交接。

5月22日

意大利政府向中国灾区提供32万多美元（约折4亿里拉）无偿援助。此项援助是用于帮助去年遭受强烈地震的新疆维吾尔自治区柯坪县和遭受特大水灾的河南省息县的灾后重建工作。

5月27日

中国赴北欧采购团已经同瑞典方面签订9个购买合同，买进价值达1.8亿美元的设备和技术。这个数额超过了中国去年从瑞典进口总额的一半。瑞典政府决定恢复向中国提供发展信贷。

5月29日

美、俄、中、法、英5国关于中东军备控制问题会议在华盛顿结束，并就《不扩散大规模毁灭性武器准则》达成协议。

6月24日

德国联邦议院决定取消对中国的出口限制，主张"扩大德—中合作"。

7月31日

欧洲共同体委员会决定向中国提供400万欧洲货币单位（合520万美元）的财政援助，用于帮助中国江西省实施沙地改造利用计划。

10月9日

《英国政府向中国上海市环境保护项目提供400余万美元的赠款协议》在北京签署。

11月19日

外交部发言人强烈要求法国政府恪守中法建交原则，拒绝批准有关公司同台湾地区签订出售战斗机的合同。

11月26日

外交部副部长田曾佩召见法国驻中国大使马腾，就法国与台湾地区签署出售幻影战斗机合同，向法方提出交涉。

12月5日

朱镕基副总理一行结束对英国、芬兰、丹麦、瑞典和挪威的访问。访问期间，朱镕基副总理和5国领导人就国际形势和双边关系问题深入地交换意见，还同经济企业界人士进行了广泛的接触，参观了经济、金融和科技单位。

12月10日

德联邦议院作出德中关系正常化的决议。德对华贸易的限制也随之取消。

12月28日

中国政府决定从1993年1月1日起，承认捷克共和国和斯洛伐克共和国，并与两国分别建立大使级外交关系，中国现驻捷克和斯洛伐克联邦共和国大使馆改为驻捷克共和国大使馆，中国现驻布拉迪斯拉发总领馆升格为驻斯洛伐克共和国大使馆。

1993年

1月11日

法—中委员会主席德维尔潘对法国政府批准向台湾地区出售60架幻影2000—5型战斗机一事表示遗憾。他强调，与此项军售合同无关的法国广大企业界仍然真诚地希望维护和发展同中国的良好合作关系。

1月12日

中国贸易中心在西班牙巴塞罗那自由贸易区内正式开业。该中心由中国五金矿产品进出口总公司、中国机械进出口总公司、中国技术进出口总公司和山东省粮油食品进出口公司等12家国家和地方公司所组成。

1月21日

由于法国向台湾地区出售幻影战斗机，中法关系，包括经贸关系已开始受到影响。

1月26日

德国总理科尔和外长金克尔达成一致，决定禁止向台湾地区出口潜艇和护卫舰。

1月28日

德国联邦安全委员会会议决定拒绝批准向台湾地区出售潜艇。德国外长金克尔认为，向台湾地区出售军火将损害同中国的关系，也违背德国不向“局势紧张地区”出口武器的立场。29日，中国外交部发言人对德国政府作出不批准向台湾地区出售武器的决定表示欢迎。

2月2日

《中国政府同马耳他政府关于避免双重征税和防止偷税漏税协定及议定书》在北京签署。

2月10—13日

西班牙首相费利佩·冈萨雷斯对中国进行正式访问。访问期间，中西双方签署了7项经贸科技合作文件。

2月11日

中国—西班牙企业家合作委员会第二次会议在京举行。两国商贸界人士就有关经贸关系及经济技术合作等问题进行了广泛深入的交流。

2月26日

法国鲁昂工商会主席穆沙尔表示，法国政府决定向台湾地区出售幻影战斗机一事阻碍了法、中两国的合作关系，甚至使之倒退，法国企业界对此感到遗憾。他希望两国关系能逐步改善，并能健康发展。

3月11日

欧洲共同体委员会宣布，将对进口的中国产自行车征收34.4%的临时反倾销税。

3月12日

中信欧洲公司和香港来森公司共同投资在荷兰鹿特丹建立中港有限公司，为中国商品直接步入欧洲市场开辟了一个窗口。

▲港英当局公布根据港督彭定康政制方案制定的1994/95年选举安排立法草案。这是蓄意破坏中英会谈的一个严重步骤。

3月15日

中国和葡萄牙两国经济贸易会谈在北京举行。双方回顾了近年来两国在经贸合作方面取得的成果，并希望进一步加强双边的经贸合作关系。

3月17日

国务院港澳办公室主任鲁平就港英当局突然公布选举安排、破坏中英合作的基础问题阐述中国政府的立场并回答记者提问。鲁平说，中国政府一贯主张合作，不要对抗。但如果彭定康先生一意孤行，中国政府将按基本法的设计“另起炉灶”。既然英方关闭了谈判的大门，中方不能破门而入。香港问题是中英两国政府之间的问题，任何第三国无权插手。

3月22日

中国丹麦两国经贸混委会第十三次会议在北京举行。

3月26日

历时20天的中国文化节在西班牙东南部工业重镇埃尔切闭幕。

3月28日

新华社香港分社副社长张浚生在回答香港记者提问时说，彭定康不顾中方的批评，单方面发表了一个“三违反”的政制方案，在错误的道路上走出了第一步。接着在宪报上刊登他的政制方案，又走出了错误的第二步。假若港督彭定康将政制方案提交立法局，那会是走出错误的第三步。中国有一句话，叫作“事不过三”，希望彭定康不要一意孤行，不要拿香港市民的利益，也不要拿英国的利益，作为自己政治生涯的赌注。

3月30日

中德两国在北京签署总金额为12亿美元的9项经贸合作项目的合同及意向书。分别是：《关于成立中德经济合作投资委员会意向书》和《关于中德中小企业经济合作意向书》；两国有关企业签订《中国从德国购买12架空中客车的订购合同和预定13架空中客车意向书》，还签订有关冶金方面的三项合同。另外，中德双方还就南平铝厂轧机公司和西安啤酒罐装线两个项目签订了合作协议。

4月2—7日

奥地利总理弗朗茨·弗拉尼茨基对中国进行正式访问。双方签署《关于奥地利政府向中国提供贷款的协定》和两个合作文件。它们是：《中国重型汽车集团公司与斯太尔卡车公司合作备忘录》；《中技公司天津第四造纸厂引进奥地利福伊特股份公司高级美术铜版纸生产线合同》。

4月3日

八届全国人大一次会议通过并公布了《中华人民共和国澳门特别行政区基本法》。

4月8日

德国政府向中国农业部农药检定所无偿援助的中德农药检定项目在京签字。

4 月 10 日

前英国驻华大使柯利达在香港《南华早报》发表文章，指出英国在香港问题上犯了一个根本的错误：不能正确评价和体会中国政府在香港问题上的民族感情和坚定的主权不容侵犯的立场。

4 月 22—24 日

中英两国就香港 1994—1995 年选举安排问题在北京举行第一轮会谈。

4 月 28—29 日

中英两国就香港 1994—1995 年选举安排问题在北京举行第二轮会谈。

4 月 29 日

中欧混委会第 12 次部长级会谈在布鲁塞尔举行。双方商定，为进一步推动中欧经贸关系的发展，由双方专家组成一个工作小组，协调解决双方在经贸合作过程中的问题。

4 月 30 日

欧共体委员会对外政治事务委员范登布鲁克在布鲁塞尔同中国经贸代表团团长、中国对外贸易经济合作部长吴仪举行会谈。双方就中欧、中日、中美关系和共同关心的世界性问题进行了“积极、坦率”的对话。范登布鲁克在会谈中说，自 1989 年以来，欧共体同中国的政治和经贸关系一度冷淡，欧中经贸混合委员会的工作也一度中断。去年 10 月，欧共体和中国在北京举行第 11 次混委会会谈，标志着双方的合作关系得到逐步恢复。

▲欧共体发言人宣布，随着欧共体与中国经贸关系的不断发展，欧共体愿意扩大与中国的政治合作。

5 月 2 日

钱其琛今起对荷兰、瑞典、意大利和德国进行正式访问。

5 月 3 日

西班牙企业贸易代表团今起对中国进行为期两周的访问。这是第一个前往中国访问的巴斯克政府大型企业贸易代表团。

5 月 17 日

李岚清副总理在北京会见由阿尔贝亲王率领的比利时政府经贸代表团，双方就进一步加强中比两国经贸关系等问题交换意见。双方共同签署《比利时政府向中国政府提供 2. 5 亿比利时法郎贷款的协议》。

5月21日

中英就香港1994—1995年选举安排问题举行第三轮会谈。

5月25日

中国芬兰两国在赫尔辛基签订两项优惠贷款协议。根据协议，芬兰政府将向中国提供总额为2720万美元的优惠贷款。

5月28日

中英就香港1994—1995年选举安排问题举行第四轮会谈。

6月6—12日

克罗地亚总统弗拉尼奥·图季曼对中国进行国事访问。两国发表《中国克罗地亚联合声明》,① 并签署了《鼓励和相互保护投资协定》《文化教育合作协定》《海运协定》和《中国外交部和克罗地亚外交部磋商议定书》。

6月14日

中英就香港1994—1995年选举安排问题举行第五轮会谈。

6月23日

中英就香港1994—1995年选举安排问题举行第六轮会谈。

6月30日

《中国和西班牙在巴塞罗那合作兴建“中国商业娱乐城”项目合同》在北京签字。

7月5日

中英就香港1994—1995年选举安排问题举行第七轮会谈。

7月8—9日

英国外交大臣道格拉斯·赫德对中国进行访问。

7月20日

中英就香港1994—1995年选举安排问题举行第八轮会谈。本轮会谈是在两国外长会晤后举行的。双方一致同意要加快中英会谈步伐。

8月16—17日

中英就香港1994—1995年选举安排问题举行第九轮会谈。

8月26—27日

中国和爱沙尼亚经济贸易合作委员会在爱沙尼亚首都塔林举行第一次

---

① 《人民日报》1993年6月13日第4版。

会议。

9月2日

钱其琛外长在北京同爱沙尼亚外长特里维米·维里斯特举行会谈时表示，中国愿在和平共处五项原则的基础上加强同爱沙尼亚在各个领域的友好合作关系。《中国和爱沙尼亚两国政府促进和相互保护投资协定》在北京签署。

9月4—5日

中英就香港1994—1995年选举安排问题举行第十轮会谈。

9月8—9日

中英就香港1994—1995年选举安排问题举行第十一轮会谈。

9月10—20日

邹家华副总理对波兰、匈牙利和比利时进行正式访问。

9月12—22日

国家副主席荣毅仁对葡萄牙和西班牙进行正式访问。

9月14日

中国和葡萄牙在里斯本签署《中葡经济、工业和技术混合委员会第3次会议会谈纪要》。

9月15日

《中国和匈牙利两国政府间航空运输协定》在布达佩斯签字。

9月15—29日

应意大利、德国和奥地利政府的邀请，对外贸易经济合作部部长吴仪率领中国政府经贸代表团赴三国访问，并展开一系列经贸活动。

9月15—16日

第二届中意经济技术合作混合委员会会议在罗马举行。两国签署《第二届中意经济合作混合委员会会谈纪要》。两国企业签订价值4.7亿美元的购买意机器设备的合同。

▲中国财政部发行300亿欧洲日元债券签字仪式在伦敦举行。此次债券发行主要是利用有利的国际金融环境为我国交通和能源等基建部门集资。

9月23日

中德经济合作混合委员会第八次会议在波恩举行。双方企业签订了15个合同，总金额达8.5亿美元。合同涉及机械制造、电子通信和基础设施等。

9 月 26 日

中英就香港 1994—1995 年选举安排问题举行第十二轮会谈。

9 月 27 日

中国和奥地利在维也纳签署 4 项经贸合同。这 4 项合同分别是：《中国冶金进出口总公司和奥地利钢铁联合公司连铸机设备设计和供货合同》《中国仪器进出口总公司和埃林能源供应公司灯泡贯流式涡轮发电机组供货合同》以及《中国重型汽车公司和施泰尔卡车公司中型卡车发动机合资企业协议》和《重型卡车部件订货合同》。

10 月 4 日

欧洲议会议长埃贡·克莱普什在结束北京之行前表示，他此次访华标志着欧洲议会同中国关系完全实现了正常化。克莱普什认为，中国的不断发展将促进中国和欧共体之间合作的发展。但目前的一个主要问题是彼此间还不够了解。所以，他认为双方应该加强接触和交往。为此，本月内欧共体还将派一个代表团来华访问。

10 月 11 日

中英就香港 1994—1995 年选举安排问题举行第十三轮会谈。

10 月 20 日

中英就香港 1994—1995 年选举安排问题举行第十四轮会谈。

10 月 27 日

中英就香港 1994—1995 年选举安排问题举行第十五轮会谈。

10 月 29 日

法国国际检验局质量认证公司和中国船级社质量认证公司在京联合举行国际质量标准（ISO 9000）研讨会，探讨其在中国的应用及介绍认证方法。

10 月

欧共体在香港设立欧洲委员会办事处。

10 月 28 日

前英国驻华大使理查德·伊文思爵士撰写的《邓小平传记》最近在英国出版发行。

10 月 31 日

《中法合作投资通什给水污水处理项目合同》日前在海口签字。工程总投资1.8亿元。

11月8—13日

立陶宛共和国总统阿尔吉尔达斯·布拉藻斯卡斯对中国进行正式访问。江泽民主席在人民大会堂与布拉藻斯卡斯总统举行会谈。双方发表《中国立陶宛联合声明》，并签署《两国政府文化合作协定》及《两国关于鼓励和相互保护投资协定》。

11月9—12日

中葡联合联络小组第18次全体会议在澳门举行。会议发表新闻公报。会议研究了澳门过渡时期三大问题，包括中文官方地位、法律本地化和公务员本地化实施的进展情况，葡方向中方代表团提交了《刑法典草案》中文本。

11月10日

“一九九三年中国投资洽谈会”在瑞典首都斯德哥尔摩举行。由十六个省市代表组成的中国洽谈团带来了四百五十个洽谈项目。这是迄今为止中国在北欧国家举办的最大的一次经贸洽谈会。

11月15日

德国总理科尔对中国进行为期6天访问。

11月16日

李鹏总理与德国总理科尔在人民大会堂共同参加两国20余项文件的签字和换文仪式。中德双方的合同金额达16.5亿美元，意向金额11.5亿美元。上述20余项文件包括：《两国政府在环境与发展领域合作的联合声明》《关于加强两国政府间科技合作的会谈纪要》《建设广州地铁合作和贷款协议书》《6架空中客车A-340飞机合同》《两国政府1994—1995年文化交流换文》《两国邮电部邮电通讯领域合作备忘录》《中国航天公司与德国宇航公司建立航天领域和平利用项目合作的备忘录》及《两国政府关于在华设立德意志学术交流中心办事处的换文》等。

11月19日

中英就香港1994—1995年选举安排问题举行第十六轮会谈。

11月22日

中国与北欧投资银行和北欧发展基金会在赫尔辛基签订两项贷款协议。根据协议，这两个机构将联合向中国提供总额为1550万美元的发展援助贷款。

▲中国和芬兰举行投资项目洽谈会。双方就一百四十七个项目进行初步洽谈，签订了十六个项目的意向书。

11月26日

中英就香港1994—1995年选举安排问题举行第十七轮会谈。

▲中国中央电视台和葡萄牙广播电视公司在里斯本签署《电视合作协议》。

11月28日

国家主席江泽民在结束对巴西访问后，回国途中经停里斯本对葡萄牙进行访问。

12月3日

国务院港澳办发言人就港督彭定康关于1994—1995年有关香港选举问题的部分立法草案提交立法局一事发表谈话，谈话说：港英不顾中方的一再劝告，在中英双方未就此达成协议的情况下，即决定向立法局提交部分立法草案，对这种做法，中方绝对不能接受。重申：1997年后中方将根据基本法的有关规定，另起炉灶。

12月16日

意中友协在罗马举办报告会，隆重纪念毛泽东诞辰100周年。

12月17日

中国与意大利银行在罗马签订总额为1.5亿美元的《买方信贷总协议》。协议签订标志着中意两国金融界新的合作开端。

1994年

1月12日

中国政府和法国政府发表联合公报，宣布两国关系正常化。

2月21日

新华社香港分社副社长秦文俊指出，中英关于香港1994—1995年选举安排的会谈是中英两国政府的事，港府无权公布会谈内容。英方要公布会谈的内容，必须依循外交途径进行，不能违背中英两国政府曾经达成的保密原则。当记者问及有关港英当局声称要公布中英17轮会谈内容时，秦文俊回答，港英政府在这个问题上要明白三点：一、中英有关香港1994—1995年选举安排的会谈，是中英两国政府的事，港府没有任何资格来公开会谈内容；二、中英两国政府在开始会谈时曾经达成一个共同的原则——保密原则，港府对此要慎重考虑；三、英方要公布中英会谈的内容，须通过外交途径来进行，如果英方单方面公布会谈内容，就是违反两国政府已经达成的原则。秦文俊希望英方对此采取慎重态度。

2月28日

中国—欧共体混合委员会第13次会议在北京举行。参加会议的欧共体委员会委员布列坦表示，欧共体支持恢复中国关贸总协定缔约国地位。双方还同意今年在上海建立中欧国际工商学院，并为此在会后签署了备忘录。

3月11日

卢森堡大公储亨利亲王对中国进行为期6天访问。

4月6—11日

芬兰总理埃斯科·阿霍访问中国。

4月7—10日

法国总理爱德华·巴拉迪尔访问中国。

▲葡萄牙总理席尔瓦开始对中国进行为期一周访问，两国银行签订了第一个买方信贷总协议。

5月9日

应瑞典瑞中贸易理事会邀请，全国政协主席李瑞环在瑞典皇家歌剧院饭店宴会厅发表题为《中国的改革开放和现代化建设》的重要演讲。

6月29日—7月12日

应奥地利、德国和罗马尼亚三国的邀请，李鹏总理分别对上述三国进行正式访问。

6月30日

外交部发言人沈国放就英方通过第二部分政制法案发表谈话时说，中国恢复对香港行使主权并按照“一国两制”的方针保持香港长期社会稳定和经济繁荣的决心是坚定不移的，沈国放说，6月29日，英方无视中方一再重申的严正立场，由香港立法局通过了港督彭定康“三违反”的第二部分政制法案，对此，中方有必要再次庄重指出：中英关于香港1994—1995年选举安排问题的谈判由于英方的原因而破裂，这样，香港1994—1995年选举无论采用什么方案，由其所产生的香港立法局、两个市政局和区议会三级政制架构的任期都只能到1997年6月30日为止。在中国恢复对香港行使主权时，香港特别行政区的三级政制架构一定要按照香港特别行政区基本法的有关规定予以重新组建。

7月2—3日

钱其琛副总理兼外长对芬兰进行访问。

7月25日

朱镕基副总理会见来访的西班牙副首相纳西斯·塞拉。会见结束后，两国签署《关于西班牙向中国提供政府混合贷款的谅解备忘录》和《中国国家旅游局和西班牙贸易旅游部关于旅游合作的协议》等7项经济技术合作文件。

7月28日

钱其琛副总理兼外长在北京同拉脱维亚副总理兼国家改革部部长马·盖利斯签署《中国和拉脱维亚关于两国关系正常化的联合公报》。

▲由西班牙对外贸易协会主办的1994年西班牙工业技术博览会在北京举行，这是中西建交以来该国官方首次来华举办的大型展览，有西班牙各主要工业部门的180多家公司参展。

9月2—12日

国家主席江泽民访问俄罗斯、乌克兰和法国。

9月26日

中德政府正式签署《环境保护合作协定》。

10月7—10日

捷克共和国政府总理瓦茨拉夫·克劳斯对中国进行正式访问。

11月17日

中英土地委员会举行第29次会议，就新机场和机场铁路批地计划安排、补充批地计划以及开发土地平均成本达成协议。

12月6日

《中国和阿尔巴尼亚两国政府间军事合作议定书》在地拉那签署。

12月13日

法国和中国2000年协会在巴黎成立。

12月18日

拉脱维亚共和国总统贡蒂斯·乌尔马尼斯对中国进行为期6天国事访问。

1995 年

1 月 20 日

欧洲联盟同中国就中国向欧盟出口纺织品等问题达成一系列协议。

3 月 29 日—4 月 1 日

西班牙国王胡安·卡洛斯一世和索非娅王后访问中国。

3 月 29 日—4 月 15 日

钱其琛副总理兼外长访问拉脱维亚、斯洛伐克、摩尔多瓦、保加利亚、南斯拉夫和冰岛。中拉两国签署《外交部磋商议定书》。

4 月 3 日

中国和波斯尼亚和黑塞哥维那共和国正式建立外交关系。

4 月 11—17 日

葡萄牙总统马里奥·阿尔贝托·诺博雷·苏亚雷斯访问中国。

4 月 17 日

《中国和西班牙 1995 至 1996 年度财政合作谅解备忘录》在马德里签署。根据这项备忘录，西班牙政府在两年间将向中国提供 184 亿美元的贷款。

4 月 29 日

英国外交部拒绝向台湾地区“行政院长”连战发入境签证。

5 月 18 日

《中国和罗马尼亚科学技术合作委员会第 33 届会议协定书》最近在罗马尼亚首都布加勒斯特签署。

6 月 9 日

中英联合联络小组就香港终审法院问题达成协议。

6 月 14 日

意大利中国友好协会在罗马正式成立。意大利前总理德米塔当选为协会主席。

6 月 29 日

中国和瑞典两国政府在斯德哥尔摩签署贷款备忘录及 4 项合同。

7 月 3—7 日

罗马尼亚总理尼古拉·沃克罗尤访问中国。

7月5日

欧盟委员会通过旨在全面发展欧盟与中国关系的《中国—欧盟关系长期政策文件》。

7月5—15日

国家主席江泽民先后访问芬兰、匈牙利和德国。中国同3国签署多项合作文件。

7月6日

中国和芬兰两国政府在赫尔辛基签署《中芬两国互设领事机构换文》和《中芬环保合作谅解备忘录》。

7月10日

中国和匈牙利在布达佩斯签署关于海关互助与合作协定。

▲《中国和意大利政府贷款协议》在罗马正式签署。根据协议，意大利政府将向中国政府提供3000亿里拉（约合1.8亿美元）的混合贷款。

7月14日

国家主席江泽民在德国外交政策协会和德国经济亚太委员会发表演讲。

10月1日

钱其琛副总理兼外长抵达伦敦，开始对英国进行为期3天正式访问。3日，钱其琛外长在英国皇家国际事务研究所发表题为《中国的发展与中英关系》演讲。

10月5日

《中国和卢森堡政府贷款协定》在卢森堡外交部签署。

10月6日

爱尔兰总统玛丽·罗滨逊在都柏林会见钱其琛副总理兼外长。

10月9日

《中国和匈牙利两国关于民事和商事司法协助条约》在北京签署。

10月10日

中国驻欧盟使团举行庆祝中欧建交20周年招待会。

10月13日

中国与荷兰在海牙签署《中荷双方中小企业经济合作谅解备忘录》。

10月18日

罗中友好协会在布加勒斯特共和国宫正式宣告成立。

10 月 22 日

国家主席江泽民在纽约分别会见西班牙首相冈萨雷斯、荷兰首相科克和法国总统希拉克。

11 月 12—16 日

德国总理赫尔穆特·科尔抵达北京，开始对中国进行为期 5 天正式访问。

12 月 6 日

《1995 年至 1997 年中匈两国文化合作协议》签字仪式在匈牙利首都布达佩斯举行。

▲欧洲投资银行同中国在卢森堡签署一项合作框架协议。

12 月 7 日

欧盟理事会批准欧盟委员会提交的《欧盟对华战略报告》。

12 月 13 日

《欧盟与中国纺织品新协议》在布鲁塞尔签署。

12 月 20 日

欧洲投资银行决定向中国提供 5500 万埃居（约合 7260 万美元）贷款，资助中国开采海底石油和天然气工程。

1996 年

1 月 9 日

国家主席江泽民给法国前总统密特朗夫人达尼埃尔·密特朗发去唁电，对密特朗先生因病逝世表示深切哀悼。

1 月 9—10 日

英国外交大臣里夫金德一行来华访问。访问期间，江泽民主席和李鹏总理分别会见英外交大臣，钱其琛副总理兼外长与里夫金德进行会谈。双方都表示重视中英关系，英方表示与中国建立长期的和基础广泛的关系是英国明确的战略取向，中方对此表示欢迎。在香港问题上，双方重申，为了实现 1997 年香港政权的顺利交接和平稳过渡将密切合作。

1 月 11 日

钱其琛副总理兼外长会见法外长并代表江泽民主席参加密特朗葬礼。

1 月 19 日

阿尔巴尼亚总统贝里沙结束对中国为期 4 天访问。

▲中国向奥地利维也纳大学汉学系赠送 473 册图书。

▲克罗地亚—中国友好协会在克罗地亚首都萨格勒布成立。

1 月 21 日

法国总理阿兰·朱佩决定，无限期冻结向台湾地区出售军事装备案。朱佩政府认为，向台出售武器势必会损害法中双边关系，它所带来的经济利润无法弥补由此而产生的“政治风险”。

1 月 29 日

中国和瑞典第十二次经贸科技合作混委会会议在北京召开。

2 月 5 日

钱其琛副总理兼外长在北京同来访的克罗地亚副总理兼外长格拉尼奇举行会谈。双方签署《中华人民共和国和克罗地亚共和国领事条约》。

2 月 6 日

朱镕基副总理访问德国。8 日德国总统赫尔佐克在柏林会见朱镕基副总理，双方就中德关系广泛交换看法。双方认为，应继续以长远的眼光看待和处理两国关系，把中德关系推向更高的水平。两国政府签署关于上海地铁二线项目的财政合作协定。双方代表还签署了其他 3 个经济合作协议。

2 月 8 日

钱其琛副总理兼外长在北京同来华访问的法国外长埃尔韦·德沙雷特举行会谈。希望中法两国关系进入一个新阶段。

▲德国《新德意志报》近日发表题为“谁威胁谁?”的署名文章，对所谓的“中国威胁论”进行驳斥。文章指出，“中国提出到下个世纪中叶使国家摆脱落后并实现现代化的目标，为此需要持久的和平环境，如果不广泛地利用同工业国家的合作，这一任务是无法完成的”。然而这些年来中国走这条道路获得了成功，“它没有理由离开这条道路”。

2 月 9 日

德国总理科尔在波恩会见朱镕基副总理。双方表示，将进一步扩大两国间经贸和科技合作。同意采取切实措施，推动两国中小企业的交往，加强在职业培训和高科技领域的合作。

2月12日

对外贸易经济部长吴仪对英国进行为期5天正式访问并与英国贸易和工业大臣伊恩·兰在伦敦举行会谈。双方一致认为，发展两国经贸关系是双方共同利益之所在，同时经贸关系的发展又能进一步促进两国关系的全面发展。

2月13日

葡萄牙外长雅伊梅·伽马访问中国并同钱其琛副总理兼外长举行会谈。双方就在澳门过渡期间的一些具体问题交换意见，并同意加快中葡联合联络小组的工作步伐，使有些问题能早日得到妥善解决。

▲中英联合经贸委员会第一次会议在伦敦召开。吴仪与英国贸工大臣伊恩·兰共同主持会议。

▲芬兰30余家公司企业在赫尔辛基举办为期两天中国研讨会，邀请有关专家介绍同中国做生意的经验。

2月14日

英国首相梅杰会见到访的对外贸易经济部长吴仪，表示希望同中国发展密切的政治与经贸关系。

2月17日

《中国国际航空公司订购欧洲空中客车工业公司A340飞机》签字仪式在人民大会堂举行。李鹏总理出席签字仪式。

2月21日

英国外交大臣里夫金德在英国皇家亚洲事务协会上发表讲话说，欧亚合作面临新机遇，即将在曼谷举行的首届亚欧会议是加强亚欧关系的重要一步。里夫金德把加强对华关系看作是英国对亚洲政策的两大重点之一。

2月24日

德国前驻华大使艾尔文·维克特在德国波恩《总汇报》上发表题为《通向对话的长征》的文章，从历史和哲学的角度分析中国和西方在人权观念上的差异。他说，中国人从不像传教士那样，让其他民族改变信仰或者将自己的观点强加于人。西方人也不将他们的人权观强加给中国。

2月25—29日

卢森堡首相容克访问中国。李鹏总理同容克首相举行会谈，双方就发展中卢两国关系和双方共同关心的国际问题交换意见。会谈开始前，两国领导人出席了中卢两国有关部门六个合作文件的签字仪式。

2 月 29 日

李鹏总理在曼谷会见欧盟委员会主席桑特。李鹏总理说，中国和欧盟的领导人应从战略高度出发，共同努力建立面向 21 世纪长期稳定的中欧合作关系。希望欧盟取消对华贸易中的有形和无形壁垒，使中欧双方在经贸领域的合作潜力能充分释放出来。

▲欧盟委员会宣布，欧盟将向中国云南丽江和中甸地震灾区提供 120 万埃居（约合 156 万美元）的紧急人道主义援助。

3 月 1—2 日

中国和欧盟举行第一次亚欧会议（ASEM）；中国和欧盟是积极的推动者。

▲李鹏总理在亚欧会议上发表讲话，就建立面向 21 世纪的亚欧新型伙伴关系等问题阐述中国的立场。①

3 月 11 日

中国人民建设银行法兰克福代表处在德国法兰克福正式成立。这是继中国银行、中国交通银行在德设立分行或代表处后中国银行界在德国开设的第三个代表机构。

3 月 24 日

设在瑞士洛桑的国际管理发展协会最近举行的一次全球性调查显示，在投资吸引力方面，中国居全球第一位。此调查涉及 46 个主要经济国家和地区，调查内容是对政府支持竞争、社会复苏能力、投资吸引力和商业进取程度等 4 个方面作出评级。结果表明，中国最具吸引力，其次是新加坡和英国。

3 月 28 日

全国人大常委会副委员长田纪云率团对爱尔兰进行为期 5 天友好访问，并在都柏林与爱尔兰参议院议长诺滕举行会谈，双方表示应进一步加强两国议会间的合作，为两国关系全面发展作出贡献。

3 月 29 日

《中国石化扬子公司与德国巴斯夫公司合资建设“世界级高科技一体化石油化工联合基地”意向书》在北京签字。

---

① 《人民日报》1996 年 3 月 2 日第 1 版。

4月2日

全国人大常委会副委员长田纪云率团访问比利时并同众议院议长朗让德利和参议院议长斯瓦伦举行会谈，宾主就两国议会间的双边合作交换意见。

4月3日

《中法两国政府1996—1998年文化交流计划》在法国外交部签署。

4月5日

全国人大常委会委员长乔石对希腊进行访问。

4月9日

李鹏总理前往法国进行正式访问并于10日同法国总理朱佩举行会谈。中法两国政府在法国外交部签署五项关于两国经贸合作的协定、项目合同和意向书。分别是：一、关于1996年到1998年购买小麦的换函；二、中法政府间海运协定；三、中国民航向空中客车工业公司订购30架A320—200型飞机总协议；四、中国民航向空中客车工业公司购买3架A340型飞机合同；五、法国兴业银行向神龙汽车项目提供出口信贷协议。

4月10日

全国人大常委会副委员长田纪云率团访问冰岛。

4月11日

李鹏总理和希拉克总统在法国总统府举行会谈。希拉克重申法国将始终遵守法中两国政府一九九四年一月发表的联合公报精神，法国政府的这一立场不会有任何变化。法国支持中国尽早加入世界贸易组织，他认为不应将这一问题政治化。

4月12日

李鹏总理对法国工商界发表演讲。提出发展中法关系四点建议：第一，增加信任，面向未来，建立长期稳定的政治关系。第二，优势互补，平等互利，充分发挥两国经济的优势和潜力，使合作成果不断扩大。第三，发展文化教育和科技领域的合作与交流，增进相互了解。第四，密切磋商，协调立场，担负起在国际事务中所负的责任，共同致力于维护世界和平。

▲中法两国企业家在巴黎工商会又签署总金额为两亿多美元的七个经贸合作项目，从而使自李鹏总理9日访法以来，两国政府和企业界签署的经贸协议和合同总金额达24亿美元。这些签署的经贸合作项目包括中国

化工进出口总公司原油进口合同、中国技术进出口总公司为二滩水电站采购的电缆设备以及为天津医科大学和唐山医院采购的医疗设备合同、中国机械进出口总公司为上海代理的东海平湖天然气下游城市燃气工程项目和地铁盾构商务合同等。

4月15日

芬兰总统马尔蒂·阿赫蒂萨里对中国进行为期4天国事访问。江泽民主席与阿赫蒂萨里总统在人民大会堂举行会谈。江泽民说，我们愿意在相互尊重、平等互利的基础上，面向21世纪，建立两国长期稳定的全面合作关系。

4月16日

“中芬经济研讨会”在中国大饭店开幕。芬兰总统阿赫蒂萨里和吴邦国副总理出席大会并讲话。

▲中芬科技新发展研讨会及芬兰高科技产品展览会，在北京梅地亚中心举行

4月18日

欧盟理事会通过一项决议，决定对中国七类非纺织品中的两类取消配额限制，并提高其他领域的配额水平。

4月20日

钱其琛副总理兼外长在海牙与荷兰副首相兼外交大臣范米尔洛举行会谈，双方就两国关系、国际和地区形势交换意见。

▲钱其琛副总理兼外长在海牙和英国外交大臣里夫金德会晤。双方就香港及共同关心的问题交换意见。

▲钱其琛副总理兼外长抵达布拉格，对捷克进行为期3天访问。这是捷克1993年独立后中国外长首次访问这个国家。

4月23日

中国和克罗地亚经济贸易合作委员会第三次会议在萨格勒布举行。双方就两国将在波黑及前南地区经济重建方面进行合作达成一致。

5月5日

马耳他议会代表团开始对中国进行正式友好访问。

5月6日

钱其琛副总理兼外长在北京与欧盟副主席布里坦举行会谈。双方在会谈中对近几年来中欧关系的发展表示满意。布里坦表示，欧盟认为，欧中

关系有两个特点，一个是全面，一个是独立。欧洲愿意在政治、战略、经济合作等方面全面发展同中国的关系。因为这符合欧盟及其成员国的利益。这种关系不会受到任何别的因素的影响。

5 月 7 日

中国政府和欧洲联盟 4 项合作协议在北京签字。这 4 个协议是：《中国—欧盟知识产权合作项目协议》《中国—欧盟高等教育合作项目协议》《中国—欧盟奶业和食品加工业的技术及商务合作项目协议》《中国—欧盟水牛发展合作项目协议》。欧盟对这 4 个项目的总投入为 4733.7 万欧洲货币单位（合 5680 万美元）。这些项目将在 3 至 5 年内执行完毕。欧盟副主席布里坦认为，4 个协议的签署表明欧盟和中国的合作迈出了新的一步。

5 月 13 日

《中波轮船股份公司第 23 届股东会议协议》在华沙签字。协议指出，在新的形势下，中波轮船公司将信守“平等、协商、一致”的合作原则，一如既往地为发展两国经贸合作服务，为增进中国与波兰两国人民间的传统友谊起桥梁作用。

5 月 18—24 日

英国副首相赫塞尔廷率领 270 人的大型商贸代表团访华。

5 月 20 日

李岚清副总理在北京同来访的英国副首相赫塞尔廷会谈时说，在过去的一年里，经过双方的共同努力，中英关系有所改善，出现了近年来少有的良好势头。他希望双方继续共同努力保持这一良好势头。

5 月 21 日

李鹏总理在人民大会堂会见英国副首相赫塞尔廷及其主要随行人员。

5 月 23 日

《中国荷兰两国民航运输协定》在北京签署。根据协定，中荷两国民航近期将分别开通两国间的直达正式航班。

5 月 26 日—6 月 9 日

李岚清副总理对匈牙利、波兰、立陶宛、爱沙尼亚和拉脱维亚进行正式访问。

5 月 28 日

钱其琛副总理兼外长在北京会见欧洲议会对华关系代表团，双方就中欧关系、人权及经贸关系交换意见。

5月31日

《中国和希腊关于民事和刑事司法协助协定的批准书》在北京互换，并签署互换批准书的证书。

▲波兰总统克瓦希涅夫斯基和总理齐莫谢维奇在华沙分别会见李岚清副总理一行。中国银行和波兰华沙商业银行代表签署总额为1亿美元买方信贷总协议。

6月3日

中国和冰岛两国政府在北京正式签署《中冰避免双重征税协定》。

▲到访的李岚清副总理在维尔纽斯与立陶宛总理斯坦基亚维丘斯举行会谈，双方表示将继续扩大两国在经贸等领域的合作。双方签署《中国和立陶宛两国避免双重征税协定》，以及关于中国政府向立陶宛政府赠送2000门数字程控电话交换机和上海向克莱佩达市赠送两辆拟供试用的公共汽车等3项文件。

6月5日

爱沙尼亚总统梅里、总理韦希在塔林与到访的李岚清副总理分别举行会见和会谈。爱中两国关系是大国和小国发展平等、合作关系的典范，双方着重讨论了进一步发展两国关系，特别是经贸关系问题。

6月6日

李岚清副总理抵达里加，对拉脱维亚进行为期4天正式访问。7日，李岚清副总理与拉脱维亚第一副总理切韦尔斯在里加就两国关系和国际问题举行会谈。会谈后，双方签署《中国和拉脱维亚两国政府科学技术合作协定》和《中国和拉脱维亚两国政府避免双重征税和防止偷漏税协定》。

6月12日

德国外交部发言人在波恩重申，德国联邦政府遵循“一个中国”政策。强调，西藏是“中国不可分割的组成部分”。

6月13日

中国外交部发言人在北京宣布，鉴于德国瑙曼基金会将于6月14日至17日在波恩与所谓“西藏流亡政府”共同举办“声援西藏团体第二次国际会议”，公然支持达赖集团搞分裂中国的活动，无视中方的多次严正交涉，仍然坚持这种肆意干涉中国内政的错误做法这一事实。中国政府决定中止中国国家统计局与德国瑙曼基金会的合作关系，停止该会驻华代表在中国的一切活动。

6 月 18 日

德国著名艺术收藏家路德维希教授就目前德国所谓西藏问题的讨论向德国新闻界发表声明，呼吁德方注意维护德中关系。

▲中国浙江省首次在法国巴黎举办经贸洽谈会。

6 月 20 日

德国联邦议院通过一项名为“改善西藏人权状况”的决议。对此，中方向德方提出抗议并表示强烈的不满和愤慨，同时决定推迟德国副总理兼外长金克尔访华。

6 月 21 日

荷兰航空公司在北京举行新闻发布会宣布：它将于 6 月 27 日首次开通北京至阿姆斯特丹直飞航线。

▲欧洲联盟委员会公布 1996—1997 年度放宽从中国进口玻璃制品等的配额。欧盟现在放宽对中国产品的限制，反映了它想进一步同中国改善贸易关系的意向。

6 月 22 日

欧盟首脑会议闭幕，会议发表的《最后文件》强调，“从长远目标看，欧盟加强与中国关系非常重要”，欧盟承认“中国不仅在经济建设方面，而且在国家法制建设方面也作出了努力”。

6 月 23 日—7 月 6 日

国家主席江泽民对西班牙、挪威、罗马尼亚、乌兹别克斯坦、吉尔吉斯斯坦和哈萨克斯坦上述六国进行国事访问。

6 月 24 日

国家主席江泽民抵达马德里，对西班牙进行国事访问。西班牙国王胡安·卡洛斯一世和王后索菲娅在东方宫举行盛大宴会，热烈欢迎江泽民主席和夫人王冶坪。25 日，江泽民主席在西班牙首相府和阿斯纳尔首相举行会谈。

6 月 25 日

《中国波兰科技合作委员会第 26 届会议议定书》在华沙签字。

6 月 27 日

国家主席江泽民偕夫人王冶坪抵达奥斯陆，开始对挪威进行为期 3 天的国事访问。

6 月 28 日

国家主席江泽民同挪威首相布伦特兰夫人举行会谈。中挪签署《关于两国相互设立总领事馆的协定》。同一天，中挪两国的有关公司在挪威船级社签署 3 项经贸合作文件，其中包括挪方向中方提供化肥的合同、海事合作协议和电信方面的合资议定书。

▲荷兰银行与中国农业银行等单位签署三项协议，向中国提供总金额达六亿美元的贷款，为荷兰向中国出口项目、设备提供融资。

▲德国总理科尔在联邦议院举行关于中国政策的辩论时说，德国政府坚持“一个中国”的政策，愿意同中国继续密切合作，发展在各个领域的传统友好关系。德国政府愿意采取一切措施，维护两国关系的进一步发展。

▲中葡联合联络小组第二十六次会议在澳门结束。会后发表新闻公报。

6 月 29 日

国家主席江泽民和夫人王冶坪对罗马尼亚进行国事访问。

7 月 1 日

国家主席江泽民同罗马尼亚总统伊利埃斯库举行会谈。会谈后，两国元首签署《中华人民共和国和罗马尼亚联合声明》①，并且出席《中国政府向罗马尼亚政府提供赠款的换文》《中华人民共和国政府和罗马尼亚政府科技合作协定》和《中华人民共和国和罗马尼亚引渡条约》三个文件的签字仪式。

▲中国与荷兰在北京签署《关于合作研究长江流域多式联运项目谅解备忘录》。项目的总体目标是，通过合作研究提出长江流域主要城市间由铁路、公路和内河水运组成的综合性、现代化多式联运总体规划的建议方案。

7 月 10 日

《中国和瑞典 1996 年至 1998 年教育合作意向书》在瑞典首都斯德哥尔摩签署。

7 月 12 日

《比利时政府向中国政府提供二亿比利时法郎政府贷款协议》在北京

① 《人民日报》1996 年 7 月 2 日第 6 版。

签署。这笔贷款用于中国支付购买比方设备等费用。比利时是向中国提供政府贷款最早的国家之一。自一九八〇年以来，比利时向中国提供的政府贷款用于包括能源、电信、医药、化工、纺织和环保等领域的二十多个项目。

7月18日

德国外交部长金克尔在波恩接受德国记者采访时重申，德国希望同中国保持良好的关系。在回答有关德国当前外交政策问题时表示，德国“将通过一切可能的渠道寻找消除阴影的途径”。他相信，两国恢复正常（关系）肯定是可能的。

▲欧盟委员会制定一项“欧亚能源战略”政策文件。文件分析，首先，亚洲特别是中国对能源设备的需求持续上升，这给处于过剩状态的欧洲工业的出口、投资和就业带来大好机会。再次，煤是亚洲的主要能源，污染比较严重，而环保现已是全球性问题。

7月24日

全国人民代表大会外事委员会发表声明，强烈谴责欧洲议会通过所谓“关于台湾在国际组织中的作用”决议案。声明指出，该决议案同国际上某些反华势力遥相呼应，企图通过把台湾地区拉进某些国际组织，公然支持台湾当局制造“两个中国”“一中一台”。这是对中国内政的粗暴干涉和对联合国宪章原则的肆意践踏。我们对这种公然蔑视国际关系基本准则的行径表示极大的愤慨和强烈的抗议。①

8月31日

英国贸易和工业大臣伊恩·兰率贸易代表团一行22人对中国进行为期一周访问。伊恩·兰在访华之前发表讲话时说，中国经济是“21世纪的经济”，英国经济界认识到，中国在国际经济中非常重要，而且其重要性在继续增长。

9月4日

对外经贸部长吴仪与英国贸工大臣伊恩·兰举行会谈，双方同意在双边经贸联委会下设化工、航空和能源三个工作组，以进一步促进双方在这些领域的合作。

---

① 《人民日报》1996年7月26日第4版。

9 月 5—26 日

应波兰参议院议长斯特鲁齐克、荷兰政府、奥地利联邦议会、瑞士联邦委员兼外长科蒂和俄罗斯国家杜马的邀请，中国人民政治协商会议全国委员会主席李瑞环对上述五国进行正式友好访问。

9 月 5 日

全国政协主席李瑞环访问波兰并在华沙总统府会见波兰总统克瓦希涅夫斯基。

▲中央军委副主席刘华清上将一行对法、意两国进行正式友好访问。

▲全国政协主席李瑞环开始对荷兰进行为期 4 天正式友好访问。9 日，李瑞环在海牙分别会见荷兰议会一院议长琴克·威林克和荷兰议会二院议长威廉姆·德特曼，宾主共同表示，希望通过中国政协同荷兰议会的联系，为两国和两国人民进一步增进了解、加深友谊和扩大合作做出贡献。

9 月 11 日

全国政协主席李瑞环会见荷兰首相科克。双方希望进一步发展中荷友好合作关系。

▲波兰部长会议副主席格热戈日·科沃德科访问中国。

9 月 12 日

全国政协主席李瑞环访问奥地利并会见奥地利总理弗拉尼茨基。13 日到访的全国政协主席李瑞环在奥地利国民议会大厦会见国民议会议长菲舍尔，强调中奥两国人民在根本利益上是一致的。

9 月 16 日

全国政协主席李瑞环对瑞士进行为期 4 天正式友好访问并在伯尔尼会见瑞士联邦主席德拉姆拉。

9 月 19 日

德国外长金克尔在接受德国《经济周刊》采访时表示，希望恢复德中良好关系。德国政府坚持奉行“一个中国”的政策和不干涉中国内政的原则决不改变。

9 月 24 日

钱其琛副总理兼外长在纽约会见德国副总理兼外长金克尔，双方在友好和建设性气氛中就双边关系进行深入讨论。两国外长一致认为，中德之间保持良好关系，对两国和两国人民都具有十分重要的意义。双方将作出一切努力，进一步扩大两国之间面向未来的关系。金克尔强调，德国政府奉行一个中国的政策。德国政府认为，西藏是中国领土的一部分，西藏事务是中国的内政。中方对此表示赞赏。

9 月 27 日

中英双方已就香港政权交接仪式的主要事项达成原则性、框架性协议。中英联合联络小组双方首席代表在此间签署《关于香港交接仪式的会议纪要》。

▲中国电信与芬兰电讯数字移动电话（GSM）国际自动漫游业务正式开通，这是我国与欧洲国家陆续开通漫游业务的开端。

10 月 7 日

《中英证券期货监管合作谅解备忘录》在北京签署。

10 月 8 日

英国海军“埃克塞特”号导弹驱逐舰首次访问青岛。

10 月 9—11 日

瑞士联邦主席德拉米拉访问中国。

10 月 9 日

奥地利总理弗拉尼茨基访问中国。

9 月 11 日

波兰部长会议副主席格热戈日 · 科沃德科访问中国。

10 月 14 日

中国—欧洲联盟能源合作大会在北京召开，会议旨在进一步加强和促进中国和欧盟各成员国在能源领域中的交流与商业合作。

▲中国人民解放军总参谋长傅全有上将在北京与葡萄牙军队总参谋长达蓬特海军上将举行会谈。

10 月 14—19 日

斯洛文尼亚共和国总统米兰 · 库昌对中国进行国事访问。

10 月 15 日

中央军委副主席、国务委员兼国防部长迟浩田上将在人民大会堂会见来访的葡萄牙军队总参谋长富泽塔 · 达蓬特海军上将一行。他再次批驳了某些国家出于自身需要而宣传的所谓“中国威胁论”，并称之为“奇谈怪论”。

10 月 16 日

德国前总理施密特等人在波恩举行的德国外交政策协会讨论会上严厉

批评了德国联邦议院 6 月通过的所谓“西藏决议”，认为该决议干涉了中国内政。

10 月 21 日

钱其琛副总理兼外长在钓鱼台国宾馆同来访的德国副总理兼外长金克尔举行会谈时表示，只要双方真正按照发展两国关系的各项原则来处理双边关系中的问题，中德关系的前景是非常广阔的。两位外长认为，中德两国应共同努力，把双方的经贸合作不断推向前进。

10 月 22 日

《中国和波兰海运合作协定》在华沙签署。它对发展两国间的友好关系，以及在平等互利、航运自由和非歧视原则的基础上，扩大和加强两国海运方面的合作作出明确的法律规定。

▲中远波兰有限公司在波兰正式开业。

10 月 23 日

中国驻欧盟使团新闻发言人在斯特拉斯堡欧洲议会所在地发表书面谈话，严正抗议少数欧洲议员会见达赖并到欧洲议会进行活动。

10 月 28 日

应全国人大常委会邀请，克罗地亚议会代表团访问我国。

11 月 1 日

应英国副首相赫塞尔廷的邀请，李岚清副总理率中国政府代表团开始对英国进行访问。4 日，李岚清副总理同英国副首相赫塞尔廷举行会谈，就发展两国关系交换意见。

11 月 2—7 日

瑞典首相佩尔松访问中国。3 日，李鹏总理在人民大会堂同佩尔松首相举行会谈。两国签署《中国交通部和瑞典运输通讯部关于交通科技领域合作的谅解备忘录》和《中瑞两国政府关于瑞典保留在香港特别行政区总领馆的协定》等合作文件。

11 月 13 日

国务委员兼国家体改委主任李铁映在人民大会堂会见前来参加中国国际经济论坛 1996 年会议的英国前首相玛格丽特·撒切尔。宾主就国有企业以及政府在经济发展中的作用等问题进行探讨。

11 月 15 日

中国—欧盟经济贸易混合委员会第十五次会议在北京举行。欧盟委员会副主席布里坦参加会议并率欧盟企业家代表团对中国进行访问。

▲李鹏总理赴罗马参加世界粮食首脑会议并访问意大利。李鹏总理与意大利总理普罗迪举行会谈。双方表示要更多地鼓励中小企业加强合作。

▲正在意大利罗马访问的李鹏总理在香格里拉饭店分别会见爱尔兰总理布鲁顿、比利时首相德阿纳、西班牙首相阿斯纳尔。

11 月 18—25 日

德国总统赫尔佐克访问中国。两国有关部门签署《中德两国政府发展援助合作协定》等合作文件。

11 月 26 日

中国南方航空（集团）公司开通广州—北京—阿姆斯特丹国际航线。这是南航开辟的首条通往欧洲的航线，也是中国民航开辟的首条通往荷兰的航线。

12 月 6 日

葡萄牙共产党第十五次全国代表大会开幕。中共代表出席此次大会。

▲为期 3 天的中英联合联络小组第三十八次会议在香港结束。双方讨论了香港政权交接问题，包括过渡时期的财政预算编制及有关问题、档案交接、政府资产和政权交接仪式等。

12 月 16 日

钱其琛副总理兼外长在北京与来访的匈牙利外长科瓦奇·拉斯洛举行会谈。两国外长签署《中华人民共和国外交部和匈牙利共和国外交部合作议定书》。

12 月 22 日

法共第二十九次全国代表大会闭幕。中国共产党代表应邀出席会议。

1997 年

2 月 21 日

《中国同拉脱维亚 1997—1999 年文化交流计划》在北京签订。

3 月 18 日

拉脱维亚议会代表团访问中国。国家主席江泽民在人民大会堂会见代表团时说，中国将一如既往地遵循中拉两国领导人达成的发展双边关系的政治原则，进一步推动中拉友好合作。

4 月 11 日

英国在香港，也是亚洲的最后一个海军基地——香港昂船洲添马舰海军基地正式关闭。

5 月 5 日

英国新任外交大臣库克宣布新政府处理香港问题的原则，即工党政府将全力以赴，以中英联合声明为基础，实现香港政权的顺利交接；在香港问题上政府将保持政策的延续性。

5 月 15—18 日

法国总统希拉克对中国进行国事访问。双方签署《中法联合声明》，双方决定建立长期的全面伙伴关系。①

6 月 13 日

全国人大常务委员会授权外事委员会就欧洲议会通过对华关系决议发表严正声明。声明对该决议的反华叫嚣表示极大愤慨。声明说：欧洲议会通过了《关于欧盟委员会对华关系长期政策文件的决议》。该决议虽然表示支持欧盟的对华长期政策，希望发展对华关系，加强在经贸、文化等领域的合作，但却用大量篇幅对中国的司法制度、民族宗教政策、国内经济政策和对外关系等进行无理指责和诬蔑，并在人权、西藏、台湾和港澳等问题上粗暴干涉中国内政，鼓吹台湾地区应加入国际组织，公然声称目前促进海峡两岸统一“将引起冲突”。欧洲议会的决议毒化了中欧关系的气氛，干扰了中欧关系的正常发展。中国全国人民代表大会常务委员会对该决议的反华叫嚣表示极大愤慨。

6 月 23 日

中英土地委员会举行第三十五次会议，即最后一次会议。会后双方共同发表新闻公报。

6 月 30 日

国家主席江泽民率领中国政府代表团抵达香港，出席香港政权交接仪式。

7 月 1 日

中英两国政府香港政权交接仪式自 6 月 30 日午夜至今凌晨在香港议会中心新翼隆重举行。江泽民主席庄严宣告中国对香港恢复行使主权。李鹏

---

① 《人民日报》1997 年 5 月 17 日第 1 版。

总理和英国查尔斯王子、布莱尔首相等出席仪式。

▲欧盟委员会决定，取消对原产地为中国的旅行用品的进口征收反倾销税。

10月22—29日

挪威国王哈拉尔五世和王后宋雅访问中国。

11月16—21日

波兰共和国总统亚历山大·克瓦希涅夫斯基对中国进行国事访问。

12月17日

欧盟委员会发表新闻公报，欧盟委员会已建议在反倾销政策方面不再将中国和俄罗斯列入“非市场经济名单”，并将修改有关政策。

1998年

2月5日

首届欧亚文化论坛在巴黎开幕，来自欧盟15国和东亚10国的130个官方和民间文化机构的代表参加会议。中国代表团参加此次会议。

2月24日

欧盟15国外交部长理事会宣布，在今年联合国人权会议上不再提反华提案。

3月9日

德国总理科尔在总理府会见中国香港特别行政区行政长官董建华，双方就德国与中国香港的关系、亚洲一些国家的金融危机等问题进行会谈。

3月12日

法国总理若斯潘在巴黎会见中国香港特别行政区行政长官董建华，讨论双方互免签证及进一步加强中国香港与法国的经贸关系等问题。

3月25日

欧盟委员会公布《与中国建立全面伙伴关系》报告，建议欧盟把对华关系提升至新水平。

4月2日

第一次中欧领导人会晤在伦敦举行。双方发表联合声明，建立面向21世纪长期稳定的建设性伙伴关系，并决定每年举行一次领导人会晤。

4月3—4日

第二届亚欧会议在英国伦敦举行。会议通过主席声明、两项行动计划和亚欧合作框架。

4月27日

欧盟外长理事会在卢森堡举行会议决定，不再将中国和俄罗斯列入“非市场经济名单”。

5月10—15日

保加利亚总统彼得·斯托扬诺夫访问中国。访问期间双方签署联合声明。

6月8日

意大利总统奥斯卡·路易斯·斯卡尔法罗对中国进行为期5天访问。

6月29日

欧盟理事会通过欧盟委员会起草的《与中国建立全面伙伴关系》文件，欧盟表示要把欧中关系提升到欧盟与其他重要伙伴关系同等的水平。

9月24日

朱镕基总理和法国总理若斯潘在人民大会堂举行会谈。两国政府决定发表《中法关于成立农业及农业食品合作委员会的声明》。

10月6日

英国首相布莱尔对中国进行为期5天正式访问。朱镕基总理在人民大会堂同布莱尔首相举行会谈，双方就中英关系和共同关心的国际问题交换意见，取得广泛共识。会谈后，双方发表《中英联合声明》①，同意发展全面的中英伙伴关系，并同意成立中英论坛。

10月29日

欧盟委员会主席雅克·桑特开始对中国进行为期6天访问。

10月31日

比利时王国首相让—吕克·德阿纳对中国进行为期9天访问。

12月22日

《中国与欧盟科学技术合作协定》在布鲁塞尔签署。这是中欧首项独立的科学技术合作协定。

---

① 《人民日报》1998年10月7日第4版。

1999 年

1 月 7 日

朱镕基总理在中南海紫光阁会见卢森堡首相容克。

1 月 11 日

欧盟委员会发表中国香港特区评估报告表示，“一国两制”方针是中国恢复对中国香港行使主权后确保中国香港自由、繁荣和稳定的关键因素。

1 月 13 日

全国人大常委会委员长李鹏在人民大会堂会见由荷兰议会第二院第一副议长弗朗斯·威斯赫拉斯率领的荷兰资深议员暨企业家代表团。

▲中葡经贸混委会第四次会议在北京举行。中葡两国有关部门签署《华北电力集团与葡萄牙焊接与质量研究所合作意向书》。

▲外交部发言人就科索沃问题回答记者提问，指出，中国一贯主张，科索沃问题应该通过对话解决有关问题。

1 月 18 日

《中国和法国政府公务员制度合作协定》在北京签署。

2 月 1 日

北京德意志工商中心有限公司正式宣布在北京开业。北京德意志工商中心是德国第七大银行——巴符州银行的独资企业。

3 月 1 日

爱沙尼亚总理西曼会见正在这里访问的国务委员吴仪，双方就进一步发展两国关系充分交换意见，并达成广泛共识。

3 月 3 日

拉脱维亚总统乌尔马尼斯和总理克里什托潘斯在里加分别会见国务委员吴仪。双方就进一步发展两国政治、经贸合作关系等问题交换意见。4 日两国签署民用航空运输协定、进出口商品质量评定合作协定和中国向拉脱维亚提供无偿援助换文等三项政府间文件。

3 月 4 日

中国和意大利经济技术合作混合委员会第五次会议在北京举行。双方签署会谈纪要和 1999 年度工业技术合作计划协议。

3 月 17 日

外交部长唐家璇今起对芬兰、瑞典、挪威、丹麦和德国进行正式访问。

3 月 18 日

瑞士联邦旅游局北京办事处正式在北京成立。

3 月 20—30 日

国家主席江泽民对意大利、瑞士和奥地利三国进行国事访问。

3 月 22 日

欧盟外长理事会议决定，在今年的联合国日内瓦人权会议上，奉行一九九八年制定的政策，不提针对中国人权状况的提案。

3 月 24 日

中葡联合联络小组双方组长举行首次会晤。

3 月 25 日

国家主席江泽民访问瑞士并同瑞士联邦主席德赖富斯举行会谈。双方签署《中国政府和瑞士联邦政府文化合作意向声明》和《中国政府和瑞士联邦政府高等教育交流意向书》。

▲中国外交部发表声明，中国政府强烈要求立即停止对南斯拉夫的军事袭击行动，早日恢复巴尔干地区的和平。

3 月 27 日

国家主席江泽民对奥地利进行国事访问。

3 月 28—29 日

外交部长唐家璇出席在德国柏林举行的第二届亚欧外长会议，并同欧盟“三驾马车”外长举行会晤。

3 月 29 日

中国和奥地利签订关于造纸和炼钢技术引进等三项合同。

3 月 30 日

李鹏委员长对希腊进行为期 4 天正式友好访问。李鹏委员长会见希腊议会议长卡克拉马尼斯，就推动两国友好关系的发展、进一步加强中国全国人大与希腊议会的交往以及包括南斯拉夫科索沃危机在内的问题深入交换意见。

4 月 12 日

荷兰女王贝娅特丽克丝·威廉敏娜·阿姆哈尔德对中国进行国事访

问。两国签署《中荷两国政府科学技术合作协定》。

▲英国外交国务大臣德里克·法切特访问中国。

4 月 13 日

中国和荷兰水管理研讨会在北京开幕。正在这里进行国事访问的荷兰女王贝娅特丽克丝、温家宝副总理出席开幕式。双方签署《关于水资源和流域综合管理的谅解备忘录》。

4 月 20 日

李鹏委员长在人民大会堂会见欧洲委员会议会代表团。

4 月 21 日

李鹏委员长在人民大会堂会见希腊议员代表团成员。李鹏重申中国在科索沃问题上的原则立场。北约应立即停止轰炸，尽快回到和平谈判轨道上来，这是唯一出路。

4 月 28 日

正在英国访问的中共中央政治局委员、中国社会科学院院长李铁映在此间会见英国副首相普雷斯科特，双方就发展科学研究和相互交流等问题进行会谈。同日上午，李铁映还与伦敦经济政治学院院长吉登斯签署两院合作交流协议。

5 月 5 日

朱镕基总理在中南海会见欧盟委员会副主席布里坦，宾主就双边经贸关系和中国加入世界贸易组织等问题交换意见。

5 月 9 日

马耳他和希腊两国政界人士分别发表谈话，谴责以美国为首的北约袭击中国驻南斯拉夫大使馆的暴行。

5 月 12 日

朱镕基总理在人民大会堂与德国总理施罗德举行会谈，就科索沃问题和中国驻南联盟使馆遭北约导弹袭击事件全面阐述中方立场。施罗德代表德国政府和人民对中国驻南联盟大使馆遭北约导弹袭击一事向中国政府和人民表示由衷的遗憾，并再次向事件中死难者家属和中国人民无条件地表示道歉。

▲中国外交部发言人发表谈话，中国政府和人民强烈要求以美国为首的北约立即停止侵略停止轰炸。重申中国政府在科索沃问题上的原则立场。

5 月 15 日

中国常驻联合国代表秦华孙在联合国安理会发言强调，北约立即停止对南联盟的轰炸不仅是缓解巴尔干地区人道主义灾难的最起码条件，也是政治解决科索沃危机的前提。

5 月 18 日

德国总理施罗德和法国总统希拉克在波恩和巴黎同时发表《关于支持中国加入世界贸易组织谈判的联合声明》。

5 月 20 日

国家主席江泽民在钓鱼台国宾馆会见葡萄牙外交部长伽马时说，外长先生已先后 6 次访华，表明葡萄牙政府重视发展对华关系。他表示，中国政府重视同葡萄牙发展长期稳定的友好关系，对近年来双方在各个领域合作出现的良好势头感到高兴。中国愿意同葡萄牙政府和人民共同努力，将两国关系推向一个新的水平。

6 月 6 日

塞浦路斯总统克莱里季斯对中国进行为期一周国事访问。

6 月 11 日

中国外交部发言人就联合国安理会讨论通过关于政治解决科索沃问题的决议发表谈话。强调：中国政府始终坚决反对以美国为首的北约对南联盟的军事行动，强调必须通过谈判和平解决科索沃问题，支持联合国在这方面发挥积极作用，主张任何解决方案应充分听取和尊重南联盟的意见。

6 月 16 日

《中国和葡萄牙科学技术合作联合声明》在北京签署。双方同意在中国联合建立技术示范工程，以展示双方在高科技领域合作的成就，促进两国的经济发展。

7 月 17 日

中葡联合联络小组第三十六次会议在里斯本闭幕。双方继续讨论与澳门平稳过渡和政权交接有关的重要议题。双方完成关于《澳门民法典》和《澳门商法典》的磋商并就其最后文本达成共识。

7 月 20 日

欧洲联盟发表轮值主席国声明，表示关注台湾海峡两岸关系的发展，支持“一个中国”的原则立场。

7 月 28 日

根据中葡关于澳门问题的《联合声明》有关规定，中葡就葡在澳门特别行政区设总领馆在北京达成协议。

8 月 29 日

中共中央政治局委员、书记处书记丁关根出访法国、英国，并代表我国政府参加巴黎“中国文化周”活动。

9 月 1 日

“99 巴黎·中国文化周”在位于巴黎的联合国教科文组织总部隆重开幕。江泽民主席和希拉克总统为这项活动题词。

9 月 6 日

朱镕基总理在中南海紫光阁会见英国前首相希思。

9 月 10 日

李鹏委员长在人民大会堂会见西欧联盟议会代表团。在谈到中国全国人大与欧洲议会间关系时，李鹏表示，中国全国人大愿意积极发展与西欧联盟议会、欧洲议会和欧盟委员会的联系，以促进中国与欧盟各国友好合作关系的全面发展。

9 月 13 日

法国参议院议长克里斯蒂安·蓬斯莱率领法国参议院代表团对中国进行为期一周访问。

▲李鹏委员长和夫人朱琳在人民大会堂会见英国上议院议长兼法律大臣欧文勋爵和夫人。

9 月 20 日

外交部长唐家璇在纽约同以芬兰外长塔里娅·哈洛宁为首的欧盟“三驾马车”代表团举行会谈。唐家璇说，中国政府一贯重视发展与欧盟国家的关系。目前，我们正在积极准备第二次中、欧领导人会晤。欧盟现任轮值主席国外长哈洛宁对欧盟与中国关系的发展表示满意；欧盟支持中国加入世贸组织；欧盟坚持一个中国的立场。

10 月 8 日

中德经济合作混合委员会第十次会议在柏林举行。该会议机制是根据 1979 年两国政府在波恩签署的经济合作协定建立的，为推动两国的经济合作与交流起到积极作用。

10 月 18 日

国家主席江泽民对英国进行为期 5 天国事访问。这是新中国成立以来中国国家元首对英国进行的首次访问。

10 月 20 日

中国和英国在伦敦签署 3 项经济贸易合作协议。三项协议是：中国石油化工集团公司与英国阿莫科石油公司签署的合作协议、中国银行与英国汇丰银行签署总金额为 30 亿元人民币的双边基金合作协议、中国银行与渣打银行签订总金额 30 亿元人民币的信贷协议。

10 月 21 日

国家主席江泽民与英国首相布莱尔在伦敦举行会谈。双方就扩大中英两国在各个领域的相互合作进行有益探讨，并就国际局势和国际问题交换意见。

▲江泽民主席和布莱尔首相共同主持中英论坛开幕式。中英论坛是中英双方最高层次的民间交流渠道。全国政协副主席、中国工程院院长宋健和英国前副首相赫塞尔廷分别担任中英论坛的中方和英方主席。中英论坛每年举行一次会议。

10 月 22 日

国家主席江泽民对法国进行为期 3 天国事访问。25 日，江泽民主席在爱丽舍宫与法国总统希拉克举行会谈。江泽民强调当前世界应是一个多极世界，希望欧盟就中国加入世贸组织采取积极务实灵活态度。法中两国决定建立两国元首间的热线电话，并加强两国常驻联合国代表之间的磋商机制。

10 月 25 日

中国和欧盟在日内瓦就中国加入世界贸易组织问题举行新一轮双边谈判。双方就中欧双边磋商的各个方面进行广泛和深入讨论。

10 月 26 日

国家主席江泽民对葡萄牙进行国事访问，并与葡萄牙总统桑帕约在总统府举行会谈。双方就澳门问题、双边关系和共同关心的国际问题深入交换意见。

▲首家中国律师事务所——中国德恒律师事务所海牙分所在荷兰海牙开业。

10月28日

中央军委委员、中国人民解放军总参谋长傅全有与英国国防参谋长查尔斯·格思里举行会谈，双方就双边关系、国际形势等共同关心的问题交换意见。

11月2日

德国总理施罗德对中国进行为期4天正式访问。

11月3日

中银集团与英国保诚集团联合宣布，合资成立“中银国际英国保诚资产管理有限公司”及“中银国际英国保诚信托有限公司”。

11月4日

朱镕基总理在人民大会堂同德国总理施罗德举行会谈。两位总理就进一步发展两国关系和其他共同关心的问题深入交换意见，取得广泛共识。会谈后，两国签署中国石化—巴斯夫上报南京一体化石化项目可研报告协议和拜耳上海聚合物有限公司项目意向书。

11月9日

中葡联合联络小组举行第三十七次全体会议，也是该小组举行最后一次全体会议。会议顺利解决了大量与澳门政权交接和平稳过渡有关问题，其中包括公务员本地化、法律本地化和落实中文官方地位等，已经达成共识。

11月12日

中德科学基金研究交流中心在北京落成。

11月15日

欧盟委员会发表声明宣布，通过欧盟与澳门关系政策文件。文件说，欧盟委员会认为欧盟未来的既定方针是加强与澳门特别行政区的经贸关系，欧盟与澳门之间现有的双边贸易与合作协定将继续有效。

11月27日

瑞中科技合作促进会在斯德哥尔摩瑞典皇家工学院正式成立。

12月6日

欧中贸易关系中的法律问题讲习班在京开幕。欧中法律专家介绍欧盟法律与世贸组织法律的关系、法律在欧洲一体化中的地位与作用、经济全球化的管制、欧洲反倾销政策及欧洲贸易争端的解决等问题。

▲《中国与欧盟就延长双边纺织品协议》在北京达成协议。有效期

一年。

12月10日

由欧洲委员会赠款3700万欧元（折合人民币3.5亿元）的《欧盟—中国辽宁综合环境项目》正式启动。这是欧盟目前为止在中国的最大投资项目。

12月12日

阿尔巴尼亚共和国总统雷杰普·迈达尼对中国进行国事访问。

12月16日

捷克总理米洛什·泽曼（Miloš ZEMAN）对中国进行为期3天正式访问。朱镕基总理在人民大会堂同泽曼总理举行会谈并参加《山西神头第二发电厂进口捷克、斯洛伐克2×50万千瓦发电设备合同》签字仪式。

12月20日

中华人民共和国政府对澳门恢复行使主权。澳门回归祖国。

12月21日

第二次中欧领导人会晤在北京举行。双方就进一步发展中欧关系和其他共同关心的问题深入交换意见。双方一致认为，去年中国与欧盟在伦敦举行首次领导人会晤以来，中国与欧盟及其成员国的关系发展顺利，取得积极成果。

第六章　2000 年 1 月—2009 年 12 月

2000 年

1 月 7 日

意大利重建共产党发表公报说，该党已向海牙国际法庭提交诉状，控告北约在南斯拉夫联盟犯下的战争罪行。公报说，北约轰炸中国驻南联盟大使馆及破坏南联盟基础设施的行为，违反了《1949 年日内瓦公约》和《1977 年日内瓦公约附加议定书》。

1 月 13 日

意大利佩里切利教授《服务营销学》中译本和对外经贸大学张宓教授《意大利语高级经贸口译》在京首发，这是中意经贸教育合作的又一成果。

1 月 20 日

英国首相布莱尔会见正在英国进行正式访问的吴邦国副总理。吴邦国说，近年来，特别是中国香港回归中国以后，在双方的共同努力下，两国关系发展揭开了新的一页。双边高层互访频繁，有力地增进了相互了解。中英两国在很多领域互补性较强，合作的潜力很大。希望英国政府和经济界继续奉行有远见的对华投资和合作政策，使两国经贸关系提高到新的水平。布莱尔指出，英国政府坚决支持中国加入世贸组织，希望有关中国“入世”的谈判能够尽快结束。他说，英国非常重视进一步发展与中国的关系，这种关系不仅是经贸方面的，而且还要促进两国的政治关系不断发展。

1 月 24 日

正在比利时进行正式访问的吴邦国副总理与欧盟委员会主席普罗迪举行会晤。吴邦国表示，当前，中国与欧盟及其成员国的关系发展良好，双方领导人之间保持经常性的接触，各级政治磋商进展顺利，经贸关系稳步发展，在各个领域的合作与交流富有成果。欧盟在改善和发展对华关系方面也采取了一些积极的措施。普罗迪说，当前欧中关系很好，正处于历史上最好时期。欧中加强建设性伙伴关系对世界均衡发展至关重要，双方不仅要发展在经济领域的关系，更要加强政治关系。今后，世界格局的走向在很大程度上取决于欧中关系的发展。欧盟希望欧中继续加强双方的政治、经济伙伴关系。普罗迪表示，欧盟一直积极支持中国尽快加入世界贸易组织。

▲比利时首相居伊·费尔霍夫施塔特会见吴邦国副总理。

1 月 25 日

比利时王储菲利普亲王在王宫会见吴邦国副总理。

1 月 26 日

欧盟委员会负责贸易的发言人安东尼·古奇宣布，刚刚在这里结束的中国同欧盟关于中国加入世贸组织的双边谈判取得了实质性进展。他表示，欧盟方面希望尽早结束新一轮技术级磋商，争取早日在北京签署有关协议。

1 月 28 日

中国分别与挪威和冰岛完成关于中国加入世界贸易组织问题的双边谈判，并达成协议。

1 月 31 日

瑞士联邦主席奥吉和外长戴斯会见来访的吴邦国副总理。

2 月 21—24 日

中国代表团和欧盟代表团在北京就中国加入世贸组织问题进行新一轮双边磋商。

▲爱尔兰总理伯蒂·埃亨 24 日在接受本社记者采访时表示，爱尔兰政府支持中国政府在台湾问题上的立场，并愿意进一步加强与中国在各个领域的合作。

2 月 26—27 日

近百所英国大学会聚北京，寻找与中国教育机构建立合作关系的机会，届时我国教育界和公众也将通过“2000 英国教育展”全面了解英国的教育状况。

3 月 4 日

中、英两国政府就卫生合作项目达成协议。该协议旨在预防艾滋病在中国的传播。外经贸部副部长龙永图与英国驻华大使高德年爵士在北京举行的仪式上正式交换合作项目书。

3 月 15 日

葡萄牙总理古特雷斯在议会大厦会见正在葡萄牙进行工作访问的国务委员罗干。

3 月 23 日

外交部发言人孙玉玺在记者招待会上回答提问时指出，中国在科索沃问题上没有任何私利，中国采取的立场是有原则性的，根本目的是为了维护《联合国宪章》和公认的国际关系准则。孙玉玺还说：中国政府在科索沃问题上的政策是一贯的，南斯拉夫的主权和领土完整必须得到切实尊重，科索沃地区各民族的合法权益必须得到充分保障，安理会 1244 号决议必须得到有效执行。只有这样，才能为科索沃问题的政治解决创造必要的条件。

▲李鹏委员长在人民大会堂会见英国议会英中小组主席本·查普曼率领的英国议会英中小组代表团。

3 月 28 日

外经贸部长石广生与欧盟委员会贸易委员拉米开始就中国加入世界贸易组织举行双边谈判。

4 月 14 日

马耳他总统圭多·德马尔科在总统府会见正在这里访问的李岚清副总理。

▲李岚清副总理会见马耳他工党领袖阿尔弗雷德·桑特。

4 月 17 日

李岚清副总理与荷兰副首相兼经济大臣安娜玛丽·约里茨马—莱宾克举行会谈，就中荷关系等重要问题交换看法。

4 月 18 日

李岚清副总理对爱尔兰进行为期 4 天正式访问。

4 月 19 日

国家副主席胡锦涛在人民大会堂会见由马耳他国民党副领袖、政府副总理兼社会政策及与议会关系事务部长劳伦斯·贡奇率领的马耳他国民党代表团。

▲李鹏委员长和夫人朱琳在人民大会堂会见罗马尼亚社会民主主义党第一副主席、众议院副议长阿·纳斯塔塞和夫人达妮埃拉及其一行。

4月21日

国家主席江泽民对希腊进行国事访问并与斯特凡诺普洛斯总统、西米蒂斯总理举行会谈和会见。

4月22日

国家主席江泽民在希腊议会会见卡克拉马尼斯议长。

5月7日

中国外交部就美国轰炸中国驻南联盟大使馆一周年发表谈话时指出，任何侵犯中国主权的行径都是中国政府和中国人民坚决不能答应的。

5月8日

吴邦国副总理与来访的瑞典副首相莱娜·耶尔姆—瓦伦举行会谈。

▲丹麦首相波尔·尼鲁普·拉斯穆森一行对中国进行为期8天正式访问，并出席中丹建交50周年庆祝活动。朱镕基总理与拉斯穆森举行会谈。

5月9日

中国和瑞典建交五十周年之际，朱镕基总理在中南海紫光阁会见正在中国访问的瑞典副首相莱娜·耶尔姆·瓦伦一行。

▲朱镕基总理在中南海会见比利时王储菲利普一行。

5月11日

中国和丹麦签署总值约1亿美元的四项合作协议。这些协议涉及丹麦向中国提供污水处理和社区供热贷款和设备以及丹麦向中国购买成品油油轮。吴邦国副总理和丹麦首相拉斯穆森出席协议签字仪式。

▲李岚清副总理会见正在中国访问的丹麦首相拉斯穆森，并一起观看丹麦皇家芭蕾舞团为庆祝中丹建交50周年专程来华演出的丹麦经典芭蕾舞剧《巨人错婚记》。

5月13日

国家主席江泽民会见丹麦首相拉斯穆森一行。

5月15日

欧盟贸易委员拉米率领欧盟代表团抵达北京，开始与中方就中国加入世贸组织问题继续举行会谈。

5 月 16 日

中国与拉脱维亚就中国加入世界贸易组织达成双边协议。中拉双边协议的签署使中国向完成所有双边市场准入谈判又迈出一步。

5 月 18 日

欧盟委员会对中国香港特别行政区实施“一国两制”方针两年多来的情况作出积极评价，认为这项方针在中国香港得到了“完整的贯彻”，“全部执行情况是令人满意的”。

▲挪威议会议长基尔斯蒂·科勒·格伦达尔在奥斯陆会见中国全国人大代表团一行，对挪威议会和中国全国人大之间展开的合作给予充分肯定。

5 月 19 日

中国与欧盟就中国加入世界贸易组织达成双边协议。外经贸部部长石广生和欧盟委员会贸易委员拉米分别代表中欧双方签署协议。

5 月 30 日

丹麦首相拉斯穆森接受人民日报代表团采访时表示，他刚刚结束的中国之行取得了很大成功，丹麦愿意在经贸、教育、文化、科技等领域同中国开展全面合作。拉斯穆森对中国与欧盟就中国加入 WTO 问题达成双边协议表示祝贺，丹麦将抓住中国加入 WTO 这一机遇，进一步促进丹中两国的经贸合作。

5 月 31 日

西班牙首相何塞·马里亚·阿斯纳尔在马德里会见正在这里进行正式友好访问的中国中央军委副主席张万年上将。

6 月 1 日

葡萄牙总统若热·桑帕约在总统府会见中央军委副主席张万年上将。

6 月 8 日

李鹏委员长和夫人朱琳会见拉脱维亚议会第一副议长里哈尔茨·皮克斯和夫人以及由他率领的拉脱维亚议会拉中友好小组代表团。

6 月 12 日

李鹏委员长会见南斯拉夫塞尔维亚共和国总统米卢蒂诺维奇。

▲李鹏委员长前往南联盟议会大厦同南联盟议会共和国院主席博若维奇和公民院主席米尼奇举行会谈，双方就双边关系和进一步加强中国人大和南议会间的交流与合作交换意见。

6 月 13 日

中英艾滋病防治合作项目在京启动。在为期 5 年的合作期内，英国政府将向我国资助 1530 万英镑，在性病艾滋病高危易感人群中建立可推广的预防、治疗、护理模式。

6 月 14 日

李鹏委员长在斯洛文尼亚国会与斯洛文尼亚国会议长亚奈滋·波多布尼克举行会谈，双方就双边关系、议会交往和其他共同关心的问题交换意见。

▲李鹏委员长在斯洛文尼亚总统府同库昌总统举行会谈。宾主就双边关系及国际和地区形势交换意见。

6 月 16 日

李鹏委员长与克罗地亚国家议会议长托姆契奇举行会谈。

▲李鹏委员长在克罗地亚总理府与拉昌总理举行会谈。

▲李鹏委员长前往克罗地亚共和国总统府同梅西奇总统举行会谈。

6 月 20 日

李鹏委员长与斯洛伐克议会米加斯议长举行会谈。

6 月 22 日

英国首相布莱尔在伦敦唐宁街 10 号首相官邸会见温家宝副总理。

6 月 29 日

瑞士联邦主席阿道夫·奥吉会见温家宝副总理。

7 月 2 日

朱镕基总理对德国进行正式访问。中德双方签署法律交流与合作协议。

7 月 3 日

李鹏委员长在人民大会堂会见罗马尼亚参议长明恰·约内斯库·昆图斯及其夫人一行。

7 月 5 日

朱镕基总理会见荷兰女王贝娅特丽克丝。同日，朱镕基总理分别与科克首相和议会领导人举行会谈，并向荷兰工商界人士发表演讲。

7 月 6 日

朱镕基总理抵达罗马，开始对意大利进行为期 4 天正式访问。同日，朱镕基总理与意大利总理阿马托举行正式会谈。

▲朱镕基总理在罗马会见意大利参议院议长曼奇诺和众议院议长维奥兰特。

7月7日

朱镕基总理会见意大利总统钱皮。

7月10日

朱镕基总理访问欧盟总部并对比利时进行正式访问。

▲朱镕基总理会见欧盟共同外交与安全政策高级代表索拉纳。同日，朱镕基总理前往王宫会见比利时国王阿尔贝二世。

7月11日

朱镕基总理访问欧盟总部并同欧盟委员会主席普罗迪举行会谈。这是中国总理对欧洲委员会的首次访问。

7月12日

陪同朱镕基总理访问欧洲6国及欧盟总部的唐家璇外长向随行记者介绍访问的主要情况。唐家璇说，中国代表团此次对保加利亚、德国、卢森堡、荷兰、意大利、比利时和欧盟总部进行的正式访问，是世纪之交我国对欧洲的一次重要外交行动。此次访问的重要成果，归纳起来主要有以下四点：一、进一步巩固和加强我国与往访各国和欧盟的双边政治关系；二、推动了我国与各国经贸关系“更上一层楼”；三、增进相互了解，扩大共识；四、中欧关系得到进一步深化。

7月25日

国家知识产权局与欧盟及欧洲专利局联合举办的“知识产权保护与中国——21世纪的挑战与机遇”国际研讨会在京召开。

8月14日

《中国社会科学院和芬兰科学院两院间2001年—2003年科学合作协议》在赫尔辛基签署。

8月30日

李鹏委员长在联合国总部会见法国国民议会议长雷蒙·福尔尼。

9月2日

李鹏委员长在冰岛国宾馆分别会见冰岛总理达维兹·奥德松和总统奥拉维尔·格里姆松。

9月3日

李鹏委员长会见冰岛议会代议长斯特凡松。

9月4日

李鹏委员长在雷克雅未克会晤立陶宛总统阿达姆库斯。阿达姆库斯总统表示赞同李鹏委员长关于国际关系准则的全面阐述，感谢中国对波罗的海三国主权的尊重及对三国人民表达的友好之情。他希望立陶宛与中国在经济等各领域展开更多的合作，在联合国等国际讲坛的合作更加密切。

▲全国政协主席李瑞环会见葡萄牙最高法院院长雅伊梅·奥塔维·卡尔多纳·费雷拉一行。

9月5日

李鹏委员长在维尔纽斯国际机场会议室与立陶宛议会议长兰茨贝吉斯举行正式会谈。

9月7日

李鹏委员长在爱沙尼亚议会大厦与爱沙尼亚议会议长托马斯·萨维举行会谈。

9月8日

李鹏委员长会见爱沙尼亚议会各党团负责人，同他们就两国的议会制度和运作情况以及加强交流与合作等问题进行交谈。

▲欧盟委员会发表《欧盟—中国关系报告》，报告指出，欧盟与中国的关系在过去两年里得到加强并快速发展，越来越多的双边交往增进了相互了解，有利于互助互利。报告认为，欧中双方建立的每年一次的领导人定期会晤机制及欧盟与中国签署关于中国加入WTO的协议是中欧关系快速发展的明证。

9月9日

李鹏委员长和夫人朱琳在爱沙尼亚总统府会见爱沙尼亚总统伦纳特·梅里和夫人海蕾·梅里。

▲李鹏委员长与拉脱维亚议长亚尼斯·斯特劳梅举行会谈。

▲李岚清副总理与爱尔兰副总理兼企业、贸易和就业部长玛丽·哈尼举行会谈。

9月12日

国家主席江泽民与瑞士联邦委员会主席阿道夫·奥吉互致贺电，热烈祝贺两国建交50周年。

▲朱镕基总理在人民大会堂会见来访的瑞士联邦主席阿道夫·奥吉。

9 月 13 日

国家主席江泽民在中南海会见瑞士联邦主席阿道夫·奥吉。

9 月 26 日

经过友好和建设性磋商，中国与瑞士结束了关于中国加入世界贸易组织的双边谈判，签署中瑞关于中国加入世贸组织问题的双边协议。

9 月 28 日

李鹏委员长与来访的意大利众议院议长卢恰诺·维奥兰特举行会谈。

9 月 29 日

朱镕基总理会见来访的意大利众议院议长卢恰诺·维奥兰特和他率领的议员代表团。

10 月 10 日

李鹏委员长和夫人朱琳在人民大会堂会见克罗地亚议会副议长兹德拉弗科·托马茨和夫人安基查·托马茨及克罗地亚议会代表团全体成员。

10 月 16 日

国家副主席胡锦涛会见英国副首相兼环境、运输和地区事务大臣约翰·普雷斯科特。

▲“中英论坛”第二次会议在钓鱼台国宾馆开幕，吴邦国副总理和英国副首相普雷斯科特出席开幕式并致辞，中英双方共有 200 余位来自多个领域的代表参加会议。

10 月 19 日

正在汉城出席第三届亚欧会议的朱镕基总理与德国总理施罗德举行会谈。

10 月 22 日

国家主席江泽民在扬州会见来华访问的法国总统希拉克。

10 月 23 日

第三次中欧领导人会晤在北京举行。朱镕基总理与欧盟理事会轮值主席国法国总统希拉克、欧盟委员会主席普罗迪举行会谈。双方就中国加入世贸组织，中欧加强在科技、能源、信息和教育等领域合作，打击非法移民，加强人权对话与司法合作等问题交换意见。

10 月 24 日

中国—欧盟经贸混委会第十七次会议在北京举行，外经贸部长石广生和欧盟委员会贸易委员拉米共同主持会议。

10月27日

朱镕基总理会见芬兰交通通讯部长奥利—佩卡·海诺宁、农林部长卡莱维·海米莱和海关总署署长塔帕尼·埃尔林及随行企业界人士。

10月28日

国家主席江泽民会见德国前总统魏茨泽克。

▲外交部驻香港特派员公署发言人就欧洲议会通过有关香港问题的报告，回答记者提问。发言人答：香港回归3年多来，中央政府严格执行“一国两制”方针，特区政府按照基本法施政，香港保持了繁荣与稳定，这是有目共睹的事实；欧洲议会的报告无视事实，抹黑香港特区，遭到广大港人的反对；我们坚决反对任何国家或集团以任何方式干预中国的内部事务。

10月29日

李鹏委员长会见由欧洲议会对华关系小组主席佩·加尔彤率领的欧洲议会对华关系代表团。

11月3日

国家主席江泽民会见德国社会民主党总书记弗朗茨·明特费林一行。

11月6日

朱镕基总理会见来访的西班牙王储费利佩·德博尔冯—格雷西亚。

11月9日

李鹏委员长和夫人朱琳会见芬兰司法部长约翰内·科斯基宁和夫人一行。

11月10日

马耳他总统圭多·德马尔科会见来访的全国人大常委会副委员长田纪云。

11月15日

朱镕基总理在山东济南会见以意大利—中国经济文化交流协会名誉主席、意大利前总理安德烈奥蒂为团长的意中经济文化交流协会代表团。

12月6日

匈牙利总统马德尔会见正在匈牙利进行正式访问的外交部长唐家璇。

12月8日

波兰总统克瓦希涅夫斯基会见来访的外交部长唐家璇。

2001年

1月3日

希腊总统斯特凡诺普洛斯在总统府会见来访的中国人民解放军总参谋长傅全有上将，对他的来访表示热烈欢迎。

1月15日

意大利总理朱利亚诺·阿马托对中国进行为期3天正式访问。朱镕基总理与亚诺·阿马托总理举行会谈，双方就两国关系和共同关心的国际和地区问题交换意见。

▲正在塞浦路斯访问的国家副主席胡锦涛与塞浦路斯总统克莱里季斯举行会谈。会谈后，两国政府签署《中国和塞浦路斯两国政府关于相互促进和保护投资协定》，双方有关部门和企业负责人还签署《中兴通讯公司与塞浦路斯电信总局合作协议》和《电信智能网系统交接协议》。

1月17日

中华人民共和国澳门特别行政区行政法务司司长陈丽敏与葡萄牙司法部长安东尼奥·科斯塔在里斯本签署《中华人民共和国澳门特别行政区与葡萄牙共和国司法及法律协助协定》。

1月18日

法中2000年协会主席达尔库和中国驻法大使吴建民在法国参议院大厅联袂颁发法中勋章，奖励为法中经贸、文化、科技等领域的交流与合作做出卓越贡献的团体和个人。

2月11—28日

国务委员吴仪率政府代表团访问斯洛伐克、匈牙利、克罗地亚、斯洛文尼亚和罗马尼亚。28日，吴仪就访问上述五国发表谈话，访问期间同五国总统、总理、议长和副总理等领导人进行了会见和会谈，在许多重要问题上取得了共识；与有关国家签署了一些双边合作协定和合同。吴仪说，中国同上述各国之间有着传统的友好关系，彼此没有根本利害冲突。五国领导人表示，五国把加入欧洲一体化作为其外交重点，同时重视中国的国际地位，赞叹和钦佩中国在改革开放中取得的巨大成就。五国政府均明确重申坚持一个中国的原则立场，承认中华人民共和国政府是代表全中国的唯一合法政府。

2月18日

德国国防部长鲁道夫·沙尔平开始对中国进行为期4天正式友好访问。中央军委副主席张万年在八一大楼与国防部长鲁道夫·沙尔平进行会谈。

2月20日

国家主席、中央军委主席江泽民在北京会见德国国防部长沙尔平。

▲法国巴黎设立法郎与人民币兑换点。

▲荷兰王国教育、科技与文化大臣赫尔曼斯与中方签署加强两国教育与科研合作的一系列谅解备忘录。

3月1日

爱沙尼亚总统伦纳特·梅里对中国进行为期10天非正式访问。

3月2日

国家主席江泽民在中南海会见来华进行非正式访问的爱沙尼亚总统梅里，指出中爱关系始终保持健康稳定的发展势头令人欣慰。

▲李鹏委员长和夫人朱琳在人民大会堂会见爱沙尼亚总统梅里和夫人。

3月15日

欧盟15国司法和内政部长通过一项决定：中国港澳地区的居民持特区护照到欧盟国家，可享受免签待遇。这是港澳地区和欧盟双边关系发展中的一件大事，标志着欧盟经过近3年的观察后，已对港澳地区的形势最终报以信任。

3月19日

外交部长唐家璇同来访的克罗地亚外长托尼诺·皮楚拉举行会谈，就双边关系和地区形势等问题深入交换意见。关于科索沃和马其顿发生的武装冲突，皮楚拉表示，希望通过和平途径，政治解决存在的问题。唐家璇表示，中国在东南欧地区没有私利。决定我们对该地区问题政策的两个出发点，一是维护《联合国宪章》和公认的国际法准则；二是维护该地区人民共同的根本利益。

3月20日

外交部长唐家璇在北京与来华进行正式访问的波兰外长瓦迪斯瓦夫·巴托谢夫斯基举行会谈。双方就进一步发展双边关系和共同关心的国际问题广泛交换意见。

3月22日

第七届中法经济研讨会在北京开幕。国务委员吴仪、法国前总统德斯坦出席会议并致辞。中法经济研讨会自1995年开始每年举办一次。

4月2日

外交部长唐家璇抵达法国进行正式访问。唐家璇在巴黎与法国外长韦德里纳举行会谈。双方在会谈中一致积极评价了中法关系的发展势头。

▲法国总统希拉克在爱丽舍宫会见正在法国访问的外交部长唐家璇。

4月14日

李岚清副总理抵达普瓦捷，开始对法国进行正式访问。在法期间，李岚清分别同法国总统希拉克和总理若斯潘等领导人举行会谈，就共同关心的双边和国际问题深入交换意见。他还会见法国经济、科技、教育和文化界人士实地考察了解法国在这些领域的发展情况。

4月18日

李鹏委员长和夫人朱琳在人民大会堂会见荷兰议会一院议长科塔尔斯·阿尔特斯及夫人和由他率领的荷兰议会两院代表团。

4月19日

到访的李岚清副总理在巴黎会见法国外长韦德里纳。双方签署《关于中法两国互设文化中心的会谈纪要》。

4月21日

由中共中央政治局委员、中国社会科学院院长李铁映率领的中国社会科学院学术代表团结束了对法国的学术交流访问。双方一致认为，应该继续加强彼此在社会科学和人文科学研究领域的合作，特别是在培养青年学者方面的合作，增进两国的友谊。

4月23日

捷克总理米洛什·泽曼（Miloš ZEMAN）在布拉格会见外交部长唐家璇时强调捷克政府十分重视发展对华关系，捷中两国有充分的理由进一步拓展在各个领域的友好合作与交流。

4月24日

西班牙国王胡安·卡洛斯一世会见正在西班牙进行访问的中共中央政治局委员、中国社会科学院院长李铁映。双方签订《中国社会科学院和马德里自治大学合作交流协议》。

▲由中共中央政治局委员、中国社会科学院院长李铁映率领的中国社

会科学院代表团于30日访问波兰。访问期间，双方签署《中国社会科学院和波兰科学院关于加强在社会科学领域合作的协定》。根据协定，双方将继续加强和扩大在社会和人文学科领域的多种形式的交流与合作。

4月26日

李鹏委员长在人民大会堂会见奥地利国民议会第三议长、奥地利前国防部长维尔纳·法斯拉本德及其率领的代表团。

4月30日

由中共中央政治局委员、中国社会科学院院长李铁映率领的中国社会科学院代表团访问比利时。5月1日，欧盟委员会负责对外关系的委员彭定康会见李铁映委员。

5月2日

中共中央政治局委员、中国社会科学院院长李铁映抵达德国访问。3日，在波恩访问德国学术交流协会、洪堡基金会和德国研究联合会等著名学术机构。李铁映代表中国社科院同德国研究联合会主席维纳克签署《关于进一步扩大双边合作意向书》。中国驻德国大使卢秋田参加上述活动。

5月15日

欧洲委员会发表“欧盟对华战略：落实1998年的报告和采取更有效的欧盟政策未来步骤”的政策性文件。①

▲奥地利总统托马斯·克莱斯蒂尔开始对中国进行为期5天工作访问。

5月24日

以“加强新世纪的亚欧伙伴关系”为主题的第三届亚欧外长会议24至25日在北京召开。国家主席江泽民出席会议开幕式并致辞。会议通过《主席声明》。

6月4日

李鹏委员长在人民大会堂会见拉脱维亚议会议长斯特劳梅一行时表示，中国全国人大希望进一步加强同拉脱维亚议会的交流与合作。

6月12日

吴邦国副总理访问西班牙。

---

① 《人民日报》2001年5月16日。

6 月 18 日

"第四次中国—欧洲联盟能源合作大会"在北京召开。此次大会重点是就能源发展战略与供应安全、金融投资管理、常规能源、核能与电力、能源效率与节能、可再生能源、环境保护与可持续发展等主题展开讨论。

6 月 19 日

欧盟委员会主席普罗迪会见来访的中国澳门特别行政区行政长官何厚铧，双方就强化欧盟与中国澳门之间的合作广泛交换意见。

▲德国总理施罗德在柏林总理府会见吴邦国副总理。

6 月 20 日

外经贸部部长石广生在布鲁塞尔宣布，中国和欧盟就中国加入世界贸易组织达成全面共识。

▲吴邦国副总理在柏林分别与德国副总理兼外交部长菲舍尔和德国经济部长维尔纳·米勒举行会见和会谈。双方就进一步加强和扩大两国关系，尤其是经济与技术合作深入交换了意见，取得重要共识。

6 月 23 日

吴邦国副总理对法国进行为期 4 天正式访问。访问期间，吴邦国参观了法国阿尔斯通、阿尔卡特、威望迪和达索等著名公司，会见了法兰西银行行长特里谢、法中委员会主席德鲁瓦耶、塔莱斯公司总裁埃德尔斯泰纳等经济界领导人。25 日吴邦国副总理与法国经济、财政和工业部长洛朗·法比尤斯举行会谈。26 日法国总统希拉克在爱丽舍宫会见吴邦国副总理，双方就发展两国关系交换意见，对两国关系的良好发展表示满意。

6 月 24 日

希腊总理康斯坦丁·西米蒂斯对中国进行为期一周正式访问。

6 月 25 日

欧盟成员国外长发表评估报告称，全面评估欧盟与中国的关系并重申，欧盟希望加强与中国的经贸关系，要强化欧盟对华政策的一致性和力度。欢迎中国与世界贸易体制接轨，期待中国尽早加入世界贸易组织（WTO）。

7 月 1 日

马耳他总统圭多·德马尔科对中国进行为期一周正式访问。2 日，国家主席江泽民与德马尔科总统在北京人民大会堂举行会谈。会谈后，双方出席有关开展经济、外交等方面合作的文件签字仪式。

7 月 6 日

朱镕基总理在北京会见来华就气候变化问题进行磋商的英国副首相约翰·普雷斯科特。普雷斯科特转交了布莱尔首相致朱镕基总理的信。布莱尔在信中介绍了英国政府对《京都议定书》问题的立场。

▲中国国家航天局与欧空局在巴黎签署《中欧共同合作开发空间科学项目——“双星计划”协议》。中国卫星将首次安装欧洲试验设备。

7 月 12 日

《中华人民共和国与德意志联邦共和国社会保险协定》在北京签署。这是我国在社会保险领域对外签署的第一个社会保险双边协定。这一协定的签订，将有利于建立和完善我国的社会保险制度，改善投资环境，保障在德中资企业和员工的合法权益。

7 月 19 日

国家主席江泽民对摩尔多瓦进行为期 2 天国事访问。20 日，江泽民主席同摩尔多瓦总统沃罗宁共同签署《中国和摩尔多瓦联合声明》。①

7 月 23 日

国家主席江泽民抵达马耳他首都瓦莱塔，开始对马耳他进行为期 3 天国事访问。24 日，江泽民主席与马耳他总理阿达米举行会谈。双方签署《中国和马耳他关于设立文化中心谅解备忘录》《中国和马耳他 2001—2003 年度文化合作执行计划》及《中国国家旅游局和马耳他旅游部关于中国公民有组织地赴马耳他旅游实施方案的谅解备忘录》。

7 月 27 日

中国和拉脱维亚政府间经济贸易合作委员会第三次会议在拉脱维亚首都里加举行。

7 月 31 日

中国和爱沙尼亚政府间经济贸易合作委员会第四次会议在爱沙尼亚首都塔林举行。

8 月 8 日

中国和平统一促进会常设会址在巴黎举行落成典礼。

8 月 23 日

中国海军舰艇编队前往德国、英国、法国和意大利欧洲四国进行友好

① 《人民日报》2001 年 7 月 21 日。

访问。

9 月 2 日

朱镕基总理抵达都柏林，开始对爱尔兰进行为期 3 天正式访问。

9 月 4 日

欧盟委员会通过新的亚洲战略，旨在加强欧盟和亚洲诸国的关系。这是欧盟在 1994 年通过一项亚洲政策后第二次调整欧盟的亚洲政策。

9 月 5 日

第四次中欧领导人会晤在布鲁塞尔举行。会晤后发表新闻公报，双方决定建立中欧全面伙伴关系，[①] 扩大中欧在经贸、交通、科技和文化等领域的交流和合作，进一步加强中欧政治对话以及双方在共同打击非法移民领域的合作，推动中欧全面伙伴关系向前发展。

9 月 6 日

朱镕基总理在布鲁塞尔会见比利时国王阿尔贝二世。

9 月 9 日

中英投资促进机构正式成立。

9 月 12 日

李鹏委员长在人民大会堂会见德国前总理科尔。

9 月 17 日

中欧成立新的信息社会工作组。

9 月 23 日

中德两国政府在杭州签署总额为 1.8 亿德国马克的财政合作项目。

9 月 29 日

欧洲中医药学联合会在阿姆斯特丹成立。

10 月 24 日

欧盟三驾马车和中国地区司长会议在布鲁塞尔举行。

▲“中英论坛”第三次会议在英国的马洛举行。“中英论坛”是由朱镕基总理和英国首相布莱尔于 1998 年 10 月宣布正式启动，每年举行一次会议。首次论坛于 1999 年 10 月在伦敦举行。

10 月 25 日

中欧开始有关产业政策和规范的对话。

---

① 《人民日报》2001 年 9 月 6 日。

▲中欧人权对话在北京举行。

10 月 28 日—11 月 11 日

国家副主席胡锦涛对英国、法国、西班牙和德国进行正式访问。陪同访问的外交部副部长李肇星向记者介绍胡副主席欧洲之行成果：第一，进一步推动了我国与五国伙伴关系的发展。第二，推动了我国与欧洲五国的经贸关系。第三，通过与各界的广泛接触，加深了欧洲五国对中国的了解。胡副主席与五国国家元首、政府首脑分别会见或会谈。

10 月 29 日

朱镕基总理在中南海会见来华访问的冰岛外交兼外贸部长哈尔多尔·奥斯格里姆松一行。

10 月 31 日

德国总理施罗德访华并同朱镕基总理在人民大会堂举行会谈。

11 月 9 日

中国欧盟协会成立大会在北京人民大会堂举行。对外友协会长、中国欧盟协会会长陈昊苏主持成立大会。

11 月 14 日

外交部长唐家璇在纽约为出席本届联大的部分中东欧国家外长举行早餐会。应邀出席的有捷克副总理兼外长、南斯拉夫、白俄罗斯、阿尔巴尼亚、斯洛伐克外长以及波黑副外长。唐家璇说，中国愿进一步发展与中东欧国家的政治关系，进一步开展多种形式的经贸合作关系。

11 月 29 日

中英财金对话机制第二次会议在北京举行。

11 月 30 日

欧盟三驾马车同中国政治司长会议在北京举行。

12 月 4 日

朱镕基总理在人民大会堂会见欧盟委员会贸易委员拉米一行。

12 月 6 日

《中国政府与联邦德国政府二〇〇一年度财政合作协议》在北京签字。协议确定 2001 年度德国政府将向中国政府提供 8500 万德国马克的贷款和 4000 万德国马克的赠款，主要用于污水处理、轨道交通、造林等领域项目的建设。

12 月 8 日

中国欧盟人权问题研讨会在布鲁塞尔举行。

12 月 17 日

中行法兰克福分行成为中国银行业在欧盟境内唯一一家欧元一级清算行。

12 月 19 日

中共中央政治局常委、书记处书记尉健行访问希腊并会见泛希腊社会主义运动主席、希腊政府总理西米蒂斯。

2002 年

1 月 7—8 日

中国—欧盟合作伙伴洽谈会在北京举办。

1 月 9 日

国家主席江泽民在人民大会堂与来访的南斯拉夫联盟共和国总统沃伊斯拉夫·科什图尼察举行会谈。会谈结束后，江泽民主席与科什图尼察总统共同签署《中南联合声明》，并出席《中国和南斯拉夫两国政府经济技术合作协定》等其他两个文件的签字仪式。

1 月 19 日

挪威首相谢尔·马格纳·邦德维克对中国进行为期 5 天正式访问。21 日，朱镕基总理在人民大会堂与邦德维克首相举行会谈。双方就环保、人权、宗教以及其他共同关心的地区和国际问题交换意见，并表示将加强在国际领域的合作。

1 月 22 日

中挪环境合作研讨会在北京举行，挪威首相邦德维克到会致辞。

▲爱尔兰外长布赖恩·考恩对中国进行为期 4 天正式访问。

1 月 30 日

李鹏委员长和摩尔多瓦共和国议长奥斯塔普丘克就中摩建交 10 周年互致贺电。

1 月 30—31 日

中欧联合委员会会议在布鲁塞尔举行。

1 月 31 日

中国—欧盟第十八次经济贸易混合委员会会议在布鲁塞尔闭幕。双方认为，本次会议有助于进一步推动中国—欧盟经贸关系的发展。会议对新一年中欧建设性全面经贸关系的发展提出指导意见。

▲国家主席江泽民与马耳他总统圭多·德马尔科互致贺电，祝贺两国建交 30 周年。

2 月 19 日

中国与欧洲金融交流民间组织——中欧金融交流促进会成立。该组织属非盈利性的独立机构，致力于加强中国与欧洲各国之间的金融业务交流，帮助促进中国金融及相关领域内的职业培训与发展。

3 月 1 日

欧盟委员会批准《欧盟 2002 年至 2006 年对华战略关系文件》。该文件为今后 5 年欧盟与中国的合作关系提供整体框架，为欧盟实施对华方针政策提供法律支持。①

3 月 5—6 日

中欧人权对话在马德里举行。

3 月 12 日

中英外长互致贺电，祝贺中英建立大使级外交关系三十周年。

3 月 18 日

《中国和法国 2002 年至 2006 年教育合作交流协议》在巴黎签署。这是中法两国教育部之间签署的第一个合作协议。协议规定，除继续开展现有的项目合作外，双方还将在高等教育、互相承认学历学位、职业技术教育、远程教育及汉语和法语教育等方面进行合作与交流。

3 月 21 日

朱镕基总理和英国首相布莱尔致辞祝贺，纪念中英建立大使级关系 30 周年。

3 月 23 日

瑞士商务促进中心日前分别在北京和上海成立。

3 月 25 日

中国西藏人大代表团访问欧洲议会和比利时。

---

① 《人民日报》2002 年 3 月 3 日。

3月26日

朱镕基总理在人民大会堂与比利时首相伏思达举行会谈，双方就两国关系和其他共同关心的国际及地区问题深入交换意见，并取得广泛共识。双方签署《中国和比利时环境合作谅解备忘录》等两个文件。

3月27日

欧盟启动为期6个月的进口钢铁产品临时保障措施，中国政府对此深切关注。

3月28日—4月2日

欧盟委员会对外关系委员彭定康对中国进行正式访问。

4月1日

中国政府向罗马尼亚政府无偿提供价值500万人民币（约合60万美元）的物资援助交接仪式在罗外交部举行。

4月3日

中国和欧盟《中欧能源和环境合作项目协议》和《中国—欧盟欧洲研究中心项目协议》在北京签署。对外经贸部部长石广生和欧盟委员会对外关系委员彭定康在协议上签字。①

4月4日

朱镕基总理在人民大会堂与卢森堡首相容克举行会谈。双方就双边关系及共同关心的问题深入交换意见，双方希望进一步加大各领域的合作力度。

4月7日

希腊外长乔治·帕潘德里欧对中国进行为期4天访问。

4月8日

国家主席江泽民对德国进行为期6天国事访问。9日，江泽民主席分别与德国总理施罗德、总统约翰内斯·劳举行会谈。两国政府签署《中德关于互相承认高等学历等值的协定》和《中德关于互设文化中心的会谈纪要》两个文件。

▲中国与法国保险业联合会在京签署合作交流协议。

▲国家开发银行与瑞银华宝共同宣布，双方将就国家开发银行通过实施债转股项目所形成的股权资产，在管理及处置方面正式展开合作。瑞银

---

① 《人民日报》2002年4月4日第4版。

华宝是瑞士银行集团旗下的全球性投资银行。自1995年以来始终积极参与中国的投资银行业务。

4月13日

李岚清副总理在人民大会堂会见欧盟委员会主管信息社会和企业的委员利卡宁。双方就进一步发展中欧关系以及加强在信息通信技术领域的合作交换意见。

4月16日

中国和西班牙两国政府间合作项目“天津中—西机床技术培训中心”在天津奠基。西班牙政府为此项目提供赠款976万美元，中、西双方共投资近亿元人民币。协议合作期10年。

▲2002中欧信息社会合作论坛在北京举行。双方签署《联合声明》。根据声明，中国高技术研发计划与欧盟科技框架计划对等开放；双方鼓励中欧高水平科学家参与合作；双方合作支持第三代移动通信、开放源软件等共同感兴趣的研究和技术开发。

4月19日

外交部发言人就欧洲议会通过的“关于欧盟委员会对华战略文件的报告”答记者提问时说，中方注意到这份报告。报告认为中欧间存在广泛的共同利益，主张发展中欧伙伴关系，加强双边接触、交流与对话，扩大双方在经贸、科技、教育和文化等各领域的合作。我们对上述积极主张表示欢迎。但是，该报告对中国的人权状况以及台湾、西藏等问题作出许多不符合客观事实的错误结论，严重地干涉了中国内政，这是中方所不能接受的，希望欧洲议会切实遵守一个中国的原则，多做有益于双边关系发展的事情，以免给中欧关系造成负面影响。

▲瑞典贸易大臣帕格罗茨基宣布，瑞典政府决定采取一系列措施，以促使瑞典与中国的经贸关系得以进一步发展。一、在中国广州开设一个总领事馆；二、政府在今后3年里每年拨出300万瑞典克朗（约合29万美元）专款，用于吸引中国企业到瑞典投资；三、政府将拿出87.5万瑞典克朗（约合8.5万美元）来协调促进瑞典企业参与中国北京为举办2008年奥运会所展开的大规模基础建设工作。①

① 《人民日报》2002年4月20日第3版。

4月27日

中国与马其顿在北京签署《中国和马其顿关于巩固和促进友好合作关系的联合声明》。①

▲李鹏委员长在人民大会堂会见罗马尼亚参议长沃克罗尤。

5月6日

国家主席江泽民致电法国总统希拉克，祝贺他再次当选法国总统。

5月13日

克罗地亚总统斯捷潘·梅西奇对中国进行为期一周国事访问。5月16日，国家主席江泽民在人民大会堂与斯捷潘·梅西奇总统举行会谈。两国签署《中国和克罗地亚关于深化互利合作关系的联合声明》②《中国工程院和克罗地亚科学艺术院科学合作协议》《中国辽宁省和克罗地亚海山省建立友好经贸合作伙伴关系协议》三个文件。

5月16—31日

全国政协主席李瑞环对保加利亚、斯洛文尼亚、乌克兰和英国进行正式友好访问。

▲中国与欧盟开始关于中国参与欧洲伽利略计划的谈判。

5月16日

全国政协主席李瑞环抵达索非亚，开始对保加利亚进行为期3天正式友好访问。李瑞环与保加利亚国民议会主席奥格尼扬·格尔吉科夫举行会谈。格尔吉科夫说，保加利亚高度重视中国在国际事务中的作用，并视中国为保加利亚传统的、优先发展关系的友好国家。中国是保加利亚在亚洲最重要的伙伴，保方高度评价保中两国在各个领域，特别是经贸领域的合作关系。他表示，保中之间不存在有争议的问题，保方坚持一个中国的立场，保证不与台湾地区发展官方关系，保方还希望加强与中国在联合国安理会中的磋商与合作。李瑞环介绍了中国人民政协和中国政党制度，希望保议会为进一步发展中保友好关系作出积极的努力。17日李瑞环在索非亚会见保加利亚总理西美昂·鲍里索夫·萨克森—科堡—哥达。

5月18日

李岚清副总理率中国政府代表团对希腊进行为期4天正式访问。

① 《人民日报》2002年4月28日第4版。

② 《人民日报》2002年5月17日第4版。

5月19日

英国副首相兼内阁首席大臣约翰·普雷斯科特对中国进行为期3天正式访问。

▲全国政协主席李瑞环抵达卢布尔雅那，开始对斯洛文尼亚进行为期3天的正式友好访问。李瑞环在斯议会大楼会见斯洛文尼亚国民议会主席博鲁特·帕霍尔。21日斯洛文尼亚总统米兰·库昌在卢布尔雅那会见全国政协主席李瑞环。

5月21日

中国和平统一促进会与“法国中国和平统一促进会访问团”在北京举行座谈，谴责“台独”分子分裂祖国的行径，呼吁坚持一个中国的原则。

5月26日

全国政协主席李瑞环对英国进行为期一周正式友好访问。27日李瑞环在下榻饭店会见英国前首相希思爵士。李瑞环转达了中国领导人对希思爵士的亲切问候，他说，30年前，希思爵士任英国首相期间，英国与中国建立了大使级外交关系。30年来，不管形势如何变化，希思爵士都不遗余力地推动中英关系发展。李瑞环在伦敦与英国首相布莱尔亲切会见，双方就中英关系、国际形势及反恐问题进行交谈；李瑞环与英国上议院议长兼大法官欧文勋爵举行会谈；28日李瑞环在英中贸易协会举行的欢迎午宴上发表题为《和睦相处和谐共进》的演讲；30日李瑞环在苏格兰首府爱丁堡会见英国下院领袖兼枢密院院长库克。

5月30—31日

中欧人权问题研讨会在北京举行。

6月

中欧以换函形式重签《政治对话协议》。

6月2日

希腊总理西米蒂斯对中国进行为期6天正式访问。3日朱镕基总理在人民大会堂与西米蒂斯总理举行会谈。两国总理共同出席《中国和希腊共和国政府关于对所得避免双重征税和防止偷漏税的协定》等3个文件的签字仪式。

6月3—18日

国家主席江泽民出席在阿拉木图举行的“亚洲相互协作与信任措施会议”领导人会晤和在圣彼得堡举行的上海合作组织成员国元首会晤，并对拉脱维亚、爱沙尼亚、立陶宛、冰岛四国进行国事访问。

6月5日

中国与希腊建交30周年，两国领导人互致贺电祝贺。

6月7日

中国—欧盟合作伙伴洽谈会筹备会在北京召开。

6月10日

瑞士外交部长戴斯在会见中国新闻代表团时表示，瑞士希望加强与中国的对话，进一步发展与中国的关系。瑞中两国应进一步发展在经济、文化和教育等领域的合作。

6月12日

国家主席江泽民访问爱沙尼亚并同爱沙尼亚总理西姆·卡拉斯举行会谈。两国签署《中国和爱沙尼亚刑事司法协助的条约》。

6月14日

国家主席江泽民访问冰岛并同冰岛总统奥拉维尔·格里姆松举行会谈，双方就中冰双边关系等问题交换意见。

6月16日

国家主席江泽民抵达维尔纽斯，对立陶宛共和国进行国事访问。

6月17日

朱镕基总理致电法国总理拉法兰，祝贺他就任法国总理。

6月25日

德国公布新的亚洲政策方案。关于同中国的关系，新方案称，德国将通过双边以及在欧盟框架内的双边形式，积极与中国开展多种形式和层次的对话。

▲罗马尼亚总理阿德里安·讷斯塔塞对中国进行为期5天工作访问。两国签署《中国和罗马尼亚政府关于清理1949年至1989年间签订的两国及两国政府间条约的议定书》《中国政府向罗马尼亚政府提供无偿援助的换文》《中国教育部和罗马尼亚教育与研究部2002年至2004年教育合作协议》《中国证券监督管理委员会与罗马尼亚国家证券委员会证券期货监管合作谅解备忘录》和《中国工商银行与罗马尼亚商业银行业务合作意向书》等文件。

7月2日

瑞士正式全面恢复进口中国产禽肉及其制品。

7 月 3—11 日

外交部长唐家璇应邀对法国、罗马尼亚和奥地利三国进行访问。

7 月 4 日

捷克政府总理米洛什·泽曼（Miloš ZEMAN）在总理府会见来访的国务委员吴仪，宾主进行友好谈话。会谈结束后，吴仪和格雷格尔共同出席《中国从捷克进口 700 辆小轿车合同及售后服务协议》的签字仪式。

7 月 4—19 日

国务委员吴仪应邀对捷克、波兰、阿尔巴尼亚和保加利亚四国进行正式访问。

7 月 5 日

外交部长唐家璇访问罗马尼亚。两国外长签署中罗外交部《合作谅解备忘录》。

7 月 8 日

李鹏委员长在人民大会堂会见欧洲议会对华关系代表团。

▲波兰总理米莱尔在总理府会见正在这里访问的国务委员吴仪。两国签署《中国从波兰进口 1200 辆小轿车合同》《电解铜长期购售协议》和《中方利用波政府优惠贷款进口波环保设备的银行间转贷协议》。

7 月 10 日

李岚清副总理对葡萄牙进行正式访问。

▲奥地利总统克莱斯蒂尔、总理许塞尔和国民议会议长菲舍尔分别会见来访的外交部长唐家璇。

7 月 23 日

马耳他议会代表团对中国进行为期 8 天正式友好访问。

8 月 25 日

澳门特别行政区与荷兰近日签署《中华人民共和国澳门特别行政区与荷兰王国关于相互鼓励及保护投资协定》。根据规定，双方应在其法律及规章的范围内，确保给予对方投资公平合理的待遇和全面保护。

8 月 26 日

李鹏委员长和夫人朱琳在人民大会堂会见奥地利联邦议会议长路德维希·比林格一行。

9 月 12 日

外交部长唐家璇在纽约会见欧盟三驾马车。

9月19—28日

朱镕基总理赴丹麦出席第四届亚欧首脑会议、参加第五次中欧领导人会晤，并应奥地利总理许塞尔、丹麦首相拉斯穆森、法国总统希拉克和总理拉法兰的邀请对奥地利、丹麦和法国进行正式访问。

9月19日

朱镕基总理对奥地利进行为期4天正式访问并在维也纳分别与奥地利总统克莱斯蒂尔和总理许塞尔举行会谈。

9月23日

第四届亚欧首脑会议在丹麦首都哥本哈根隆重开幕。朱镕基总理等亚欧领导人发表讲话一致强调，面对当前新的国际形势，亚欧两大洲应进一步加强合作，以迎接共同面临的新挑战。

9月24日

第五次中欧领导人会晤在丹麦首都哥本哈根举行。双方发表联合新闻公报，强调进一步扩大和深化中欧在各领域的平等互利合作，推动中欧全面伙伴关系向前发展。

9月25日

朱镕基总理在哥本哈根与丹麦首相拉斯穆森举行会谈。

9月26日

朱镕基总理对法国进行为期3天正式访问。27日，双方共同签署《中法两国政府文化合作协定》。

9月28日

外交部长唐家璇就朱镕基总理9月19日至28日欧洲之行接受记者联合采访时谈道：此行取得圆满成功，对增强亚欧首脑会议的生机与活力，促进中欧友好合作关系的全面发展将产生深远影响。此访意义主要表现在：一、进一步加强了中国同欧盟以及三国的政治关系。二、促进了中国同欧盟及三国在经贸领域的合作。三、进一步推动了中国同三国的文化交流。四、朱总理就台湾、人权、西藏和“法轮功”等问题重申了中国的原则立场，进一步做了欧方工作。欧盟及三国均重申坚持一个中国的立场，并表示在人权问题上将继续与中方在平等基础上加强对话与合作。

▲“中德建交30年——德国之窗”大型庆典活动在北京中华世纪坛拉开帷幕。庆典活动长达半个月，是德国在华举办的规模最大、历时最长的文化交流活动。

10 月 11 日

中国藏学家代表团对法国进行为期 5 天访问并在巴黎会见法国佛教协会副会长勒格拉先生。

▲德国经济部发言人再次强调指出，德国政府不批准向台湾地区出口潜艇及相关技术。德国坚持一个中国的政策，在向台湾地区输出军备问题上，德国的立场没有改变。

10 月 19 日

全国人大外事委员会代表团一行 8 人对马耳他、英国和乌克兰进行友好访问。

10 月 21 日

挪威卫生部与中国卫生部在北京签署一份谅解备忘录的行动计划书，规划双方从 2002 年到 2005 年的合作，决定进一步扩大和加强两国在卫生领域的合作伙伴关系。

▲克罗地亚议长兹拉特科·托姆契奇对中国进行为期 5 天正式友好访问。

10 月 28 日

欧盟决定向中国提供价值 172 万欧元的人道主义援助，用于帮助广西、湖南和云南等省受洪灾的人民。这是欧盟继今年 8 月向中国提供 273 万欧元人道主义援助之后的追加款项。

10 月 29 日

中法第十届科技合作交流会议在京举行。从 1978 年中法签署政府间科技合作协定起，双方执行合作项目 700 多个，中方赴法交流的科技人员近万人次，法方来华科技人员达 4000 人次。中科院、国家海洋局等与法国相关机构签订 60 多个对口科技合作协议。①

10 月 30 日

马耳他总理爱德华·费内克·阿达米对中国进行为期 6 天正式访问。朱镕基总理在人民大会堂与马耳他总理爱德华·费内克·阿达米举行正式会谈。两国领导人共同出席《中马两国政府科学技术合作协定和两国政府教育合作协定》的签字仪式。

---

① 《人民日报》2002 年 10 月 29 日第 6 版。

11 月 1 日

2002—2003 年中英信息产业政策系列研讨会在京举行。

11 月 4 日

为期 5 天的中法两国国有企业改革和农业问题研讨会在法国斯特拉斯堡举行。会后签署《中法工农业合作议定书》。

11 月 7 日

中国—欧盟合作伙伴洽谈会在北京举行。来自 15 个欧盟成员国的 296 家企业参加洽谈会。

11 月 13—15 日

中欧人权对话在北京举行。

11 月 14—15 日

中国和欧盟在北京举行合作打击非法移民研讨会。中欧双方一致同意深化在打击非法移民领域的合作，加强双方有关部门的信息沟通和人员交流，并就下阶段具体合作内容达成共识。

11 月 23 日

李岚清副总理赴克罗地亚、斯洛伐克和法国访问，并将出席在摩纳哥举行的国际展览局第一百三十二次大会。

▲外交部长唐家璇出席在莫斯科举行的上海合作组织成员国外长会议，并于 11 月 24 日至 29 日对西班牙和德国进行正式访问。

11 月 25 日

西班牙国王卡洛斯一世在马德里会见外交部长唐家璇，同他就进一步发展西中关系进行交谈。

11 月 26 日

芬兰总统塔里娅·哈洛宁对中国进行为期 3 天国事访问。27 日朱镕基总理在人民大会堂会见哈洛宁总统。中国林业科学研究院授予哈洛宁总统名誉博士学位。这是我国首次向外国总统授予林业科学领域名誉博士学位。

▲《中国与冰岛两国航空运输协定》在北京草签。

12 月 5 日

中国建设部与荷兰王国大使馆在京举行“中国西部小城镇环境基础设施建设经济适用技术及示范”合作项目签约仪式，总投资约 3946 万欧元，其中荷兰王国提供 1496 万欧元赠款。

12月6日

中欧签署海上运输协议。

12月9日

《中国国家计委和瑞典投资促进署两部门间关于建立投资促进合作机制谅解备忘录》在京签署。这个合作机制旨在加强中瑞双边经济技术合作与交流，促进中国企业在瑞典的投资。瑞典政府已于今年4月间宣布，将连续3年每年拨出专款用于吸引中国企业赴瑞典投资。

12月17日

为期两天的“中国—欧洲工业界参加伽利略计划研讨会”在北京开幕。科技部副部长马颂德发言说，中国欢迎伽利略计划，愿在权利和义务平衡的前提下参加伽利略计划。

12月18日

李鹏委员长和夫人朱琳在人民大会堂会见保加利亚国民议会主席格尔吉科夫和夫人一行。

12月19日

中国人民银行驻法兰克福代表处开业。

12月29日

朱镕基总理在人民大会堂与来访的德国总理施罗德举行会谈。双方就双边关系和国际形势交换意见。

12月30日

“中国—欧盟纳米技术研讨会”在北京举行。

2003年

1月6日

中国与欧盟首次外交政策磋商在布鲁塞尔举行。

▲中国和斯洛伐克在北京签署《二十一世纪中斯友好合作关系联合声明》。[①]

1月8日

欧洲温州华人华侨联合会在荷兰鹿特丹成立。

---

① 《人民日报》2003年1月7日第4版。

1月9日

国家主席江泽民在北京会见法国外长德维尔潘。

2月14日

中国与欧盟外长会议在北京举行。

3月5日

中欧第十五次人权对话在雅典举行。

3月6日

西班牙王后索菲娅对中国进行为期5天的访问并参加中西建交30周年的有关活动。

3月10日

欧洲委员会在台湾地区设立欧洲经济和贸易办事处。11日外交部发言人就此事表示，“我们希望欧盟委员会以实际行动恪守一个中国原则，严格履行有关办事处不从事任何政治和外交活动的承诺，不同台湾发展任何形式的官方关系”。

4月3日

中央军委主席江泽民在北京会见欧洲制宪委员会主席吉斯卡尔·德斯坦一行。

4月10日

国务院台湾事务办公室主任陈云林会见欧盟委员会对外关系委员彭定康，阐述中国政府解决台湾问题的基本立场和中欧关系中涉台问题的立场，并介绍了当前两岸关系的基本形势。

4月25日

国家主席胡锦涛在北京会见法国总理拉法兰。

5月4日

德国政府决定，提供价值1000万欧元的紧急商品援助，以帮助中国开展非典防治工作。

5月14日

温家宝总理在北京会见罗马尼亚总理。

5月24日

意大利政府向北京市捐赠约1500万欧元，以应对当前的非典疫情。

6月1日

国家主席胡锦涛在出席南北领导人非正式对话会议前，在法国埃维昂会见法国总统希拉克。

6 月 3 日

中国正式要求在欧盟的反倾销调查中获得市场经济地位。

6 月 13 日

温家宝总理在北京会见欧盟委员会贸易委员拉米。

6 月 20 日

法国政府和法国在华企业向中国抗击非典捐赠价值 1200 万元人民币的医疗物资。

7 月 21 日

国家主席胡锦涛、中央军委主席江泽民分别在北京会见来访的英国首相布莱尔。

8 月 19 日

罗马尼亚总统扬·伊利埃斯库今起对中国进行为期 7 天的访问。20 日，两国元首就加强双边关系和共同关心的国际问题举行会谈并宣布两国将发展全面友好合作关系。

8 月 27 日

匈牙利共和国总理麦杰希·彼得今起对中国进行为期 3 天正式访问。这是匈牙利总理 40 多年以来对中国的首次访问。28 日，两国总理签署联合声明，并出席两国关于加强打击犯罪、扩大教育、旅游和体育交往等 6 个合作文件的签字仪式。

9 月 10 日

欧盟委员会通过为欧中关系发展制定的战略文件：《走向成熟的伙伴关系——欧中关系中的共同利益与挑战》，阐述了未来 3 年欧盟对华政策和行动的指导方针与短期战略发展框架。

▲德国总统约翰内斯·劳今起对中国进行为期 7 天的访问。

9 月 11 日

国家主席胡锦涛在北京与德国总统约翰内斯·劳举行会谈。

9 月 13 日

欧盟委员会发展和人道主义援助委员波尔·尼尔森访华。

9 月 18 日

中国与欧盟就中国参加伽利略计划在北京举行第二轮正式谈判，并达成协议。19 日，中欧卫星导航技术培训合作中心在北京正式成立。

10 月 6 日

爱尔兰总统麦卡利斯对中国进行为期 9 天国事访问。

▲中国文化年在巴黎金门宫博物馆隆重开幕。

10 月 13 日

中国政府发表首份《中国对欧盟政策文件》①。文件阐述了中国对欧盟的政策目标和今后 5 年的合作措施。同日，欧盟外长会议通过了上月欧盟委员会提交的对华政策新文件。

10 月 15 日

中国与欧盟荒漠化综合治理研讨会在北京召开。

10 月 20 日

首轮中英战略安全对话在北京举行。

10 月 28 日

中欧合作打击非法移民和贩卖人口活动第四轮高级别磋商在北京举行。

10 月 30 日

第六次中欧领导人会晤在北京举行，会后发表《第六次中欧领导人会晤联合新闻公报》，② 双方决定发展中欧全面战略伙伴关系。中欧签署《中欧伽利略计划合作协议》《中欧关于建立工业政策对话机制框架协议》和草签《中欧旅游目的地国地位谅解备忘录》。

11 月 27 日

中国与欧盟第十六次人权对话在北京举行。

12 月 1 日

德国总理施罗德今起对中国进行为期 4 天正式访问。

12 月 15 日

中欧第十次司法研讨会在威尼斯举行。

2004 年

1 月 26 日

国家主席胡锦涛开始对法国进行为期 3 天国事访问。发表中法联合声

---

① 《人民日报》2003 年 10 月 14 日第 7 版。

② 《人民日报》2003 年 10 月 31 日第 3 版。

明。[①] 中法两国同意，在继续贯彻 1997 年联合声明的基础上，深化中法全面战略伙伴关系。

1 月 30 日

荷兰外交部发言人约赫姆斯说：“荷兰内阁决定将支持取消欧盟对中国的军售禁令。我们在这个问题上不会投否决票。”

2 月 10 日

中欧政策文件研讨会在北京举行，会议达成“共同行动”指南。

2 月 12 日

中国与欧盟在北京签署《中国旅游团队赴欧洲共同体旅游签证及相关事宜的谅解备忘录》。

2 月 26 日

为期 2 天的中欧第十七次人权对话在都柏林举行。

3 月 16 日

欧盟理事会秘书长兼欧盟共同外交与安全政策高级代表索拉纳访华。

3 月 31 日

国家主席胡锦涛应约与法国总统希拉克通电话。希拉克重申法国政府坚定地奉行一个中国政策的原则立场，强调法方将致力于不断推进法中全面战略伙伴关系。希拉克还通报了欧盟解除对华军售禁令的有关情况。

4 月 7 日

国家主席胡锦涛在北京会见荷兰首相巴尔克南德。

▲中欧空间合作高层研讨会在北京举行。欧盟委员会科研总司宣布，在欧盟支持的科研项目里，中国的参与率达到 4%，中国已成为欧盟重要的科研合作伙伴之一。

▲中欧签署加强科技合作的联合声明。

4 月 13 日

欧盟委员会主席普罗迪访华。14 日，普罗迪在中国社会科学院发表题为“欧盟在全球变革中的作用”的演讲，并为设在中国社会科学院的“中国—欧盟：欧洲研究中心项目”揭牌。

▲温家宝总理会见欧盟委员会主席普罗迪，就进一步加强中欧关系提出三点建议。第一，研究制定今后 10 至 15 年发展中欧关系的目标和规

---

① 《人民日报》2004 年 1 月 28 日第 1 版。

划，进一步充实和发展中欧全面战略伙伴关系。第二，认真落实双方去年制定的关于中欧关系的政策文件，扩大和深化双方在各领域的合作。第三，按照相互尊重、平等互利的原则，通过对话和磋商，妥善解决双方关切的重大问题。

4月14日

国家主席胡锦涛在北京会见欧盟委员会主席普罗迪。

4月15日

中国和拉脱维亚在北京签署《中国和拉脱维亚关于刑事司法协助的条约》。

4月30日

中国与欧盟在纽约举行军控磋商。

5月2日

温家宝总理今起对德国进行为期3天正式访问。双方宣布在中欧全面战略伙伴关系框架内建立具有全球责任的伙伴关系。

5月6日

温家宝总理访问欧盟总部。中国和欧盟发表《中欧联合新闻公报》①，推动中欧全面战略伙伴关系，中欧草签《中欧海关合作协定》，签署《中欧竞争政策对话框架性文件》《中欧纺织品贸易对话机制》和《关于伽利略合作的联合声明》等多个双边合作文件。温家宝出席中欧投资贸易研讨会并发表讲话。

▲温家宝总理访问意大利。两国领导人正式确定建立“中意政府委员会”，以提升两国在各领域的合作水平。9日发表《中意两国政府联合公报》②，两国决定建立全面战略伙伴关系。

5月10日

温家宝总理正式访问英国并与布莱尔首相举行会晤。两国政府决定建立中英全面战略伙伴关系并发表《中英两国联合声明》③。

5月11日

温家宝总理访问爱尔兰并与爱尔兰总理埃亨举行会谈。

---

① 《人民日报》2004年5月8日第3版。
② 《人民日报》2004年5月10日第3版。
③ 《人民日报》2004年5月11日第3版。

5 月 26 日

中国与欧盟在布鲁塞尔举行有关非法移民和人口贩卖的第五次高级磋商。

5 月 28 日

欧盟委员会宣布，欧盟与中国就焦炭贸易问题达成协议。欧盟贸易委员拉米对此发表声明说："协议的达成对欧盟的钢铁工业至关重要。协议也显示出欧盟与中国的贸易关系日益成熟与加强。"

6 月 8 日

国家主席胡锦涛开始对波兰进行为期 2 天国事访问。访问期间，双方发表《中波联合声明》①，决定建立中波友好合作伙伴关系。

6 月 10 日

国家主席胡锦涛对匈牙利进行为期 2 天国事访问。访问期间，双方发表《中匈联合声明》②，决定建立中匈友好合作伙伴关系。

6 月 12 日

国家主席胡锦涛对罗马尼亚进行为期 2 天国事访问。访问期间，双方发表《中罗联合声明》③，决定建立中罗全面友好合作伙伴关系。

6 月 17 日

欧盟首脑会议发表主席国结论要求欧盟理事会从欧中关系大局出发，继续就解除对华军售禁令问题进行讨论。会议重申，欧盟将在相互理解和对话的基础上继续发展与中国的战略伙伴关系。

6 月 21 日

中国国家对外汉语教学领导小组和瑞典斯德哥尔摩大学签署意向书，决定今年 10 月在瑞典建立欧洲第一家孔子学院"北欧斯德哥尔摩孔子学院"。

6 月 23 日

中国与欧盟外交政策磋商在布鲁塞尔举行。

6 月 28 日

欧盟对中国市场经济地位初步评估，未能给予中国市场经济地位。

---

① 《人民日报》2004 年 6 月 10 日第 3 版。
② 《人民日报》2004 年 6 月 12 日第 3 版。
③ 《人民日报》2004 年 6 月 14 日第 3 版。

6 月 30 日

中欧关于批准《公民权利和政治权利国际公约》研讨会在北京举行。

9 月 24 日

中欧第十八次人权对话在北京举行。

10 月 8 日

温家宝总理在河内举行的第五届亚欧首脑会议上发表演讲。

▲外交部部长李肇星与欧盟现任主席国荷兰外交大臣博特、候任主席国卢森堡副首相兼外交大臣阿塞尔博恩和欧盟委员会负责人在河内举行中欧外长政治磋商。

▲法国总统希拉克对中国进行为期 4 天国事访问并出席法国文化年开幕活动。

10 月 9 日

中欧签署《中欧伽利略计划技术合作协议》。

10 月 10 日

法国文化年在北京隆重开幕。国家主席胡锦涛和法国总统希拉克分别为法国文化年开幕致贺信，对中法建交 40 周年表示热烈祝贺。

10 月 11 日

欧盟外长会议就“欧盟与中国人权对话”发表公告指出，中国近十年来在社会经济等方面取得了重大进步，欧盟对此表示欢迎，并希望继续加强与中国的对话。

10 月 12 日

欧盟 25 国外长会议决定，暂不取消对华武器出口禁令。外交部发言人章启月对此回应，解除对华军售禁令符合中国和欧洲的共同利益，中方坚决反对欧盟方面将解除武器禁运与所谓的中国人权问题挂钩。欧盟应从大局出发，尽早做出正确的决定。

10 月 18 日

欧盟委员会在北京宣布，解除中国向欧盟出口虾、养殖鱼类、蜂蜜、蜂王浆、兔肉和其他一部分动物源性食品的禁令。

10 月 20 日

欧盟委员会宣布，欧盟将对现行的普惠制进行改革，并将在下一个普惠制年度取消对中国纺织品和服装的普惠制优惠。

11月11日

第三届“欧盟—中国”论坛在斯德哥尔摩大学举行。

11月23日

外交部发言人章启月在此间表示，欧盟解除对华武器禁运是政治原则问题，即使解禁，也不意味着中国将在禁运解除之后增加武器进口。

11月30日

中国—西班牙论坛第二次会议在西班牙巴塞罗那举行。

12月1日

中共中央政治局常委、国务院副总理黄菊在北京与英国副首相兼内阁首席大臣约翰·普雷斯科特举行会谈，双方就中英、中欧关系以及共同关心的国际问题交换了意见。

12月3日

全国人大常委会委员长吴邦国在北京会见欧洲委员会议会议长席德尔。

12月4日

意大利总统钱皮开始对中国进行为期6天国事访问。访华期间，国家主席胡锦涛、全国人大常委会委员长吴邦国、国务院总理温家宝等在北京与钱皮举行会见或会谈。

12月6日

温家宝总理在北京与德国总理施罗德举行会谈。关于对华武器禁运问题，温家宝说，中国要求欧盟解除对华武器禁运绝不是急于购买欧洲国家的武器，而是反对歧视，因为互尊互信、平等互利是中欧关系的基础。会谈后，两国总理共同出席双方多项合作文件的签字仪式。

12月8日

第七次中欧领导人会晤在荷兰海牙举行。双方发表联合声明①。中欧签署《中国与欧盟防扩散和军备控制问题的联合声明》《中国与欧洲原子能共同体利用核能研发合作协定》《中欧科技合作协定的续签协议》,《中欧海关合作协定》和《和平利用核能研发合作协定》；双方领导人同意签署“中欧信息社会项目”“中欧经理交流与培训项目”“中欧社会保障改革项目”和“Erasmus Mundus 中国窗口项目”等四个新的中欧合作项目财

---

① 《人民日报》2004年12月9日第3版。

政协议。

▲温家宝总理与荷兰首相巴尔克南德举行会谈。中荷签署多个双边合作文件。

12 月 9 日

温家宝总理在荷兰海牙出席中欧工商峰会并发表演讲。

2005 年

1 月 11 日

葡萄牙总统桑帕约对中国进行为期 6 天国事访问。双方发表联合新闻公报并签署《中华人民共和国最高人民法院与葡萄牙共和国最高行政法院合作协议》和《中国和葡萄牙政府关于经济合作协定》等 7 项双边合作协议。

2 月 21 日

中国财政部部长金人庆和应邀访华的英国财政大臣戈登·布朗在一份联合声明中说，中英双方同意加强合作，共同应对全球化所带来的宏观经济和结构性挑战，解决好国际发展问题，实现联合国千年发展目标，推动多哈贸易议程，改革国际金融体系等。

▲温家宝总理在中南海紫光阁会见英国财政大臣布朗。

2 月 22 日

外交部发言人孔泉表示，中国与欧盟就军售禁令达成协议，有利中欧关系发展，不损害第三方利益，并与亚太局势无关，美国应顺应中欧关系发展的现状，不要横加阻挠。

3 月 29 日

外交部发言人在例行记者会上说，中国对法国、德国等欧盟成员国领导人最近多次重申支持欧盟对华军售解禁的立场表示赞赏。“我们希望欧盟从中欧关系大局出发，尽早解除对华军售禁令，这符合中欧双方的利益。”

4 月 18 日

中国与法国在巴黎签署《中国和法国政府关于刑事司法协助的协定》。

4 月 21 日

法国总理拉法兰对中国进行为期 3 天正式访问。

▲温家宝总理与拉法兰举行会谈并出席双方关于农业、航空、能源等领域20个双边合作协议的签字仪式。

4月27日

全国人大常委会委员长吴邦国在北京与来访的德国联邦议院议长蒂尔泽举行会谈。全国人大和德国联邦议院定期交流机制正式启动。两国领导人签署联合声明。

5月6日

吴邦国委员长、温家宝总理分别与欧洲议会议长博雷利、欧盟轮值主席国卢森堡首相容克以及欧盟委员会主席巴罗佐互致贺电、贺信，庆祝中国与欧盟建交30周年。

5月11日

欧盟“三驾马车”外长访华并出席在钓鱼台举行的庆祝中欧建交30周年招待会。

5月12日

中欧科技战略高层论坛在北京举行。国务委员陈至立在开幕式致辞中指出，和谐、合作、务实、共赢的中欧科技战略合作关系符合双方的利益。双方应该在追求和谐和相互信任的基础上，全面推进各个层面和各个领域上的科技合作。

5月26日

中国和克罗地亚在北京签署《中华人民共和国和克罗地亚共和国关于建立全面合作伙伴关系的联合声明》。①

6月4日

比利时国王阿尔贝二世对中国进行国事访问。

6月11日

中欧签署纺织品贸易问题备忘录，欧盟承诺对源自中国的10类纺织品终止调查。中欧双方还就到2007年底这10类纺织品的对欧出口达成一致。

6月13日

为期2天的欧盟外长会议在卢森堡举行。会议决定放弃原定于今年6月底取消对华武器禁运的计划，并表示将不在该问题上设置新的时间进

---

① 《人民日报》2005年5月28日第4版。

程表。

6 月 17 日

欧盟首脑会议闭幕。会议就积极发展与中国的战略伙伴关系等一系列政治问题发表了一份结论性文件，重申与中国积极发展战略伙伴关系的决心，希望进一步加强与中国在政治、经济和贸易等领域的全面对话与合作。

6 月 26 日

温家宝总理在第六届亚欧财长会议开幕式上发表题为“加强亚欧财金合作　促进各国共同发展”的讲话。

6 月 28 日

中国与欧盟以及另外 4 方达成协议，确定法国的卡达拉舍为国际热核反应堆的建造地，中欧在这个战略性科技项目上的合作步入新阶段。

7 月 14 日

欧盟委员会主席巴罗佐对中国进行正式访问。温家宝总理与巴罗佐举行会谈。

7 月 15 日

国家主席胡锦涛在北京会见欧盟委员会主席巴罗佐，巴罗佐在中国社科院发表题为《欧盟与中国——共绘更加美好的未来》的演讲。

7 月 21 日

中国和西班牙在北京签署《中国和西班牙关于刑事司法协助的条约》。

7 月 28 日

中国总承包商在北京与欧洲“伽利略”联合执行体签署 3 个应用项目合同，使中欧双方在“伽利略”计划上的合作进入实质性操作。

9 月 5 日

第八次中欧领导人会晤在北京举行。中欧双方发表《第八次中欧领导人会晤联合声明》① 和《中欧气候变化联合宣言》，并签署关于在交通运输、环境保护、空间开发、北京首都机场建设等领域开展合作的文件。中欧就纺织品贸易达成协议并签署文件。

▲国家主席胡锦涛会见来华出席第八次中欧领导人会晤的欧方领导人。

---

① 《人民日报》2005 年 9 月 6 日第 3 版。

▲中欧工商峰会在北京举行。

9 月 6 日

温家宝总理与英国首相布莱尔在北京举行会谈，并共同出席《南航购买 10 架空客 A330 飞机协议》《渤海银行股东发起人协议》《中英政府文化交流计划》和《中国国家博物馆和英国大英博物馆谅解备忘录文件》的签字仪式。

9 月 28 日

中德举行两国外交部政治磋商。双方签署《中华人民共和国外交部和德意志联邦共和国外交部关于建立中德对话论坛的协议》。

10 月 31 日

首届中国与欧盟金融服务与监管圆桌会议在上海召开。

11 月 2 日

中国与欧盟在北京签署《中欧政府采购合作协议》，并确定建立中欧政府采购对话机制。

11 月 3 日

吴邦国委员长在北京会见由主席拉斯穆森率领的欧洲社会党代表团。

11 月 5 日

第二十届中国—欧盟经贸混委会在布鲁塞尔召开。

11 月 8 日

国家主席胡锦涛今起对英国、德国、西班牙进行国事访问。

11 月 9 日

国家主席胡锦涛在伦敦与英国首相布莱尔举行会谈。中英签署总值约 13 亿美元的商业合约。

11 月 10 日

国家主席胡锦涛对德国进行首次国事访问。双方签署中德文化合作协定和中德交通、卫生、通信等领域的合作文件。

▲“欧盟未来发展”国际会议在北京举行。

11 月 13 日

中国与欧盟海关双边高层对话磋商机制正式启动。

11 月 15 日

国家主席胡锦涛访问西班牙并与西班牙首相萨帕特罗举行会谈。两国发表新闻公报[1]，宣布建立全面战略伙伴关系。

▲中国与西班牙在马德里签署《中华人民共和国和西班牙王国引渡条约》。

11 月 22 日

中欧在北京签署《中华人民共和国政府与欧洲空间局关于和平利用空间的合作协定》。

12 月 4—15 日

温家宝总理对法国、斯洛伐克、捷克、葡萄牙和马来西亚进行正式访问。

12 月 4 日

温家宝总理抵达巴黎，开始对法国进行正式访问。

12 月 5 日

温家宝总理在巴黎会见法国总统希拉克，双方高度评价中法关系，并就进一步加强双边合作达成重要的共识。

▲中法两国发表《关于开展青年领域合作的联合声明》并签署 16 项合作文件。

▲温家宝总理在法国雇主协会总部，向法国工商界人士发表题为《中法经贸合作前景广阔》的演讲。

12 月 7 日

温家宝总理访问斯洛伐克并在布拉迪斯拉发会见斯洛伐克总统加什帕罗维奇。双方积极评价双边关系，同意加强合作与交流，推动两国关系迈上新台阶。访问期间，双方签署《中斯两国政府关于促进和相互保护投资协定的附加议定书》和《中国信息产业部与斯洛伐克运输、邮政和电信部信息通讯领域合作协议》。

12 月 8 日

温家宝总理对捷克进行正式访问。两国政府发表联合声明。双方同意在中欧全面战略伙伴关系框架内、在继续贯彻 1999 年两国政府联合公报的基础上发展中捷两国的良好关系。

12 月 9 日

温家宝总理访问葡萄牙。两国决定建立全面战略伙伴关系。

---

① 《人民日报》2005 年 11 月 16 日第 1 版。

12月20日

中国与欧盟举行首轮中欧战略对话。

2006年

1月12日

中国与欧盟在北京签署《中欧高速网络基础设施及其重大应用战略合作的联合声明》。中国与欧洲将建立2500兆比特/秒以上的先进网络高速互联，以支持中欧基于高带宽网络支撑的相关技术领域合作研究。

1月19日

希腊总理卡拉曼利斯对中国进行为期3天正式访问。两国政府决定建立全面战略伙伴关系。

1月23日

第三届“中国—欧洲关系与台湾问题研讨会”在杭州举行。

2月3日

中欧外长在维也纳举行会晤。

2月8日

在欧盟拒绝给予被抽查的全部13家中国鞋类企业以市场经济地位后，8家中国皮鞋生产企业在广州发起成立“欧盟对华鞋产品反倾销应对联盟”，以针对近10年来欧盟对中国最大一宗反倾销案进行集体抗辩。

2月22日

欧洲贸易商协会和欧洲消费者组织发表联合声明，反对欧盟委员会向由中国和越南进口的皮鞋征收反倾销税。

3月17日

欧盟反垄断机构决定对中国国际海运集装箱集团收购荷兰博格公司的交易收购案进行调查。这是欧盟第一次对中国公司海外收购展开反垄断调查。

3月23日

欧盟委员会通过欧盟贸易委员曼德尔森对中国鞋作出的裁决，并正式批准自4月7日起，对中国和越南出口欧盟的皮鞋征收为期半年的临时反倾销税。这是中欧反倾销史上金额最大的一次反倾销案，涉及中国制鞋企业1200多家和上百万人的就业，涉及金额达6.7亿美元。

3 月 24 日

欧洲贸易商协会发表声明，批评欧盟对中国和越南产皮鞋征收反倾销税的做法。

3 月 26 日

德国执政党之一的基民盟要员提出议案，要求取消对中国的发展援助。

3 月 28 日

英国外交大臣斯特劳发表演讲，提出英国外交政策的新方向，将英国的外交“天平”向中国与印度倾斜。

4 月 7 日

欧盟开始对中国鞋征收反倾销税。

4 月 20 日

国务院副总理回良玉率团对法国进行正式访问。访问期间，中法两国签署“中法两国政府关于农业合作的联合声明”。

5 月 21 日

德国总理安格拉·默克尔（Angela Merkel）率团对中国进行正式访问。国家主席胡锦涛、国务院总理温家宝分别会见默克尔总理。双方决定建立中德战略对话机制，并签署 19 份双边合作文件。

5 月 25 日

中国和英国财长对话机制第五次会议闭幕并发表《联合声明》。

▲中国与欧盟第二十一次人权对话会议在维也纳举行。

6 月 6 日

中国与欧盟在北京举行第二轮战略对话。

7 月 6 日

中国和黑山建交。

7 月 10 日

欧洲议会议长博雷利对中国进行为期 6 天访问。这是欧洲议会议长 13 年来首次访华。国家主席胡锦涛、全国人大常委会委员长吴邦国分别会见博雷利。

9 月 3 日

卢森堡大公亨利对中国进行为期 7 天访问。

9月8日

第二届中欧商务会议高层对话论坛在日内瓦举行。

9月9日

第九次中欧领导人会晤在芬兰首都赫尔辛基举行，会议发表联合声明，宣布正式启动商签《中欧伙伴合作协定》的谈判。新协定将涵盖双边关系的全部领域，包括加强政治事务合作。

9月12日

中欧工商峰会在赫尔辛基举行，温家宝总理出席峰会并发表题为《坚持互利共赢　加强合作创新》的演讲。

9月13日

温家宝总理出席在德国汉堡举行的中欧论坛第二次会议，发表题为《开创中欧关系合作、共赢、和谐的新局面》演讲。

▲意大利总理普罗迪对中国进行正式访问。普罗迪表示，意大利将继续致力于欧中关系发展，推动欧盟尽早解除对华军售禁令以及承认中国完全市场经济地位。

▲中国发改委主任马凯与英国外交贸易事务大臣麦卡特尼签署《中国国家发改委和英国贸易投资总署关于成立中英能源工作组的谅解备忘录》。

9月14日

中德举行两国总理定期会晤，双方签署《中德青年交流协议》等8项协议。

9月18日

“中欧工业品和WTO/TBT磋商机制”第五次年会在欧盟总部举行。双方共同签署《中欧机电产品安全合作机制》。

▲中国海关总署与欧盟关税联盟总司在布鲁塞尔签署启动《智能化安全贸易航线试点计划文件》。

10月4日

欧盟通过对中国和越南产皮鞋的正式反倾销方案。欧盟将从10月7日起分别对两国皮鞋征收16.5%和10%的反倾销税，为期2年。

10月11日

由中国科技部和欧盟委员会研究总司联合发起的“中欧科技年活动”启动仪式在布鲁塞尔举行。

10月19日

中国和欧盟在双边磋商机制第二次会议上就滚动工作计划达成一致。本滚动工作计划经双方同意将定期更新，确保能够准确反映中欧双方需求并能适应新的发展。

▲欧盟宣布即日起对中国冷冻草莓征收34%的反倾销税。6个月后，欧盟将决定是否对中国产草莓征收长达5年的反倾销税。

10月24日

欧盟委员会在斯特拉斯堡发表题为《欧盟—中国：更加紧密的伙伴、承担更多责任》对华政策新文件[①]，及欧盟首份对华贸易战略文件，题为《竞争和伙伴关系：欧中贸易和投资政策》。

10月25日

法国总统希拉克访问中国。国家主席胡锦涛在人民大会堂与希拉克总统会谈。两国签署《中法联合声明》[②] 和涉及空间合作、新发传染病预防与控制、购买空客飞机等14项合作协议。

10月27日

瑞士联邦副主席兼外长雷伊对中国进行正式访问。

10月31日

中国与欧盟双方官员在布鲁塞尔商定进一步加强双方在区域政策方面的对话与经验交流、打造区域政策双边合作的“路线图”。

11月7日

中国与欧盟在北京举行第二十一届中欧经贸混委会。双方就进一步发展中欧经贸关系达成8项共识。双方签署了《关于加强知识产权保护合作的谅解备忘录》等协议。

11月8日

欧盟同意向中国建立的50个知识产权投诉中心提供技术方面的帮助。

11月9日

中德举行首轮战略对话会议。

11月15日

商务部新闻发言人在新闻发布会上表示，欧委会首次发表的对华经贸

---

① 《人民日报》2006年10月26日第3版。

② 《人民日报》2006年10月27日第2版。

政策文件较为客观的评述了中国经济对欧盟经济发展所起的积极作用，中国的发展对欧盟是“机遇”而不是“威胁”，“欧洲不能一方面要求中国开放，另一方面却自己筑起高墙”。

11月18—25日

由迪尔克·斯特克斯率领的欧洲议会对华关系代表团一行来华访问，并与中方举行第二十三次定期会晤。

11月19日

保加利亚总理斯塔尼舍夫今起对中国进行为期4天正式访问。访问期间，两国签署《中国和保加利亚政府经济合作协定》等三项合作协定和一项谅解备忘录。

12月5日

欧洲议会成立首个非官方的对华友好议员团体——欧中友好小组。

12月21日

中国与法国在北京草签《中国和法国引渡条约》。

2007年

1月16—18日

欧盟委员会对外关系委员瓦尔德纳女士对中国进行正式访问。17日外交部长李肇星与瓦尔德纳举行会谈，双方宣布正式启动中欧伙伴关系协定的实质性谈判。这份中欧伙伴关系协定将取代一九八五年的中欧《贸易与经济合作协定》，成为中欧关系发展的“总纲领”。

1月31日

中国与葡萄牙在北京签署《中华人民共和国和葡萄牙共和国引渡条约》。

3月1日

中国与法国在北京签署《中国和法国关于在中医药领域合作的协议》。

3月20日

中国与法国正式签署两国引渡条约。

4月1日

中国欧盟协会与欧盟委员会驻华代表团在北京举行题为“欧盟50年”图片展，庆祝《罗马条约》签订50周年。

4 月 2 日

全国政协主席贾庆林在人民大会堂会见欧盟委员会副主席费尔霍伊根。

4 月 8 日

回良玉副总理访问荷兰。访问期间，双方签署《中荷两国政府关于农业合作的联合声明》。

5 月 7 日

国家主席胡锦涛致电尼古拉·萨科齐，祝贺他当选法国总统。

5 月 10 日

中欧谈判指导委员会举行首次会议。会议就中欧伙伴关系合作协定谈判的有关指导原则、协定框架、谈判结构、方式和议题顺序等达成重要共识。

5 月 11 日

中国与波兰签署《中国铁道部和波兰运输部铁路运输合作谅解备忘录》。

5 月 15 日

中国与欧盟第二十三次人权对话在柏林举行。

5 月 16 日

荷兰外交大臣——马克西姆·费尔哈根对中国进行为期 2 天正式访问。两国发表《中荷两国外交部关于加强双边合作的联合声明》。

5 月 22—25 日

吴邦国委员长访问匈牙利、波兰。

5 月 27 日

欧洲议会欧中友好小组正式访问中国。

5 月 28 日

中欧外长举行会晤，欧方敦促中国进一步开放市场，降低对欧盟“庞大”的贸易顺差，呼吁批准市场准入方面的核心条约。中方表示，深化中欧关系是双方自身发展的需要，符合双方根本和长远利益。中国不是故意寻求对欧盟的贸易顺差，并愿意尽可能多地从欧盟进口商品，但欧盟也应放宽贸易限制。

6 月 12 日

第二十二届中欧经贸混合委员会会议在布鲁塞尔举行。中国与欧盟双方就启动完善1985年《中欧贸易与经济合作协定》谈判、中国市场经济地位、纺织品协议、钢铁贸易、知识产权保护等问题达成12项共识。

6月19日

中国与比利时在北京签署《中比法语区政府2007年至2010年文化交流执行计划》。

6月23—30日

欧洲议会对华关系代表团来华出席双方交流机制第24次会议并访问西藏。

6月24—29日

西班牙国王卡洛斯一世及索菲娅王后对中国进行国事访问。

6月26日

中国与保加利亚在北京签署《中保两国政府关于相互鼓励和保护投资协定的附加议定书》。

▲中国与比利时在北京签署《中比两国政府关于设立中国—比利时直接股权投资基金的谅解备忘录》。

6月27日

由中国科技部、意大利卫生部、欧盟科研总司联合主办的《中欧中医药大会——国际科技合作与展望》昨今两天在罗马召开。

7月3日

国务委员唐家璇在北京会见欧洲社会党主席拉斯穆森及代表团一行。

7月8日

中国与瑞士签署《中国商务部与瑞士经济部联合声明》。瑞士宣布承认中国完全市场经济地位。9日，两国签署《关于设立中瑞联委会知识产权工作组的谅解备忘录》。

8月27日

德国总理默克尔访华，宣布启动为期3年的“德中同行”在华系列活动。

9月18日

中国与欧盟签署道路和内河合作谅解备忘录。

9月21日

中国与英国举行中英第二轮战略对话。

9 月 23 日

德国总理默克尔会见达赖喇嘛。

9 月 25 日

中法海军在地中海海域举行以联合搜救为主要内容的“中法友谊—2007”海上联合军事演习。

10 月 4 日

主题为“中欧如何共同面对中国崛起”的中欧论坛，今起至 7 日在欧洲 23 个城市及欧盟总部所在地布鲁塞尔举行。参加这次论坛的中欧各界人士近千人，内容涉及各个领域，是近年中欧之间研讨中国崛起的规模最大的一次论坛。

10 月 17 日

中国和欧盟在北京举行第二十四次“中国—欧盟人权对话”。

10 月 21 日

中国与西班牙在北京签署《中国政府与西班牙政府关于相互承认学历学位的协议》。

11 月 25 日

法国总统萨科奇对中国进行为期 3 天国事访问。

▲欧元集团主席、卢森堡首相兼财政大臣容克、欧洲中央银行行长特里谢和欧盟委员会经济与货币事务委员阿尔穆尼亚对中国进行为期 2 天的访问。

11 月 26 日

中国和法国在北京签署《中华人民共和国政府和法兰西共和国政府关于相互促进和保护投资的协定》和《中法应对气候变化联合声明》。

11 月 28 日

国家主席胡锦涛会见来京出席第十次中欧领导人会晤的欧盟轮值主席国葡萄牙总理苏格拉底和欧盟委员会主席巴罗佐。

▲第十次中欧领导人会晤在北京举行，双方发表联合声明。双方同意中国国务院和欧盟委员会将成立副总理级的中欧经贸高层对话机制，并签署《欧洲投资银行对话气候变化框架贷款协议》《中欧法学院项目联合声明》及《中欧商务管理培训项目联合声明》。

11 月 29 日

欧盟委员会在布鲁塞尔就第十次中欧领导人会晤发表题为《欧中峰

会：全面发展的伙伴关系》的公报，对会晤取得的成果给予高度评价。

12月5日

中国和马其顿在北京签署《中华人民共和国和马其顿共和国关于深化互利合作关系的联合声明》。

2008年

1月15日

温家宝总理应约与德国总理默克尔通电话。默克尔表示，德国将继续坚定支持和奉行一个中国政策，反对台湾地区“入联公投”，不支持“西藏独立”。时事专家指出，此次默克尔对台湾和西藏问题的重新表态，标志着中德关系已经解冻。

1月18日

英国首相布朗今起对中国进行为期3天正式访问。国家主席胡锦涛与布朗首相举行会晤。双方在涉及双边和多边领域各项议题上达成9项重要共识，签署包括教育、能源等领域的8项合作文件。

2月27日

中国与德国在北京签署《中华人民共和国政府和德意志联邦共和国政府2007年技术合作协定》。

3月24日

中国与欧洲原子能共同体在北京签署《中华人民共和国政府和欧洲原子能共同体和平利用核能研发合作协定》。

4月24日

欧盟委员会主席巴罗佐来华进行为期2天正式访问。中欧双方宣布启动中欧经贸高层对话。

4月25日

首次中欧经贸高层对话在北京人民大会堂举行。双方决定，对话每年举行一次，在中欧两地轮流举行。

5月15—16日

中国和欧盟第二十五次人权对话在斯洛文尼亚首都卢布尔雅那举行。

6月27日

中国与罗马尼亚在布加勒斯特签署《中华人民共和国政府和罗马尼亚

政府科学技术合作协定》。

7 月 1 日

中国与德国在北京签署《中华人民共和国政府与德意志联邦共和国政府 2007 年度财政合作协议》。

9 月 29 日

来自英国 6 个地区近 20 名华人保守党党员联手在保守党年会期间举办“边缘”活动，呼吁党内支持华人参政。

10 月 8 日

中国与英国在北京签署《中华人民共和国与作为大不列颠及北爱尔兰联合王国国际发展部赠款托管机构的国际复兴开发银行赠款协定（中国农村开发项目）》。

10 月 20 日

丹麦首相拉斯穆森来华出席第七届亚欧首脑会议并对中国进行正式访问。访问期间，双方发表《中华人民共和国政府和丹麦王国政府关于建立全面战略伙伴关系的联合声明》。[①]

10 月 25 日

法国布列塔尼孔子学院在雷恩市举行揭牌仪式。

11 月 26 日

外交部发言人宣布，担任欧盟理事会轮值主席的法国领导人公开高调宣布将于中欧领导人会晤后会见达赖，使中欧会晤已不具备应有的良好气氛，也无法达到预期的目的。在此情况下，中方不得不推迟第十一次中欧领导人会晤。

11 月 27 日

法国宣布取消第 5 届欧中经济峰会。

12 月 6 日

法国总统萨科奇访问波兰，并与达赖会面。

12 月 7 日

外交部副部长何亚非奉命召见法国驻华大使苏和，就法国总统萨科齐在波兰会见达赖提出严正交涉。

---

① 《人民日报》2008 年 10 月 25 日第 6 版。

2009年

1月19日

中国和欧盟第四轮战略对话在北京举行。

1月27日

温家宝总理今起对瑞士、德国、西班牙、英国和欧盟总部进行正式访问，并出席在瑞士达沃斯举行的世界经济论坛2009年年会。

▲温家宝总理与瑞士联邦主席梅尔茨举行会谈。会谈后，两国领导人共同出席《中瑞促进和相互保护投资协定及议定书》签字仪式。

1月29日

温家宝总理访问德国。双方发表《中德关于共同努力稳定世界经济形势的联合声明》并签署多项双边合作文件。

1月30日

温家宝总理访问欧盟总部并与欧盟委员会主席巴罗佐举行会谈。双方发表中欧联合声明①。双方重申，将致力于进一步发展中欧全面战略伙伴关系，加强对话以增进互相理解，妥善处理分歧，在平等、互信和互相尊重的原则基础上，扩大和深化各领域的合作。温家宝总理与巴罗佐主席共同出席中欧9个合作协议的签字仪式。

▲温家宝总理访问西班牙。中西两国发表《中华人民共和国政府和西班牙王国政府关于进一步深化两国全面战略伙伴关系的联合声明》。②

2月2日

温家宝总理访问英国与英国首相布朗举行会谈。会谈后，双方发表《中英关于加强合作积极应对国际金融危机的联合声明》。两国领导人共同出席了经贸投资、电力通信、知识产权和城市发展等领域多项双边合作文件的签字仪式。

2月22日

国家副主席习近平在瓦莱塔同马耳他总理贡齐举行会谈。会谈后，双方共同出席了经济、文化、司法等双边合作文件的签字仪式。

---

① 《人民日报》2009年1月31日第3版。

② 《人民日报》2009年2月1日第3版。

2月24日

由商务部部长陈德铭率领的中国贸易投资促进团启程前往欧洲，将在德国、瑞士、西班牙和英国四国开展一系列贸易投资研讨、洽谈和采购活动，以推动中欧双边贸易发展，促进双向投资和经济技术合作。

3月13日

外交部发言人及全国人大外事委员会负责人分别就欧洲议会利用涉藏问题干涉中国内政表示反对并重申立场。中方敦促欧洲议会停止利用涉藏问题干涉中国内政，并要求欧洲议会以中欧关系大局为重，摒弃意识形态偏见，采取公正客观立场，多做有益于中欧全面战略伙伴关系健康发展的事。

3月30日

温家宝总理在布鲁塞尔会见欧盟轮值国主席、捷克总理托波拉内克。

3月31日

中国与欧共体在布鲁塞尔签署《中华人民共和国政府和欧洲共同体及其成员国关于修订海运协定的议定书》。

4月1日

中国与法国外交部共同发表新闻公报，法国拒绝支持任何形式的“西藏独立”，双方重申加强全面战略伙伴关系。

4月7日

中国与塞尔维亚在北京签署《中华人民共和国政府和塞尔维亚共和国政府科学技术合作协定》。

4月20日

吴邦国委员长在北京与法国国民议会议长阿克耶举行会谈。

4月21日

中国与阿尔巴尼亚在北京签署《中华人民共和国和阿尔巴尼亚共和国关于深化传统友好关系的联合声明》。

4月29日

第八届中欧工商论坛闭幕。

5月14—15日

中国与欧盟第二十七次人权对话在捷克首都布拉格举行。中欧双方围绕言论自由权、公民社会的作用、健康权及加强国际人权领域合作等问题深入交换了看法。

5 月 18 日

中欧圆桌会议第五次会议开幕式在中国天津举行。

5 月 20 日

第十一次中欧领导人会晤在捷克首都布拉格举行。双方就进一步发展中欧全面战略伙伴关系，共同应对国际金融危机和气候变化等问题深入交换意见，达成重要共识。双方签署《中欧清洁能源中心联合声明》《中欧中小企业合作共识文件》和《中欧科技伙伴关系计划》等文件。

6 月 23 日

中国与英国在伦敦签署新闻出版领域的合作谅解备忘录。

6 月 30 日

中国与欧盟商会发布《中国欧盟商会商业信心调查 2009》报告文件。

7 月 6 日

国家主席胡锦涛在罗马会见意大利总统纳波利塔诺。会谈后，双方领导人共同出席 8 项合作协议的签字仪式。

8 月 19—25 日

塞尔维亚总统鲍里斯·塔迪奇对中国进行国事访问。访问期间，两国元首在坦诚、友好的气氛中就进一步加强和深化中塞各领域互利合作及共同关心的国际和地区问题深入交换意见，并达成广泛共识。20 日中国和塞尔维亚在北京签署《中华人民共和国和塞尔维亚共和国关于建立战略伙伴关系的联合声明》以及《中华人民共和国政府和塞尔维亚共和国政府关于基础设施领域经济技术合作协定》。

9 月 1 日

中国驻欧盟使团团长宋哲大使敦促欧盟克制使用反倾销措施，主张中欧从战略高度看待和规划双边经贸合作的长远发展。

9 月 2 日

中国和卢森堡在北京签署《中华人民共和国政府与卢森堡大公国政府互免机组成员签证协议》。

9 月 9 日

温家宝总理在北京人民大会堂会见英国内阁首席大臣兼商业、创新和技能大臣曼德尔森。

10 月 7 日

国家副主席习近平与比利时首相范龙佩举行会谈。

10 月 8 日

国家副主席习近平在欧盟总部会见欧盟委员会主席巴罗佐。

10 月 12 日

国家副主席习近平分别与德国总统克勒和总理默克尔举行会谈。访问期间，中德双方共同签署经济、教育、太阳能、机电等领域 9 个双边合作文件。

10 月 15 日

国家副主席习近平访问保加利亚并分别与总统珀尔瓦诺夫、副总统马林及总理博里索夫举行会谈。

10 月 16 日

到访的国家副主席习近平与匈牙利总统绍约姆举行会谈。

10 月 20 日

中国和罗马尼亚在布加勒斯特签署《中华人民共和国政府和罗马尼亚政府关于互设文化中心的谅解备忘录》。

10 月 30 日

德国发展部长尼贝尔表示，德国将停止对中国和印度的发展援助。

11 月 20 日

温家宝总理在北京会见法国前总理拉法兰、匈牙利前总理迈杰希、英国前副首相普雷斯科特等出席“中欧战略伙伴关系研讨会”的欧方代表。

▲中国—欧盟第二十八次人权对话在北京举行。

11 月 26 日

英国外交国务大臣刘易斯在伦敦会见西藏自治区人大常委会主任列确时，重申了英国政府承认西藏是中国一部分的立场。

11 月 27 日

由中国商务部与法国经济工业和就业部共同主办的中法经贸合作论坛在法国巴黎举行。

11 月 30 日

第十二次中欧领导人会晤在中国南京举行。双方同意加强各领域交流与合作，决定深化海关合作；继续开展中欧文化政策对话，并在推动实施《保护和促进文化表现形式多样性公约》方面密切协作；继续推进教育政策对话磋商机制；双方一致同意，深化中欧全面战略伙伴关系；支持中国经济社会理事会与欧盟经济社会委员会继续开展建设性对话；加强中欧智库间的高层次对话与交流，推动并支持这一交流机制化；会晤后，双方续签了《中欧科技合作协定》以及在节能减排、贸易和投资、环境治理等领域的5项合作文件。

12月1日

根据今日开始生效的《里斯本条约》，欧盟欧洲委员会驻华代表团今日在北京举行揭牌仪式，正式更名为欧盟驻华代表团。

12月21日

温家宝总理在北京与法国总理菲永举行会谈。双方同意，在相互尊重、平等相待的基础上，继续推进中法全面战略伙伴关系。会谈后，两国总理共同出席了中法两国在科技、信息、水利、文化、财政、核能和航空等领域合作文件的签字仪式。

第七章　2010 年 1 月—2019 年 6 月

2010 年

1 月 11 日

欧盟外交和安全政策高级代表阿什顿在欧洲议会听证会上表示，面对中国等新兴大国的崛起，欧盟需制订新的外交政策，以应对即将形成的国际新秩序，并对新兴国家有效施加影响。

1 月 20 日

奥地利总统菲舍尔出席在北京举行的中国—奥地利经济论坛。在此次论坛上，中奥签署 4 项合作协议。

1 月 21 日

温家宝总理在北京与法国总理菲永举行会谈。双方同意，在相互尊重、平等相待的基础上，继续推进中法全面战略伙伴关系。

2 月 9 日

中丹可再生能源发展合作项目启动仪式在北京举行。

3 月 16 日

温家宝总理在北京会见英国外交大臣米利班德。

3 月 26 日

中国与芬兰在赫尔辛基签署《中国政府和芬兰政府关于在文化、教育、科学、青年及体育领域合作谅解备忘录》。

3 月 29 日

中国和瑞典在斯德哥尔摩签署《中国政府和瑞典政府在文化领域合作谅解备忘录》。

4月28日

国家主席胡锦涛在北京与法国总统萨科齐举行会谈。萨科齐表示，中国是法国非常重要的战略伙伴，世界上只有一个中国，台湾、西藏都是中国的一部分，自1964年法中两国建交以来，法方一直奉行这一政策，没有任何改变。

4月29日

欧盟委员会主席巴罗佐今起对中国进行为期3天的正式访问并出席上海世博会开幕式。

5月6日

国家主席胡锦涛与欧洲理事会主席范龙佩互致贺电，热烈庆祝中欧建交35周年。

5月14日

立陶宛总统格里包斯凯特在维尔纽斯会见到访的中国商务部长陈德铭，双方就双边关系、经贸合作和欧中经贸关系、当前全球金融危机及希腊主权债务危机等问题交换了看法。

5月24日

首届中欧政党高层论坛在北京举行。

6月10日

中国和挪威在奥斯陆签署《中国政府和挪威政府关于经济技术合作谅解备忘录》。

6月29日

中国和欧盟第二十九次人权对话在马德里举行。欧盟方面积极评价中国在人权领域取得的新进展。

7月6日

欧盟批准中国浙江吉利控股集团有限公司和大庆市国有资产经营有限公司并购瑞典沃尔沃轿车公司。

7月7日

吴邦国委员长今起对法国、塞尔维亚、瑞士进行正式友好访问，并出席在日内瓦举行的第三次世界议长大会。

7月9日

吴邦国委员长在法国总统府会见法国总统萨科齐。

7 月 14 日

中国与塞尔维亚在贝尔格莱德签署《中华人民共和国政府和塞尔维亚共和国政府关于互设文化中心谅解备忘录》。

7 月 15 日

德国总理默克尔访问中国。国家主席胡锦涛及国务院总理温家宝分别会见默克尔。16 日，中德双方发表《中德关于全面推进战略伙伴关系的联合公报》，正式将两国关系提升为战略伙伴关系，将两国战略对话提升为部长级。两国签署经济技术、财政、生态环保、电气、汽车、文化等领域 10 项双边合作文件。

7 月 16 日

国家副主席、中央党校校长习近平在北京中央党校会见德国总理默克尔。默克尔同中央党校学员座谈，就中德关系、中欧关系、共同应对国际金融危机和气候变化等问题进行交流。

9 月 1 日

首次中欧战略对话在贵阳举行。

10 月 2—4 日

温家宝总理访问希腊。访问期间，温家宝总理与希腊总理帕潘德里欧举行会谈，并在希腊议会就中希关系和中欧关系发表演讲。双方回顾了自 2006 年两国建立全面战略伙伴关系以来，中希友好合作所取得的丰富成果，一致认为在当前国际形势下，两国应加强各领域合作，进一步深化全面战略伙伴关系。4 日两国发表《中希关于深化全面战略伙伴关系的联合声明》①。

10 月 4 日

温家宝总理对比利时进行正式访问，并出席第八届亚欧首脑会议和第十三次中欧领导人会晤。

▲温家宝总理在布鲁塞尔会见法国总统萨科齐。

10 月 5 日

正在比利时出席亚欧首脑会议的中国总理温家宝晚间飞赴德国与德国总理默克尔在柏林梅泽贝格宫举行会晤，并发表中德总理会晤联合新闻公报。公报称，“双方愿通过加强对话磋商和扩大互利合作促进中欧经济关

① 《人民日报》2010 年 10 月 4 日第 3 版。

系”，中国和欧盟“应增进政治互信，深化战略协作”。

10 月 6 日

第十三次中欧领导人会晤在布鲁塞尔举行并发表联合新闻公报。双方签署《关于海洋事务和 2011 年青年交流年的合作协议》。

▲温家宝总理在布鲁塞尔出席第六届中欧工商峰会并发表演讲。

▲温家宝总理在布鲁塞尔与欧盟委员会主席巴罗佐共同出席首届中欧文化高峰论坛开幕式并致辞。

10 月 7 日

温家宝总理与意大利总理贝卢斯科尼共同出席中意建交 40 周年庆祝活动暨“中国文化年”开幕式并致辞。

10 月 8 日

温家宝总理与意大利总理贝卢斯科尼在罗马举行会谈。两国发表《中意关于加强经济合作的三年行动计划》。

10 月 27 日

国家主席胡锦涛在北京同意大利总统纳波利塔诺举行会谈。

11 月 4 日

国家主席胡锦涛对法国进行国事访问。在中法建立全面伙伴关系 13 年后，两国签署一系列涉及核能、航空和节能环保等诸多领域的合作协议。

11 月 6 日

国家主席胡锦涛在里斯本同葡萄牙总统席尔瓦举行会谈。两国领导人一致同意共同努力，推动中葡全面战略伙伴关系全面深入发展。访问期间，中葡双方签署了涉及人文、科技、旅游、电力、通信和金融等多个领域的合作文件。

11 月 26 日

德国总统武尔夫在柏林会见正在德国出席中欧论坛汉堡峰会第四次会议的中国国务委员马凯。

12 月 22 日

第三次中欧经贸高层对话在北京举行。本次对话以“迎接挑战、创造机遇、保持开放、合作共赢”为主题。

2011年

1月4日

李克强副总理开始对西班牙进行为期3天正式访问。访问期间，中西两国在金融、电信、能源、油气和食品等领域签署16个项目合作文件。

1月6日

李克强副总理开始对德国进行正式访问，德国总理默克尔7日与李克强举行会谈。

1月10日

李克强副总理在伦敦会见英国首相卡梅伦。会见前，李克强副总理在伦敦与英国副首相克莱格举行会谈并共同出席中英双方在金融、投资、贸易、能源、低碳合作、文化以及大熊猫保护研究等领域一系列合作文件的签字仪式，涉及金额约47亿美元。

1月21日

英文《中国日报》在伦敦举行酒会，宣布在欧洲27国正式发行中国日报集团旗下的《欧洲周刊》。

2月23日

温家宝总理同五百多名中欧青年代表和欧盟国家驻华使节一起出席在北京首都博物馆举行的“中欧青年交流年”开幕式，并在开幕式上启动“中欧青年交流年”官方网站。

3月1日

中国与瑞士在北京签署《中国政府和瑞士联邦政府航空运输协定》。

4月1日

中德外长首轮部长级战略对话在北京举行。

5月12日

第二轮中欧高级别战略对话在欧盟轮值主席国匈牙利首都布达佩斯举行。双方就国际形势的新发展、中国发展道路和中欧关系等议题交换看法。

5月15日

欧洲理事会主席范龙佩对中国进行为期5天正式访问。

5 月 18 日

第二届中欧政党高层论坛在天津举行，会议议题是：中欧贸易及经济合作的现状与前景。

6 月 23 日

中国与黑山政府在波德戈里察签署《中国政府和黑山政府关于加强基础设施领域合作协定》。

6 月 24 日

温家宝总理对匈牙利、德国和英国进行访问

▲温家宝总理与匈牙利总理欧尔班·维克多（ORBÁN Viktor）举行会谈并宣布，为促进相互投资，中方决定向匈牙利提供十亿欧元（约 110 亿港元）的专项贷款资金，用于两国企业合作项目，同时将购买匈牙利的国债，协助匈牙利度过财政难关。25 日中国与匈牙利在布达佩斯签署《中匈两国政府关于互设文化中心谅解备忘录》。

6 月 27 日

中国与英国在伦敦签署《中英两国政府关于对所得和财产避免双重征税和防止偷漏税的协定》。

6 月 28 日

温家宝总理和德国总理默克尔在柏林共同主持首轮中德政府磋商。会后，双方发表首轮中德政府磋商联合新闻公报。

▲中德两国在柏林签署《中德关于建立电动汽车战略伙伴关系的联合声明》。

▲温家宝总理出席第六届中德经济技术合作论坛并发表演讲。

7 月 5 日

国家副主席习近平在北京人民大会堂会见以主席拉斯穆森为团长的欧洲社会党高级代表团。

9 月 2 日

温家宝总理应约与欧盟委员会主席巴罗佐通电话，温家宝表示，作为欧盟的全面战略伙伴和主要贸易伙伴，中方密切关注欧洲经济形势，向欧盟及有关国家提供真诚的支持和帮助。中方对欧洲经济和欧元始终抱有信心，将继续把欧洲作为主要投资市场之一，希望欧方确保中方对欧投资安全。

9月8日

中国与英国在伦敦签署《中英两国政府关于加强基础设施领域合作谅解备忘录》。

9月14日

李克强副总理出席中国—欧洲民间友好合作对话会开幕式并发表致辞。

9月26日

国务委员戴秉国在伦敦同英国外交大臣黑格举行中英战略对话，就当前国际形势和中英关系等深入交换看法。

9月27日

英国首相卡梅伦在伦敦唐宁街10号会见国务委员戴秉国。

10月19日

第六届中国—欧盟投资贸易合作洽谈会在四川成都开幕。会议的主题是“交流与合作、创新与发展”。

10月24日

为期3天的“中欧青年未来营”在北京闭幕，双方青年通过《中欧青年倡议》。

10月30日

国家主席胡锦涛访问奥地利。访问期间，胡锦涛主席同奥地利总统菲舍尔、总理法伊曼和议长普拉默等会谈、会见。

11月2日

国家主席胡锦涛会见法国总统萨科齐。两国元首就双边关系和二十国集团领导人康城峰会相关问题深入交换意见。

11月7日

第二届中欧政党高层论坛第二次会议在布鲁塞尔开幕。会议主题是“中国‘十二五’规划与‘欧洲2020战略’：中欧合作的新思路、新举措”。

11月29日

由中国驻欧盟使团与比利时智库“欧洲之友”等机构合作举办的首届“中欧论坛”在布鲁塞尔举行。

12月2日

以“新形势下的中欧关系”为主题的第五届“蓝厅论坛”在中国外交

部举行。

12 月 7 日

外交部长杨洁篪与德国外长韦斯特韦勒在柏林举行第二轮中德外长级战略对话。

▲欧盟委员会决定从 2014 年起削减对中国、印度、巴西等 19 个新兴经济体的援助，并将援助重点放在最贫困国家。

12 月 18 日

波兰总统科莫罗夫斯基对中国进行为期 4 天国事访问。国家主席胡锦涛与科莫罗夫斯基举行会谈。20 日两国元首签署《中华人民共和国和波兰共和国关于建立战略伙伴关系的联合声明》①，并出席有关双边合作文件的签字仪式。

12 月 31 日

全国人大常委会批准在罗马签署的《中国和意大利引渡条约》和《中国和意大利关于刑事司法协助的条约》。

2012 年

1 月 12 日

中国文化部宣布今年 1 月至 12 月，由文化部举办的“中国文化年”将在德国柏林、汉堡、慕尼黑、法兰克福和科隆等 30 多个城市举行。

1 月 15 日

来自中国成都的两只大熊猫“圆仔”和“欢欢”乘专机抵达法国，开始为期 10 年的中法大熊猫繁育合作计划。

2 月 2 日

德国总理默克尔对中国进行为期 2 天正式访问。上午，默克尔总理访问中国社会科学院，并就国际金融形势、政策及中德关系发表演讲。下午，温家宝总理在人民大会堂同默克尔总理举行大、小范围会谈并共同会见中外记者。两国总理就欧债问题交换了意见。

2 月 3 日

国家主席胡锦涛和全国人大常委会委员长吴邦国分别会见德国总理默

---

① 《人民日报》2011 年 12 月 21 日第 3 版。

克尔。默克尔总理前往广州出席中德经济论坛。

2 月 7 日

中国民航局向各航空公司发出指令，禁止中国各运输航空公司参与欧盟排放交易体系。中国民航局负责人表示，欧盟单方面立法将进出欧盟国际航班的温室气体排放纳入欧盟排放交易体系，违反了《联合国气候变化框架公约》和国际民航组织的相关原则和规定。

2 月 14 日

第十四次中欧领导人会晤在北京举行。温家宝总理与欧洲理事会主席范龙佩、欧盟委员会主席巴罗佐出席第七届中欧工商峰会。

2 月 15 日

国家主席胡锦涛在人民大会堂会见欧洲理事会主席范龙佩和欧盟委员会主席巴罗佐。

2 月 18 日

国家副主席习近平今起访问爱尔兰并在都柏林同爱尔兰总理肯尼举行会谈。会谈结束后，双方领导人共同出席了有关经贸、投资和教育等领域合作文件的签字仪式。

3 月 13 日

温家宝总理与英国首相卡梅伦互致贺电，热烈庆祝中英建交 40 周年。

3 月 23 日

欧盟委员会发布公告称，将复审 52 项对华反倾销措施。26 日中国商务部条约法律司负责人就此项措施发表谈话，欢迎欧方执行世界贸易组织（WTO）争端解决机制有关裁决的举措，并表示中方希望欧盟能尽早执行裁决，全面纠正其反倾销调查中违反 WTO 规则的做法，给予中国企业公平公正待遇，促进双边贸易健康发展。

3 月 25 日

爱尔兰总理肯尼对中国进行为期 4 天正式访问。27 日温家宝总理在人民大会堂同爱尔兰总理肯尼举行会谈。双方宣布建立中爱互惠战略伙伴关系。

4 月 18 日

温家宝总理应约与德国总理默克尔通电话，就解决欧债问题交换意见。

▲中国科学院正式宣布其下属的成都地奥制药集团有限公司的创新药

物——地奥心血康胶囊成功获准欧盟注册上市。这是我国成功进入欧盟市场的第一个具有自主知识产权的治疗性药品，也是欧盟成员国以外获得市场准入的第一个植物药，标志着我国具有自主知识产权的治疗性药品进入发达国家主流市场实现零的突破。

4月20日

温家宝总理今起对冰岛、德国、瑞典和波兰进行正式访问。

▲温家宝总理访问冰岛期间，中冰两国签署《中国政府与冰岛政府关于北极合作的框架协议》等多份合作文件。双方还就加快中冰自贸协定谈判，争取明年率先建成中欧之间第一个自贸区达成共识。

4月22日

温家宝总理抵达德国汉诺威，与德国总理默克尔共同出席德国汉诺威工业博览会开幕式并发表演讲。23日中德工商峰会在汉诺威工业博览会会议中心开幕。温家宝总理与默克尔总理出席。

4月24日

温家宝总理对瑞典进行正式访问并在斯德哥尔摩与瑞典首相赖因费尔特举行会谈。双方发表《中国和瑞典关于在可持续发展方面加强战略合作的框架文件》①。25日温家宝总理与瑞典首相赖因费尔特共同出席斯德哥尔摩+40可持续发展伙伴论坛部长对话并发表演讲。斯德哥尔摩+40可持续发展伙伴论坛部长对话由瑞典环境部主办。瑞典国王卡尔十六世·古斯塔夫、议长韦斯特贝里和70多个国家的部长等高级官员出席。

4月25日

温家宝总理对波兰进行为期3天正式访问并在华沙会见波兰总统科莫罗夫斯基。双方决定全面深化战略伙伴关系。

4月26日

中国—中东欧国家领导人会晤在华沙举行并发表新闻公报，确定了《中国关于促进与中东欧国家友好合作的十二项举措》。

4月30日

李克强副总理对匈牙利进行为期2天正式访问，并与匈牙利总理欧尔班·维克多举行会谈。

---

① 《人民日报》2012年4月26日第2版。

5 月 2 日

李克强副总理在布鲁塞尔与比利时首相迪吕波举行会谈。李克强与迪吕波共同出席《中比两国检验检疫、设立镜子基金合作协议》的签字仪式。

5 月 3 日

中欧发表《中欧城镇化伙伴关系共同宣言》。双方宣布建立中欧能源消费国战略伙伴关系。

▲李克强副总理与欧盟委员会主席巴罗佐出席中欧高层能源会议，并出席中欧能源安全、中欧促进电力市场相关合作等共同宣言和联合声明的签字仪式，双方宣布建立中欧能源消费国战略伙伴关系，标志着中欧能源合作进入一个新阶段。

5 月 29 日

为期 2 天的第三届中欧政党高层论坛在布鲁塞尔举行。论坛主题是“中欧合作共迎挑战”。

6 月 16 日

国家主席胡锦涛在哥本哈根同丹麦首相托宁—施密特举行会谈，双方就发展中丹关系、中欧关系及共同关心的重大国际和地区问题深入交换意见，达成重要共识。

6 月 18 日

国家主席胡锦涛出席在墨西哥洛斯卡沃斯举行的 20 国集团峰会时分别会见法国总统奥朗德和德国总理默克尔。

7 月 9 日

为期 2 天的第三轮中欧高级别战略对话在北京举行。对话由国务委员戴秉国和欧盟外交与安全政策高级代表兼欧盟委员会副主席阿什顿共同主持。

▲法国外交部长洛朗·法比尤斯对中国进行为期 3 天正式访问。10 日，温家宝总理在中南海紫光阁会见法国外长法比尤斯。

8 月 30 日

德国总理默克尔开始对中国进行为期 2 天正式访问。

▲第二轮中德政府磋商在北京举行。双方发表《第二轮中德政府磋商联合声明——展望未来的中德战略伙伴关系》并签署《空客中国总装线二期框架协议》等 10 余个合作协议。国家主席胡锦涛、全国人大常委会委

员长吴邦国、国家副主席习近平和国务院副总理李克强分别会见默克尔。

8 月 31 日

温家宝总理在天津同德国总理默克尔一起与两国企业家座谈。

9 月 6 日

欧盟委员会宣布，对从中国进口的光伏板、光伏电池以及其他光伏组件发起反倾销调查。本次反倾销调查将延续 15 个月。这是中国历史上涉案金额最大的贸易争端。

9 月 8 日

回良玉副总理在卢森堡市会见卢森堡首相容克。

9 月 10 日

王岐山副总理在北京会见丹麦首相托宁・施密特。

9 月 17 日

中国商务部贸易谈判副代表崇泉率中国政府代表团在布鲁塞尔与欧盟贸易总司司长德马迪就欧盟对中国光伏产品反倾销立案调查一事进行磋商。

9 月 19—20 日

第十五次中欧领导人会晤在布鲁塞尔举行，会议发表联合新闻公报[①]。双方决心继续发展伙伴关系，以进一步拓展和提升中欧关系的战略内涵和合作水平。中方希望通过此次会晤实现三个目标。一是坚持战略互信，对外释放积极信号，为中欧关系发展指引方向。二是促进互利合作，从长远和战略角度对中欧合作的各个领域进行统筹规划，为中欧关系发展注入动力，推动世界经济早日复苏。三是妥善处理分歧，提振双方合作信心，促进中欧关系健康发展。

▲温家宝总理在布鲁塞尔与欧洲理事会主席范龙佩、欧盟委员会主席巴罗佐共同出席第八届中欧工商峰会。温家宝发表题为《做 21 世纪国际合作的典范》的演讲。

▲温家宝总理在布鲁塞尔与比利时首相迪吕波举行会谈。

9 月 29 日

李克强副总理在人民大会堂会见法国总统外事顾问燕保罗。李克强指出，欧洲是世界重要一极，中方乐见欧洲稳定机制条约近日已正式生效，

---

① 《人民日报》2012 年 9 月 21 日第 3 版。

将继续多渠道参与解决欧债问题。

10月11日

第三轮中德外长级战略对话在北京举行。

10月22日

中国与拉脱维亚在里加签署谅解备忘录，决定建立双边投资促进工作组。

10月24日

中波经贸投资合作论坛在波兰首都华沙举行。

11月5日

温家宝总理在万象出席第九届亚欧首脑会议并作主旨发言。

▲温家宝总理在万象分别会见出席第九届亚欧首脑会议的法国总统奥朗德、意大利总理蒙蒂和保加利亚总统普列夫内利耶夫。

11月16日

国家主席胡锦涛与卢森堡大公亨利互致贺电，庆祝两国建交40周年。

11月27日

全国政协主席贾庆林在罗马出席中意工商晚宴并发表主旨演讲。

▲欧盟委员会决定，从12月12日起，取消对进口中国打火机征收反倾销特别关税。

11月28日

全国人大与法国国民议会合作委员会第三次会议在法国巴黎举行。

▲全国政协主席贾庆林在罗马会见意大利总理蒙蒂并共同出席两国电信、新能源汽车等领域合作项目协议的签字仪式。

▲中欧论坛汉堡峰会第五届会议在德国汉堡开幕。

▲由中国驻欧盟使团和比利时智库“欧洲之友”联合主办的第二届中欧论坛在布鲁塞尔举行。论坛的主题是“中国经济社会发展前景及中欧关系发展机遇”。

11月30日

“2012中欧文化对话年”在北京闭幕。

▲中保两国签署《中保2012—2015年教育合作协议》。

12月19日

外交部发言人回答记者提问时说，英方罔顾西藏在政治、经济、文化等各方面取得巨大成就的事实，在涉藏问题上对中方进行无端指责，粗暴干涉中国内政，中方对此表示强烈不满和坚决反对。中英关系已因英领导人会见达赖而受损，我们要求英方认真反思错误行为，严肃对待中方立场，切实尊重中国主权，不再做任何干涉中国内政、伤害中英关系的事。

12月20日

中国和波黑签署《中华人民共和国和波斯尼亚和黑塞哥维那引渡条约》。

2013年

1月14日

《中国和德国扩大再生能源合作意向书》在阿布扎比签署。

1月18日

外交部长杨洁篪应欧盟驻华代表团团长艾德和大使邀请，与欧盟27个成员国及即将入盟的克罗地亚驻华大使举行集体会晤，就中欧关系及共同关心的国际和地区热点问题交换看法。

1月24日

中法语言年、法国汉语年活动在巴黎闭幕。

2月13日

中国与南欧六国农业合作圆桌会议在罗马召开。回良玉副总理率中国政府代表团出席会议并致辞。

2月19日

欧洲平价太阳能联盟在布鲁塞尔欧盟总部表示，反对欧盟对中国光伏产品征收惩罚性关税。如果征收60%的惩罚性关税，3年内将导致欧盟24万人失业。

3月9日

国家主席胡锦涛与西班牙国王卡洛斯一世互致贺电，庆祝两国建交40周年。

4月6日

国家主席习近平在海南三亚同芬兰总统尼尼斯特举行会谈。两国宣布把中芬关系提升为面向未来的新型合作伙伴关系。

4月10日

第八届“中法文化之春”在北京开幕。

4 月 12 日

国家主席习近平在北京会见法国外长法比尤斯。

▲中国首家在欧洲独立注册的商学院——新华都商学院（瑞士）成立仪式在瑞士苏黎世举行。

4 月 13 日

冰岛总理西于尔扎多蒂今起对中国进行正式访问。李克强总理同西于尔扎多蒂总理举行会谈。双方签署《中冰自由贸易协定》并发表《中冰两国政府关于全面深化双边合作的联合声明》。

4 月 18 日

“中国—欧盟软外交”国际研讨会在比利时首都布鲁塞尔举行。此次研讨会由欧洲学院和欧盟地区委员会联合举办。

4 月 22 日

为期 2 天的第四届中欧政党高层论坛在苏州举行。

▲首届中欧青年领袖对话会在苏州举行。

4 月 25 日

法国总统奥朗德开始对中国进行为期 2 天国事访问。访问期间，习近平主席与奥朗德总统举行会谈，双方决定：保持元首年度会晤，加强战略对话，建立高级别经济财经对话机制。两国元首共同出席两国政府和企业间 18 项合作文件签署仪式。

▲中欧高等教育合作与交流平台第一次会议在布鲁塞尔举行。

4 月 25—28 日

欧盟外交与安全政策高级代表阿什顿访华。

4 月 26 日

法国皮诺家族在北京宣布，决定将所购流失海外的圆明园青铜鼠首和兔首无偿送交中国。

4 月 29 日

中国国家开发银行在葡萄牙首都里斯本与葡萄牙电网签署总额为 4 亿欧元（约合 5.2 亿美元）的再融资协议。

5 月 6 日

德国联邦外贸与投资署发布外国投资项目排名，中国投资项目 2012 年为 98 个，名列第三，汽车配件和机械制造业最受中国投资者青睐。

▲中国大成律师事务所和比利时杜卡丹律师事务所签署合作协议。大

成是第一家在“欧洲之都”布鲁塞尔设立办公室的中国律师事务所。

5 月 8 日

欧盟委员会审议并通过拟对中国出口欧盟的光伏产品征收“临时性惩罚关税”。

5 月 14 日

第二届欧洲与中国经济合作论坛在波兰卡托维茨举行。

5 月 15 日

希腊总理萨马拉斯今起对中国进行为期 5 天正式访问并出席太湖文化论坛第二届年会。16 日，萨马拉斯总理到访中国社会科学院，并就中希关系和希腊经济形势等问题发表演讲。

5 月 17 日

国家主席习近平在北京会见爱尔兰众议长巴雷特和参议长伯克。

5 月 20 日

中国藏学家代表团访问英国。

5 月 24 日

欧洲平价太阳能联盟代表在欧盟总部举行示威，抗议欧盟对中国光伏产品征收反倾销关税。

▲李克强总理访问瑞士并同瑞士联邦主席于利・毛雷尔举行会谈。

5 月 25 日

李克强总理访问德国。26 日李克强总理与默克尔总理举行会谈并宣布中德语言年开幕；两国总理共同出席双边投资、节能环保、农业及教育等领域合作文件的签署。

6 月 6 日

欧盟委员会宣布对产自中国的太阳能电池板及关键器件征收 11.8% 的临时反倾销税，如果中欧未能在 8 月 6 日前达成解决方案，届时税率将升至 47.6%。

6 月 9 日

中国藏学家代表团对意大利进行为期 4 天访问。

6 月 13 日

经欧洲证券和市场管理局授权，中国大公国际资信评估有限公司旗下的大公欧洲资信评估有限公司正式启动全盘欧洲业务。

6 月 16 日

中欧全面战略伙伴关系建立十周年研讨会在布鲁塞尔举行。会议以"中欧建立全面战略伙伴关系十周年"为主题，重点就中欧关系、中欧在全球治理中的作用、中国改革进程与欧盟的关系及中欧各领域合作等议题进行了深入研讨。

6 月 21 日

第 27 届中欧经贸混委会在北京召开。

6 月 23 日

中国航空研究院同荷兰国家航空航天实验室以及德国—荷兰风洞分别签署两项长期科技合作合同。

6 月 26 日

德国前总理施罗德接受新华社记者专访时说，欧盟对中国光伏产品征收惩罚性关税不符合德国利益，德国政府应更坚决地施加影响促使欧盟转变立场。他同时强调贸易保护主义无助于欧盟各国提高本国企业的竞争力。

7 月 1 日

保加利亚—中国（天津）企业经贸交流洽谈会在保加利亚首都索非亚举行，旨在推动保加利亚和中国的双边经贸合作。

7 月 2—4 日

中国—中东欧国家地方领导人会议在重庆举行。

7 月 4 日

西班牙众议院议长波萨达率团对中国进行为期 6 天正式访问。5 日国家主席习近平会见西班牙众议长波萨达。

7 月 6 日

《中华人民共和国和瑞士联邦自由贸易协定》在北京正式签署，这是中国与欧洲大陆国家达成的首个自贸协定。根据协定，瑞方将对中方 99.7% 的出口立即实施零关税，中方将对瑞方 84.2% 的出口最终实施零关税。

7 月 18 日

国家主席习近平、国务院总理李克强分别在北京会见瑞士联邦主席于利 · 毛雷尔。

8月25日

塞尔维亚总统尼科利奇对中国进行国事访问。26日，两国发表《中华人民共和国和塞尔维亚共和国关于深化战略伙伴关系的联合声明》①。

9月6日

国家主席习近平参加在圣彼得堡举行的G20会议并会见德国总理默克尔。

9月19日

张德江委员长对斯洛伐克进行正式友好访问。

9月21日

欧洲标准研究中心落户深圳。

9月23日

英国能源和气候变化大臣戴维对中国进行为期10天访问，这是2012年5月英国首相卡梅伦会见达赖喇嘛导致中英关系僵持后，第一位访华的英国政府内阁高官。

11月20—21日

第十六次中欧领导人会晤在北京举行。中欧发表《中欧合作2020战略规划》②、共同签署《中欧知识产权合作行政协议》《中欧能源安全联合声明》和《中国农科院与欧委会关于粮食、农业和生物技术研究与创新合作意向书》；正式宣布启动中欧投资协定谈判。21日李克强总理与欧洲理事会主席范龙佩、欧盟委员会主席巴罗佐共同出席第九届中欧工商峰会与中欧城镇化伙伴关系论坛闭幕式。

11月25日

李克强总理对罗马尼亚进行正式访问。中罗两国政府发表《关于新形势下深化双边合作的联合声明》。

11月26日

中国—中东欧国家领导人会晤在罗马尼亚首都布加勒斯特举行。与会各方发表《中国—中东欧国家合作布加勒斯特纲要》③。

11月27日

欧洲委员会公布对华光伏玻璃产品反倾销调查初步裁决，决定对原产

① 《人民日报》2013年8月27日第3版。

② 《人民日报》2013年11月24日第3版。

③ 《人民日报》2013年11月28日第6版。

于中国的光伏玻璃产品征收临时反倾销税，实施期限为6个月。

12月2日

英国首相卡梅伦对中国进行正式访问，并举行新一轮中英总理年度会晤。卡梅伦首相出席第四届中英工商峰会。

12月9日

马德里中国文化中心揭牌仪式在西班牙首都马德里举行。

2014年

3月22日

国家主席习近平对荷兰进行为期3天国事访问。中荷两国在海牙发表《中华人民共和国和荷兰王国关于建立开放务实的全面合作伙伴关系的联合声明》[①]。

3月24日

瑞士联邦议会通过《中瑞自贸协定》。

3月25日

国家主席习近平对法国进行为期4天国事访问。中法两国在巴黎发表《中法联合声明——开创紧密持久的中法全面战略伙伴关系新时代》《中法关系中长期规划》[②]。

3月28日

国家主席习近平对德国进行为期3天国事访问。中德两国发表《关于建立中德全方位战略伙伴关系的联合声明》[③]。双方决定建立中德高级别财金对话机制。

3月31日

国家主席习近平对比利时进行为期2天国事访问。访问期间，中比两国发表《中华人民共和国和比利时王国关于深化全方位友好合作伙伴关系的联合声明》[④]。

▲国家主席习近平访问欧盟总部。中欧双方发表《关于深化互利共赢

① 《人民日报》2014年3月28日第2版。
② 《人民日报》2014年3月28日第2版。
③ 《人民日报》2014年3月29日第2版。
④ 《人民日报》2014年4月1日第2版。

的中欧全面战略伙伴关系的联合声明》[1]。双方一致认为中国国家主席对欧盟的首次访问是中欧关系史上的里程碑。双方一致同意，深化中欧关系，全面落实《中欧合作 2020 战略规划》，共同打造和平、增长、改革和文明四大伙伴关系。双方同意通过新一次中国欧盟领导人年度会晤评估《中欧合作 2020 战略规划》落实情况。

4 月 2 日

中国政府发表第二份《深化互利共赢的中欧全面战略伙伴关系——中国对欧盟政策文件》[2]。文件是在总结过去十年中欧关系发展成就的基础上，结合国内外形势发展，昭示新时期对欧盟政策目标，规划今后五到十年合作蓝图，推动中欧关系实现更大发展。

6 月 10 日

意大利总理伦齐对中国进行为期 3 天正式访问。双方共同制定《中意关于加强经济合作的三年行动计划（2014 年至 2016 年）》。

6 月 16 日

李克强总理对英国进行为期 4 天正式访问并举行两国总理年度会晤。两国发表《中英气候变化联合声明》[3]。

6 月 19 日

李克强总理对希腊进行为期 3 天正式访问。访问期间，两国发表《中华人民共和国和希腊共和国关于深化全面战略伙伴关系的联合声明》[4]。

7 月 13 日

第十二届中德人权研讨会在北京举行。中德人权研讨会由中国人权发展基金会、中国国际交流协会及德国艾伯特基金会共同主办，是中德两国总理签署的《法律交流与合作协议》中的项目之一，自 1999 年已成功举办 12 届。

8 月 28 日

第二次中国—中东欧国家地方领导人会议在捷克首都布拉格举行。

9 月 6 日

中欧高级别人文交流对话机制第二次会议在北京举行。

---

① 《人民日报》2014 年 4 月 1 日第 2 版。

② 《人民日报》2014 年 4 月 3 日第 8 版。

③ 《人民日报》2014 年 6 月 19 日第 2 版。

④ 《人民日报》2014 年 6 月 21 日第 2 版。

9月9日

国家主席习近平在北京会见丹麦首相托宁—施密特。

9月12日

第六次中英经济财金对话在伦敦举行。对话围绕“促进中英经济的共同增长与包容发展”主题就宏观经济、金融经贸、基础设施、城镇化及国际经济合作等议题进行深入沟通，取得积极成果。

9月15日

第二次中法高级别经济财金对话在法国巴黎举行。中法双方共达成46项互利共赢的成果，双方将在宏观经济政策协调、全球经济治理、金融财税、贸易投资、核能及航空航天等领域开展合作。

9月18日

中法高级别人文交流机制启动仪式暨首次会议在巴黎举行。刘延东副总理与法国外长法比尤斯共同主持。双方签署《联合宣言》。

9月26日

国家主席习近平在北京人民大会堂会见西班牙首相拉霍伊。

10月10日

第三轮中德政府磋商在柏林举行。李克强总理同默克尔总理共同主持。中德两国发表《中德合作行动纲要：共塑创新》①。

10月11日

李克强总理在德国汉堡出席中欧论坛汉堡峰会第六届会议并发表题为《树立互利共赢的新标杆》的主旨演讲。

10月14日

李克强总理在罗马进行正式访问并与意大利总理伦齐举行会谈。

▲李克强总理在米兰会见法国总统奥朗德并出席第十届亚欧首脑会议。

10月18日

第二十八届中国—欧盟经贸混委会在布鲁塞尔举行。双方在电信领域开展合作和欧盟撤销对华无线通信设备反补贴案决定达成一致。

10月24日

捷克总统米洛什·泽曼（Miloš ZEMAN）对中国进行为期4天国事访

① 《人民日报》2014年10月11日第2版。

问。27 日习近平主席在北京同泽曼总统举行会谈。两国元首共同出席外交、民用核能、金融、医疗卫生及文化等领域合作文件的签字仪式。

11 月 6 日

第四届中法地方政府合作高层论坛在法国斯特拉斯堡市举行。

11 月 16 日

国家主席习近平在澳大利亚布里斯班会见法国总统奥朗德、欧盟委员会主席容克并出席二十国集团领导人第九次峰会。

12 月 4 日

中国与德国第十二次人权对话在柏林举行。

12 月 7 日

爱尔兰总统希金斯对中国进行为期 9 天国事访问。

12 月 9 日

国家主席习近平在北京与爱尔兰总统希金斯举行会谈。两国元首共同出席《中国国家自然科学基金委员会与爱尔兰科学基金会合作协议》以及《人文、教育等领域合作文件》的签字仪式。

12 月 10 日

李克强总理在北京会见爱尔兰总统希金斯。

12 月 16 日

李克强总理出席第三次中国—中东欧国家领导人会晤并对塞尔维亚进行正式访问。中国与中东欧 16 国共同发表《中国—中东欧国家合作贝尔格莱德纲要》。

▲李克强总理在贝尔格莱德与中东欧国家领导人共同出席第四届中国—中东欧国家经贸论坛开幕式并致辞。

▲李克强总理在贝尔格莱德分别会见罗马尼亚总理蓬塔、斯洛伐克总理菲佐和波黑部长会议主席贝万达。

▲李克强总理在贝尔格莱德分别会见斯洛文尼亚总理采拉尔、拉脱维亚总理斯特劳尤马、黑山总理久卡诺维奇和捷克总理索博特卡。

12 月 17 日

李克强总理在贝尔格莱德同塞尔维亚总理武契奇举行会谈。两国总理共同出席双边经济技术、能源、金融、航空及文化等领域合作文件的签字仪式。

▲李克强总理在贝尔格莱德分别会见爱沙尼亚总理和马其顿总理。

▲李克强总理在贝尔格莱德集体会见塞尔维亚总理武契奇、匈牙利总理欧尔班・维克多（ORBÁN Viktor）、马其顿总理格鲁埃夫斯基并与三国总理共同出席《中、匈、塞三国合作建设匈塞铁路的谅解备忘录》和《中、匈、塞、马四国通关便利化合作框架文件》的签字仪式。

12 月 18 日

李克强总理在贝尔格莱德市政厅接受“贝尔格莱德荣誉市民”证书，塞尔维亚总理武契奇陪同出席。

2015 年

1 月 8 日

国家主席习近平就巴黎恐怖袭击事件向法国总统奥朗德致慰问电，强烈谴责袭击行为。

1 月 20 日

李克强总理出席在达沃斯举行的世界经济论坛 2015 年年会，并对瑞士进行工作访问。

1 月 21 日

李克强总理在达沃斯同瑞士联邦主席索马鲁加举行会谈。两国领导人共同出席双边金融、食品药品、科研和人员往来等领域合作文件签字仪式。

1 月 29 日

法国总理瓦尔斯正式访华。30 日李克强总理与瓦尔斯总理在国家博物馆共同出席中法建交 50 周年纪念活动闭幕式。国家主席习近平在北京人民大会堂会见瓦尔斯总理。

2 月 3 日

中国公安部将外逃意大利经济犯罪嫌疑人张某依法引渡回国。这是欧洲国家首次批准向我国引渡经济犯罪嫌疑人。

2 月 7 日

德国总理默克尔在慕尼黑会见出席第 51 届慕尼黑安全会议的国务委员杨洁篪。

3 月 2 日

国家主席习近平在北京会见英国剑桥公爵威廉王子。

3 月 11 日

卢森堡向中国提交申请加入亚洲基础设施投资银行（亚投行）的书面确认函。

3 月 12 日

英国向中国提交作为意向创始成员国加入亚投行的确认函。

3 月 13 日

瑞士申请加入亚投行。

3 月 15 日

欧洲议会议长舒尔茨访华。16 日国家主席习近平会见舒尔茨议长。18 日舒尔茨议长在中国社会科学院作题为《庆祝中欧建交 40 周年：展望未来》的演讲。

▲德国总理默克尔在汉诺威会见出席 2015 年汉诺威消费电子、信息及通信博览会的国务院副总理马凯。

3 月 16 日

法国、德国、意大利申请加入亚投行。

3 月 17 日

首次中德高级别财金对话在柏林举行。中德发表联合声明，共达成 21 条共识。

3 月 20 日

瑞士正式宣布申请作为意向创始成员国加入亚投行。

3 月 25 日

国家主席习近平就德国航空公司客机失事分别向德国总统高克、西班牙国王费利佩六世致慰问电。

▲希腊副总理德拉加萨基斯对中国进行正式访问。27 日马凯副总理与德拉加萨基斯副总理举行会谈并共同出席“中希海洋合作年”启动仪式。

3 月 26 日

西班牙政府宣布提交作为意向创始成员国加入亚投行正式申请。

▲中国—中东欧国家旅游合作促进年启动仪式在匈牙利首都布达佩斯举行。

3 月 27 日

西班牙正式申请加入亚投行。

▲国家主席习近平在北京同奥地利总统菲舍尔举行会谈。两国元首见

证了经贸、农业、质检等领域合作文件的签署。

▲李克强总理在人民大会堂同瑞典首相勒文举行会谈。会谈后，李克强和勒文共同出席中瑞建交 65 周年纪念封揭幕仪式，并在两枚纪念封上签字。

3 月 28 日

国家主席习近平在海南博鳌分别会见瑞典首相勒文和荷兰首相吕特。

▲丹麦宣布申请加入亚投行。

3 月 29 日

由圣马力诺大学和北京城市学院联合创办的圣马力诺首家孔子学院正式揭牌成立，它是欧洲地区首家开设中医药教学和文化课程的孔子学院。

3 月 31 日

冰岛宣布申请作为意向创始成员国加入亚投行，并向中方提交书面确认函。

4 月 10 日

为期 3 个月的中法文化之春活动在北京、上海、广州、武汉和沈阳等 20 余个城市举行。

4 月 12 日

荷兰、芬兰、格鲁吉亚和丹麦正式成为亚投行意向创始成员国。

4 月 15 日

瑞典、阿塞拜疆、冰岛、葡萄牙和波兰正式成为亚投行意向创始成员国。截至目前，亚投行意向创始成员国增至 57 个。

4 月 17 日

中国与波兰举行第三轮中波副外长级战略对话。

4 月 20 日

中国和瑞典签署《中瑞第三轮卫生合作执行计划（2015—2018 年）》。

4 月 21 日

第四届欧洲与中国经济合作论坛在波兰卡托维茨举行，“一带一路”倡议成为论坛讨论的热点。

4 月 24 日

“温馨之约——中国荷兰文化传媒论坛”在荷兰诺德维克举行。论坛主题是“创新产业与城市发展”。

5 月 5 日

国家主席习近平同欧洲理事会主席图斯克和欧盟委员会主席容克互致贺电，庆祝中国欧盟建交 40 周年。

▲中欧举行第五轮高级别战略对话。

5 月 9 日

国家主席习近平同瑞典国王卡尔十六世·古斯塔夫互致贺电，庆祝两国建交 65 周年。

5 月 11 日

国家主席习近平同丹麦女王玛格丽特二世互致贺电，庆祝两国建交 65 周年。

5 月 15 日

中法高级别人文交流机制第二次会议在北京举行。双方共同签署《联合宣言》并见证签署有关合作协议。

5 月 30 日

英中了解协会举行成立 50 周年庆祝活动，中国驻英国大使刘晓明出席活动。

6 月 6 日

外交部长王毅在布达佩斯同匈牙利外交与对外经济部部长西亚尔托共同签署《中国政府和匈牙利政府关于共同推进丝绸之路经济带和 21 世纪海上丝绸之路建设的谅解备忘录》。这是中国同欧洲国家签署的第一个此类合作文件。

6 月 10 日

中国欧盟商会在北京发布《2015 中国欧盟商会商业信心调查》报告。报告显示，中国仍然是多数欧洲公司排名前三的投资目的国。

6 月 17 日

波兰外交部长谢蒂纳对中国进行为期 3 天正式访问。双方商定，中波政府间合作委员会原则上每两年一次在两国首都轮流举行，第二次中波政府间合作委员会将于 2017 年在华沙举行。

6 月 23 日

国家主席习近平在北京同比利时国王菲利普举行会谈。

6 月 28 日

李克强总理今起赴欧盟总部出席第十七次中国欧盟领导人会晤，顺访比利时，对法国进行正式访问，并访问经济合作与发展组织总部。

6 月 29 日

第十七次中欧领导人会晤在布鲁塞尔欧盟总部举行。中欧发表《第十七次中国欧盟领导人会晤联合声明》和《中欧气候变化问题联合声明》，并发布《中欧区域政策合作报告（2006—2015）》。中欧双方决定，对接中国“一带一路”合作倡议和欧洲投资计划，同意建立中欧共同投资基金；建立中欧互联互通平台。

▲2015 年中欧城镇化伙伴关系论坛在布鲁塞尔欧盟总部举行。李克强总理在布鲁塞尔与欧盟委员会主席容克共同出席并致辞。

6 月 30 日

中法两国在巴黎发表《中法两国深化民用核能合作的联合声明》和《关于第三方市场合作的联合声明》。

▲瑞士联邦政府网站就中瑞自由贸易协定生效一周年发布新闻公告：《中瑞自贸协定一周年——对外经济的里程碑》，对中瑞自贸协定持积极评价。

7 月 2 日

李克强总理在法国图卢兹与法国总理瓦尔斯共同出席中法工商峰会闭幕式并发表致辞。

7 月 7 日

近 150 家荷兰中小企业和 60 多家中国农业中小企业在荷兰鹿特丹举行 279 场对接，达成合作意向 196 项。这是中荷经贸往来中首次大规模、专业性、面对面和一对一的洽谈对接。

7 月 16 日

中德两国在北京签署《中华人民共和国工业和信息化部与德意志联邦共和国经济和能源部推动中德企业开展智能制造及生产过程网络化合作的谅解备忘录》。

7 月 17 日

《中华人民共和国和法兰西共和国引渡条约》正式生效。

7 月 29 日

《英国苏格兰中国合作伙伴》签约仪式在北京举行。

8 月 13 日

中英战略对话在北京举行。

8月21日

首列“兰州号”中欧国际货运班列从兰州新区始发，15天后将抵达德国汉堡。

8月31日

中国银行捷克分行在布拉格总统府举行成立仪式，捷克总统米洛什·泽曼（Miloš ZEMAN）出席。

9月14日

国家主席习近平同瑞士联邦主席索马鲁加互致贺电（函），庆祝两国建交65周年。

9月15日

中欧高级别人文交流对话机制第三次会议在布鲁塞尔举行。双方签署《中欧高级别人文交流对话机制第三次会议联合声明》，签署教育、科研领域合作协议，为欧盟学校孔子课堂揭牌。

9月17日

刘延东副总理在伦敦出席中英高级别人文交流机制第三次会议并会见英国首相卡梅伦。

9月18日

第三次中法高级别经济财金对话在北京举行。双方同意就金融市场发展和金融监管领域加强交流与合作，支持两国金融机构到对方市场开展相关业务，合作开发相关金融产品。

9月21日

第七次中英经济财金对话在北京举行。双方就人民币加入SDR货币篮子、对接“一带一路”和英国“北方经济增长区”计划、深化两国金融合作以及推动中欧投资协定谈判等达成重要共识。

9月28日

第五次中欧经贸高层对话在北京举行。双方签署《建立中欧互联互通平台谅解备忘录》和《中欧在5G领域开展战略合作的联合声明》。

▲李克强总理在北京会见来华出席第五次中欧经贸高层对话的欧盟委员会副主席卡泰宁。

▲国家主席习近平在纽约会见希腊总理齐普拉斯。

10月7日

第29届中国—欧盟经贸混委会在布鲁塞尔举行。

10月9日

波兰驻华大使林誉平作为政府全权代表在北京签署《亚洲基础设施投资银行协定》，波兰成为第53个签署方。

10月12日

欧盟将在中国启用新的签证信息系统，申请人在申请申根签证时需提供指纹等生物识别数据。

10月14日

塞浦路斯总统阿纳斯塔西亚迪斯访华并出席“一带一路”亚洲政党峰会。

▲国家主席习近平在人民大会堂与克罗地亚总统基塔罗维奇举行会谈。两国元首一致同意，挖掘双方各领域合作潜力，提升中克全面合作伙伴关系。

10月15日

国家主席习近平在北京会见塞浦路斯总统阿纳斯塔西亚迪斯。

10月19—23日

国家主席习近平对英国进行国事访问。双方发表《中英关于构建面向21世纪全球全面战略伙伴关系的联合宣言》①。中英两国签署《中国商务部和英国商业、创新与技能部关于加强中英两国地方贸易投资合作的谅解备忘录》和《中国商务部和英国国际发展部关于加强发展合作，有效落实可持续发展目标的伙伴关系谅解备忘录》。其中，中英地方合作谅解备忘录是我国与欧盟国家签署的第一个加强地方间经贸合作的谅解备忘录。

10月20日

国家主席习近平在白金汉宫会见英国工党领袖科尔宾。

10月21日

国家主席习近平在伦敦同英国首相卡梅伦举行会谈。决定共同构建中英面向21世纪全球全面战略伙伴关系，开启中英关系“黄金时代”。

▲英国首相卡梅伦宣布，自2016年1月起，中国游客可享受有效期为2年的全新访客签证，该签证时效是现有标准访客签证的4倍。

10月22日

中国银行与伦敦清算所签署合作协议，正式成为伦敦清算所首家中资

---

① 《人民日报》2015年10月23日第2版。

结算银行。

10 月 26 日

国家主席习近平在北京同荷兰国王威廉—亚历山大举行会谈，强调做大做实中荷开放务实的全面合作伙伴关系。

▲李克强总理在北京会见荷兰国王威廉—亚历山大，强调中荷互为重要经贸伙伴。

▲中国西藏文化交流团对法国进行为期 3 天的访问。

10 月 28 日

德国联邦教育与研究部在柏林举办首个“中国日”活动，并推出首个《中国战略 2015—2020》，为德国在科研和教育领域开展对华合作制定战略框架。该战略包含未来对华合作的 9 个领域及 35 项具体措施。

▲中国—中东欧国家合作第六次国家协调员会议在波兰华沙举行。会议认为，中国—中东欧国家合作进入新的发展阶段，前景光明。下阶段应聚焦务实合作，加强与“一带一路”倡议、国际产能合作及中欧关系对接。

▲“丝路国际论坛 2015 年会”在西班牙首都马德里召开。

▲西藏文化交流团对英国进行为期 3 天交流访问。

10 月 29 日

德国总理默克尔对中国进行为期 2 天正式访问。李克强总理与默克尔总理举行会晤。

▲国家主席习近平在北京钓鱼台国宾馆会见德国总理默克尔。

▲李克强总理同默克尔总理在人民大会堂出席亚欧会议框架下残疾人合作暨全球辅助器具产业发展大会开幕式并致辞。

▲上海证券交易所、德意志交易所集团、中国金融期货交易所在北京就共同成立合资公司签署三方股东协议。公司命名为“中欧国际交易所股份有限公司（简称中欧所）”，总部设在德国法兰克福。

▲荷兰国王亚历山大造访阿里巴巴西溪园区，与阿里巴巴集团董事局主席马云共同宣布天猫荷兰国家馆正式启动。

▲德国总理默克尔在北京出席第 160 届“山村对话”国际研讨会时表示，当今世界需要构建多边治理机制，中国在气候变化、朝核问题及联合国维和行动等议题上已彰显负责任的大国形象。

10 月 30 日

李克强总理与默克尔总理在合肥共同出席中德经济顾问委员会座谈会，并同两国企业家代表对话交流。

▲第二届中国与中东欧青年政治家论坛在北京开幕。

11 月 2 日

国家主席习近平与法国总统奥朗德在北京举行会谈，会后共同发表《中法元首气候变化联合声明》。中法两国在经济和贸易领域签署了一系列合作协议。

11 月 3 日

李克强总理在钓鱼台国宾馆与法国总统奥朗德共同出席中法气候与绿色经济论坛闭幕式。

11 月 9 日

中国驻欧盟使团和欧盟地区委员会联合举办中欧投资与互联互通研讨会，重点围绕“一带一路”倡议同欧洲投资计划对接、中国—中东欧国家合作、中欧互联互通以及数字经济合作等议题进行讨论。

▲2015 成都全球创新创业交易会暨第十届中国—欧盟投资贸易科技合作洽谈会（欧洽会）在成都开幕。

11 月 11 日

国家主席习近平、国务院总理李克强分别就德国前总理施密特不幸逝世向德国总统高克和总理默克尔分别致唁电。

11 月 15 日

二十国集团领导人第十次峰会在土耳其安塔利亚举行。国家主席习近平出席并发表题为《创新增长路径共享发展成果》的重要讲话，强调二十国集团要加强宏观经济政策沟通和协调，推动改革创新，构建开放型世界经济，落实 2030 年可持续发展议程。

11 月 24 日

第四次中国—中东欧国家领导人会晤在苏州举行。李克强总理与中东欧 16 国领导人就加强互联互通、贸易投资、金融、农业及人文交流等领域合作进行顶层设计，为未来 5 年合作规划新蓝图。会议发表《中国—中东欧国家合作中期规划》和《中国—中东欧国家合作苏州纲要》两份文件。

▲中德第十三次人权对话在北京举行。双方就人权领域新进展、各自

人权观以及人权司法保障等问题交换了意见。

11 月 25 日

李克强总理邀请来华出席第四次中国—中东欧国家领导人会晤的中东欧国家领导人共同乘坐中国高铁。

11 月 26 日

国家主席习近平在人民大会堂集体会见来华出席第四次中国—中东欧国家领导人会晤的中东欧 16 国领导人。双方领导人共同见证了中国同五国分别签署政府间共同推进“一带一路”建设的谅解备忘录。

▲第五届中德媒体对话在德国柏林举办。

11 月 27 日

李克强总理在人民大会堂同捷克总理索博特卡举行会谈。会谈后，两国总理共同见证了工业、金融、文化、体育、医药和旅游等领域多个双边合作文件的签署。

11 月 29 日

国家主席习近平抵达巴黎出席在法国巴黎举行的气候变化巴黎大会开幕活动。

11 月 30 日

中欧第三十四次人权对话在北京举行。双方就人权领域新进展与合作、人权与环境保护以及社会融合与人权等问题交换了意见。

12 月 3 日

中国—欧盟网络工作小组第四次会议在布鲁塞尔举行。双方就网络政策立法、重要国际和地区网络问题、打击网络犯罪和网络恐怖主义、数字经济与网络安全等问题及有关合作进行深入和务实交流。

12 月 4 日

2015 年第二届中欧（苏州）科技合作洽谈会在苏州召开。

12 月 13 日

《中华人民共和国和意大利共和国引渡条约》正式生效。

12 月 14 日

欧洲复兴开发银行批准中国成为该行股东。

▲“中欧国际食品餐饮产业创新联盟”成立。

12 月 15 日

中欧班列蓉欧快铁返程开通仪式在纽伦堡举行。

12 月 23 日

李克强总理致信祝贺匈塞铁路项目塞尔维亚段正式启动。塞尔维亚总理武契奇出席启动仪式并致辞。

2016 年

1 月 1 日

外交部发言人就法国记者郭玉离开中国答记者问时表示，中方依法保障外国记者在华采访报道的合法权益，但中国政府和人民决不容忍为恐怖主义张目。

1 月 5 日

英国外交大臣菲利普·哈蒙德对中国进行为期 2 天正式访问。外交部长王毅同哈蒙德外交大臣举行会谈。哈蒙德表示，此访旨在同中方一道，落实去年 10 月习近平主席访英期间两国领导人达成的重要共识，深化双方全面战略伙伴合作。会谈后，两国共同发表《中国—英国叙利亚问题声明》。

1 月 9 日

英国外交大臣哈蒙德近日宣布，英国将从 1 月 11 日开始，向中国公民颁发两年多次有效访客签证。英国媒体指出，此项新规，是 2015 年中国国家主席习近平对英国进行国事访问的具体成果，是落实双方达成的《中英关于构建面向 21 世纪全球全面战略伙伴关系的联合宣言》的具体行动。

1 月 12 日

第九轮中欧投资协定谈判在北京举行，为期 4 天。欧盟方面宣布，中欧第九轮中欧投资协定谈判取得了“自 2013 年 11 月中欧启动投资谈判以来的重大进展，并直接响应 2015 年 6 月中欧领导人会晤双方首脑做出的政治承诺”。

▲希腊私有化基金发布公告，由于丹麦马士基集装箱码头公司等潜在竞争方退出，中远集团成为该国比雷埃夫斯港务局（比港）私有化项目的唯一投标者。

1 月 13 日

欧盟委员会举行全体会议，中国的市场经济地位问题首度被列入会议议程。欧委会正就这一问题进行全面评估。

1月15日

外交部长王毅在北京与瑞士联邦委员兼外长伯克哈尔特举行政治磋商。王毅表示，中瑞在中欧关系中创造了多项“第一”，共同培育了平等、创新和共赢的“中瑞精神”。中方愿同瑞方推动中瑞关系不断迈上新台阶。伯克哈尔特表示，瑞方愿与中方不断提升两国关系水平。

▲马凯副总理在中南海紫光阁会见欧洲复兴开发银行行长查克拉巴蒂，就进一步加强双方在推进“一带一路”建设、国际产能利用、中小企业发展以及结构转型升级等领域的合作交换意见。

1月18日

世界贸易组织（WTO）发布报告，再次裁定欧盟对中国部分钢铁紧固件反倾销措施违反世贸规则。

1月19日

英国驻武汉总领事馆新馆正式开馆。这是继广州、重庆和上海后，英国在中国设立的第四个总领馆。

1月21日

国家发展改革委日前与联合国欧洲经济委员会正式签署合作谅解备忘录，双方将在合作推广政府和社会资本合作（PPP）模式方面加强交流合作。这是中国政府机构与联合国有关机构首次签署PPP领域合作协议，标志着我国推广PPP模式进入国际合作新阶段。

1月26日

中国工商银行在比利时安特卫普正式成立分行，致力于加强中比投资、金融合作，并助推“一带一路”建设。

1月27日

国家副主席李源潮在北京会见英国议会上院议员鲍威尔。李源潮说，今年是中英关系“黄金时代”开局之年，两国关系发展面临难得机遇。希望双方努力落实好两国领导人重要共识，加强“一带一路”倡议与英国基础设施升级改造计划等方面的对接，推动中英面向21世纪全球全面战略伙伴关系迈上新台阶。

2月5日

北京控股以14.38亿欧元收购德国EEW垃圾能源公司，是迄今中国在德最大的一笔直接投资。

2月6日

商务部新闻发言人就欧盟委员会呼吁中国政府采取措施削减钢铁产能发表谈话。该发言人表示，中国政府对处理钢铁产能过剩问题高度重视，已采取一系列切实有效的措施，付出很大代价，经过努力，钢铁行业“去产能”工作取得明显成效。部分过剩产能已经在市场机制的作用下退出，产能增长的态势基本得到遏制。

2月10日

欧盟决定就是否承认中国市场经济地位发起为期10周的网络公众咨询。欧委会说，此次公众咨询对象为“所有利益攸关方”。3月中旬，欧委会还将举行一次“利益攸关方会议”，讨论承认中国市场经济地位所带来的经济和社会影响。

2月26日

中英经贸联委会第十二次会议在英国伯明翰市召开。双方就对接中国“一带一路”倡议与英格兰“北部振兴计划”“中部引擎”等两国经济发展战略与规划深入地交换意见。

2月27日

欧盟委员会公布26日作出的第2016/278号条例，决定执行中国诉欧盟紧固件反倾销措施世贸争端案（DS397）裁决，撤销对进口自中国的紧固件征收反倾销税的措施。商务部条法司负责人对此表示欢迎，认为这是欧盟执行世贸组织裁决的正确行动。

3月2日

北京控股正式完成对德国EEW废物能源利用公司100%股权的收购。至此，这一收购价为14.38亿欧元的中国企业在德国最大并购项目最终尘埃落定。

3月28—29日

国家主席习近平访问捷克，这是习近平主席首次以国家主席身份访问中东欧国家，也是中捷两国建交67年来中国国家主席首次对捷克进行国事访问。双方发表《中华人民共和国和捷克共和国关于建立战略伙伴关系的联合声明》①。

① 《人民日报》2016年3月30日第3版。

4月7—9日

瑞士联邦主席约翰·施奈德—阿曼对中国进行国事访问。8日，两国发表《中华人民共和国和瑞士联邦关于建立创新战略伙伴关系的联合声明》①。

4月23日

波兰外交部长维托尔德·瓦什奇科夫斯基对中国进行为期4天正式访问。

5月17日

第五届中欧政党高层论坛在北京开幕，会议主题是“同改革、共发展：中欧合作新未来”。

5月24日

第六次中欧环境政策部长对话会在布鲁塞尔欧盟总部举行。双方就环保政策、污染防治、循环经济、生物多样性保护、国合会合作、全球环境问题、双边环境合作进展及未来重点合作领域进行了深入讨论。

5月30日

英国移民部长日前宣布，根据今年预测的破纪录签证需求量，英国将增加其在中国的签证服务中心网点数量，签证中心将由原来的12个增至15个。新的签证中心将落户长沙、昆明以及西安，下个月开放。

6月10日

第六轮中欧高级别战略对话在布鲁塞尔欧盟总部举行。

6月13日

德国总理默克尔对中国进行为期3天正式访问。

▲第四轮中德政府磋商在北京举行，李克强总理与默克尔总理共同主持。中德两国在经贸、能源、第三方市场合作、创新及智能制造等10多个领域达成24份合作文件。

6月16日

中国（海南）改革发展研究院院长迟福林在布鲁塞尔第二次中欧改革论坛上表示，中欧应适应全球贸易自由化的大趋势，在2020年建立以服务贸易为重点的中欧自贸区，这将对中国经济转型升级、欧盟经济复苏以及全球自贸进程产生重大影响。

---

① 《人民日报》2016年4月9日第3版。

6月17日

第三次中国—中东欧国家地方领导人会议在河北唐山举行，国务院副总理马凯出席开幕式并发表讲话。

6月17—22日

国家主席习近平对塞尔维亚、波兰和乌兹别克斯坦进行国事访问。中塞、中波、中乌关系提升为全面战略伙伴关系。

6月18日

中国和塞尔维亚在贝尔格莱德发表《中华人民共和国和塞尔维亚共和国关于建立全面战略伙伴关系的联合声明》①。

6月20日

中欧法律事务对话机制在北京正式启动。双方商定将于2017年在布鲁塞尔就共同商定的议题举行第二轮中欧法律事务对话。

▲国家主席习近平访问波兰并同波兰总统杜达举行会谈。两国元首共同签署《中华人民共和国和波兰共和国关于建立全面战略伙伴关系的联合声明》,② 并见证了《中华人民共和国和波兰共和国关于共同编制中波合作规划纲要的谅解备忘录》以及信息互联互通、基础设施建设、产能、教育、文化、税务、质检、海关和航天等领域双边合作文件的签署。

6月22日

欧盟委员会通过《欧盟对华新战略要素》通报文件，为未来5年欧盟对华关系提供依据。文件强调，欧盟和中国应在双边和联合国、二十国集团等多边框架下紧密合作，致力于解决国际冲突、应对外交重点问题。

6月30日

中法高级别人文交流机制第三次会议在巴黎举行。双方共同签署联合声明和两国文化、卫生、教育和媒体等领域合作文件。

7月2日

中德对话论坛2016年会议在广东佛山举行，外交部部长助理刘海星出席相关活动并致辞。

▲希腊共和国总理齐普拉斯对中国进行为期3天正式访问。

7月12日

第十八次中欧领导人会晤在北京举行。李克强总理与欧洲理事会主席

---

① 《人民日报》2016年6月19日第3版。

② 《人民日报》2016年6月21日第3版。

图斯克、欧盟委员会主席容克共同主持会晤。双方就中欧投资协定、中欧经贸合作和中国市场经济地位等问题进行讨论。双方就巩固中欧政治互信、稳步落实合作共识、加强国际和地区事务中的沟通与协调等深入交换意见。

7 月 13 日

第十一届中欧工商峰会在人民大会堂举行。中欧双方企业家 600 余人与会。

7 月 15 日

李克强总理在乌兰巴托出席第十一届亚欧首脑会议，并发表题为《亚欧伙伴命运与共合作升级再谱新篇》的引导性发言。

7 月 20 日

中英企业联谊会在中国驻乌干达使馆举行，来自两国企业家代表面对面交流，以加强双方在非洲基础设施领域的合作。

▲欧盟委员会会议就欧盟履行《中国加入世贸组织议定书》第 15 条义务问题进行讨论。一致认为，欧盟必须在中国的资格问题上履行对世界贸易组织的义务，但与此同时，它应该起草计划，以“保持强大的贸易防御体系”。欧盟称，今后将不再讨论中国是否为市场经济国家的问题，而是将重点转向采取新措施应对中国的倾销和非法补贴。

9 月 15 日

英国政府宣布批准欣克利角 C 核电项目，表示将采取一系列措施提升项目安全水平。该项目属中法合资，由中国广核集团和法国电力集团共同投资兴建。

▲欧洲议会外事委员会邀达赖访问议会总部，并与议长见面。中国政府对此作出强烈反应，推迟欧洲议会议员原定下周起的访华安排。

9 月 18 日

外交部长王毅在纽约会见欧盟外交与安全政策高级代表莫盖里尼。中方希望欧方如期履行中国加入世贸组织议定书第 15 条规定，妥善处理涉及中方核心利益的重要敏感问题。

9 月 19 日

国家副主席李源潮在北京会见法国前总理拉法兰和出席第四届中法青年领导者论坛的双方代表。

9月26日

中欧关系研究“指南针计划”（下称“计划”）2017年度资助项目申报工作启动。“计划”旨在鼓励和支持对欧盟、欧洲国家和中欧关系的研究，促进中欧交流与合作。

▲第十二轮中欧投资协定谈判在比利时布鲁塞尔举行。本轮谈判为期五天，双方将继续围绕文本展开谈判，力争取得尽可能多的进展。

10月3日

“中比建交45周年：比利时作为中欧关系的纽带”研讨会在布鲁塞尔埃格蒙宫举行。来自中外180余名专家和学者就中比、中欧关系发展展开探讨。

▲中共中央政治局常委、中央书记处书记刘云山对希腊进行为期3天正式友好访问，并在雅典分别会见希腊总统普罗科比斯·帕夫洛普洛斯，左联党主席、政府总理齐普拉斯。访问期间，刘云山出席在雅典举办的中欧文明对话会，并发表题为《加强文明交流互鉴实现中欧合作共赢》的主旨讲话。

10月5日

中共中央政治局常委、中央书记处书记刘云山对匈牙利进行为期2天正式友好访问，在布达佩斯分别会见匈牙利总统阿戴尔·亚诺什（ÁDER János），青民盟主席、政府总理欧尔班·维克多（ORBÁN Viktor）和国会主席格维尔·拉斯洛。刘云山出席中国—中东欧政党对话会，发表题为《推进“一带一路”建设与“16+1合作”携手造福中国和中东欧人民》的主旨讲话。

10月8日

国家主席习近平、国务院总理李克强分别在人民大会堂会见来华出席中国—葡语国家经贸合作论坛第五届部长级会议并进行正式访问的葡萄牙总理安东尼奥·科斯塔（António Costa）。

10月11日

中国—葡语国家经贸合作论坛第五届部长级会议在澳门举行。李克强总理出席开幕式并发表主旨演讲。

10月18日

第六次中欧经贸高层对话在布鲁塞尔欧盟总部举行。马凯副总理与欧盟委员会副主席卡泰宁共同主持会议。马凯说，通过本次对话，双方在推动互联互通平台建设、“一带一路”倡议与欧洲发展战略对接、中欧地理标志协定谈判以及中欧投资协定谈判等方面取得新进展，在宏观政策协调、中国入世议定书第十五条、数字经济、循环经济和金融监管等领域达成重要共识。对话推动落实第十八次中欧领导人会晤和二十国集团领导人杭州峰会达成有关经济合作的共识，也为下阶段中欧经贸合作规划了路线图。

10 月 19 日

马凯副总理访问卢森堡并分别会见卢森堡大公亨利和首相贝特尔。

10 月 29 日

法国外交和国际发展部长艾罗对中国进行为期 4 天正式访问，并出席在成都举办的第五届中法地方政府合作高层论坛开幕式。

10 月 30 日

比利时首相夏尔·米歇尔对中国进行为期 3 天正式访问。31 日，习近平主席、李克强总理分别在人民大会堂会见比利时首相米歇尔。

11 月 4 日

李克强总理抵达里加，出席第五次中国—中东欧国家领导人会晤，并对拉脱维亚进行正式访问。

▲李克强总理在里加同拉脱维亚总理库钦斯基斯举行正式会谈。李克强表示，拉脱维亚是中国在波罗的海地区的好朋友，也是中国在中东欧和欧盟内的重要合作伙伴。李克强赞赏拉方积极支持和参与中国—中东欧国家合作，表示中方愿同拉方密切沟通协作，推动本次中国—中东欧国家领导人会晤取得成功，促进中国和中东欧、欧洲共同发展繁荣。

11 月 5 日

第五次中国—中东欧国家领导人会晤在拉脱维亚举行。①

▲第六届中国—中东欧国家经贸论坛在拉脱维亚举行。

11 月 8 日

中德第十四次人权对话在柏林举行。

11 月 9 日

欧盟为应对世贸组织《议定书》第 15 条规定，对华反倾销中采用“替代国”价格而非受调查的中国产业价格计算倾销幅度的做法，向欧洲

---

① 《人民日报》2016 年 11 月 7 日第 9 版。

议会及欧洲理事会正式提交修改其反倾销、反补贴法律制度的提案。

▲马凯副总理在伦敦会见英国首相特雷莎·梅。马凯表示，履行《中国加入世界贸易组织议定书》第15条有关规定，是世贸组织成员应尽的义务，中方坚决反对任何变相延续"替代国"的做法。中方希望英方在该问题上秉持公正立场，推动如期、全面和干净地履行义务。

11月10日

第八次中英经济财金对话在伦敦举行。双方就宏观经济形势和政策、贸易投资和市场准入、金融服务与金融市场发展以及基础设施和产业战略等议题进行了坦诚和深入讨论，达成63项成果。

11月14日

第四次中法高级别经济财金对话在法国巴黎举行，国务院副总理马凯与法国经济财政部长萨班共同主持对话会议。此次对话共取得60项成果。

▲出席第四次中法高级别经济财金对话的马凯副总理在巴黎会见法国总统奥朗德。马凯说，中方希望法方继续发挥重要影响力，敦促欧盟履行《中国加入世界贸易组织议定书》第15条义务，并为建立公平、公正、透明和非歧视且符合世贸组织规则的国际贸易秩序发挥积极作用。奥朗德表示，法方高度重视法中关系，反对贸易保护主义，将做出更大努力保护中国在法游客和侨民安全，希望更多中国人到法旅游。

11月16日

第三届"中欧银行日"在德国法兰克福展会会议中心举行。与会嘉宾重点围绕中德及中欧在"一带一路"和人民币国际化等方面加强合作展开讨论。

▲国家主席习近平在意大利撒丁岛会见意大利总理伦齐。

11月23日

第七届中欧论坛汉堡峰会在德国汉堡开幕。与会嘉宾围绕"一带一路"倡议、中国经济转型、"中国制造2025"与"德国工业4.0"对接等热点议题展开讨论。刘延东副总理出席峰会闭幕活动并发表主旨演讲。

11月24日

国家主席习近平在西班牙大加那利岛会见西班牙副首相萨恩斯。

11月25日

刘延东副总理在柏林会见德国总理默克尔。

▲刘延东副总理出席在德国柏林自由大学举办的中德高等教育与科技

创新论坛并发表致辞。

▲国务院副总理刘延东考察柏林自由大学孔子学院并与部分德国孔子学院院长座谈。

11月28日

“中欧可持续供应链高层论坛”在北京召开。论坛以纺织品行业的可持续供应链为切入点，探讨中欧贸易、中欧绿色贸易的发展趋势，以及如何通过贸易转型带动纺织行业供应链绿色转型，增进国际合作与交流，共同打造中欧绿色贸易通道。

11月30日

匈牙利外交与对外经济部部长西雅尔多来华举行两国外长年度磋商及双边“一带一路”工作组首次会议。

12月1日

国务委员戴秉国在中法关系研讨会开幕式上发表致辞。

12月10日

外交部长王毅对瑞士进行为期3天正式访问。

12月12日

中国就美国、欧盟对华反倾销“替代国”做法，先后提出世贸组织争端解决机制下的磋商请求，正式启动世贸组织争端解决程序。

12月14日

塞尔维亚第一副总理兼外交部长伊维察·达契奇对中国进行为期5天正式访问。

12月15日

李克强总理向保罗·真蒂洛尼致贺电，祝贺他就任意大利政府总理。

12月19日

挪威外交大臣布伦德对中国进行访问，中挪两国就双边关系正常化发表声明。此举标志着在挪方就未来如何处理对华关系做出明确重要承诺的基础上，两国关系重归正轨。

▲外交部长王毅在北京与挪威外交大臣布兰德举行会谈。双方发表《中华人民共和国政府与挪威王国政府关于双边关系正常化的声明》。

12月20日

英国首相特雷莎·梅在伦敦会见到访的国务委员杨洁篪。双方同意继续密切双方高层交往，办好双边机制性对话，深化在核电、高铁、金融和创新等领域务实合作，促进全球自由贸易，同各国一起协力应对气候变化等共同面临的挑战。

▲第八次中英战略对话在伦敦举行。双方就共同打造中英关系“黄金时代”、密切双边高层及各层级交往，推动投资、贸易、金融、创新和基础设施建设等各领域务实合作，推进人文交流与合作进行了探讨。两国共同发表关于阿富汗问题的声明。

12月31日

国内首趟开往英国伦敦的中欧班列从浙江义乌启程。

2017年

1月1日

国家主席习近平就多丽丝·洛伊特哈德就任2017年度瑞士联邦主席致贺电。

1月11日

中国广核集团对外通报，英国政府已于当日发布声明，正式受理中广核集团与法国电力集团联合提交的“华龙一号”通用设计审查（GDA）申请。通报表示，这一进程的启动，意味着“华龙一号”向着进入英国乃至全球核电市场再迈出关键一步。

1月15日

国家主席习近平对瑞士进行为期4天国事访问，出席在瑞士达沃斯举行的世界经济论坛2017年年会，并访问联合国日内瓦总部、世界卫生组织和国际奥委会。

▲国家主席习近平抵达苏黎世，开始对瑞士进行国事访问。

1月16日

到访的国家主席习近平在伯尔尼同瑞士联邦主席洛伊特哈德举行会谈。两国元首一致同意，双方保持密切交往，利用各层级对话机制，就彼此关心的重大问题及时沟通，推动中瑞关系沿着健康稳定的轨道向前发展。双方同意在中瑞创新战略对话平台新机制统筹引领下，加强“中国制造2025”同瑞士“工业4.0”对接，推进两国企业和研究机构创新合作。双方同意以签署新的文化合作协定为契机，加强文化领域交流合作。会谈后，两国元首见证了外交、自由贸易、发展合作、能源、海关、知识产权、文化、教育、体育以及地方交往等领域双边合作文件的签署。

▲到访的国家主席习近平在伯尔尼同瑞士联邦主席洛伊特哈德共同会见瑞士经济界代表。

1月17日

国家主席习近平在瑞士达沃斯国际会议中心出席世界经济论坛2017年年会开幕式，并发表题为《共担时代责任　共促全球发展》的主旨演讲。

▲国家主席习近平同瑞士联邦主席洛伊特哈德在达沃斯共同启动中瑞旅游年。

▲国家主席习近平在达沃斯会见比利时国王菲利普。

▲第六届中德媒体对话会在北京举行。与会代表就进一步加强中德媒体交流合作、“新时期的新闻教育与职业培养”以及“新媒体时代的新闻质量管理”等议题进行了坦诚深入的交流。

1月18日

国家主席习近平在日内瓦万国宫出席“共商共筑人类命运共同体”高级别会议，并发表题为《共同构建人类命运共同体》的主旨演讲。

▲中华人民共和国首席大法官、最高人民法院院长周强同芬兰最高法院院长蒂莫·埃斯科举行会谈，共同签署《中华人民共和国最高人民法院和芬兰最高法院司法交流与合作谅解备忘录》。

1月21日

首届“创无止境”中英科技创新创业大赛在京举行颁奖典礼，高质量语料库平台“翻易通”等11个项目获奖。

▲中国银行（塞尔维亚）有限公司在贝尔格莱德举行开业仪式，标志着塞尔维亚第一家中资银行成立。

1月23日

由中国—中东欧基金和中欧国际工商学院联合发起设立的中东欧经济研究所在上海正式成立，旨在通过研究相关国家的经济、金融、产业、投资、贸易及人文和社会领域，为中国企业投资中东欧市场提供智力支持和科研服务，为提升“16+1”合作水平、落实“一带一路”倡议提供研究支持和政策建议。

▲人民网北欧频道（http://nordic.people.cn/）开通仪式在北京举行。

▲中国银行（匈牙利）有限公司在匈牙利首都布达佩斯举行银联双币借记卡发行仪式。这种匈牙利福林、人民币双币芯片借记卡，可在全球有银联标识的ATM取款，并在有银联标识POS终端的商户进行消费。

1月25日

欧盟驻华使团大使史伟就2017年中欧关系做出展望。他说，习近平主席在达沃斯的讲话让欧盟方面很受鼓舞。今年中欧合作会进入新阶段，双方要进行更务实的政治和安全合作。

2月6日

欧盟委员会主管贸易的委员塞西莉亚·马尔姆斯特伦表示，习近平主席在2017年世界经济论坛年会的演讲中指出的打贸易战的结果只能是两败俱伤，她对此表示赞同。欧盟愿同中方共同反对保护主义。欧盟已经准备好在世界范围内与中国一起反击贸易保护主义。

2月7日

针对英国媒体有关日本收买英智库抹黑中国的报道，中国外交部发言人陆慷表示，若报道属实，日方做法是枉费心机。陆慷说，当前中英关系“黄金时代”发展势头良好，得到了两国各界民众的热情支持。这足以表明，这些人的行径不是中英关系的主流，与两国民众的期盼背道而驰。

2月10日

中国驻英国大使刘晓明会见伦敦金融城市长庞安竹，就加强中国与伦敦金融城的合作交流等交换看法。刘晓明表示，中英加强全方位经贸与金融合作，特别是推进“一带一路”合作，对维护国际贸易秩序、引导全球化走向具有重要意义。伦敦金融城在中英关系中发挥着重要作用。

2月11日

中国驻塞尔维亚大使李满长日前在接受记者专访时说，在双方的共同努力下，中塞关系进入到全面发展的黄金时期，各领域合作结出累累硕果。去年6月，习近平主席对塞成功访问，两国元首签署了全面战略伙伴关系协议，塞成为中东欧地区第一个与我国建立全面战略伙伴关系的国家。

2月12日

西班牙执政党人民党第十八次全国代表大会在马德里闭幕。大会决定设立类似中国共产党纪律检查委员会这样的党内监督机构——人民监督办公室，接受社会各界的检举监督。西班牙加利西亚国际关系研究院院长、中国政策观察中心主任胡里奥·里奥斯说，中国在政治、经济和社会等领域取得的伟大成就让西班牙人羡慕，他们也悄悄效法中国，向中国学习和取经。

2 月 13 日

挪中商会举行主题为“中挪关系正常化——新商机”研讨会。这是继 2016 年底中国挪威关系正常化之后一次重要的研讨活动，旨在进一步探讨并推动中挪经贸的互动和交流。挪威贸工大臣马兰、外交部国务秘书斯库根、船东协会执行主席亨里克森等挪威政、商界代表约 200 人出席研讨会。中国驻挪威大使王民应邀出席会议并就中挪合作发表题为“用心呵护、只争朝夕”的主旨演讲。

2 月 14 日

德国联邦外贸与投资署发布的招商引资成果报告显示，中国在德国的绿地投资项目为 26 个，排名第一，拟创造就业岗位 331 个。中国在德绿地投资主要集中在机械制造业与汽车业，其次为可再生能源与环保技术。

2 月 15 日

伦敦金融城市长庞安竹率商贸代表团访问中国。他将先后访问中国香港、北京、上海和天津等地，商谈与中国的金融合作，确保英国继续成为中国在金融与专业服务领域的全球伙伴。

2 月 16 日

国家副主席李源潮在北京会见英国怡和集团主席亨利·凯瑟克爵士。李源潮说，2017 年是中英建立大使级外交关系 45 周年，希望双方努力推动两国面向 21 世纪全球全面战略伙伴关系发展。中英在“一带一路”框架内合作潜力巨大，希望怡和集团不断拓展对华合作。凯瑟克表示，怡和集团对中国经济前景充满信心，愿抓住“一带一路”机遇，扩大对华投资合作。

2 月 17 日

第二次中英高级别安全对话在伦敦举行。

2 月 21 日

法国总理贝尔纳·卡泽纳夫对中国进行为期 3 天正式访问。李克强总理与卡泽纳夫总理举行会谈。双方达成广泛共识，一致认为中法关系达到了新的历史高度，重要性远超双边范畴。中法加强战略沟通协调，深化各领域务实合作，共同应对各类风险挑战，可以向世界、向市场、向国际社会发出稳定向好的信号。

▲中国公安部与法国内政部在北京签署《驾驶证互认换领协议》。此前，中国已经实现与比利时、阿联酋两国的驾驶证互认换领。

▲意大利总统马塔雷拉对中国进行为期一周国事访问，这是马塔雷拉 2015 年当选总统后首次访华。

2 月 22 日

国家主席习近平在人民大会堂同意大利总统马塔雷拉举行会谈。两国元首一致同意要从战略高度和长远角度看待和发展双边关系，将中意关系推上新的更高水平，更好造福两国人民。会谈后，两国元首共同见证了文化、科技、教育、卫生、经贸和创新等领域双边合作文件的签署，并集体会见了中意企业家委员会第四次会议和中意文化合作机制大会与会代表。

▲国家主席习近平会见法国总理卡泽纳夫。习近平强调，中法关系之所以顺利发展，最重要的原因就是我们始终坚持相互尊重和平等相待，切实理解照顾彼此核心利益和重大关切，在重大问题上相互支持。卡泽纳夫表示，在当前复杂多变的欧洲和世界形势下，中国的国际影响举足轻重。法方愿加强同中方在经贸、科研、核能、航空航天及汽车制造等领域和“一带一路”框架下基础建设等合作。

▲葡萄牙总统马塞洛在里斯本出席中国与葡萄牙经济合作会议时表示，2017 年对葡中两国而言，“加深双边关系具有特别重要的意义”。他认为，欧盟清楚与中国加强合作是十分有益的。在未来几年里，葡萄牙与中国的关系将会更加紧密，而葡萄牙应该在欧盟、葡语国家共同体以及美洲伊比利亚共同体的对华交往中扮演主要角色。

2 月 23 日

李克强总理在人民大会堂与意大利总统马塔雷拉举行会谈。

2 月 24 日

外交部发言人耿爽就英国发表《香港问题半年报告》答记者问时说，香港是中国的特别行政区，香港事务属于中国内政，任何外国无权干涉。英国政府在香港回归后定期发表所谓《香港问题半年报告》，我们一贯坚决反对。我们要求英方不要发表有关报告，停止干预香港事务。

▲“中国—中东欧国家媒体年”暨“中东欧主题影展”开幕式在北京中国电影资料馆举行。

▲2017“中丹旅游年”在北京开幕。国家主席习近平向开幕式致

贺词。

2月26日

芬兰外交部长蒂莫·索伊尼对中国进行为期4天正式访问。27日外交部长王毅同来华访问的外交部长索伊尼举行会谈。28日国家副主席李源潮会见外交部长索伊尼。

2月28日

全国人大常委会委员长张德江在北京会见波兰副参议长柴莱伊。张德江说，中方愿与波方进一步巩固传统友谊，加强政治互信，深化务实合作，推动“一带一路”建设，促进中波关系深入发展。波兰是欧盟重要成员国，希望波方在推动中欧合作、中国—中东欧合作等方面，继续发挥积极作用。

3月2日

中国瑞士第十次人权对话在瑞士伯尔尼举行。

3月3日

西班牙驻华大使瓦伦西亚在接受专访时表示，“一带一路”是中国国家主席习近平提出的伟大倡议。这一倡议的成就在于，它不但有利于中国的发展，更使参与其中的各国受益良多。

3月8日

外交部长王毅在两会记者会上表示，欧盟是二战后启动最早、发展最快的区域合作机制，目前欧盟面临的挑战恰恰可能是走向成熟的机遇。中国将继续支持欧洲一体化进程，希望看到一个更为团结、稳定和繁荣的欧盟。王毅表示，我们重视欧洲的战略地位和重要作用，愿意同欧洲继续打造和平、增长、改革和文明四大伙伴关系；愿意同欧洲尊重和照顾彼此合理关切，及时排除中欧合作的障碍；愿意同欧洲继续践行多边主义，推动世界多极化进程；愿意同欧洲共同提振世界经济，完善全球治理，促进经济全球化的健康发展。

3月9日

外交部副部长王超同拉脱维亚外交部国务秘书贝德高维奇斯在京举行中拉外交部政治磋商。双方主要就双边关系、共建“一带一路”“16+1合作”、中欧关系及共同关心的国际和地区问题交换意见。

3月11日

丹麦外交大臣安诺斯·萨穆埃尔森对中国进行为期4天正式访问。13

日外交部长王毅在北京同外交大臣萨穆埃尔森举行会谈。

3 月 13 日

李克强总理同英国首相特雷莎·梅互致贺信，庆祝中英建交 45 周年。

▲北汽集团产业投资有限公司（北汽产投）欧洲分公司在德国法兰克福揭牌。

3 月 15 日

李克强总理在会见十二届全国人大五次会议的中外记者时表示，中方不刻意追求贸易顺差，将不断扩大欧盟企业对华准入，始终支持欧盟成为团结、繁荣和稳定的欧盟，支持强大的欧元。

3 月 16 日

中国学者姜文国获得 2017“大英勋章”，并在皇家白金汉宫接受英国女王伊丽莎白二世的颁奖。姜文国是获得“大英勋章”的首位来自中国大陆的科学家，因其对国际癌症研究的突出贡献获此奖项。

3 月 23 日

国家主席习近平就伦敦恐怖袭击事件向英国女王伊丽莎白二世致慰问电。

▲李克强总理就伦敦恐怖袭击事件向英国首相特雷莎·梅致慰问电。

▲最高人民法院院长周强在京会见捷克总检察长帕维尔·泽曼（Pavel ZEMAN）一行。

▲中欧（重庆）班列回到重庆，搭载 53 台平行进口汽车。中欧（重庆）班列开行六年后成功突破 1000 列，成为我国首个突破千列的中欧班列。

3 月 25 日

全国人大常委会委员、全国人大民族委员会副主任委员白玛赤林率全国人大西藏代表团访问英国曼彻斯特和伦敦，与英国议会、大学及媒体等社会各界进行交流，全面介绍了西藏经济社会发展情况。

▲法国作家索尼娅·布雷斯勒在巴黎举行《发现西藏》新书发布会。《发现西藏》是布雷斯勒继《穿越西藏》和《深入西藏之旅》之后第三本关于西藏的著作，由法国巴黎东方书局出版发行，当天在巴黎图书沙龙和读者见面。

3 月 26 日

一名中国公民在巴黎家中被法国便衣警察枪击身亡。首都巴黎亚裔社区就此事举行示威抗议并与警方发生冲突。获悉此事后，中国外交部高度重视，立即指示中国驻法国使馆启动应急机制，第一时间向法方提出交涉，要求法方尽快查明真相，并采取切实有效措施保障在法中国公民安全与合法权益。

3月28日

塞尔维亚共和国总统托米斯拉夫·尼科利奇对中国进行为期3天国事访问。

▲全国人大常委会委员、全国人大民族委员会副主任委员白玛赤林率全国人大西藏代表团访问瑞士。

3月30日

国家主席习近平同塞尔维亚总统尼科利奇举行会谈。两国元首一致同意，推动中塞全面战略伙伴关系不断取得新成果，更好造福两国人民。

3月31日

李克强总理在人民大会堂会见来华进行国事访问的塞尔维亚总统尼科利奇。

▲全国人大常委会委员长张德江在人民大会堂会见塞尔维亚总统尼科利奇。

4月1日

首趟西安至布达佩斯中欧国际货运班列开行。

4月5日

国家主席习近平访问芬兰并在赫尔辛基同芬兰总统尼尼斯托举行会谈。两国元首共同宣布建立中芬面向未来的新型合作伙伴关系。双方发表《中华人民共和国和芬兰共和国关于建立和推进面向未来的新型合作伙伴关系的联合声明》[1]。声明说，中芬面向未来的新型合作伙伴关系是中国欧盟全面战略伙伴关系的补充。双方一致同意，共同致力于打造中欧和平、增长、改革和文明四大伙伴关系，推动落实《中欧合作2020战略规划》，支持中欧投资协定谈判及中欧人员往来和移民领域对话进程，支持中欧在条件成熟时启动中欧自由贸易协定联合可行性研究，加强双方高技术贸易合作。

▲中国商务部部长钟山与芬兰经济事务与就业部部长林蒂莱在赫尔辛

① 《人民日报》2017年4月6日第2版。

基共同签署《关于在中芬面向未来的新型合作伙伴关系框架下成立中芬创新企业合作委员会的联合声明》。

▲国家主席习近平在赫尔辛基会见芬兰总理西比莱。

▲国家主席习近平向塞尔维亚当选总统武契奇致贺电。

4 月 7 日

挪威首相索尔贝格应邀来华进行为期 4 天正式访问。李克强总理同索尔贝格首相举行会谈。双方同意重启中挪自贸谈判。两国签署《中国商务部和挪威贸易、工业和渔业部关于恢复中挪两国政府自由贸易协定谈判的谅解备忘录》《中国商务部和挪威贸易、工业和渔业部关于恢复经贸联委会的谅解备忘录》和《中挪两国政府关于经济技术合作的谅解备忘录》。

▲张德江委员长在人民大会堂会见挪威首相索尔贝格。

4 月 8 日

由中国驻比利时使馆和比利时列日省于伊市政府共同举办的“中国文化周”活动隆重开幕。

▲国家主席习近平就斯德哥尔摩暴力袭击事件向瑞典国王卡尔十六世・古斯塔夫致慰问电，对暴力袭击事件表示强烈的谴责。

4 月 9 日

荷兰莱茵兰中学孔子课堂揭牌仪式近日在荷兰瓦瑟纳尔举行。此次成立的孔子课堂是荷兰第九所孔子课堂。

4 月 10 日

国家主席习近平在北京会见挪威首相索尔贝格。

▲国务委员杨洁篪在中南海会见挪威外交大臣布伦德。

▲首列由英国驶往中国的中欧货运班列从英国伦敦口岸出发，驶向中国浙江省义乌市。至此，中英贸易物流实现全陆地往返运输。

4 月 11 日

中国社会科学院—法国波尔多政治学院中国研究中心、中国社会科学出版社法国分社在法国波尔多政治学院举行成立揭牌仪式。中国社科院副院长蔡昉出席揭牌仪式。

4 月 12 日

张德江委员长对拉脱维亚进行正式友好访问，在里加分别会见总统韦约尼斯、总理库钦斯基斯，与穆尔涅采举行会谈。

4 月 13 日

法国外交和国际发展部长让—马克·艾罗对中国进行正式访问。国务委员杨洁篪在钓鱼台国宾馆会见法国外长艾罗。

▲张高丽副总理应邀访问爱沙尼亚，在塔林会见爱沙尼亚总统卡柳莱德，与爱沙尼亚总理拉塔斯举行会谈。

4 月 14 日

全国人大常委会委员长张德江对立陶宛进行正式友好访问。在维尔纽斯，张德江分别会见总统格里包斯凯特和总理斯克韦尔内利斯，与普兰茨凯蒂斯议长举行会谈。

▲张高丽副总理应邀访问斯洛文尼亚，在卢布尔雅那会见斯洛文尼亚总统帕霍尔，与斯洛文尼亚总理采拉尔举行会谈。

▲刘延东副总理在北京会见中法高级别人文交流机制法方主席、法国外交和国际发展部部长让—马克·艾罗。双方一致肯定中法人文交流对于推动两国全面战略伙伴关系发展的重要作用，并重点就机制框架下教育、文化、体育及地方合作等领域开展务实合作深入交换意见。

▲外交部长王毅在北京同法国外长艾罗举行会谈。

▲瑞士大使馆举行瑞士联邦委员兼财政部长及代表团访华新闻发布会，介绍中国与瑞士两国金融层面合作的最新情况。财政部部长于利·毛雷尔说，瑞士当前在中国金融领域的投入近 200 亿瑞士法郎。中国也在瑞士建立了人民币离岸中心。毛雷尔表示，“一带一路”倡议非常重要，相信在接下来的 10 年中，基础设施方面的大项目很多将出自“一带一路”倡议。

4 月 17 日

张高丽副总理访问阿尔巴尼亚并在地拉那会见阿尔巴尼亚总统尼沙尼。

4 月 18 日

李克强总理在中南海紫光阁会见欧盟委员会副主席、外交与安全政策高级代表莫盖里尼。

4 月 19 日

第七轮中欧高级别战略对话在北京举行。

4 月 24 日

中国—中东欧研究院在布达佩斯成立并举行揭牌仪式。这是中国首家在欧洲独立注册的智库。中共中央政治局委员、中央书记处书记、中宣部部长刘奇葆出席“揭牌仪式”，并与中国社会科学院院长、16 + 1 智库网络理事长、中国—中东欧研究院名誉院长王伟光共同为“中国—中东欧研究院”揭牌。

▲《习近平谈治国理政》匈牙利文版首发式在匈牙利首都布达佩斯举行。

4 月 25 日

应希腊左联党邀请，中共中央政治局委员、中央书记处书记、中宣部部长刘奇葆率中共代表团访问希腊。27 日，希腊总理、左联党主席齐普拉斯在雅典会见刘奇葆。刘奇葆与希腊副总理德拉加萨基斯共同参加“中希文化交流与文化产业合作年”启动仪式，并出席《中希两国电影合作拍摄和图书互译出版协议》签署仪式等活动。

▲德国总理默克尔在柏林会见对德进行正式访问并出席第三轮中德外交与安全战略对话的外交部长王毅。默克尔说，我支持习近平主席提出的“一带一路”倡议，因国内日程原因，我将委派经济能源部长赴华出席“一带一路”国际合作高峰论坛，并祝愿论坛取得圆满成功。

4 月 26 日

欧盟发表《2016 年香港特区年度报告》和《2016 年澳门特区年度报告》，对港澳事务进行评论。27 日，外交部发言人耿爽在例行记者会上表示，中方一贯坚决反对欧盟在港澳回归后发表所谓年度报告，要求欧方停止有关错误做法，停止干预港澳事务，多做有利于中欧关系发展的事。

▲第三轮中德外交与安全战略对话在柏林举行。双方同意深入推进全方位战略伙伴关系。双方认为两国经贸合作的本质是互利共赢，互补性远大于竞争性。

4 月 28 日

外交部长王毅在纽约会见英国外交大臣约翰逊，就朝鲜半岛核问题交换意见。双方认为，当前半岛局势紧张升级，存在失控的危险。联合国安理会召开部长级会议是必要的。

5 月 2 日

中国野生动物保护协会与德国柏林市动物园日前就开展大熊猫保护研究合作达成一致并签署协议。

▲德国博世集团与中国财团签署并购协议，向中方出售博世集团下属

起动机与发电机等电机领域子公司及其各分部门。根据协议，中方需接管该子公司在全球 14 个国家的生产和研发基地，涉及员工近 7000 人。

▲丹麦首相拉斯穆森对中国进行为期 3 天正式访问。3 日李克强总理在北京同丹麦首相拉斯穆森举行会谈。两国政府发表《中丹联合工作方案(2017—2020)》。共同签署中丹人文交流、食品药品、检验检疫、动物保护等领域多份双边合作文件。

5 月 3 日

德国总理默克尔在 2017 年二十国集团工商峰会（B20）的演讲中指出，实现 2030 年可发展议程，特别是在帮助非洲国家减少贫困方面中国经验值得借鉴。中国通过发展基础设施建设、建造港口和发展电力等措施来发展经济，从而大规模消除了贫困，为实现联合国千年发展目标做出了重要贡献。

5 月 4 日

国家主席习近平在北京会见丹麦首相拉斯穆森。

▲丹麦首相拉斯穆森参加中丹两国联合建立的“中丹食品和药品监管合作中心”揭牌仪式。

▲全国人大常委会委员长张德江在北京会见丹麦首相拉斯穆森。

5 月 7 日

全国政协主席俞正声在北京会见比利时联邦参议长德弗莱涅。

5 月 8 日

为期两天的中德法治国家对话第十七届法律研讨会在湖南省常德市开幕，研讨会主题是“面向效率与公平的现代破产法律制度”。

▲希腊政府顾问、经济学者海尔博士表示，“一带一路”为世界提供了独一无二的发展框架，包括希腊在内的欧洲国家都应该对“一带一路”进行更深入的了解。

5 月 9 日

国家主席习近平同法国当选总统埃马纽埃尔·马克龙通电话，祝贺他当选法国总统。

5 月 10 日

《中欧合作 2020 战略规划》第二次评估会议在布鲁塞尔举行。

5 月 12 日

国家主席习近平在北京会见来华出席“一带一路”国际合作高峰论坛

的捷克总统米洛什·泽曼（Miloš ZEMAN）。两国签署《中国商务部与捷克工业和贸易部关于中小企业合作谅解备忘录》。

▲国家主席习近平在北京人民大会堂会见来华出席“一带一路”国际合作高峰论坛的波兰总理希德沃。

5 月 13 日

国家主席习近平在北京会见来华进行正式访问并出席“一带一路”国际合作高峰论坛的匈牙利总理欧尔班。两国发表《中华人民共和国和匈牙利关于建立全面战略伙伴关系的联合声明》[①]。

▲国家主席习近平在北京分别会见来华出席“一带一路”国际合作高峰论坛的瑞士联邦主席洛伊特哈德、希腊总理齐普拉斯和西班牙首相拉霍伊。

▲李克强总理在人民大会堂同来华进行正式访问并出席“一带一路”国际合作高峰论坛的匈牙利总理欧尔班举行会谈。两国签署《中华人民共和国商务部与匈牙利外交与对外经济部关于中小企业合作谅解备忘录》。

5 月 14 日

欧委会副主席于尔基·卡泰宁在“一带一路”国际合作高峰论坛发表讲话称，欧盟与中国合作应遵循以下八项原则：一是确保透明度、基于规则的市场招标和互惠的市场准入条件；二是使用多边合作框架，确保各方有足够发言权；三是建立长远愿景，而非碎片化行动；四是着重经济和环境因素；五是可持续发展性为主要原则；六是提高成本效益；七是与欧投行、欧洲复兴与发展银行、亚开行或世行等多边银行合作；八是确保互惠互利。

5 月 15 日

马凯副总理在中南海分别会见来华出席“一带一路”国际合作高峰论坛的欧盟委员会副主席卡泰宁、乌克兰第一副总理兼经贸部长库比夫和英国财政大臣哈蒙德，就推动“一带一路”框架下的双边务实合作等交换意见。

▲西班牙首相拉霍伊接受中国媒体联合采访时表示，贸易线路和基础设施的发展与完善，应该惠及每一个人。相信通过“一带一路”国际合作高峰论坛，我们将找到最好的合作方式来实现这一目标，论坛所达成的成

① 《人民日报》2017 年 5 月 14 日第 4 版。

果将为未来“一带一路”沿线各国的合作指明方向。

▲第十三轮中欧投资协定谈判在北京举行，本轮谈判为期五天。

5 月 16 日

中国社会科学院发布《匈牙利看“一带一路”和中国—中东欧合作》智库报告，收录匈牙利总理及其他高级官员对“一带一路”和对话合作的观点，展示匈牙利视角下的“一带一路”和“中国—中东欧合作机制”。这是国内“一带一路”研究中首本由沿线国家本国人阐述的国别研究报告。

▲李克强总理在北京会见前来参加“一带一路”国际合作高峰论坛的塞尔维亚总理、当选总统武契奇。两国签署《中华人民共和国政府和塞尔维亚共和国政府关于基础设施领域经济技术合作协定附件三》。

▲国家主席习近平在人民大会堂会见来华出席“一带一路”国际合作高峰论坛的塞尔维亚总理、当选总统武契奇。

▲捷克总统米洛什·泽曼（Miloš ZEMAN）参观了侵华日军南京大屠杀遇难同胞纪念馆，成为参观该馆的首位在职外国总统、继 2014 年丹麦女王后的第二位外国元首。

5 月 17 日

克罗地亚总统格拉巴尔—基塔罗维奇表示，日前在北京举行的“一带一路”国际合作高峰论坛非常成功，她希望以两国建交 25 周年为契机进一步提升双方合作。

▲国家发改委与联合国欧洲经济委员会签署《谅解备忘录》，就双方在“一带一路”沿线国家推广 PPP 模式，作了四方面具体约定。

5 月 18 日

欧盟驻华大使史伟表示，对国家主席习近平提出的“一带一路”倡议，我们应当心存感激。因为该倡议的提出，不仅让人们更加深刻地认识到深化投资、加强互联互通的必要性，还推动了更加频繁的经贸、人文往来。

▲中荷建交 45 周年招待会在海牙举行。

▲中国西藏文化研讨会在斯洛伐克首都布拉迪斯拉发举行。

▲中国—维谢格拉德集团知识产权联合研讨会在四川成都举行。

▲为期两天的中国—瑞士自贸区升级联合研究第一次会议暨产业研讨会在瑞士首都伯尔尼举行。双方就可能升级的领域进行广泛交流，并通过

联合研究职责范围文件。同期，双方还举行产业研讨会，邀请中瑞产业界和学术机构代表就自贸协定实施情况和未来升级合作的可能性进行研讨。

5 月 19 日

第三届中国—欧盟文化艺术节在法国首都巴黎展演。

▲中欧班列累计开行突破 4000 列，国内开行城市 28 个，到达欧洲 11 个国家 29 座城市。

▲中国和西班牙签署《中国和西班牙社会保障协定》。根据协定，中国企业的雇员被派往西班牙工作期间，将免除该雇员以及相应企业在西班牙境内的养老保险、失业保险等强制社保缴费。西班牙人员和企业也将享受对等益处。截至目前，除西班牙外，中国已与德国、韩国、丹麦、芬兰、加拿大、瑞士、荷兰和法国签署了双边社保协定。

5 月 22 日

首届中国—中东欧国家文化遗产论坛在塞尔维亚首都贝尔格莱德开幕，来自中国和中东欧国家的代表就如何促进中国—中东欧文化遗产交流进行深入探讨。

▲中共中央书记处书记、中央纪委副书记赵洪祝率中共代表团访问冰岛，并在雷克雅未克分别会见冰岛总理贝内迪克松、议长孔劳兹多蒂尔和外长索尔达松。

▲中国建设银行（欧洲）有限公司华沙分行正式开业。该行将立足波兰、辐射中东欧地区，为中波、中欧相关投资与经贸往来提供优质产品与服务。

5 月 23 日

国家主席习近平就英国曼彻斯特市发生爆炸事件向英国女王伊丽莎白二世致慰问电。

▲中国—中东欧国家首个农业合作示范区在保加利亚建立，中国农业部与保加利亚农业部共同签署了建立示范区的联合声明，筹建工作正式启动。

▲德国奥迪因戈尔施塔特孔子学院在因戈尔施塔特工业技术大学正式揭牌成立。

5 月 24 日

德国副总理兼外交部长西格马·加布里尔访华。

▲中国国家开发银行与保加利亚发展银行在保加利亚首都索非亚签署

贷款协议，国开银行向保加利亚发展银行提供贷款8000万欧元，用于保加利亚支持中小企业，并开展“一带一路”合作项目。

▲中德高级别人文交流对话机制首次会议在北京举行。习近平主席向会议致贺信。

5月25日

中国人民对外友好协会和马耳他驻华使馆共同举办中马建交45周年招待会。全国政协副主席马飚、马耳他驻华大使卓嘉鹰出席。

▲中国—北欧合作磋商在京举行。双方就中国—北欧合作进展和下阶段规划交换意见。磋商后，双方共同发布关于加强中国—北欧合作的联合新闻稿。

5月29日

中国—拉脱维亚经贸论坛在拉脱维亚首都里加举行。此次论坛由中国国际贸易促进会、拉脱维亚经济部和拉脱维亚投资发展署共同举办。

5月30日

挪威海产局发布“2025计划”。根据这一计划，挪威将于2025年之前提高对华海产出口额至总计100亿元人民币。

5月31日

李克强总理抵达柏林，开始对德国进行正式访问并举行中德总理年度会晤。

▲比利时瓦隆区（法语区）外贸与外国投资总署署长帕斯卡尔·德尔科密特女士在接受人民日报记者采访时表示，作为世界上最有影响力的国家之一，中国维护全球经济一体化进程，反对任何形式的贸易保护主义，对此我十分钦佩。2015年，比利时吸引外商直接投资总额相当于其国内生产总值的260.4%，其中中国的投资占31.3%，欧盟占31.1%，美国占18.2%。

6月1日

李克强总理同德国总理默克尔举行中德总理年度会晤，共同出席“中德论坛—共塑创新”并发表演讲。双方决定继续落实好2014年制定的《中德合作行动纲要》和2016年发表的《第四轮中德政府磋商联合声明》，深入推进“中国制造2025”与德国“工业4.0”对接，为两国合作打造新动能。双方就拓展和充实中德全方位战略伙伴关系合作内涵达成一系列新的合作倡议，并签署多份政府间和商业合作协议。

▲德国总理默克尔在同国务院总理李克强共同会见记者时表示，德中双方都认可基于规则的国际贸易，支持WTO原则和规则。德方认为，欧盟应履行条约义务，致力于找到符合WTO规则、对各国一视同仁以及对中国非歧视性的解决方案。希望欧中之间的双边投资协定谈判取得积极进展。

▲匈牙利国会主席格维尔·拉斯洛率团访华。全国人大常委会委员长张德江在人民大会堂与格维尔·拉斯洛主席举行会谈。

6月1—2日

第十九次中欧领导人会晤在比利时首都布鲁塞尔举行。双方签署《中国商务部和欧盟委员会农业与农村发展总司关于地理标志合作与保护协定谈判的备忘录》《中国商务部与欧盟委员会关于知识产权合作项目“IP Key中国”的行政安排》和《中国政府与欧洲联盟关于中欧海关2018—2020年合作的战略框架——提升中欧贸易安全与便利》，双方批准《落实〈中欧能源合作路线图〉2017—2018年度工作计划》。双方还签署《中国科技部和欧盟委员会关于依托共同资助机制实施2018—2020年度中欧研究创新旗舰合作计划和其他类研究创新合作项目的协议》和《中国科学院与欧盟联合研究中心合作框架协议》。双方将共同办好2017年“中国—欧盟蓝色年”，同意共同努力构建“中欧蓝色伙伴关系”，聚焦海洋管理等主要合作领域。双方签署《中华人民共和国国家旅游局与欧盟委员会内部市场、工业、创业和中小企业总司关于落实2018年举办中国—欧盟旅游年的协议》。

▲全国政协主席俞正声在北京会见匈牙利国会主席格维尔·拉斯洛。

6月9日

到访的国家主席习近平在阿斯塔纳会见西班牙国王费利佩六世。

▲第二届中国—中东欧国家合作发展论坛在宁波举行。本次论坛主题为“深化16+1经贸合作，推进‘一带一路’建设成果”。

6月11日

卢森堡首相格扎维埃·贝泰尔对中国进行为期3天访问。

6月13日

中德举行首次高级别安全对话并发表《首次中德高级别安全对话共识》。

6月14日

国家主席习近平在人民大会堂会见卢森堡首相贝泰尔。

▲中国广核集团投资英国布拉德韦尔B项目的公司布拉德韦尔电力有限公司，以及开展“华龙一号”英国通用设计审查的主体——通用核能系统有限公司正式在伦敦挂牌成立。

▲中国—意大利经济合作混委会第十二次会议在罗马召开。

6月15日

中国藏文化交流团在西班牙进行为期2天交流访问

6月16日

芬兰总统尼尼斯托在赫尔辛基会见正在芬兰访问的中央军委副主席范长龙。

6月17日

国家主席习近平就德国前总理科尔逝世分别向德国总统施泰因迈尔和总理默克尔致唁电。

6月19日

第三届中国—中东欧国家卫生部长论坛在布达佩斯举行，本次论坛以“促进全民健康”为主题，发表了《第三届中国—中东欧国家卫生部长论坛布达佩斯宣言》。

6月20日

中国航空工业集团公司和法国达索系统公司签订《中法工业联合创新中心建设合作协议》。

▲中国藏文化交流团在访问奥地利期间与奥地利国民议会议员座谈，中国社会科学院学部委员、研究员郝时远介绍了西藏历史与现状。奥地利国民议会议员表示，西方媒体与书籍误导了奥地利以及西方社会，使人们对西藏问题存在误解，西藏问题更沦为部分西方国家对付中国的“武器”。

6月24日

来自中国的大熊猫“梦梦”和“娇庆”抵达柏林舍内费尔德机场，柏林市政府为它们举行了盛大的欢迎仪式。

6月26日

国家主席习近平在人民大会堂会见瑞典首相勒文。

▲国家主席习近平在人民大会堂会见芬兰总理西比莱。

▲“中国瑞典创新论坛”在京举行。

▲《"16 +1 合作"助力"一带一路"倡议》新书发布会在京举办。新书发布会共发布两本智库报告，即由中国社会科学院欧洲研究所所长、中国—中东欧国家智库交流与合作网络秘书长黄平主编，中国社会科学出版社出版的《中国—中东欧国家智库交流与合作进展与评价报告（2015—2016）》和由中国社会科学院欧洲研究所研究员、中东欧研究室主任、16 +1 智库网络秘书处办公室主任刘作奎所著的《欧洲与"一带一路"倡议：回应与风险（2017）》。

6月27日

李克强总理在大连同来华出席2017年夏季达沃斯论坛的芬兰总理西比莱举行会谈。会谈后，两国总理共同见证了双方能源、体育、可持续发展等领域多份双边合作文件的签署。

▲李克强总理在大连同来华出席2017年夏季达沃斯论坛的瑞典首相勒文举行会谈。会谈后，李克强和勒文共同见证了双方质检、海关领域多份双边合作文件的签署。

6月28日

中国银行都柏林分行举行开业庆典，成为首家进入爱尔兰的中资商业银行。

▲西班牙第二大银行对外银行发表公报说，该银行与阿里巴巴集团旗下蚂蚁金服签署合作协议，消费者在西班牙商业网点将可以使用支付宝付费。这是首家与阿里巴巴蚂蚁金服签署支付平台合作协议的西班牙银行。

▲四川成都与德国杜伊斯堡市签订友好合作备忘录，双方将深化两市多领域的互利合作。

6月29日

全国政协主席俞正声在北京会见欧盟经济社会委员会主席达西斯一行。

▲中欧圆桌会议第十五次会议在北京开幕。本次圆桌会议以"做增长伙伴，促互利文明"为主题，旨在探讨新形势下中欧如何进一步深化伙伴关系、促进共同发展。

▲2017"感知中国·芬兰行"系列文化活动在芬兰首都赫尔辛基拉开帷幕。活动为期一周。

7月2日

"2017·中欧人权研讨会"在荷兰首都阿姆斯特丹举行，来自中欧人权领域的 50 多位专家、学者围绕残疾人权利保障主题进行研讨交流。

7 月 4 日

国家主席习近平抵达柏林，开始对德国进行国事访问并出席在德国汉堡举行的二十国集团领导人第十二次峰会。

▲英国女王伊丽莎白二世的长女、安妮公主访问中国。

▲中英第九轮非洲事务磋商在北京举行，双方就各自对非合作、非洲形势以及涉非三方合作等问题深入交换意见。

7 月 5 日

国家主席习近平在柏林会见德国总统施泰因迈尔。

▲国家主席习近平在柏林同德国总理默克尔举行会谈。两国领导人一致同意深化政治互信、加强务实合作、深化人文交流、密切多边配合，推动中德关系百尺竿头更进一步。两国领导人共同见证了航天、智能制造、工业互联网、数字化、第三方市场、大熊猫合作研究等领域多项双边合作文件的签署。

▲国家主席习近平同德国总理默克尔共同出席柏林动物园大熊猫馆开馆仪式。

▲“感知中国·德国行”开幕式暨“最美中国人”美术作品展在柏林举行。

▲国家副主席李源潮在北京会见法国宪法委员会主席法比尤斯。

7 月 6 日

中欧国际工商学院第三届欧洲论坛在伦敦开幕。论坛围绕“一带一路：中英合作新机遇”展开探讨。

▲国家主席习近平在柏林会见德国社会民主党主席舒尔茨。

▲国家主席习近平在汉堡会见汉堡市市长肖尔茨。

▲国家主席习近平，出席在汉堡举行的二十国集团领导人第十二次峰会。

7 月 7 日

外交部长王毅在德国汉堡会见法国外交部长勒德里昂。

▲国家主席习近平在汉堡会见英国首相特雷莎·梅。双方表示要求同存异、聚同化异，以实际行动维护好两国关系发展大局，推动中英关系更稳更好更快发展。

7月8日

国家主席习近平在汉堡会见法国总统马克龙。

7月9—10日

世界中国学论坛欧洲分论坛在德国柏林举行。论坛的主题是“中国与全球化：新阶段、新挑战”。本次分论坛由中国国务院新闻办公室主办，上海社会科学院、德国全球与区域研究所、中国社会科学院欧洲研究所、德国贝塔斯曼基金会共同承办。

7月10日

全国人大常委会委员长张德江对葡萄牙进行为期3天正式友好访问。12日到访的张德江委员长在里斯本分别会见葡萄牙总统马塞洛·雷贝洛·德索萨（Marcelo Rebelo de Sousa）、总理安东尼奥·科斯塔（António Costa），与议长费罗·罗德里格斯（Ferro Rodrigues）举行会谈。访问期间，张德江还出席了中葡直航通航仪式、中葡有关企业合作成果展。

7月11日

第十四轮中欧投资协定谈判在比利时布鲁塞尔举行。

7月12日

中共中央政治局常委、中央书记处书记刘云山率中国共产党代表团对罗马尼亚进行为期3天正式友好访问。

7月14日

“2017中国—中东欧政党对话会”在罗马尼亚首都布加勒斯特举行，来自中国和中东欧16国的30多个政党、地方政府和企业家代表600余人参会。

▲“2017中法投资对话论坛”近日在法国巴黎举行。近400位来自中法两国政商界、学术界及投资界人士就中法两国企业如何在“一带一路”框架下进行投资合作进行深入解读和探讨。

7月16日

全国人大常委会委员长张德江对塞尔维亚进行为期3天正式友好访问，张德江委员长在贝尔格莱德分别与总统武契奇、议长戈伊科维奇及总理布尔纳比奇举行会见、会谈，并在塞尔维亚国民议会发表演讲。

▲中共中央政治局常委、中央书记处书记刘云山对捷克进行为期3天正式友好访问，访问期间分别会见了捷克总统泽曼、总理索博特卡和众议长哈马切克，并出席“2017中国投资论坛”，发表题为《把握“一带一

路”历史机遇　推动“16+1合作”行稳致远》的主旨讲话。

7月20日

国务委员兼国防部长常万全在八一大楼会见英国首相国家安全顾问塞德维尔。双方就国际和地区安全形势等问题交换意见。

7月21日

中东欧中医药协会在捷克首都布拉格正式成立。

7月24—25日

中国西藏专家交流团访问爱尔兰。

7月26日

李克强总理在北京会见希腊前总理萨马拉斯。

▲葡萄牙和中国首条直航航线杭州—北京—里斯本航线首航成功。

▲匈牙利首次在中国银行间债券市场发行人民币计价债券（熊猫债券），成为2017年中国债券市场首个发行熊猫债券的“一带一路”沿线国家，本期债券也是首单通过“债券通”面向境内外投资者发行的外国主权政府熊猫债券。

7月28日

英国伯明翰大学国际政治系教授、英国外交政策研究专家斯科特·卢卡斯针对此前约翰逊就英国两艘新建航母将在南海地区进行“航行自由”的航行言论说，英外交大臣约翰逊涉及南海问题的言论缺乏深思熟虑，相关表述让人很难理解。卢卡斯认为，在南海问题上，约翰逊的言论将被视为干涉与刺激，对解决问题毫无帮助。

8月4日

首趟从捷克布拉格开行的中欧班列抵达义乌。

8月25日

第二届中国—中东欧国家（“16+1”）农业部长会议在斯洛文尼亚布尔多召开。会议通过《中国—中东欧国家农业部长会议布尔多共同宣言》。

8月31日

全国人大常委会副委员长严隽琪在人民大会堂会见以党团副主席埃斯特班·贡扎勒斯·庞斯为团长的欧洲议会人民党党团代表团。

9月1日

中国—瑞士海关AEO互认是中国海关实施AEO制度以来签署的首个政府间AEO互认协定，今起实施。

9月4日

首届“中国瑞典文学研讨会”在瑞典首都斯德哥尔摩中国文化中心举行。

▲“2017中国—斯洛伐克丝绸之路艺术联展”在斯洛伐克国家广播电台开幕。

▲中国移动支付系统支付宝正式登陆挪威市场。

9月6日

中英两国机构在英国爱丁堡签订备忘录，设立中英空间科学与文化教育中心。

9月7日

国家副主席李源潮在北京会见奥中友协主席、奥地利前总统菲舍尔。

▲国防部长常万全在北京会见奥地利军队总参谋长科曼达。

▲国家主席习近平应约同德国总理默克尔通电话。习近平指出，不久前，我在对德国进行国事访问并出席二十国集团领导人汉堡峰会期间同总理女士就推进中德全方位战略合作、加强在国际事务中的沟通协调达成了新共识。中德合作的意义早已超越双边范畴，为维护世界和平稳定、促进共同发展发挥着越来越重要的作用，中方愿同德方继续在多边框架内携手合作。默克尔表示，习主席今年7月的国事访问非常成功。德方希望同中方就重大国际和地区热点问题保持沟通协调。两国领导人就朝鲜半岛局势交换了看法。

9月8日

国家主席习近平应约同法国总统埃马纽埃尔·马克龙通电话。习近平指出，我同总统先生在汉堡首次会晤时，就发展强劲有力的中法全面战略伙伴关系达成重要共识。双方应当在相互尊重彼此核心利益和重大关切基础上，继续开展更加紧密的合作，实现高水平互利共赢，推动中法关系持久健康稳定发展。马克龙表示，法中是全面战略伙伴，当前国际形势下，法中合作应对全球性挑战比以往更重要。法方致力于深化法中关系，开展好机制性对话，加强经济、核能、环境等领域合作。两国领导人就朝鲜半岛局势交换了看法。

9月13日

《中国—欧盟经济关系2025：共建未来》研究报告在布鲁塞尔发布。报告对中欧经济关系的现状进行评估，并对中欧如何加强经济合作提出一系列政策建议。

9 月 14 日

西班牙国王费利佩六世和首相拉霍伊在马德里分别会见到访的国务委员杨洁篪。

9 月 15 日

由中国社会科学院 16 +1 智库网络、波兰国际事务研究所联合主办的“‘一带一路’如何影响‘16 +1 合作’”国际学术研讨会在华沙闭幕。与会代表认为，“一带一路”倡议将推动“16 +1 合作”达到新高度，“16 +1 合作”也将有助于“一带一路”倡议在欧洲得到落实和实施。

▲2017“文化中国·锦绣四川”欧洲行文化交流活动在欧盟总部布鲁塞尔正式启动。

▲由中欧国际工商学院和波兰科兹明斯基大学共同主办的 2017 首届中国—中东欧发展论坛在波兰华沙开幕，来自中国和中东欧国家政界、商界及学界共约 300 人与会。

9 月 17 日

国务委员杨洁篪在北京会见德国副总理兼外长加布里尔。

9 月 20 日

马凯副总理在中南海紫光阁会见来访的英国前首相卡梅伦，就深化中英民间交流、推动中英经贸务实合作等交换意见。

9 月 20—28 日

中国人权发展基金会代表团访问意大利、捷克和英国。访问期间，会见三国议会负责人、政府外交及人权事务负责人和有关智库、非政府组织的专家学者，就相关人权议题进行了深入交流。

9 月 21 日

中国工程院与法国科学院、法国国家技术院在维也纳联合发布关于世界核能发展的共同立场文件，阐述对核能发展相关问题的看法，公布相关研究成果。

9 月 23 日

首轮中国—欧盟工商领袖和前高官对话（简称“中欧二轨对话”）在北京结束。双方围绕中欧经济形势及中欧经贸关系现状，“一带一路”与中欧经贸、投资、金融合作，创新发展与产业合作等议题，进行了坦诚对话。

9月24日

中国人权发展基金会代表团访问捷克。

9月25日

国家主席习近平应约同英国首相特雷莎·梅通电话。习近平指出，我同首相女士在二十国集团领导人汉堡峰会期间会晤时，一致同意深化中英面向21世纪全球全面战略伙伴关系，继续打造两国关系“黄金时代”。保持中英经贸和人文交流合作的强劲势头，深化两国在“一带一路”框架内发展战略对接；中方愿推动中英、中欧关系继续发展。特雷莎·梅表示，英方高度重视发展对华关系，坚持两国关系“黄金时代”的大方向，愿同中方一道，密切两国高层交往，用好战略对话，深化经贸、安全、人文领域伙伴合作，推进欧中关系发展。

9月26日

以“‘一带一路’，中法文化汇流和共享”为主题的第二届中法文化论坛在法国里昂市政厅开幕。

10月6日

由中国社会科学院和西班牙加利西亚国际关系研究院主办的“中国道路欧洲论坛——‘一带一路’倡议下的中欧合作”在西班牙圣地亚哥—德孔波斯特拉举行，来自中西两国智库和研究机构的专家、学者和政府官员等100余人出席。与会学者围绕中国道路、“一带一路”与中欧合作及人类命运共同体等议题进行了广泛讨论和交流。

10月9日

为期2天的“欧亚—中国商贸峰会”在希腊首都雅典开幕。与会各方对“一带一路”建设表示支持，并希望各方通过增进互信等实现互利共赢。

10月25日

第二届“中国—中东欧国家（‘16+1’）交通部长会议暨商务论坛”在波兰首都华沙开幕。与会人士表示要把握机遇，深入推进中国与中东欧国家的交通运输和物流领域合作。

10月28日

首届中德国际护理合作高峰论坛在中国人民对外友好协会举行。本届论坛是为贯彻落实《中德合作行动纲要：共塑创新》。

10月30日

第二届中西交流发展论坛在马德里举行。本届论坛主题为“在多领域蓬勃发展中西两国友好合作关系”，超过600家来自中西双方企业、机构的代表出席论坛，共同探讨推进双边关系发展。

10月31日

张德江委员长在人民大会堂会见瑞士联邦议会联邦院议长比绍夫贝尔格。

11月6日

李克强总理在中南海紫光阁会见芬兰议会议长洛赫拉。

11月13日

中葡在厦门共同签署《中国国家海洋局与葡萄牙海洋部关于建立“蓝色伙伴关系”概念文件及海洋合作联合行动计划框架》，葡萄牙成为欧盟国家中第一个与中国正式建立蓝色伙伴关系的国家。双方将从海洋学术交流、合作研究和数据交换开始，寻求优势互补，逐步过渡到开展联合航次、建立联合实验室以及海洋科学联合中心等。

11月14日

中欧高级别人文交流对话机制第四次会议在上海举行。

▲李克强总理在马尼拉下榻饭店会见欧洲理事会主席图斯克。

11月17日

自2011年开行以来，中欧班列累计开行数量已突破6000列。

▲“欧盟官员赴华研修班”学员联谊会在欧盟总部所在地布鲁塞尔举行。该研修班是2012年中欧高级别人文交流对话机制首次会议的重要成果，迄今为止已成功举办了五届，先后有149名欧盟机构的官员赴华学习考察，几乎涵盖欧盟委员会所有总司及相关机构。

11月20日

外交部长王毅出席在缅甸内比都举行的第十三届亚欧外长会议，并在会上作题为《共同构建新时代的亚欧新型伙伴关系》的引导性发言。

11月22日

中国—荷兰建立大使级外交关系45周年招待会在京举行。

11月24日

中法高级别人文交流机制第四次会议在北京举行。双方共同签署联合宣言。

▲李克强总理在人民大会堂会见法国外长勒德里昂。

▲国务委员杨洁篪在中南海会见法国外长勒德里昂。

11月26—29日

李克强总理赴匈牙利出席第六次中国—中东欧国家领导人会晤并对匈牙利进行正式访问。

11月27日

第六次中国—中东欧国家领导人会晤在布达佩斯举行。中国同中东欧16国共同发表《中国—中东欧国家合作布达佩斯纲要》①。各国领导人共同见证有关"一带一路"、互联互通、产能合作、基础设施建设、金融、质检、人文等领域多个合作文件的签署。

▲第七届中国—中东欧国家经贸论坛在布达佩斯举行。李克强总理在论坛上致辞。

▲"中国与葡语国家智库高峰会"在澳门举行。

11月28日

出席第六次中国—中东欧国家领导人会晤的李克强总理在布达佩斯同匈牙利总理欧尔班举行会谈。会谈后，两国领导人共同见证两国政治、经贸、金融及人文等领域11个双边合作文件的签署。两国总理还接受了匈牙利汉学家赠送的匈汉大辞典。

11月29日

"一带一路"巴黎论坛首届会议在法国巴黎举行，会议由中国驻法国大使馆和法国国际关系与战略研究院联合举办。论坛围绕中法在"一带一路"框架下开展多领域合作展开交流讨论。

11月30日

为期2天的第五次中法高级别经济财金对话在北京举行，国务院副总理马凯与法国经济和财政部长勒梅尔共同主持对话。双方围绕"为紧密持久的中法经济财金战略伙伴关系注入新动力"主题展开讨论。

▲为期3天的第三届丝绸之路国际文化论坛在波兰首都华沙闭幕。论坛主题为"开创'一带一路'多边合作新时代"。

12月1日

第五次中法高级别经济财金对话在北京举行。本次对话达成71项互

---

① 《人民日报》2017年12月1日第10版。

利共赢成果。双方同意加快“中国制造 2025”与法国“未来工业”计划对接，重点加强投资、汽车、航空航天、核能、先进制造、绿色金融、“一带一路”建设及第三方市场等领域务实合作。

12 月 5 日

到访的刘延东副总理在伦敦会见英国首相特雷莎·梅。

▲中共十九大精神对外宣介团在瑞士伯尔尼举行十九大精神专题宣介会。

12 月 7 日

中英高级别人文交流机制第五次会议在伦敦举行。双方共同签署《中英高级别人文交流机制第五次会议联合声明》并见证签署相关领域 10 个合作协议。

12 月 8 日

希腊总理齐普拉斯在雅典会见到访的马凯副总理。

12 月 10 日

捷克总统泽曼在布拉格会见人民日报社代表团。

12 月 11 日

意大利总理真蒂洛尼在罗马会见到访的马凯副总理。

▲中共十九大精神对外宣介团在丹麦哥本哈根举行十九大精神专题宣介会。

12 月 12 日

法国总统马克龙在巴黎会见出席气候行动融资峰会的习近平主席特使、国务院副总理马凯。

12 月 12—13 日

应欧洲社会党邀请，中组部副部长高选民率十九大精神对外宣介团访问欧盟。高选民出席欧盟对外行动署举办的“中共十九大与中国未来发展”专题座谈会并发表主旨演讲。

12 月 14 日

2017·中德人权发展论坛在北京举行。来自中德两国人权相关领域的专家学者就“特殊群体的权益保障”的主题进行深入研讨。

12 月 15 日

第九次中英经济财金对话在北京举行，国务院副总理马凯与英国财政大臣哈蒙德将共同主持对话。

12月16日

中英建立大使级外交关系45周年招待会在京举办。马凯副总理和英国财政大臣哈蒙德出席并致辞。

▲欧盟委员会近日发布全球企业研发投资排行榜报告，2016年中国企业研发投资最为强劲，与上年相比增幅高达18.8%，美国和欧盟企业分别增长7.2%和7%，而日本企业研发投资额却减少了3%。

▲中共十九大精神对外宣介团访问希腊并在雅典举行十九大精神专题宣介会。

12月18日

全国人大常委会委员长张德江在人民大会堂会见欧洲议会副议长帕帕迪莫里斯。

▲第四次中国—中东欧国家高级别智库研讨会在中国社会科学院举行。

12月19日

国务委员杨洁篪同法国总统外事顾问埃蒂安在京举行新一轮中法战略对话。

▲中共十九大精神对外宣介团访问意大利并在罗马举行十九大精神专题宣介会。

12月22日

波兰语版《中国梦》一书日前在华沙举行新书推介会。

2018年

1月8日

全国人大常委会委员长张德江在人民大会堂与联合访华的北欧和波罗的海国家议会领导人举行集体会谈。张德江说，此次各国议会领导人联合访华是双方交往的重要创新，也表明双方加强合作的强烈愿望。加强双方立法机关友好合作，一是增进相互了解，筑牢合作的政治基础。二是加强经验交流，完善合作的法律基础。三是促进人文交流，巩固合作的民意基础。

1月8—10日

法国总统马克龙对中国进行国事访问。中法两国元首就双边关系和重大国际问题深入交换意见，决定在相互信任和互惠互利原则的基础上进一步提升紧密持久的中法全面战略伙伴关系水平。

1月9日

国家主席习近平在人民大会堂同法国总统马克龙举行会谈。两国元首一致同意，秉承友好传统，推动紧密持久的中法全面战略伙伴关系行稳致远。习近平指出，中法关系具有独特历史和丰富内涵。两国关系正处在新起点上。马克龙表示，很高兴2018年首次出访来到中国，并成为中共十九大后首位访华的欧盟国家元首，这充分体现着法中关系对双方的重要性。两国元首还共同出席台山核电站欧洲先进压水堆全球首堆工程命名揭牌仪式，见证两国成立中法企业家委员会谅解备忘录以及国家公园体制建设、核能、空间技术、人才交流、环保、金融、卫生、航空、农业、养老、文化、教育和商业等领域双边合作文件的签署。

▲李克强总理在人民大会堂会见法国总统马克龙。

1月11日

国家主席习近平在钓鱼台国宾馆会见英国前首相卡梅伦。

1月14日

中法成立聚变联合研究中心。

1月19日

2018年“中国—欧盟旅游年”开幕式在意大利威尼斯举行。李克强总理和欧盟委员会主席容克分别向开幕式致贺词。

1月25日

国际知名咨询服务机构安永公布报告显示，2017年中资企业在德国投资额达137亿美元。中资企业共并购德国企业54家，数量少于2016年的68家。其中，2017年中企在德最大一笔投资来自李嘉诚旗下财团收购德国能源管理综合服务商伊斯塔，金额达67亿美元。

1月26日

外交部发言人表示，中英加强“一带一路”框架下务实合作潜力巨大、前景广阔，不仅对两国和两国人民有利，也有助于世界经济的持续复苏。

1月28日

由我国企业首次成功研制的国际“人造太阳”核聚变关键设备运往欧洲。

1月31日

英国首相特雷莎·梅对中国进行为期3天访问。

▲李克强总理在人民大会堂同英国首相特雷莎·梅举行中英总理年度会晤。李克强指出，中英关系多年来一直走在中国同西方国家关系前列。当前中英都处于各自发展的关键时期，双方互补优势明显，全方位互利合作前景广阔。特雷莎·梅表示，我愿利用此访进一步提升进入“黄金时代”的英中全面战略伙伴关系。英方愿同中方推进“一带一路”合作，探索在创新、金融、保护知识产权及人工智能等领域的合作。英方欢迎中国扩大对英投资，赞赏中方愿审视启动“沪伦通”的时间安排。

▲李克强总理在人民大会堂与特雷莎·梅同出席中英企业家委员会成立大会暨第一次会议的企业家代表举行座谈。

2月2日

英国首相特雷莎·梅在上海表示，按照英中双方商议，英国很荣幸成为首届中国国际进口博览会主宾国，英国期待与上海加强各领域合作。

2月7日

荷兰国王威廉—亚历山大对中国进行为期2天工作访问。

▲国家主席习近平和夫人彭丽媛在中南海会见荷兰国王威廉—亚历山大和王后马克西玛。习近平说，中荷关系站在新起点上，面临新的发展机遇，相信在新的一年里，两国将通过共建“一带一路”开展更多的互利合作。威廉—亚历山大国王说，荷兰始终高度重视发展对华关系，相信“一带一路”倡议将给荷兰带来更多机遇，荷方愿积极参与共建进程。荷兰愿参加首届中国国际进口博览会。荷方希望同中方加强在国际和地区事务中的合作。

▲李克强总理在人民大会堂会见荷兰国王威廉—亚历山大。

▲外交部长王毅在北京应约会见荷兰外交大臣泽尔斯特拉。

2月27日

中德政府间科技合作协定签订40周年暨第五届中德创新大会在京举行。李克强总理向大会致贺信。两国科技、企业和政府等各界300余名代表出席。

3月2日

中欧班列（郑州）首条跨境电商专线正式开通，这条专线将由郑州驶向比利时列日。

▲中德智能制造创新平台在淮安启动。该服务平台将以智能制造为中心，以创新服务和产业服务为抓手促进产业发展创新。

3月14日

国家主席习近平致电安格拉·默克尔，祝贺她第四次当选并就任德国总理。

3月22日

外交部长王毅在北京会见来华出席中国同维谢格拉德集团首次政治磋商的四国副外长。王毅表示，维谢格拉德集团四国积极支持和参与习近平主席提出的共建“一带一路”倡议，同中方实现合作共赢、共同发展，中方对此表示赞赏。王毅对集团发展和双方合作提出三点建议：一是希望维谢格拉德集团为欧洲一体化进程做出贡献。二是希望维谢格拉德集团在中欧关系中发挥建设性作用。三是希望维谢格拉德集团在“16+1合作”中继续带头前行。维谢格拉德集团由波兰、捷克、匈牙利和斯洛伐克四国组成。

3月25日

葡萄牙外交部长席尔瓦在此间举行的“一带一路”金融研讨会上表示，葡萄牙希望利用其在非洲和葡语系国家特有的影响力，积极融入“一带一路”建设。葡中两国经贸关系日益紧密。对葡萄牙经济而言，“一带一路”是不可或缺的机会，葡萄牙希望借助自身优势参与这一倡议。

4月3日

外交部长王毅在北京与瑞士联邦委员兼外长卡西斯举行中瑞首轮外长级战略对话。王毅表示，举行中瑞外长级战略对话并推动建立高水平创新平台，是落实两国元首重要共识和推进中瑞创新战略伙伴关系的重要举措。中方愿同瑞方共同推动双边关系在新的时期取得更大发展。卡西斯表示，瑞中关系达到历史最好水平，瑞方高度重视发展对华关系，愿深入推进瑞中在各个领域的合作。

4月8日

国家主席习近平在人民大会堂同奥地利总统范德贝伦举行会谈。两国元首一致决定，建立中奥友好战略伙伴关系，并签署联合声明。[①] 会谈后，两国元首共同见证了“一带一路”合作、司法、创新、交通、现代流通、

---

① 《人民日报》2018年4月9日第3版。

文化、体育和知识产权等领域双边合作文件的签署。

4月10日

国家主席习近平在海南省博鳌国宾馆会见荷兰首相吕特。习近平指出，中荷关系潜力巨大，大有可为。下阶段，双方要践行开放共赢合作理念，积极推动传统领域合作提质升级，大力拓展新兴领域合作，实现更高水平的互利共赢。吕特表示，荷方期待深化两国合作，共同打造共建“一带一路”伙伴关系，实现互利共赢。

▲第十届中英政党对话在北京举行。国家主席习近平和英国首相特雷莎·梅分别致贺信。对话主题为“共同打造新时期中英关系‘黄金时代’”，双方代表共50余人参加对话。

4月11日

“新时代中国”国际研讨会在伦敦举行。

4月19日

国家主席习近平应约同英国首相特雷莎·梅通电话。习近平指出，首相女士今年初访华时，我们就深入推进中英关系“黄金时代”达成重要共识。希望英方为双边关系发展贡献更多正能量。特雷莎·梅表示，英方高度评价习近平主席在博鳌亚洲论坛2018年年会开幕式上宣布的中国进一步扩大开放新举措，欢迎中方将开通“沪伦通”，英方愿同中方一道，密切高层和各领域交往，扩展各领域合作，继续探讨“一带一路”建设，积极推进两国关系“黄金时代”。

4月23日

“纪念马克思诞辰200周年——中德学者对话暨21世纪资本主义社会批判理论研讨会”在北京举行。

4月24—26日

第二届丝绸之路旅游大会在克罗地亚南部城市杜布罗夫尼克举行。

4月24—29日

爱尔兰众议长肖恩·奥法乔尔率团访华。

4月27日

全国人大常委会委员长栗战书在人民大会堂与爱尔兰众议长奥法乔尔举行会谈。

4月28日

首届中英高层次人才交流大会在英国伦敦举行。本次大会旨在服务中英两国企事业单位人才和项目交流，打通在英留学生求职就业通道。共有百余家中英知名企业、机构、高校参加。

4 月 29 日

德国政府批准中企中国安泰科技股份有限公司收购德航空航天供应商。

5 月 1 日

希腊经济发展部副部长比齐奥拉斯日前接受新华社记者专访时表示，中国提出的“一带一路”倡议为希腊带来希望和机遇。中希两国在比雷埃夫斯港口项目上的合作已成为“一带一路”框架下双赢合作的重要象征。

5 月 3 日

由西班牙 5 个自治区的 27 家企业代表组成的代表团前往中国，参加“义新欧”发现之旅活动。

5 月 7—9 日

应希腊左联党邀请，蔡奇率中共代表团访问希腊，并与希方代表共同出席“奥运之路 · 丝路相连”北京旅游推介会、“2018 北京优秀影视剧海外展播季 · 希腊”开幕式系列活动，考察中远海运比雷埃夫斯港项目。希腊总理、左联党主席齐普拉斯在雅典会见了蔡奇。

5 月 7 日

第七届中德媒体对话在德国柏林举行。与会代表就进一步加强中德媒体交流合作、“社交媒体时代的国际新闻报道”和“经济全球化与媒体作用”等议题进行了坦诚深入的交流。

▲中德（沈阳）高端装备制造产业园（简称沈阳中德装备园）离岸科技创新中心在德国海德堡启动。该中心旨在为企业在国际协同创新、高技术转化、柔性人才引进、合作项目对接以及金融支持等方面提供全面咨询服务，由中德科技园控股有限公司和沈阳中德装备园合作设立。

5 月 8 日

全国人大常委会副委员长曹建明在人民大会堂会见欧洲议会对华关系代表团，并出席中欧议会交流机制第 41 次会议。

5 月 9 日

李克强总理致电欧尔班 · 维克多（ORBÁN Viktor），祝贺他再次当选并就任匈牙利总理。

5 月 10 日

爱尔兰统一党领袖、政府总理瓦拉德卡在总理府会见来访的中共中央政治局委员、北京市委书记蔡奇。

5 月 11 日

中共中央政治局委员、北京市委书记蔡奇率中共代表团对英国进行为期 4 天友好访问。其间，蔡奇分别会见英国首席内阁大臣利丁顿，约克公爵安德鲁王子，工党领袖科尔宾，苏格兰民族党领袖、苏格兰首席部长斯特金和伦敦市长萨迪克·汗等英政要。

5 月 16 日

法国总统马克龙在巴黎爱丽舍宫会见外交部长王毅。

5 月 18 日

全国人大常委会副委员长王晨在北京会见法国国民议会第一副议长博纳尔。

▲葡萄牙总统马塞洛·雷贝洛·德索萨、总理安东尼奥·科斯塔（António Costa），在里斯本分别会见到访的外交部长王毅。

5 月 24 日

德国总理默克尔对中国进行为期 2 天正式访问。24 日，国家主席习近平在人民大会堂与默克尔总理举行会晤。习近平指出，2014 年中德建立全方位战略伙伴关系以来，两国关系得到长足发展，合作广度和深度达到前所未有的水平。习近平强调，中德两国要做合作共赢的示范者、中欧关系的引领者、新型国际关系的推动者和超越意识形态差异的合作者。这应当是双方下阶段推进两国关系共同努力的方向。中方赞赏德方支持“一带一路”倡议，欢迎德国企业积极参与。默克尔表示，德中关系已进入新时代，德国愿抓住中国深化开放带来的新机遇，扩大德中贸易投资合作，扩大人文交流。在当前世界形势发生很大变化的背景下，德中两国要加强在国际事务中沟通协调，密切在二十国集团等多边框架内业已富有成效的合作。德国支持增进欧中合作关系。

▲李克强总理在人民大会堂与德国总理默克尔共同出席中德经济顾问委员会座谈会。李克强强调，开放应该是双向的。对别人关上门，也就挡住了自己的路。希望德方把中国企业当作平等和可信赖的合作伙伴，为中国企业赴德投资兴业创造更加公平和便利的环境。默克尔表示，中德经济顾问委员会机制日趋成熟，为双方坦诚沟通提供了平台。她说，投资不是

单行道，扩大双向投资，双方都将受益并相互借鉴。希望德中为双方企业相互投资提供平等准入。

5月25日

中国藏学家交流团访问荷兰，分别与荷兰政府官员和莱顿大学藏学研究者座谈，就西藏发展、涉藏及人权问题、藏学研究现状及前景进行深入探讨。

5月27日

第三届中国—中东欧国家（“16+1”）农业部长会议日前在立陶宛首都维尔纽斯召开。本届会议以“智慧农业——粮食安全和食品安全的创新性解决方案”为主题，通过《中国—中东欧国家农业部长会议维尔纽斯共同宣言》。共同宣言认为，“一带一路”倡议与欧洲投资计划和中东欧各国发展规划有效对接，为深化“16+1”农业合作提供重要机遇。会议还就提升粮食安全和食品安全保障水平提出“16+1”方案。

5月29日

国家主席习近平在人民大会堂会见英国约克公爵安德鲁王子。约克公爵安德鲁王子是应中国人民外交学会邀请，来华出席第二届以科技创新为内容的“龙门创将”中国区总决赛。

5月31日

德国总统施泰因迈尔在柏林总统府会见到访的外交部长王毅。

6月1日

第八轮中欧高级别战略对话在布鲁塞尔举行。

▲欧盟委员会主席容克在布鲁塞尔会见来比利时参加第八轮中欧高级别战略对话的外交部长王毅。

6月5日

奥地利智库维也纳国际经济研究所与中国驻奥地利大使馆共同举办研讨会，会上该智库发布《“一带一路”倡议对中东欧及奥地利的经济意义研究报告》。

▲孙春兰副总理在钓鱼台国宾馆会见英国韦塞克斯伯爵爱德华王子。

6月5—7日

中国人权研究会会长向巴平措率中国人权研究会代表团访问西班牙。

6月6—7日

第三次中国—中东欧国家经贸促进部长级会议在宁波举行。

6月8日

“中国文创产品展示周”在马耳他中国文化中心开幕。

6月8—11日

第四届中国—中东欧国家投资贸易博览会在浙江宁波举办。

▲中国人权研究会会长向巴平措率中国人权研究会代表团访问意大利。

6月10日

德国总理默克尔在接受德国电视一台专访时说，美国总统特朗普在七国集团峰会上的表现令她体会到“幻灭感”，欧洲不能依靠跨大西洋伙伴关系，而要联合自强并与中国等其他国家密切合作。她无意放弃七国集团框架，“但德国同时必须与俄罗斯寻求对话，并与日本、加拿大、印度和中国紧密合作”。

6月13日

为期4天的第三届中国—中东欧国家文化创意产业论坛在波兰罗兹市开幕。论坛主题为“创新的复兴”，来自中国和中东欧16国的数十位政企代表集聚一堂，为中国及中东欧国家开展文化产业合作探索长效合作机制。

6月15日

“感知中国”意大利行活动走进意大利。来自意大利外交、文化、教育和商业等各界知名人士和中国文化爱好者等数百人在开幕式现场感受了中国传统文化艺术的魅力。

▲为期一周的“魅力上海”城市形象推广活动在匈牙利首都布达佩斯的布达创意馆拉开帷幕。

6月20—22日

丹麦外交大臣安诺斯·萨穆埃尔森对中国进行正式访问。

6月22—25日

法国总理爱德华·菲利普对中国进行正式访问。

6月24日

全英华人教授协会在伦敦成立。

6月25日

第七次中欧经贸高层对话在北京举行。双方围绕“支持和推动全球化，深化和扩大中欧合作”主题，进行深入讨论，就完善全球经济治理，维护多边贸易体制，以及推动贸易投资自由化便利化等达成一系列成果和共识。

▲李克强总理在人民大会堂会见欧盟委员会副主席卡泰宁。

▲李克强总理在人民大会堂与法国总理菲利普共同出席中法企业家座谈会。双方企业家围绕中法经贸投资等问题进行讨论。会谈后，两国总理共同见证了双方能源、科技、农业食品及医药卫生等领域十余项双边合作文件的签署。

▲国家主席习近平在人民大会堂会见法国总理菲利普。

6 月 26 日

中国藏学专家学者代表团访问比利时。

6 月 28 日

中欧人权研讨会在比利时欧洲学院举行。与会专家学者围绕“文明多样性与人权保障”主题进行研讨交流。

▲“2018 感知中国 · 中国西部文化匈牙利行”系列活动开幕式暨“魅力丝路”歌舞演出近日在布达佩斯举行。

▲中欧班列（成都）五年累计开行量达 2000 列。

7 月 3 日

全国人大常委会副委员长王晨在北京会见欧洲左翼党代表团。王晨说，政党交往是中欧关系重要组成部分，中国共产党愿同欧洲左翼党增进互信、加强沟通，努力构建求同存异、相互尊重、互学互鉴的新型政党关系。

7 月 5—10 日

李克强总理对保加利亚进行正式访问并出席在索非亚举行的第七次中国—中东欧国家领导人会晤、赴德国主持第五轮中德政府磋商并对德国进行正式访问。

7 月 6 日

到访的李克强总理在索非亚下榻饭店分别会见克罗地亚总理普连科维奇、斯洛伐克总理佩莱格里尼和塞尔维亚总理布尔纳比奇。

▲到访的李克强总理在索非亚分别同保加利亚总理博伊科 · 博里索夫、总统鲁门 · 拉德夫举行会谈、会见。

▲到访的李克强总理在索非亚下榻饭店分别会见阿尔巴尼亚总理拉马、爱沙尼亚总理拉塔斯和匈牙利总理欧尔班。

7 月 7 日

第七次中国—中东欧国家领导人会晤在保加利亚索非亚举行。与会各方认为中国—中东欧国家合作（以下简称“16＋1 合作”）取得积极进展和众多成果，《中国—中东欧国家合作布达佩斯纲要》得到有效落实，确信 16＋1 各领域合作蓬勃发展，日益成为务实的跨区域合作机制，惠及各方。各方强调，“16＋1 合作”是中欧关系的重要组成部分和有益补充，各方愿根据各自国情和既有承诺，以“16＋1 合作”为依托，共同促进中欧关系持续均衡发展。各方愿积极落实业已签署的“一带一路”建设合作文件，基于市场规则和国际准则推动取得更多合作成果，保持合作的开放性。中东欧国家中的欧盟成员国将推动合作为相关欧盟政策和项目提供补充。

▲第八届中国—中东欧国家经贸论坛在索非亚文化宫举行。李克强总理与中东欧 16 国领导人共同出席开幕式并致辞。

7 月 9 日

第五轮中德政府磋商在柏林举行。本轮政府磋商制定了两国下阶段各领域合作的路线图。双方一致同意加强全方位战略合作，以实际行动共同发出坚定维护多边主义和自由贸易的信号。磋商期间，双方签署了 10 份政府间合作协议及一系列商业合同。双方发表题为《为构建更美好世界做负责任伙伴》的联合声明。①

7 月 10 日

李克强总理在柏林与德国总理默克尔共同出席中德自动驾驶汽车展示活动。

▲中国科学院国家纳米科学中心与欧洲航空业在纳米复合材料领域首次合作。

7 月 16 日

第二十次中欧领导人会晤在北京举行。中欧双方一致同意，共同维护联合国宪章以及国际法，加强外交和安全政策对话，应对共同挑战。会议发表《第二十次中国欧盟领导人会晤联合声明》② 和《中欧领导人气候变

---

① 《人民日报》2018 年 7 月 11 日第 8 版。

② 《人民日报》2018 年 7 月 17 日第 8 版。

化和清洁能源联合声明》[①]。

▲第十一届中英创业大赛在伦敦正式启动，此次大赛由中英企业家基金提供 500 万英镑资金，用于扶持中英两国高科技领域创新企业，为两国的创新创业提供助力。

▲国家主席习近平在钓鱼台国宾馆会见欧洲理事会主席图斯克和欧盟委员会主席容克。

7 月 17 日

“智荟中欧 2018”第四届欧洲论坛在德国慕尼黑市举办，中德企业以“赋能未来：共创中德数字经济新时代”为主题，共同探讨企业数字化转型之路，聚焦数字经济时代下的合作与共赢。

7 月 30 日

第九次中英战略对话在北京举行。

8 月 26 日

中欧班列累计开行数量达到 10000 列。

8 月 27 日

外交部长王毅在北京同来访的希腊外长科恰斯举行会谈，并共同签署两国政府间共建“一带一路”合作谅解备忘录。

9 月 6 日

国家副主席王岐山在中南海会见冰岛外交部长索尔达松。

▲胡春华副总理在中南海会见瑞士联邦委员兼经济与教研部长施奈德—阿曼一行。双方就中瑞经贸关系发展、“一带一路”合作和加强创新合作等问题交换意见。

▲外交部长王毅与来访的冰岛外长索尔达松举行会谈。

▲意大利经济发展部副部长米凯莱·杰拉奇在意大利驻华使馆新闻发布会上说，意大利希望加强在“一带一路”框架下合作的广度和深度，愿意与中国在第三方，特别是在非洲国家开展合作。参与中国与非洲的合作。意大利经济发展部 2018 年 8 月 21 日宣布成立“中国任务小组”，旨在建立政府、商界和社会间对话机制，进一步加强意中两国经贸关系，杰拉奇负责协调指挥。

---

① 《人民日报》2018 年 7 月 17 日第 8 版。

9月12—15日

马耳他外交与贸易促进部长卡尔梅洛·阿贝拉对中国进行正式访问。

10月8日

第五届“中国道路欧洲论坛（葡萄牙会场）”在葡萄牙首都里斯本举行，由中国社会科学院马克思主义研究院、葡萄牙共产党中央委员会共同主办，山东社会科学院协办，主题是“新时代的中国方案与欧洲发展”，中葡两国100余位专家学者出席论坛。

10月10日

第十六届“21世纪中国”论坛在瑞士洛桑举行，主题是“创新合作与人类命运共同体”，中瑞两国100余位专家学者出席论坛。

10月11—20日

挪威国王哈拉尔五世对中国进行国事访问。16日国家主席习近平在人民大会堂同哈拉尔五世举行会谈，两国元首一致同意，为新时期中挪关系发展注入新动力，谱写两国传统友谊新篇章。当日，中国—挪威工商峰会在北京开幕。全国政协副主席辜胜阻与挪威国王哈拉尔五世共同出席开幕式并发表主旨演讲。

10月13日

全国人大副委员长白玛赤林率代表团访问奥地利。

10月14日

李克强总理抵达阿姆斯特丹，开始对荷兰进行正式访问。

10月15日

李克强总理在海牙诺代恩德宫会见荷兰国王威廉—亚历山大。

▲李克强总理在海牙首相府同荷兰首相吕特举行会谈。会谈后，两国领导人共同见证了两国经贸、金融、能源和农业等领域多项合作文件的签署。

▲中国匈牙利人文交流主题论坛在匈牙利首都布达佩斯举办，主题是“以文化艺术为纽带推动人类命运共同体发展”。

▲国家副主席王岐山在人民大会堂会见出席第六届中法青年领导者论坛的双方代表。

10月16日

中国—荷兰经贸论坛在荷兰海牙举行，李克强总理在论坛上发表主旨演讲。

▲李克强总理在荷兰议会大厦会见荷兰议会两院议长安吉·布鲁克斯—克诺尔和哈蒂亚·阿瑞布。

▲当天下午，李克强总理抵达布鲁塞尔，出席第十二届亚欧首脑会议并对比利时进行工作访问。

▲第三届中国—中东欧国家交通部长会议在塞尔维亚首都贝尔格莱德举行。

▲国家主席习近平在人民大会堂会见英国四十八家集团俱乐部主席佩里。

10月17日

李克强总理在布鲁塞尔埃格蒙宫同比利时首相米歇尔举行会谈。双方一致同意继续发挥互补优势，深挖合作潜力，促进各领域务实合作实现更大发展。两国领导人共同见证了两国核能、第三方市场、文化、物流、航空等领域多项双边合作文件的签署。

10月18—23日

葡萄牙外交部长奥古斯托·席尔瓦对中国进行正式访问。

10月20日

第四次中国—中东欧国家地方领导人会议在保加利亚索非亚举行。

10月22日

中共中央政治局委员、中央外事办主任杨洁篪在北京会见葡萄牙外长席尔瓦。

▲中联部部长宋涛在北京会见德国基民盟副主席、国防部长冯德莱恩。

10月29日

国家主席习近平同法国总统马克龙互致贺电，祝贺中法海洋卫星发射成功。

11月5日

国家主席习近平在上海分别会见捷克总统泽曼、立陶宛总统格里包斯凯特和匈牙利总理欧尔班。

11月7日

为期3天的第三届中国—中东欧国家创新合作大会在波黑萨拉热窝举行。李克强总理向大会致贺信。大会发布《中国和中东欧国家创新与技术合作联合宣言》。此次参会的中国中小企业及科研机构与多国企业与科研机构达成初步合作意向48个、签约项目6个。

11月12—13日

德国外交部长海科·马斯访问中国，并出席第四轮中德外交与安全战略对话。

11月18—20日

葡萄牙议会议长罗德里格斯率团访华。全国人大常委会委员长栗战书在人民大会堂与罗德里格斯议长举行会谈。

11月18—25日

孙春兰副总理对捷克和克罗地亚进行正式访问。

11月25—28日

刘鹤副总理访问德国并出席第八届中欧论坛汉堡峰会。访问期间，刘鹤还同德国总理默克尔、副总理兼财政部长肖尔茨举行会谈并会见德经济与能源部长阿尔特迈尔、总理经济顾问罗勒、汉堡市长辰彻尔和欧盟委员会负责竞争事务的委员韦斯塔格。

11月26日

第八届中欧论坛汉堡峰会在德国汉堡开幕。

▲由中国国务院新闻办公室、中国外文局、中国驻葡萄牙大使馆等共同举办的《习近平谈治国理政》中葡读者会在葡萄牙首都里斯本举行。

11月27日

李克强总理在中南海紫光阁会见英国前首相卡梅伦。

▲国家主席习近平对西班牙进行为期3天国事访问。访问期间，两国签署18份合作文件，共同发表《中华人民共和国和西班牙王国关于加强新时期全面战略伙伴关系的联合声明》①。

11月28日

中国西班牙企业顾问委员会正式成立并召开第一次大会。国家主席习近平向大会祝贺并称其为深化两国经贸合作的重要平台，是“强强联合、优势互补”的合作新模式。

11月29—30日

第二轮中国—欧盟工商领袖和前高官对话在布鲁塞尔举行。

---

① 《人民日报》2018年11月29日第3版。

11 月 30 日

首次中法二轨高级别对话在巴黎举行。来自两国政府、学术等领域 30 多名高级别代表就中法、中欧关系、气候变化以及“一带一路”建设等问题坦诚深入交换意见。

▲中英绿色金融工作组第三次会议在伦敦举行，会议发布《“一带一路”绿色投资原则》。

12 月 1 日

国家主席习近平在布宜诺斯艾利斯会见法国总统马克龙和德国总理默克尔。

12 月 4 日

国家主席习近平对葡萄牙进行为期 2 天国事访问。访问期间，习近平主席同马塞洛·雷贝洛·德索萨总统举行会谈，分别会见费罗·罗德里格斯议长和安东尼奥·科斯塔总理。两国领导人高度评价中葡传统友好关系不断取得发展，并就双边关系、中欧关系以及共同关心的国际和地区问题交换意见，达成广泛共识。双方发表《中华人民共和国和葡萄牙共和国关于进一步加强全面战略伙伴关系的联合声明》①。

12 月 4—6 日

第九届中意创新合作周在意大利米兰举行，本届合作周以“中意携手，创新共赢”为主题，聚焦中意双方创新合作的十大技术领域及优质资源，推动中意两国在创新资源领域的深度融合。来自中意两国的科研和企业等方面代表约 1500 人参加相关活动。

12 月 5 日

德国总统施泰因迈尔对中国进行为期一周国事访问。

12 月 7 日

第六次中法高级别经济财金对话在法国举行。双方围绕“构建紧密持久的中法全面经济战略伙伴关系”主题，就宏观经济形势和全球经济治理，经贸投资合作，大项目合作与互联互通，金融合作等议题进行深入交流，达成 68 项互利共赢成果。

12 月 9 日

由中国企业承建的挪威第二大桥哈罗格兰德大桥通车典礼举行。挪威

---

① 《人民日报》2018 年 12 月 6 日第 2 版。

首相索尔贝格出席仪式。

12月10日

国家主席习近平在人民大会堂同德国总统施泰因迈尔举行会谈。两国元首一致同意，加深互信，合作共赢，推动中德全方位战略伙伴关系继续深入发展，让中德合作取得更多有利于两国和两国人民、有利于世界和平与繁荣的成果。

▲李克强总理在人民大会堂会见来华进行国事访问的德国总统施泰因迈尔。

12月18日

中国政府发表第三份《中国对欧盟政策文件》①。文件阐述了新时期中国对欧盟的政策目标和今后一个时期加强中欧各领域对话与合作的重要举措。

12月19日

欧盟委员会科研与创新总司司长让埃里克·巴盖特率领代表团在北京为欧盟发起并资助由第五届欧洲科研人员网络主办的“科学大满贯”活动揭幕，并就中欧科研与创新合作，与中国媒体面对面进行深入探讨。

2019年

1月12日

“一带一路”巴黎论坛第二届会议在巴黎举行。来自两国政府、商界、智库、媒体等各界500余人出席会议。

1月13—16日

芬兰总统绍利·尼尼斯托（Sauli Niinisto）对中国进行国事访问。国家主席习近平在北京人民大会堂同尼尼斯托总统举行会谈。两国元首一致同意，共同谱写中芬关系发展新篇章。会谈后，两国元首共同见证了有关双边合作文件的签署、共同出席“2019中芬冬季运动年”启动仪式。

1月18日

第二次中德高级别财金对话在北京举行。双方围绕当前全球宏观经济

① 《人民日报》2018年12月19日第9版。

形势与经济治理、中德战略性合作以及金融合作与金融监管等共同关注的议题，进行讨论，共达成34项互利共赢成果。双方签署《中德央行合作谅解备忘录》《中德银行业监管合作意向信》和《中德证券期货监管合作谅解备忘录》。

1月21—24日

国家副主席王岐山访问瑞士并出席达沃斯世界经济论坛2019年年会。

1月23日

外交部长王毅赴巴黎同法国总统外事顾问埃蒂安举行第十八次中法战略对话牵头人磋商。法国总统马克龙在巴黎爱丽舍宫会见外交部长王毅。

1月25—26日

外交部长王毅访问意大利并出席中意政府委员会第九次联席会议。会议发表《中意政府委员会第九次联席会议共同文件》。在意期间，王毅还同意大利总理孔特、意大利外长莫阿韦罗举行会谈。

1月27日

国家主席习近平同法国总统马克龙互致贺电，庆祝两国建交55周年。

1月31日

李克强总理向英国48家集团俱乐部主办的中英贸易"破冰之旅"65周年纪念活动致贺信。

2月8日

国家主席习近平同葡萄牙共和国总统德索萨互致贺电，庆祝两国建交40周年。

2月15日

中共中央政治局委员、中央外事工作委员会办公室主任杨洁篪赴德国出席第五十五届慕尼黑安全会议。

2月16日

德国总理默克尔在慕尼黑会见中央外事工作委员会主任杨洁篪。默克尔表示，德中是全方位战略伙伴，两国高层交往频繁，各领域友好合作成果丰硕，在国际事务中协调密切。德方对"一带一路"国际合作持积极态度，愿同中方加强沟通，深化合作，促进双方企业和人民的利益。

3月8日

意大利总理孔特在北部城市热那亚出席活动时表示，中国的"一带一路"倡议对意大利和欧洲来说是发展机遇，意大利希望与中国深化经贸合作以获得更多发展机会。

3 月 15 日

外交部长王毅同法国外长勒德里昂通电话，就两国的高层交往以及共同关心的问题交换意见。双方同意，面对当前不确定的国际形势，中法应加强战略沟通协调，维护多边主义，维护联合国宪章宗旨和原则，共同应对各种全球性挑战，推动中法全面战略伙伴关系迈上新台阶。

3 月 18 日

欧盟委员会主席容克在布鲁塞尔会见外交部长王毅。

3 月 21—26 日

国家主席习近平对意大利、摩纳哥和法国进行国事访问。

3 月 22 日

国家主席习近平对意大利进行为期 3 天国事访问。这是中意建立全面战略伙伴关系 15 周年之际的重要访问。习近平主席同意大利总统马塔雷拉和总理孔特分别举行会谈并出席有关活动，双方就双边关系及共同关心的国际和地区问题达成广泛共识，23 日发表《关于加强全面战略伙伴关系的联合公报》[①]，签署 19 份政府间双边合作文件，签署《关于共同推进“一带一路”建设的谅解备忘录》。

3 月 24 日

国家主席习近平抵达法国尼斯，随后乘车前往摩纳哥，对摩纳哥公国进行国事访问。

3 月 25 日

国家主席习近平对法国进行国事访问并在巴黎会见法国总统马克龙。26 日两国发表《中法关于共同维护多边主义、完善全球治理的联合声明》[②]，两国元首共同见证第三方市场合作等双边合作文件的交换。

▲中法全球治理论坛在法国巴黎举行。26 日国家主席习近平出席论坛闭幕式并同出席论坛闭幕式的法国总统马克龙、德国总理默克尔和欧盟委员会主席容克举行会晤。习近平强调，中国和欧洲是国际上两大重要力量，是世界多极化、经济全球化进程的重要参与者和塑造者，拥有广泛共同利益。中欧要从 3 个方面携手努力：一是共同维护多边主义。二是促进

① 《人民日报》2019 年 3 月 24 日第 2 版。

② 《人民日报》2019 年 3 月 27 日第 3 版。

亚欧大陆繁荣发展。三是增进双方战略互信。

▲欧洲议会"'一带一路'政策沟通委员会"在法国斯特拉斯堡宣布成立。该委员会旨在通过加强与中国沟通协调，推动"一带一路"倡议及该倡议框架内的相关合作在欧洲地区拓展。

3月27日

李克强总理在海南博鳌会见来华出席博鳌亚洲论坛2019年年会的卢森堡首相贝泰尔。会见后，两国总理共同见证双方共建"一带一路"谅解备忘录以及金融合作文件的签署。

4月1—2日

中欧举行人权对话。

4月4日

中欧经贸关系研讨会在法国巴黎召开。中法智库学者和经贸领域专家就中欧战略对接和经贸合作、欧盟对华关系以及中国对欧关系等议题展开讨论。

4月8日

"'一带一路'有利于促进欧盟均衡发展"——中欧经贸关系研讨会在匈牙利首都布达佩斯举行。中匈两国智库学者和经贸领域专家重点就中欧加强"一带一路"合作进行深入研讨。与会人士普遍认为，"一带一路"是中国在新形势下提供的全球公共产品，对于缩小南北差距、促进共同发展和改善全球治理具有重要意义。

4月9日

第二十一次中国—欧盟领导人会晤在布鲁塞尔举行，会议发表联合声明①。双方签署《中欧竞争政策对话框架协议》和《关于在公平竞争审查制度和国家援助控制制度领域建立对话机制的谅解备忘录》，双方同意加强中欧科研创新合作，确认《中欧科技合作协定》展期。

▲李克强总理在布鲁塞尔埃格蒙宫会见比利时首相米歇尔。

▲外交部长王毅在出席中欧领导人会晤期间，应约会见欧盟外交与安全政策高级代表莫盖里尼。

4月10日

李克强总理抵达萨格勒布对克罗地亚进行正式访问并同克罗地亚总理

① 《人民日报》2019年4月10日第2版。

普连科维奇举行会谈。会谈后，两国总理共同见证双方经贸投资、旅游、质检和体育等领域多项双边合作文件的签署，发表两国政府联合声明①。

▲中国脱贫成就展在布鲁塞尔欧洲议会大厦展出。

4月11日

李克强总理在杜布罗夫尼克分别会见出席中国—中东欧国家（“16+1”）领导人会晤的保加利亚总理、塞尔维亚总理、斯洛文尼亚总理和捷克总理。

▲李克强总理在杜布罗夫尼克分别会见出席中国—中东欧国家（“16+1”）领导人会晤的斯洛伐克总理彼得·佩列格里尼、阿尔巴尼亚总理埃迪·拉马和波兰总理马泰乌什·莫拉维茨基。

4月12日

第八次中国—中东欧国家领导人会晤在克罗地亚杜布罗夫尼克古城举行。会晤后，中国同中东欧16国共同发表《中国—中东欧国家合作杜布罗夫尼克纲要》。② 各国领导人共同见证双方各领域10余项合作协议的签署。会议欢迎希腊作为正式成员加入“16+1合作”。

▲李克强总理在杜布罗夫尼克与中东欧16国领导人共同出席第九届中国—中东欧国家经贸论坛开幕式并致辞。李克强同普连科维奇总理共同开通“16+1中小企业协调机制”网站，并同与会中东欧领导人共同参观“16+1教育合作交流展”，出席中国—中东欧国家中小企业对接会。

▲李克强总理在杜布罗夫尼克与保加利亚总理博伊科·博里索夫、克罗地亚总理普连科维奇共同为“16+1全球伙伴中心”揭牌，宣布“16+1全球伙伴中心”正式成立。

▲李克强总理在杜布罗夫尼克分别会见立陶宛总理、爱沙尼亚总理、匈牙利总理和北马其顿总理。

4月16日

全国人大常委会委员长栗战书在人民大会堂会见德国联邦议院副议长弗里德里希。

4月23—30日

瑞士联邦主席于利·毛雷尔今起对中国进行国事访问并出席第二届

---

① 《人民日报》2019年4月11日第2版。

② 《人民日报》2019年4月15日第2版。

“一带一路”国际合作高峰论坛。

4月25—29日

奥地利总理塞巴斯蒂安·库尔茨对中国进行正式访问。访华期间，库尔茨还将出席第二届“一带一路”国际合作高峰论坛。28日李克强总理在人民大会堂同库尔茨总理举行会谈。两国总理共同见证多项双边合作文件的签署。29日国家主席习近平在人民大会堂会见库尔茨总理。

▲国家主席习近平在人民大会堂会见塞尔维亚总统武契奇。会见后，两国元首共同见证共建“一带一路”等双边合作文件的签署。

▲国家主席习近平在人民大会堂会见塞浦路斯总统阿纳斯塔夏季斯。会见后，两国元首共同见证共建“一带一路”等双边合作文件的签署。

▲国家主席习近平在人民大会堂会见匈牙利总理欧尔班。

▲李克强总理在钓鱼台国宾馆分别会见匈牙利总理欧尔班、欧盟委员会副主席谢夫乔维奇。

4月26日

李克强总理在钓鱼台国宾馆会见希腊总理普罗科比斯·齐普拉斯。会见后，两国总理共同见证有关双边合作文件的签署。

▲李克强总理在钓鱼台国宾馆会见英国首相特别代表、财政大臣哈蒙德。

▲李克强总理在钓鱼台国宾馆会见瑞士联邦主席毛雷尔。

▲李克强总理在人民大会堂同奥地利总理库尔茨举行会谈。两国总理共同见证多项双边合作文件的签署。

▲国家主席习近平在人民大会堂会见捷克总统米洛什·泽曼（Miloš ZEMAN）。两国元首共同见证双边合作文件的签署。

4月28日

李克强总理在钓鱼台国宾馆会见意大利总理孔特。两国总理共同见证双边合作文件的签署。

4月28日—5月2日

葡萄牙总统马塞洛·雷贝洛·德索萨（Marcelo Rebelo de Sousa）对中国进行国事访问，访前出席了第二届“一带一路”国际合作高峰论坛。29日国家主席习近平在人民大会堂同葡萄牙总统德索萨举行会谈。两国元首共同见证有关双边合作文件的签署。

4 月 29 日

李克强总理在钓鱼台国宾馆会见葡萄牙总统德索萨。

▲国家主席习近平在人民大会堂同瑞士联邦主席于利·毛雷尔举行会谈。两国元首共同见证双边合作文件的签署。

4 月 29—30 日

中法两国在法国巴黎正式启动法律和司法对话机制并举行首次对话。

5 月 6 日

为期两天的欧洲工商峰会在布鲁塞尔开幕，并于当天举行“高标准的中欧互联互通战略对接”论坛。中欧人士在论坛上就“一带一路”倡议和合作进行讨论。

5 月 12—16 日

希腊总统普罗科比斯·帕夫洛普洛斯对中国进行国事访问并将出席亚洲文明对话大会。

5 月 13 日

栗战书委员长在人民大会堂会见希腊总统帕夫洛普洛斯。

5 月 14 日

国家主席习近平在人民大会堂同希腊总统帕夫洛普洛斯举行会谈。

5 月 15 日

李克强总理在人民大会堂会见希腊总统帕夫洛普洛斯。

5 月 15—18 日

栗战书委员长对挪威进行正式友好访问，在奥斯陆分别会见国王哈拉尔五世（Harald V）、首相埃尔娜·索尔贝格（Erna Solberg），与议长托娜·威廉森·特罗恩（Tone Wilhelmsen Trøen）举行会谈。

5 月 15—24 日

栗战书委员长对挪威、奥地利和匈牙利进行正式友好访问。

5 月 17 日

外交部长王毅在北京集体会见欧盟及 27 个成员国驻华使节。王毅表示，中国和欧盟共同利益远远大于分歧。要做好“一带一路”倡议同欧盟欧亚互联互通战略对接工作。

5 月 18—21 日

栗战书委员长对奥地利进行正式友好访问。在维也纳会见总统范德贝伦、总理库尔茨，与国民议会议长索博特卡和联邦议会议长阿佩分别举行会谈。

5 月 20 日

中国和欧盟在布鲁塞尔签署《中国和欧盟民用航空安全协定》和《中国和欧盟关于航班若干方面的协定》。这是中国与欧盟首次签署民航领域协定。

5 月 21 日

以法国著名汉学家汪德迈名字命名的首届“法兰西学院汪德迈中国学奖”在北京颁奖。北京师范大学跨文化研究院名誉院长乐黛云成为第一位获此殊荣的中国学者。

5 月 21—23 日

栗战书委员长对匈牙利进行正式友好访问，在布达佩斯会见总统阿戴尔和总理欧尔班，与国会主席格维尔·拉斯洛举行会谈。

5 月 28 日

国家副主席王岐山对荷兰进行为期 3 天访问，分别会见威廉—亚历山大国王和吕特首相。

5 月 30 日

国家副主席王岐山对德国进行为期 4 天访问，在柏林分别会见施泰因迈尔总统、默克尔总理和马斯外长。

6 月 3 日

马耳他总统维拉在瓦莱塔会见到访的全国政协代表团。

6 月 9 日

中国—中东欧国家合作论坛在浙江宁波召开。胡春华副总理出席论坛并发表主旨演讲。

6 月 12—18 日

中国人权研究会代表团访问德国和爱尔兰，与两国议会和外交部官员、智库和高校领导人及专家学者等进行了广泛交流。

6 月 17 日

第十次中英经济财金对话在英国伦敦举行。双方围绕宏观经济形势及全球经济治理、贸易投资与大项目合作、金融改革与金融市场发展以及战略性与新领域合作等议题进行深入交流，达成 69 项互利共赢成果。

6 月 19 日

荷兰外交大臣斯特夫·布洛克对中国进行访问。外交部长王毅同外交大臣布洛克举行会谈。

6月20日

刘鹤副总理在北京会见德国联邦经济和能源部长皮特·阿尔特迈尔。

6月21日

“2019·中欧人权研讨会”在奥地利司法部举行。

6月26日

中德职教创新对话论坛在德国柏林举行。孙春兰副总理和德国联邦教研部长卡利切克共同出席论坛开幕式并发表主旨讲话。

6月27日

李克强总理在人民大会堂同来华进行工作访问的荷兰首相吕特举行会谈。

▲李克强总理在人民大会堂同荷兰首相吕特和联合国前秘书长潘基文共同出席全球适应中心中国办公室揭牌仪式。

6月28日

国家主席习近平在大阪会见德国总理默克尔。

6月29日

国家主席习近平在大阪会见法国总统马克龙。

▲外交部长王毅、法国外长让—伊夫·勒德里昂、联合国秘书长古特雷斯在大阪发表气候变化会议新闻公报。

7月3日

保加利亚总统鲁门·拉德夫访问中国。习近平主席在人民大会堂同拉德夫总统举行会谈。两国元首宣布，将中保关系提升为战略伙伴关系，并发表联合声明。①

▲栗战书委员长在人民大会堂会见保加利亚总统拉德夫。

7月5日

“智荟中欧2019”第五届欧洲论坛在德国慕尼黑举行。

7月7日

全国人大常委会副委员长张春贤率团访问爱尔兰，其间分别同加拉格尔副众议长、科文尼副总理兼外交与贸易部长举行会谈。

---

① 《人民日报》2019年7月4日第3版。

7 月 7—13 日

外交部长王毅访问波兰、斯洛伐克和匈牙利，并分别同波兰外长雅采克·查普托维奇，和匈牙利外长西雅尔多·彼得主持召开中波政府间合作委员会第二次全会和中匈“一带一路”工作组第二次会议。

7 月 8 日

法国奥尔良大学孔子学院正式揭牌。

7 月 11—12 日

中欧圆桌会议第十七次会议在上海举行。会议围绕大数据和数字经济、可持续发展和应对气候变化两大议题进行讨论。

7 月 18 日

李克强总理致电乌尔苏拉·冯德莱恩（Ursula von der Leyen），祝贺她当选新一届欧盟委员会主席。

▲中国人权发展基金会代表团访问奥地利。

7 月 19 日

法国总统外事顾问博纳来华举行新一轮中法战略对话牵头人磋商。

7 月 24 日

李克强总理致电鲍里斯·约翰逊，祝贺他就任英国首相。

8 月 31 日

外交部驻香港特别行政区特派员公署发言人就欧盟外交与安全政策高级代表莫盖里尼有关香港的言论表态说，有关言论是赤裸裸地干涉香港事务和中国内政，中方对此表示强烈不满和坚决反对。

9 月 4 日

为期两天的中德对话论坛在青岛市开幕。

9 月 6 日

德国总理默克尔对中国进行为期 2 天正式访问。

▲国家主席习近平在北京会见德国总理默克尔。

▲李克强总理在人民大会堂同默克尔总理举行会谈并共同出席中德经济顾问委员会座谈会。两国总理共同见证多项双边合作文件的签署。

▲栗战书委员长在人民大会堂分别会见德国总理默克尔和匈牙利国会常务副主席玛特劳伊。

▲“变动世界中的双边关系：中国与部分中东欧国家建交 70 周年学术研讨会”在匈牙利首都布达佩斯举行。本次研讨会由中国—中东欧研究

院和匈牙利雅典娜创新与地缘政治基金会共同举办。

9月10日

中国新疆文化交流团访问英国，与英国各界代表交流，介绍新疆的发展现状。

9月16—18日

最高人民法院院长周强率中国法院代表团对希腊进行友好访问。

9月18—26日

中国藏文化交流团访问丹麦、芬兰和瑞典。

9月28日

国家副主席王岐山前往法国驻华使馆，吊唁法国前总统希拉克逝世。

10月4—7日

国家主席习近平分别同保加利亚、罗马尼亚、捷克、斯洛伐克、匈牙利和波兰六国元首互致贺电，庆祝中国与六国建交70周年。

10月7日

第四届中法文化论坛在法国尼斯正式开幕，论坛主题为"'一带一路'：文明对话与合作共赢"。

10月9日

中欧班列（义乌—列日）eWTP菜鸟号正式开通。

▲中国和欧盟在布鲁塞尔举行《中欧合作2020战略规划》第四次评估会。双方就和平与安全、繁荣、可持续发展和人文交流四大议题30多项合作议程深入交流。

▲中英外交部国际法和海洋法年度磋商在英国伦敦举行。

10月11日

欧盟中国商会在布鲁塞尔发布首份旗舰报告《中国企业在欧发展报告(2019)》。

▲欧美同学会在伦敦英国皇家学会举办第十七届"21世纪中国"论坛，论坛以"中英科技与金融合作"为主题并就中英合作展开交流和探讨。

10月14日

中德科技创新合作大会在德国首都柏林举行。两国科技界、政界和企业界代表在会上围绕科技创新政策、发展成果、重点合作领域等展开交流对接。中国科技部部长王志刚当天发表演讲。

10月16日

中国外交部和对外友协在京共同举办中国与中东欧七国建交70周年招待会，国务委员兼外交部长王毅出席并发表题为《继续做友好合作的先行者》的讲话。

10月21—22日

中法文明对话会在巴黎举行。会议通过《中法文明对话会2019·巴黎共识》。

10月21日

国务委员兼外长王毅在巴黎接受法新社专访时，回答关于香港问题的提问。王毅表示，涉港问题是中国的内政。根据联合国宪章，任何国家都不能干涉别国的内政。在香港问题上，有两个基本事实可以告诉大家。一个基本事实是，目前在香港展现的不是和平游行，而是百分之百的街头暴力。第二个基本事实是，一些外国势力，包括媒体，竟然不顾基本事实，颠倒黑白，把香港的街头暴力美化为主张民主，把警察依法行动污蔑成施加暴力。

▲法国总统马克龙在巴黎爱丽舍宫会见王毅外长。马克龙说，我热切期待着即将对中国再次进行国事访问并出席第二届中国国际进口博览会，推动法中全面战略伙伴关系迈上新台阶。王毅表示，中方热烈欢迎马克龙总统即将对中国进行访问，这次访问将是两个世界大国、两个联合国安理会常任理事国以及东西方文明代表之间进行的又一次重要战略沟通。

▲中法合拍纪录片《论语导读》开机仪式在法国巴黎举行。

10月22日

国务委员兼外长王毅访问瑞士并出席在伯尔尼举行的中瑞第二轮外长级战略对话。瑞士联邦主席毛雷尔会见王毅外长。

▲拉脱维亚里加中国文化中心举行揭牌仪式。

10月24日

李克强总理在人民大会堂会见欧盟委员会副主席、欧盟外交与安全政策高级代表莫盖里尼。李克强表示，中欧拥有广泛共同利益。中方始终支持欧洲一体化进程，希望看到一个团结、繁荣的欧盟。欧盟新一届领导层即将就任。希望双方继续共同维护多边主义和自由贸易，坚持相互尊重、平等相待，落实好第二十一次中国欧盟领导人会晤共识，推动尽快完成中欧地理标志协定谈判、明年如期完成中欧投资协定谈判。莫盖里尼表示，

2020 年对欧中关系是重要的一年。欧盟新一届机构将保持对华政策的连续性，继续把对华关系置于欧盟对外政策的优先位置。

▲外交部长王毅在北京会见欧盟外交与安全政策高级代表莫盖里尼。王毅表示，面对充满不确定性的国际形势，中欧作为世界两支重要力量，应共同高举多边主义旗帜，反对单边主义和保护主义，共同推动构建开放型世界经济，完善全球治理，维护世界和平稳定与繁荣。中方始终坚定支持欧洲一体化进程。莫盖里尼表示，当今世界充满动荡，欧中之间的共同点远大于分歧，欧中应共同坚持多边主义，维护国际秩序，发挥稳定器作用。

10 月 25 日

中欧班列（义乌—列日）“世界电子贸易平台（eWTP）菜鸟号”首趟列车抵达目的地比利时。这是首个贯通中国长三角区域、中亚和欧洲并服务于跨境电子商务的铁路货运专列，将提升中欧之间货物运输时效，扩大中欧贸易规模，推动中欧企业深度合作，对推动共建“一带一路”高质量发展具有重要意义。

10 月 30 日

第九届欧洲议会欧中友好小组成立仪式在法国斯特拉斯堡欧洲议会大厦举行。

▲外交部发言人华春莹宣布：第二届中国国际进口博览会将于 11 月 5 日至 10 日在上海举行。应国家主席习近平邀请，法国总统马克龙、希腊总理米佐塔基斯、牙买加总理霍尔尼斯、塞尔维亚总理布尔纳比奇将出席博览会开幕式及相关活动。

附表一　中国与欧洲国家建立外交关系一览表

国名	建交日
阿尔巴尼亚	1949 年 11 月 23 日
安道尔	1994 年 6 月 29 日
奥地利	1971 年 5 月 28 日
白俄罗斯	1992 年 1 月 20 日
比利时	1971 年 10 月 25 日
波斯尼亚和黑塞哥维那	1995 年 4 月 3 日
保加利亚	1949 年 10 月 4 日
克罗地亚	1992 年 5 月 13 日
塞浦路斯	1971 年 12 月 14 日
捷克	1949 年 10 月 6 日
丹麦	1950 年 5 月 11 日
爱沙尼亚	1991 年 9 月 11 日
芬兰	1950 年 10 月 28 日
法国	1964 年 1 月 27 日
德国	1972 年 10 月 11 日
希腊	1972 年 6 月 5 日
匈牙利	1949 年 10 月 6 日
冰岛	1971 年 12 月 8 日
爱尔兰	1979 年 6 月 22 日
意大利	1970 年 11 月 6 日
拉脱维亚	1991 年 9 月 12 日
列支敦士登	1950 年 9 月 14 日
立陶宛	1991 年 9 月 14 日
卢森堡	1972 年 11 月 16 日

续表

国名	建交日
马耳他	1972 年 1 月 31 日
摩尔多瓦	1992 年 1 月 30 日
摩纳哥	1995 年 1 月 16 日
黑山	2006 年 7 月 6 日
荷兰	1972 年 5 月 18 日
北马其顿	1993 年 10 月 12 日
挪威	1954 年 10 月 5 日
波兰	1949 年 10 月 7 日
葡萄牙	1979 年 2 月 8 日
罗马尼亚	1949 年 10 月 5 日
俄罗斯	1949 年 10 月 2 日
圣马力诺	1971 年 5 月 6 日
塞尔维亚	详见备注
斯洛伐克	1949 年 10 月 6 日
斯洛文尼亚	1992 年 5 月 12 日
西班牙	1973 年 3 月 9 日
瑞典	1950 年 5 月 9 日
瑞士	1950 年 9 月 14 日
乌克兰	1992 年 1 月 4 日
英国	1972 年 3 月 13 日建立大使级外交关系（1954 年互派代办）

资料来源：中国外交部官方网站。

附表二　中国与欧洲国家建立全面战略伙伴关系一览表

序号	名　称	签署日期	签署地点
1	中国和法国决定建立长期全面伙伴关系	1997 年 5 月 16 日	北京
2	欧盟委员会公布《与中国建立全面伙伴关系》报告	1998 年 3 月 25 日	布鲁塞尔
3	中国和欧盟之间建立面向 21 世纪的长期稳定的建设性伙伴关系	1998 年 4 月 2 日	伦敦
4	中国和英国决定发展全面的中英伙伴关系	1998 年 10 月 6 日	北京
5	中国和欧盟决定建立中欧全面伙伴关系	2001 年 9 月 5 日	布鲁塞尔
6	中国和克罗地亚建立深化互利合作关系	2002 年 5 月 16 日	北京
7	中国和欧盟建立全面战略伙伴关系	2003 年 10 月 30 日	北京
8	中国和法国深化全面战略伙伴关系	2004 年 1 月 27 日	巴黎
9	中欧联合新闻公报——推动中国和欧盟全面战略伙伴关系	2004 年 5 月 6 日	布鲁塞尔
10	中国和意大利建立全面战略伙伴关系	2004 年 5 月 9 日	罗马
11	中国和英国决定建立全面战略伙伴关系	2004 年 5 月 10 日	伦敦
12	中国和波兰决定建立友好合作伙伴关系	2004 年 6 月 8 日	华沙
13	中国和匈牙利决定建立友好合作伙伴关系	2004 年 6 月 10 日	布达佩斯
14	中国和罗马尼亚建立全面友好合作伙伴关系	2004 年 6 月 13 日	布加勒斯特
15	中国和克罗地亚建立全面合作伙伴关系	2005 年 5 月 26 日	北京
16	中国和西班牙宣布建立全面战略伙伴关系	2005 年 11 月 15 日	马德里
17	中国和葡萄牙决定建立全面战略伙伴关系	2005 年 12 月 9 日	里斯本
18	中国和希腊决定建立全面战略伙伴关系	2006 年 1 月 19 日	北京
19	中国和保加利亚建立全面合作伙伴关系	2006 年 11 月 20 日	北京
20	中国和丹麦决定建立全面战略伙伴关系	2008 年 10 月 24 日	北京
21	中国和欧盟关于进一步加强中欧全面战略伙伴关系	2009 年 1 月 30 日	布鲁塞尔

续表

序号	名　称	签署日期	签署地点
22	中国和西班牙进一步深化全面战略伙伴关系	2009 年 1 月 30 日	马德里
23	中国和塞尔维亚决定建立战略伙伴关系	2009 年 8 月 20 日	北京
24	中国和德国全面推进战略伙伴关系	2010 年 7 月 16 日	北京
25	中国和希腊深化全面战略伙伴关系	2010 年 10 月 4 日	雅典
26	中国和法国加强全面战略伙伴关系	2010 年 11 月 4 日	巴黎
27	中国和波兰建立战略伙伴关系	2011 年 12 月 20 日	北京
28	中国和爱尔兰建立互惠战略伙伴关系	2012 年 3 月 28 日	北京
29	第十五次中欧领导人会晤联合新闻公报——中国和欧盟进一步深化中欧全面战略伙伴关系	2012 年 9 月 20 日	布鲁塞尔
30	中国和塞尔维亚深化战略伙伴关系	2013 年 8 月 26 日	北京
31	中国和荷兰建立开放务实的全面合作伙伴关系	2014 年 3 月 22 日	海牙
32	中国和法国开创紧密持久的中法全面战略伙伴关系新时代	2014 年 3 月 26 日	巴黎
33	中国和德国建立全方位战略伙伴关系	2014 年 3 月 28 日	柏林
34	中国和比利时深化全方位友好合作伙伴关系	2014 年 3 月 31 日	布鲁塞尔
35	中欧建立深化互利共赢的全面战略伙伴关系	2014 年 3 月 31 日	布鲁塞尔
36	中国和希腊深化全面战略伙伴关系	2014 年 6 月 20 日	雅典
37	中国和英国构建面向 21 世纪全球全面战略伙伴关系	2015 年 10 月 22 日	伦敦
38	中国和捷克建立战略伙伴关系	2016 年 3 月 29 日	布拉格
39	中国和瑞士建立创新战略伙伴关系	2016 年 4 月 8 日	北京
40	中国和塞尔维亚建立全面战略伙伴关系	2016 年 6 月 18 日	贝尔格莱德
41	中国和波兰建立全面战略伙伴关系	2016 年 6 月 20 日	华沙
42	中国和芬兰建立和推进面向未来的新型合作伙伴关系	2017 年 4 月 5 日	赫尔辛基
43	中国和匈牙利建立全面战略伙伴关系	2017 年 5 月 13 日	北京
44	中国和奥地利建立友好战略伙伴关系	2018 年 4 月 8 日	北京
45	中国和西班牙加强新时期全面战略伙伴关系	2018 年 11 月 28 日	马德里
46	中国和葡萄牙进一步加强全面战略伙伴关系	2018 年 12 月 5 日	里斯本
47	中国和意大利加强全面战略伙伴关系	2019 年 3 月 23 日	罗马
48	中国和保加利亚建立战略伙伴关系	2019 年 7 月 3 日	北京

资料来源：《人民日报》和中华人民共和国外交部官方网站。